Das betriebliche Eingliederungsmanagement im Sinne des
§ 84 Abs. 2 SGB IX

Recht der Arbeit und der sozialen Sicherheit

Herausgegeben von Wolfgang Däubler, Konstanze Plett,
Ursula Rust, Klaus Sieveking

(bigas – Bremer Institut für
Gender-, Arbeits- und Sozialrecht,
Fachbereich Rechtswissenschaft
der Universität Bremen

Band 28

PETER LANG
Frankfurt am Main · Berlin · Bern · Bruxelles · New York · Oxford · Wien

Meike Schils

Das betriebliche Eingliederungsmanagement im Sinne des § 84 Abs. 2 SGB IX

PETER LANG
Internationaler Verlag der Wissenschaften

Bibliografische Information der Deutschen Nationalbibliothek
Die Deutsche Nationalbibliothek verzeichnet diese Publikation in der Deutschen Nationalbibliografie; detaillierte bibliografische Daten sind im Internet über <http://www.d-nb.de> abrufbar.

Zugl.: Bremen, Univ., Diss., 2007

Abdruck der Logos auf dem Umschlag
mit freundlicher Genehmigung
der Universität Bremen.

D 46
ISSN 0178-4285
ISBN 978-3-631-57843-8

www.peterlang.de

Meinen Eltern

Inhaltsverzeichnis

Literaturverzeichnis

Aufsätze

Balders, Sven-Frederik/Lepping, Christian: „Das betriebliche Eingliederungsmanagement nach dem SGB IX", In: NZA 2005, 854–857.

Bauer, Jobst-Hubertus/Thüsing, Gregor/Schunder, Achim: „Entwurf eines Gesetzes zur Umsetzung europäischer Antidiskriminierungsrichtlinien", In: NZA 2005, 32–36.

–/Haußmann, Katrin: „Die Verantwortung des Arbeitsgebers für den Arbeitsmarkt", In: NZA 1997, 1100–1102.

Bernardi, Michael: „Krankheitsbedingte Kündigung – Vermeidbarkeit durch Beschäftigung auf einem anderen Arbeitsplatz", In: NZA 1999, 683–686.

Berndt, Joachim: „Von der Scheinselbständigkeit zur Förderung der Selbständigkeit – Neuregelungen in der Sozialversicherung für abhängig Beschäftigte und arbeitnehmerähnliche Selbständige", In: NJW 2000, 464–468.

Britschgi, Siggy: „Betriebliches Eingliederungsmanagement", In: AiB 2005, 284–288.

Brose, Wiebke: „Das betriebliche Eingliederungsmanagement nach § 84 Abs. 2 SGB IX als eine neue Wirksamkeitsvoraussetzung für die krankheitsbedingte Kündigung?", In: DB 2005, 390–394.

–: Die Auswirkungen des § 84 Ab. 1 SGB IX auf den Kündigungsschutz bei verhaltensbedingten, betriebsbedingten und personenbedingten Kündigungen, In: RdA 2006, 149–156.

Budde, Jürgen: „Weitergabe arbeitsmedizinischer Daten durch den Betriebsarzt", In: DB 1985, 1529–1533.

Canaris, Claus-Wilhelm: „Die richtlinienkonforme Auslegung und Rechtsfortbildung im System der juristischen Methodenlehre", In: „Im Dienste der Gerechtigkeit. Festschrift für Franz Bydlinski", Zit.: Canaris FS-Bydlinksi.

Cramer, Horst H.: „Die Neuerungen im Schwerbehindertenrecht des SGB IX", In: NZA 2004, 698–714.

Däubler, Wolfgang: „Die Schweigepflicht des Betriebsarztes – Ein Stück wirksamer Datenschutz?", In: BB 1989, 282–286.

–: „Kollektive Durchsetzung individueller Rechte?", In: AuR 1995, 305–312.

Deinert, Olaf: Die betrieblichen Recht behinderter Menschen nach dem SGB IX, In: ZSR Sonderheft 2005, 104–138.

–: „Kündigungsprävention und Kündigungsschutz“, In: JR 2007, 177–180.

Derleder, Peter: „Einstweiliger Rechtsschutz und Selbsthilfe im Betriebsverfassungsrecht“, In: AuR 1985,65–78.

–: „Betriebliche Mitbestimmung ohne vorbeugenden Rechtsschutz?“, In: AuR 1983, 289–304.

Denck, Johannes: „Arbeitsschutz und Mitbestimmung des Betriebsrates“, In: ZfA 1976, 447–484.

Dütz, Wilhelm: „Eigenmächtige Arbeitsversäumnis und Freizeitnahme durch Arbeitnehmer und Betriebsratmitglieder (I)“, In: DB 1976, 1428–1435.

–: „Vorläufiger Rechtsschutz im Arbeitskampf“, In: BB 1980, 533–543.

Düwell, Franz Josef: „Änderungen im Schwerbehindertenrecht. Entwurf eines Gesetzes zur Förderung der Ausbildung und Beschäftigung schwerbehinderter Menschen“, In: www.arbeitsrecht-fa.de/aktuell/nachrichten/archiv/n079.htm, Zuletzt aufgerufen am 05.08.2005, Zit.: Düwell, FA-Archiv.

Ehler, Karl: „Mitbestimmung des Betriebsrats bei sogenannten Krankengesprächen“, In: BB 1992, 1926–1928.

Eiermann, Willi: „Die Schweigepflicht des Betriebsarztes bei arbeitsmedizinischen Untersuchungen nach dem Arbeitssicherheitsgesetz“, In: BB 1980,214–215.

Ettwig, Volker: „Keine Änderung im Kündigungsschutz durch das neue SGB III“, In: NZA 1997,1152–1153.

Faber, Ulrich: Erste Rechtsprechung zum BEM, Ein Überblick über Entscheidungen zum betrieblichen Eingliederungsmanagement, In: AiB 2006, 553–557.

Fabricius, Nicolai: „Die Mitbestimmung des Betriebsrats bei der Umsetzung des neuen Arbeitsschutzrechts“, In: BB 1997, 1254–1259.

Fakhreshafaei, R.: „Das Präventionsverfahren nach § 84 SGB IX“, In: Gagel/Schian, Diskussions-Forum B des Instituts für Qualitätssicherung in Prävention und Rehabilitation GmbH an der Deutschen Sportschule Köln, In: www.iqpr.de (Info Nr. 12), Zuletzt aufgerufen am 23.08.2005, Zit.: Fakhreshafaei, iqpr.

Feldes, Werner: „Rehabilitation vor Entlassung. Geänderte Kündigungsprävention und neues betriebliches Eingliederungsmanagement im SGB IX – nicht nur für behinderte Beschäftigte, auch für längerfristig Kranke“, In: SoSi 2004, 270–278.

–: „Das betriebliche Rehabilitationsmanagement. Grundzüge und Instrumente einer betrieblichen Präventionsstrategie“, In: br 2005, 48–52.

–: „Kündigungsprävention und betriebliches Eingliederungsmanagement im novellierten SGB IX“, In: br 2004, 187–193.

Feldes, Werner/Kossack, Dagmar: „Novellierung des Sozialgesetzbuches IX (SGB IX). Mehr Einschränkungen als Verbesserungen“, In: AiB 2004, 453–456.

Fischer, Ulrich/Kiesche, Eberhard: „Krankenrückkehrgespräche“, In: AiB 1997, 639–645.

Fischermeier, Ernst: „Die betriebsbedingte Kündigung nach den Änderungen durch das Arbeitsrechtliche Beschäftigungsförderungsgesetz“, In: NZA 1997, 1089–1100.

Fuchs, Harry: „SGB IX: die Folgen für die medizinische Rehabilitation. Reform von historischer Bedeutung“, In: SoSi 2001, 150–158.

Gagel, Alexander: „Stärkung des Kündigungsschutzes durch § 84 Abs. 1 und 2 SGB IX (Würdigung des Beitrags von Wiebke Brose, DB 2005, 390–394)“, In: Gagel/Schian, Diskussions-Forum B des Instituts für Qualitätssicherung in Prävention und Rehabilitation GmbH an der Deutschen Sportschule Köln, In: www.iqpr.de/iqpr/download/foren/B1-2005.pdf, Zuletzt aufgerufen am 23.08.2005, Zit.: Gagel, Diskussionsbeitrag 1–2005.

–: Betriebliches Eingliederungsmanagement, Rechtspflicht und Chance, In: NZA 2004, 1359–1362.

–/Dalitz, Sabine: „Regelung des betrieblichen Eingliederungsmanagements durch Integrationsvereinbarung und/oder Betriebsvereinbarung“, In: br 2006, 39–42.

–/Schian, Marcus: „Zur Berechnung der Sechs-Wochen-Frist des § 84 Abs. 2 SGB IX“, In: br 2006, 46–48

–/Schian, Hans-Martin/Dalitz, Sabine: „Eingliederungsmanagement im Öffentlichen Dienst – insb. Verpflichtung zur Mitwirkung bei der ärztlichen Untersuchung nach § 7 Abs. 2 BAT im Lichte des § 84 II SGB IX“, In: Gagel/Schian, Diskussions-Forum B des Instituts für Qualitätssicherung in Prävention und Rehabilitation GmbH an der Deutschen Sportschule Köln, In: www.iqpr.de/iqpr/download/foren/B3-2004.pdf, Zuletzt aufgerufen am 23.08.2005, Zit.: Gagel u.a. Diskussionsbeitrag 3–2004.

–/Dalitz, Sabine/Schian, Marcus/Schian, Hans-Martin: „Bedeutung des Eingliederungsmanagements (§84 Abs. 2 SGB IX) für den Kündigungsschutz Teil I“, In: Gagel/Schian, Diskussions-Forum B des Instituts für Qualitätssicherung in Prävention und Rehabilitation GmbH an der Deutschen Sportschule Köln, In: www.iqpr.de/iqpr/download/foren/B4-2004.pdf, Zuletzt aufgerufen am 23.08.2005, Zit.: Gagel u.a. Teil I.

–: „Bedeutung des Eingliederungsmanagements (§84 Abs. 2 SGB IX) für den Kündigungsschutz Teil II“, In: Gagel/Schian, Diskussions-Forum B des Instituts für Qualitätssicherung in Prävention und Rehabilitation GmbH an der

Deutschen Sportschule Köln, In: www.iqpr.de/iqpr/download/foren/B4-2004.pdf, Zuletzt aufgerufen am 23.08.2005, Zit.: Gagel u.a. Teil II.

–: „Regelung des betrieblichen Eingliederungsmanagements durch Integrationsvereinbarung und/oder Betriebsvereinbarung“, In: Gagel/Schian, Diskussions-Forum B des Instituts für Qualitätssicherung in Prävention und Rehabilitation GmbH an der Deutschen Sportschule Köln, In: www.iqpr.de/iqpr/download/foren/B2-2005.pdf, Zuletzt aufgerufen am 23.08.2005, Zit.: Gagel u.a. Diskussionsbeitrag 2–2005.

–: „Betriebsvereinbarungen zur Regelung des betrieblichen Eingliederungsmanagements nach § 84 Abs. 2 SGB IX“, In: Gagel/Schian, Diskussions-Forum B des Instituts für Qualitätssicherung in Prävention und Rehabilitation GmbH an der Deutschen Sportschule Köln, In: www.iqpr.de/iqpr/download/foren/B3-2005.pdf, Zuletzt aufgerufen am 28.10.2005, Zit.: Gagel u.a. Diskussionsbeitrag 3–2005.

Gaul, Björn/Süßbrich, Katrin/Kulejewski, Darius: „Keine krankheitsbedingte Kündigung ohne betriebliches Eingliederungsmanagement“, In: ArbRB 2004, 308–312.

Grunsky, Wolfgang: „Grundlagen des einstweiligen Rechtsschutzes“, In: JuS 1976, 277–287.

Habich, Anke: Anmerkung zu LAG Schleswig-Holstein AiB 2000, 630, In: AiB 200, 631.

Haines, Hartmut/Liebig, Olaf: „Stellungnahme 2 zum Diskussionsbeitrag Nr. 3/2005 (Betriebsvereinbarung zur Regelung des betrieblichen Eingliederungsmanagements nach § 84 Abs. 2 SGB IX)“; In: Gagel/Schian, Diskussions-Forum B des Instituts für Qualitätssicherung in Prävention und Rehabilitation GmbH an der Deutschen Sportschule Köln, In: www.iqpr.de/iqpr/download/foren/B3-2005-Stellungnahme2.pdf, Zuletzt aufgerufen am 28.10.2005, Zit.: Haines/Liebig Stellungnahme.

Hanau, Peter: „Allgemeine Grundsätze der betrieblichen Mitbestimmung“, In: RdA 1973, 281–294.

–: „Praktische Fragen der Mitbestimmung in sozialen Angelegenheiten“, In: BB 1972,499–501.

Heinze, Meinhard: „Einwirkungen des Sozialrechts ins Arbeitsrecht?“, In: NZA 2000, 5–7.

Hinrichs, Werner: „Rechtliche Aspekte zur Schweigepflicht der Betriebsärzte und des betriebsärztlichen Personals“, In: DB 1980,2287–2291.

Hornung, Kristina (verantwortliche Redakteurin der AuA): „Frage & Antwort: Neue Hürden bei krankheitsbedingter Kündigung?“; In: AuA 2005, 250–251.

Hunold, Wolf: „Eingliederungsmanagement“, In: AuA 2005, 422.

–: „Mitarbeiterkontrolle, Erfassung betrieblicher Leistungsdaten und die Mitbestimmung des Betriebsrats", In: DB 1982 Beilage Nr. 18.

–: Anmerkung zu BAG 8.11.1994, In: BB 1995, 1189–1191.

–: Anmerkung zu LAG Niedersachsen 25.10.2006, In: BB 2007, 719–724.

Jung, Eberhardt: „Gesundheitsvorsorge und Arbeitsmedizin", In: NJW 1985, 2729–2733.

Kilian, Wolfgang: „Verwendung und Weitergabe arbeitsmedizinischer Informationen in Großunternehmen", In: BB 1981,985–991.

Kittner, Michael: „ Leichter kündigen als änderungskündigen?", In: NZA 1997, 968–675.

–/Pieper, Ralf: „Sicherheit und Gesundheitsschutz als Handlungsfeld des Betriebsrates und des Personalrats", In: PR 2005, 339–345.

Klaesberg, Sabrina: „Folgen eines fehlenden Betrieblichen Eingliederungsmanagements gem. § 84 Abs. 2 SGB IX", In: www.sbv-nrw.de/texteaktuell/Vortraege/Folgen_fehlenden_Eingliederung.pdf; Zuletzt aufgerufen am 28.10.2005; Zit.: Klaesberg, Folgen fehlenden BEM.

Koch, Erwin: „Entbindung des Werksarztes von der Schweigepflicht", In: DB 1958, 1040–1041.

Kohler, Jürgen: „Feststellende einstweilige Verfügungen?", In: ZZP 103 (1990), 184–208.

Kohte, Wolfhard: „Die neuen Instrumente der betrieblichen Integrationspolitik behinderter Arbeitnehmerinnen und Arbeitnehmer", Erhältlich über: Bundesministerium für Gesundheit und Soziale Sicherung, Referat 513, Zit.: Kohte, Die neuen Instrumente.

–: Rechtsdurchsetzung im betrieblichen Eingliederungsmanagement, In: Gagel/Schian, Diskussions-Forum B des Instituts für Qualitätssicherung in Prävention und Rehabilitation GmbH an der Deutschen Sportschule Köln, In: www.iqpr.de/iqpr/download/foren/B9-2006.pdf, Zuletzt aufgerufen am 10.06.2007, Zit.: Kohte Diskussionsbeitrag 9–2006.

–: Das SGB IX als arbeits- und sozialrechtliche Grundlage der Teilhabe am Arbeitsleben, In: ZSR Sonderheft 2005, 7–35.

Kollmer, Norbert: „Das neue „Gesetz zu Korrekturen in der Sozialversicherung und zur Sicherung der Arbeitnehmerrechte" – Der sozialversicherungsrechtliche Teil", In: NJW 1999, 608–610.

Konzen, Horst: „Auswirkungen der europäischen Rechtsentwicklung auf das deutsche Arbeitsrecht – eine aktuelle Zwischenbilanz", In: ZfA 2005, 189–209.

Kreuder, Thomas: „Mitbestimmung bei „Krankengesprächen"", In: AiB 1995, 654–657.

Kreuger, Kerstin: „Entwurf zum Präventionsgesetz liegt vor: Sozialversicherungen sollen Präventionskosten allein tragen – Keine Mitfinanzierung durch Bund, Länder und Privatversicherungen“, In: SoSi 2005, 19–23.

–:„Und es bewegt sich nun doch nicht! Zum Scheitern des Präventionsgesetzes“, In: SoSi 2005, 201–202.

Kümpel, Winfried: „Instanzgerichte kontra BAG zum Unterlassungsanspruch des Betriebsrats“, In: AuR 1985,78–92.

Laschet, Ulrich: „Das SGB IX ist nicht die Lösung aller Probleme für Menschen mit Behinderung, aber eine gute Plattform für Lösungsentwicklungen“, In: br 2001, 142–143.

Linsenmaier, Wolfgang: „Das Verbot der Diskriminierung wegen des Alters“; In: RdA 2003,22–33.

Löw, Stefan: „Betriebliches Eingliederungsmanagement – Die Auswirkungen auf krankheitsbedingte Kündigungen.“, In: MDR 2005, 608–609.

Löwisch, Manfred/Neumann, Daniela: Anmerkung zu BAG Beschluss vom 2.4.1996 – 1 ABR 47/95; In: SAE 1997, 85–88.

Maier, Frank: „Kein betriebliches Eingliederungsmanagement – keine krankheitsbedingte Kündigung?“, In: www.sozcare.de/n/5/documents/RechtsanwaelteBornheimvonRosenthal.pdf, Zuletzt aufgerufen am 29.08.2005, Zit.: Maier, sozcare.

Magin, Johannes: „Integration über Einzelfälle hinaus. Das aktuelle Interview zum betrieblichen Eingliederungsmanagement“, In: AuA 2005, 205–207.

–: „Kosten-Nutzen-Analyse eines betrieblichen Eingliederungsmanagements“, In: br 2006, 36–39.

–/Schnetter, Bettina: „Die Einführung des betrieblichen Eingliederungsmanagements – Erste Erfahrungen aus der Praxis. Pilotprojekt in einem bayrischen Unternehmen“, In: br 2005, 52–59.

Marburger, Horst: „Auskünfte der Krankenkassen an Arbeitgeber und Sozialdatenschutz“, In: RdA 1986, 307–309.

–: „Vertrauensärztliche Untersuchungen auf Verlangen des Arbeitgebers“, In: BB 1987, 1310–1314.

Merten, Philip/Klein, Stefanie: „Die Auswirkungen des Arbeitsschutzgesetzes auf die Mitbestimmungsrechte des Betriebsrats nach § 87 Abs. 1 Nr. 7 BetrVG“, In: DB 1998, 673–678.

Moll, Wilhelm: „Telefondatenerfassung und betriebliche Mitbestimmung“, In: DB 1982, 1722–1726.

Namendorf, Annette/Natzel, Ivo: „Betriebliches Eingliederungsmanagement nach § 84 Abs. 2 SGB IX und seine arbeitsrechtlichen Implikationen“, In: DB 2005, 1794–1798

–: „Betriebliches Eingliederungsmanagement – neue Wunderwaffe im Kündigungsrechtsstreit?“, In: FA 2005, 162–164.

Olderog, Hans-Hermann: „Probleme des einstweiligen Rechtsschutzes im Bereich der sozialen Mitbestimmung“, In: NZA 1985,753–761.

Oppolzer, Alfred: Zum Management-Charakter des BEM, Qualitätskriterien für das betriebliche Eingliederungsmanagement, In: AiB 2007, 37–43.

Peiseler, Manfred: Anmerkung zu LAG Hamm, Urteil vom 4.10.1990 – 17 Sa 316/90, In: AiB 1990, 68.

Pick, Daniela: Geltung und Bedeutung des § 84 Abs. 2 SGB IX in Kleinbetrieben; In: Gagel/Schian, Diskussions-Forum B des Instituts für Qualitätssicherung in Prävention und Rehabilitation GmbH an der Deutschen Sportschule Köln, In: www.iqpr.de/iqpr/download/foren/B6-2006.pdf, Zuletzt aufgerufen am 10.06.2007, Zit.: Pick, Diskussionsbeitrag 6–2006.

Pfarr, Heide M.: Anmerkung zu BAG AP Nr. 2 zu § 87 BetrVG 1972 – Ordnung des Betriebes, Zit.: Pfarr Anmerkung zu BAG AP Nr. 2 zu § 87 BetrVG 1972 – Ordnung des Betriebes.

Preis, Ulrich: „Die Verantwortung des Arbeitgebers und der Vorrang betrieblicher Maßnahmen vor Entlassungen (§ 2 I Nr. 2 SGB III)“, In: NZA 1998, 449–458.

Prütting, Hanns: „Unterlassungsanspruch und einstweilige Verfügung in der Betriebsverfassung“, In: RdA 1995, 257–264.

Raab, Thomas: „Mitbestimmung des Betriebsrats bei der Einführung und Ausgestaltung von Krankengesprächen“, In: NZA 1993, 193–204.

–: „Der kollektive Tatbestand als Voraussetzung der Mitbestimmung des Betriebsrats in sozialen Angelegenheiten“, In: ZfA 2001, 31–67.

Rambach, Peter H.M.: „Aktuelles zum Stand des Antidiskriminierungsgesetzes“, In: www.haufe-recht.de/DataCenter/News/1130415941.58/Downloads/AGD.doc, Zuletzt aufgerufen am 30.11.2005; Zit.: Rambach.

Rehwald, Rainer/Kossack, Dagmar: „Neue Kündigungsbestimmungen im SGB IX zum 1.5.2004“, In: AiB 2004, 604–609.

Rolfs, Christian/Paschke, Derk: „Die Pflichten des Arbeitgebers und die Rechte schwerbehinderter Arbeitnehmer nach § 81 SGB IX“, In: BB 2002, 1260–1264.

Rolfs, Christian: „Arbeitsrechtliche Aspekte des neuen Arbeitsförderungsrechts“, In: NZA 1998, 17–23.

Roos, Bernd: „Kündigung wegen Krankheit“, In: AiB 1995, 658–662.

Schaub, Günter: „Die besondere Verantwortung von Arbeitgeber und Arbeitnehmer für den Arbeitsmarkt – Wege aus der Krise oder rechtlicher Sprengstoff“, In: NZA 1997, 810–811.

Schiek, Dagmar: „Gleichbehandlungsrichtlinien der EU – Umsetzung im deutschen Arbeitsrecht“, In: NZA 2004,875–884.

Schimanski, Werner: „Prävention bei Gefährdung eines Arbeitsplatzes – § 84 SGB IX“, In: br 2002, 121–128.

Schimke, Hans-Jürgen: „Die Schweigepflicht des Betriebarztes bei freiwilligen Vorsorgeuntersuchungen nach dem Arbeitssicherheitsgesetz“, In: BB 1979, 1354–1355.

Schlewing, Anja: „Das betriebliche Eingliederungsmanagement nach § 84 Abs. 2 SGB IX – Keine Wirksamkeitsvoraussetzung für die Kündigung wegen Krankheit“, In: ZfA 2005, 485–503.

Schneider, Wolfgang/Zinke, Eva: „Krankenrückkehrgespräche: Förderung des präventiven Gesundheitsschutzes statt Zwangsmaßnahmen gegenüber Kranken“, In: AiB 2000,4–8.

Schuller, Andrea: „Behinderte Menschen am Arbeitsplatz“, In: Gesundheit Info 17/2005 zu Fragen der Gesundheitsvorsorge, Broschüre der Arbeitnehmerkammer Bremen in Kooperation mit dem Integrationsamt Bremen, erhältlich über: Arbeitnehmerkammer Bremen, Zit.: Schuller Info 17/2005.

Schwanck, Jürgen: „Krankengespräche sind mitbestimmungspflichtig!“, In: AiB 1992, 71–74.

– „Mitbestimmungsrecht bei Krankengesprächen“, In: AiB 1990, 33–35.

Seel, Helga: „Betriebliches Eingliederungsmanagement – Gesundheitsförderung als Unternehmensstrategie“, In: br 2006, 30–36.

Semler, Franz-Jörg: „Einstweilige Verfügungen bei Gesellschafterauseinandersetzungen“, In: BB 1979, 1533–1536.

Siemens, Christiane: „Die Neuregelung der Mitbestimmung des Betriebsrates nach § 87 I Nr. 7 BetrVG bei Bildschirmarbeit“, In: NZA 1998, 232–239.

Spinnarke, Jürgen: „Zur rechtlichen Ordnung der betrieblichen Gesundheitsvorsorge“, In: BB 1982, 2114–2117.

Stegmann, Ralf: „Zur Neuregelung des § 84 „Prävention“ SGB IX“, In: ver.di-Bundesverwaltung Ressort 12 Sozialpolitik, Projekt „Teilhabe behinderter Menschen und betriebliche Praxis“, In: www.agsv.nrw.de/Aktuelles/Praevention/Download/Kurztext_Pr_vention.pdf, Zit.: Stegmann, ver.di-Projekt.

Thüsing, Gregor: „Der Fortschritt des Diskriminierungsschutzes im Europäischen Arbeitsrecht“, In: ZfA 2001, 397–419.

Tschöpe, Ulrich: „Statistische (Un-)Wahrheiten“, In: FA 2004, 97.

Vogg, Stefan: „Einstweilige Feststellungsverfügung?“, In: NJW 1993, 1357–1365.

Von Seggern, Burkhard: „Drei Jahre SGB IX: Was aus der grundlegenden Reform zur Rehabilitation und Teilhabe behinderter Menschen wurde“, In: SoSi 2004, 110–121.

Von Steinau-Steinrück, Robert/Hagemeister, Volker: „Das neue betriebliche Eingliederungsmanagement“, In: NJW-Spezial Heft 3 2005, 129–130.

Weiss, Manfred: Anmerkung zu BAG EzA Nr. 7 zu § 87 BetrVG 1972 – Betriebliche Ordnung, In: EzA Nr. 7 zu § 87 BetrVG 1972 – Betriebliche Ordnung, Zit.: Weiss Anmerkung zu BAG EzA Nr. 7 zu § 87 BetrVG 1972 – Betriebliche Ordnung.

Westers, Birgit: „Neue Leistungstatbestände im SGB IX nach dem Gesetz zur Förderung der Ausbildung und Beschäftigung schwerbehinderter Menschen“, In: br 2005, 74–77.

Wetzling, Frank/Habel, Maren: „Betriebliches Eingliederungsmanagement und Mitwirkung des Mitarbeiters“, In: NZA 2007, 1129–1135.

Wiese, Günther/Starck, Martin: Anmerkung zu BAG AP Nr. 2 zu § 87 BetrVG 1972 – Arbeitssicherheit, In: AP Nr. 2 zu § 87 BetrVG 1972, Zit.: Wiese/Starck Anmerkung zu BAG AP Nr. 2 zu § 87 BetrVG 1972 – Arbeitssicherheit.

Wohlgemuth, Hans H.: „Zum Schutz von medizinischen Daten über Arbeitnehmer“, In: AiB 1987, 243–245.

Zangl, Georg/Kummer, Andreas: „Wo steht die betriebliche Gesundheitsförderung?“, In: AuA 2005, 200–204.

Zorn, Gerhard: „Betriebliches Eingliederungsmanagement – Rechtsfragen zur praktischen Umsetzung im Betrieb“, In: br 2006, 42–46.

Verbands- und Ministerial-Stellungnahmen, Vorträge, Empfehlungen

Arbeitnehmerkammer Bremen: „Behinderte Menschen am Arbeitsplatz“, aus der Reihe „Gesundheit“ der Arbeitnehmerkammer Bremen in Kooperation mit dem Integrationsamt Bremen, Info 17/05 zu Fragen der Gesundheitsvorsorge (Andrea Schuller), erhältlich per download unter www.arbeitnehmerkammer.de/gesundheit, Zit.: Schuller AN-Kammer.

Bundesarbeitsgemeinschaft der Integrationsämter und Hauptfürsorgestellen: „Betriebliches Eingliederungsmanagement – Teamarbeit für die Prävention“, In: ZB 2/2005, erhältlich unter: ww.integrationsaemter.de/webcom/show_zeitschrift.php?wc_c=560&aktuell=1, Zuletzt aufgerufen am 15.08.2005, Zit.: BArbGem. ZB 2/2005.

Bundesministerium für Gesundheit und Soziale Sicherung: „BMGS-Arbeitspapier vom 14.04.2003. Schaffung von Arbeitsplätzen für schwerbehinderte Menschen“, In: www2.igmetall.de/homepages/kiel/file_uploads/behinderte_sgbix-novellierung02.pdf, Zuletzt aufgerufen am 04.08.2005, Zit.: BMGS-Arbeitspapier.

–: „Betriebliche Prävention ist Wettbewerbsfaktor für Unternehmen“, In: w.bmgs.bund.de/deu/gra/aktuelles/pm/bmgs05/7074_8900.php, Zit.: BMGS, Thönnes.

–: „Vorläufige Rechnungsergebnisse 1.–4. Quartal 2003. Gesetzliche Krankenversicherung“, In: www.bmgs.bund.de/downloads/pm_040302_GKV_AnhangTorte.pdf, Zuletzt aufgerufen am 04.11.2005, Zit.: BMGS, Gesetzliche KV.

Bundesministerium für Bildung und Forschung: „Demographischer Wandel – (k)ein Problem! Werkzeuge für betriebliche Personalarbeit“, In: http://doku/iab.de/externe/2005/k050701a06.pdf, Zuletzt aufgerufen am 28.10.2005, Zit.: BMBF, Demographischer Wandel.

Bundesvereinigung der Deutschen Arbeitgeberverbände: „Rechtliche Rahmenbedingungen des betrieblichen Eingliederungsmanagements“, Berlin, 9.Mai 2005, Zit.: BDA „Rechtliche Rahmenbedingungen“.

–: „Stellungnahme zum Gesetzesentwurf der Fraktionen SPD und Bündnis90/Die Grünen BT-DrS. 15/1783 zur Förderung der Ausbildung und Beschäftigung schwerbehinderter Menschen. Berlin 10.11.2003“, In: www.bundestag.de/parlament/gremien15/a13_anhoerungen/46_sitzungen/stellungnahmen/bundes vereinigung_der_dt_arbeitgeberverb_.pdf, Zuletzt aufgerufen am 04.08.2005, Zit.: BDA-Stellungnahme „Menschen mit Behinderungen“.

Deutscher Gewerkschaftsbund Bundesvorstand: „Stellungnahme zu den Eckpunkten für ein Gesetz zur Verbesserung der Ausbildungs- und Beschäftigungssituation schwerbehinderter Menschen. Stand 10.07.2003“, In: www.dgb.de/themen/themen_a_z/abisz_doks/s/schwrbeh_eckpunkte.pdf, Zuletzt aufgerufen am 04.08.2005, Zit.: DGB, Stellungnahme, Eckpunkte.

–: „Stellungnahme zum Entwurf eines Gesetzes zur Förderung der Ausbildung und Beschäftigung schwerbehinderter Menschen (Referentenentwurf) 17.09.2003“, In: www.dgb.de/themen/themen_a_z/abisz_doks/s/schwrbeh_referentenentwurf.pdf, Zuletzt aufgerufen am 04.08.2005, Zit.: DGB Stellungnahme, Referentenentwurf.

–: „Stellungnahme zum Entwurf eines Gesetzes zur Förderung der Ausbildung und Beschäftigung schwerbehinderter Menschen. Anhörung des Ausschusses für Gesundheit und Soziale Sicherung am 12.11.2003“, In: www.dgb.de/themen/themen_a_z/abisz_doks/s/schwerbeh_ausbildung.pdf, Zuletzt aufgerufen am 04.08.2005, Zit.: DGB, Stellungnahme, Ausschussanhörung.

–: „Das SGB IX – Rehabilitation und Teilhabe behinderter Menschen. Gelingt die Zähmung der Widerspenstigen? Berlin 12.02.2004“; In: www.dgb.de/themen/themen_a_z/abisz_doks/s/sgbIX_behinderte.pdf, Zuletzt aufgerufen am 04.08.2005, Zit.: DGB, Das SGB IX.

–: „Wir wollen ins Boot. Beschäftigung und gleiche Chancen für behinderte Menschen. Ein Leitfaden zur Umsetzung des SGB IX und zu den Rechten der Betriebsräte, Personalräte und Schwerbehindertenvertretungen. Berlin, Oktober 2004“, In: www.dgb.de/themen/themen_a_z/abisz_doks/l/beschäft_behinderte.pdf, Zuletzt aufgerufen am 04.08.2005, Zit.: DGB, Wir wollen ins Boot.

Diedenhofen, Hans: „Mitwirkung der betrieblichen Schwerbehindertenvertretung bei der betrieblichen Eingliederung von gesundheitlich beeinträchtigten Mitarbeitern“, Fachtagung der Deutschen Vereinigung für Rehabilitation Behinderter (DVfR) am 14.Mai 2004 in Berlin unter dem Thema „Mitarbeiter krank – was nun?, Betriebliches Eingliederungsmanagement – Herausforderung für Unternehmen.“, In: www.dvfr.de/mediabase/documents/47_Vortrag 14.5.2004_Diedenhofen_Ef.pdf, Zuletzt aufgerufen am 03.08.2005, Zit.: Diedenhofen, DVfR-Tagung.

Institut für Arbeitsmarkt- und Berufsforschung der Bundesanstalt für Arbeit: „Ältere ab 55 Jahren – Erwerbstätigkeit, Arbeitslosigkeit und Leistungen der Bundesanstalt für Arbeit“, In: Diskussionsbeiträge des Instituts für Arbeitsmarkt- und Berufsforschung der Bundesanstalt für Arbeit. IAB-Werkstattbericht Ausgabe Nr. 5/16.4.2003 (Barbara Koller/Hans-Uwe Bach/Udo Brixy), In: http://doku.iab.de/werkber/2003/wb0503.pdf, Zuletzt aufgerufen am 02.11.2005, Zit.: IAB-Werkstattbericht Nr. 5/2003.

–: „Licht am Ende des Tunnels? Eine aktuelle Analyse der Situation schwerbehinderter Menschen am Arbeitsmarkt“, In: Diskussionsbeiträge des Instituts für Arbeitsmarkt- und Berufsforschung der Bundesanstalt für Arbeit. IAB-Werkstattbericht Ausgabe Nr. 6/17.4.2003 (Angela Rauch/Hannelore Brehm), In: http://doku.iab.de/werkber/2003/wb0606.pdf, Zuletzt aufgerufen am 02.11.2005, Zit.: IAB-Werkstattbericht Nr. 6/2003.

–: „Krankenstand – Ein beachtlicher Kostenfaktor mit fallender Tendenz“, In: Diskussionsbeiträge des Instituts für Arbeitsmarkt- und Berufsforschung der Bundesanstalt für Arbeit. IAB-Werkstattbericht Ausgabe Nr.1/30.1.2002 (Hans Kohler), In: http://doku.iab.de/werkber/2002/wb0102.pdf, Zuletzt aufgerufen am 03.11.2005, Zit.: IAB-Werkstattbericht Nr. 1/2002.

–: „Die Verteilung der gesamtfiskalischen Kosten der Arbeitslosigkeit in Deutschland in den Jahren 1998–2004. Tabelle A.“, In: http://doku.iab.de/presse/2005/info_kostenALO2004.pdf, Zuletzt aufgerufen am 04.11.2005, Zit.: IAB-Kostenverteilung 2004.

Mehrhoff, Friedrich: Hauptverband der gewerblichen Berufsgenossenschaften (Tagungsleiter, Mitglied DVfR-Hauptvorstand), Einleitungsrede, Fachtagung der Deutschen Vereinigung für Rehabilitation Behinderter (DVfR) am 14.Mai 2004 in Berlin unter dem Thema „Mitarbeiter krank – was nun? Betriebliches

Eingliederungsmanagement – Herausforderung für Unternehmen“, In: www.dvfr.de/mediabase/documents/47_eröffnungsrede_Dr.Mehrhoff_Ef.pdf, Zuletzt aufgerufen am 03.08.2005, Zit: Mehrhoff, DVfR-Tagung.

Regierung Oberbayern: „Betriebliches Eingliederungsmanagement; Prämien bei Einführung an Arbeitgeber“, In: *www*.regierung.oberbayern.bayern.de/abt6/6wirfuersie/6foerderung/610foerd/eingliederungsmanagement.asp, Zit.: Regierung Oberbayern, BEM.

Regierung Oberpfalz: „Betriebliches Eingliederungsmanagement nach dem SGB IX. Was Unternehmen tun können, um gesundheitlich eingeschränkte Mitarbeiter optimal einzusetzen. Handlungsempfehlungen für Personalverantwortliche und Arbeitgeber“, erhältlich über: Regierung Oberpfalz, Integrationsamt, 93039 Regensburg, Zit.: Regierung Oberpfalz.

Senator für Arbeit, Frauen, Gesundheit, Jugend und Soziales der Freien Hansestadt Bremen: „Empfehlung zur Erbringung von Prämien zur Einführung eines betrieblichen Eingliederungsmanagements“; Gerichtet an das Versorgungsamt Bremen zur Vereinheitlichung der Vergabepraxis bei Prämien und Boni. Zu beziehen über: Senator für Arbeit, Frauen, Gesundheit, Jugend und Soziales der Freien Hansestadt Bremen, Zit.: Prämien-Empfehlungen.

Wilmerstadt, Rainer: Leiter der Abteilung „Belange behinderter Menschen, Sozialhilfe“ im Bundesministerium für Gesundheit und Soziale Sicherung, Vortrag Fachtagung der Deutschen Vereinigung für Rehabilitation Behinderter (DVfR) am 14.Mai 2004 in Berlin unter dem Thema „Mitarbeiter krank – was nun? Betriebliches Eingliederungsmanagement – Herausforderung für Unternehmen.“, In: www.dvfr.de/mediabase/documents/47_BMGS_Wilmerstadt_14_05_in_Berlin _Ef., Zuletzt aufgerufen am 03.08.2005, Zit.: Wilmerstadt, DVfR-Tagung.

Wuttke, Jürgen: Grußwort der Bundesvereinigung Deutscher Arbeitgeberverbände Dr. Jürgen Wuttke, Abteilungsleiter Arbeitsmarkt. Fachtagung der Deutschen Vereinigung für Rehabilitation Behinderter (DVfR) am 14.Mai 2004 in Berlin unter dem Thema „Mitarbeiter krank – was nun? Betriebliches Eingliederungsmanagement – Herausforderung für Unternehmen.“, In: www.dvfr.de/mediabase/documents/7_BDA_Grußwort_Dr.Wuttke.pdf, Zuletzt aufgerufen am 03.08.2005, Zit.: Wuttke, DVfR-Fachtagung.

Kommentare, Lehrbücher, Nachschlagewerke, Handbücher, Dissertationen

Becker, Friedrich/Hillebrecht, Wilfried: Gemeinschaftskommentar zum Kündigungsschutzgesetz und zu sonstigen kündigungsschutzrechtlichen Vorschriften, 8. Auflage, München 2007, Zit: GK-KSchG/Bearbeiter.

Cramer, Horst: Die Schwerbehindertenvertretung; Wahl, Aufgaben und Rechtsstellung der Vertrauensmänner und -frauen der Schwerbehinderten, Kommentar zum Schwerbehindertengesetz (5. Abschnitt) und Wahlordnung vom 2.3.1990, Zit: Cramer, Die Schwerbehindertenvertretung.

–: Schwerbehindertengesetz, Kommentar, 5. Auflage, München 1998, Zit.: Cramer SchwbG.

Dau, Dirk H./Düwell, Franz-Josef/Haines, Hartmut (Hrsg.): Rehabilitation und Teilhabe behinderter Menschen, Lehr- und Praxiskommentar (LPK-SGB IX) mit Anhang Verfahren und Rechtsschutz, Baden-Baden 2002; Zit.: LPK-SGB IX/Bearbeiter.

Däubler, Wolfgang/Kittner, Michael/Klebe, Thomas (Hrsg.): BetrVG, Betriebsverfassungsgesetz mit Wahlordnung und EBR-Gesetz, 10. Auflage, Frankfurt am Main 2006, Zit.: DKK/Bearbeiter.

–: Arbeitsrecht, Ratgeber für Beruf, Praxis und Studium, 5. Auflage, Frankfurt am Main 2004, Zit.: Däubler Ratgeber.

–/Bertzbach, Martin (Hrsg.): Allgemeines Gleichbehandlungsgesetz, Handkommentar, 1. Auflage, Baden-Baden 2007, Zit.: Däubler/Bertzbach/ Bearbeiter.

Dörner, Klemens/Luczak, Stefan/Wildschütz, Martin: Handbuch Arbeitsrecht, 4. Auflage, München 2004, Zit.: Dörner u.a./Bearbeiter.

Düwell, Franz Josef (Hrsg.): Betriebsverfassungsgesetz, Handkommentar, 2. Auflage 2006, Zit.: HK-BetrVG/Bearbeiter.

–/Lipke, Gert-Albert (Hrsg.): Arbeitsgerichtsgesetz, Kommentar für die Praxis, 2. Auflage, Frankfurt a.M. 2002, Zit.: Düwell/Lipke ArbGG.

–: Das reformierte Arbeitsrecht, In: www.juris.de/portal/jp_js_p1content/navigation/Produkte/Kommentare675/Bookline/Das_reformierte_Arbeitsrecht/AMR08_00_Werbung.pdf, Stand: 19.10.2005, Zit.: Düwell, Das reformierte Arbeitsrecht.

Etzel, Gerhard: Betriebsverfassungsrecht, Systematische Darstellung, 8. Auflage, Neuwied/Krieftel 2002, Zit.: Etzel BetrVG

Feldes, Werner/Kamm, Rüdiger/Peiseler, Manfred/von Seggern, Burkhard/Unterhinninghofen, Hermann/Westermann, Bernd/Witt, Harald: Schwerbehindertenrecht, Basiskommentar zum SGB IX mit Wahlordnung, 8. Auflage, Frankfurt a.M., 2005, Zit.: Feldes u.a. SGB IX.

Fitting, Karl: Betriebsverfassungsgesetz, Handkommentar, 23. Auflage, München 2006, Zit.: Fitting u.a. BetrVG/Bearbeiter.

Gaul, Björn/Boewer, Dietrich: Aktuelles Arbeitsrecht, Band 2/2004, Köln 2004, Zit.: Gaul Aktuelles Arbeitsrecht.

Germelmann, Claas-Hinrich/Matthes, Hans-Christoph/Müller-Glöge, Rudi/Prütting, Hanns: Arbeitsgerichtsgesetz, Kommentar, 5. Auflage, München 2004, Zit.: Germelmann u.a. ArbGG/Bearbeiter.

Gitter, Wolfgang/Michalski, Lutz: Arbeitsrecht, 5. Auflage, Heidelberg 2001, Zit.: Gitter/Michalski.

Grabendorff, Walter/Ilbertz, Wilhelm/Widmaier, Ulrich: Bundespersonalvertretungsgesetz, Kommentar, 9. Auflage, Stuttgart 1999, Zit.: Grabendorf u.a.

Großmann, Ruprecht/Mönch, Ronald/Rohr, Ulrich: Bremisches Personalvertretungsgesetz, Kommentar, Neuwied und Darmstadt 1979, Zit.: Großmann u.a.

–/Schimanski, Werner/Dopatka, Friedrich-Wilhelm/Spiolek, Ursula/Steinbrück, Hans-Joachim: Gemeinschaftskommentar zum Schwerbehindertengesetz (GK-SchwbG), 2. Auflage, Neuwied/Krieftel 2000, Zit.: GK-SchwbG/Bearbeiter.

–/Schimanski, Werner/Löschau, Martin/Marschner, Andreas/Siolek, Ursula/Steinbrück, Hans-Joachim: Gemeinschaftskommentar zum Sozialgesetzbuch – Rehabilitation und Teilhabe behinderter Menschen, Neuwied 2005, Zit.: GK-SGB IX/Bearbeiter.

Heilmann, Joachim/Aufhauser, Rudolf: Arbeitsschutzgesetz, Handkommentar, 2. Auflage, Baden-Baden 2005, Zit.: HK ArbSchG/Bearbeiter.

Hess, Harald/Schlochauer, Ursula/Glaubitz, Werner: Kommentar zum Betriebsverfassungsgesetz, 5. Auflage, Neuwied/Kriftel 1997, Zit.: HSG.

–/Dies./Worzalla, Harald/Glock, Andrea: BetrVG, Kommentar zum Betriebsverfassungsgesetz, 6. Auflage, München 2003, Zit.: HSWG/Bearbeiter.

Hennsler, Martin/Moll, Wilhem: Kölner Tage des Arbeitsrechts, Kündigung und Kündigungsschutz in der betrieblichen Praxis, Köln 2000, Zit.: Henssler/Moll Kündigung und Kündigungsschutz.

–/Willemsen Heinz Josef/Kalb, Heinz-Jürgen (Hrsg.): Arbeitsrecht, Kommentar, 2. Auflage, Köln 2006, Zit.: HWK/Bearbeiter.

Ilbertz, Wilhelm: Personalvertretungsrecht des Bundes und der Länder – mit Wahlordnung-, 13. Auflage, Berlin 2004, Zit.: Ilbertz PersVR.

–/Widmaier, Ulrich: Bundespersonalvertretungsgesetz mit Wahlordnung unter Einbeziehung der Landespersonalvertretungsgesetze, 10. Auflage, Stuttgart 2004, Zit.: Ilbertz u.a../BetrVG.

Jünger, Jean Martin: Das betriebliche Eingliederungsmanagement und seine Auswirkungen in der Praxis, Stuttgart 2006, Wissensarchiv des GRIN-Verlages Dokument Nr. 48109, Zit.: Jünger.

Kittner, Michael/Pieper, Ralf: ArbSchR – Arbeitsschutzrecht, Arbeitsschutzgesetz, Arbeitssicherheitsgesetz und andere Arbeitsschutzvorschriften, Kommentar für die Praxis, 3. Auflage, Frankfurt am Main 2006, Zit.: Kittner/Pieper ArbSchR.

–/Däubler, Wolfgang/Zwanziger, Bertram: KSchR, Kündigungsschutzrecht, Kommentar für die Praxis, zu Kündigungen und anderen Formen der Beendi-

gung des Arbeitsverhältnisses, 6. und 7. Auflage, Frankfurt am Main 2005 und 2007, Zit.: KDZ/Bearbeiter, 7. Auflage, Zit.: KDZ/Deinert.

– *(noch unveröffentlichte Neuauflage)*: KSchR, Kündigungsschutzrecht, Kommentar für die Praxis, zu Kündigungen und anderen Formen der Beendigung des Arbeitsverhältnisses, 7. Auflage, Frankfurt am Main 2007, Zit.: KDZ/Deinert § 84.

–/Zwanziger, Bertram (Hrsg.): Arbeitsrecht, Handbuch für die Praxis, 3. Auflage, Frankfurt a.M. 2005, Zit.: Kittner/Zwanziger/Bearbeiter.

Kossens, Michael/von der Heide, Dirk/Maaß, Michael: SGB IX, Rehabilitation und Teilhabe behinderter Menschen, Kommentar, 2. Auflage, München 2006, Zit.: Kossens u.a. SGB IX/Bearbeiter.

Kummer, Pierre M.: „Umsetzungsanforderungen der neuen arbeitsrechtlichen Antidiskriminierungsrichtlinie (RL 2000/78/EG)“, Europäische Hochschulschriften Bd./Vol. 3716, Dissertation, Peter Lang Verlag, Frankfurt am Main 2003, Zit.: Kummer.

Lachwitz, Klaus/Schellhorn, Walter/Welti, Felix: HK-SGB IX; Handkommentar zum Sozialgesetzbuch IX, Rehabilitation und Teilhabe behinderter Menschen, 2. Auflage, München 2006, Zit.: HK-SGB IX.

Larenz, Karl: „Methodenlehre der Rechtswissenschaft“, 6. Auflage. Berlin 1991, Zit.: Larenz Methodenlehre.

–/Canaris, Claus-Wilhelm: „Methodenlehre der Rechtswissenschaft“, 3. Auflage, Berlin 1995, Zit.: Larenz/Canaris Methodenlehre.

Lepke, Achim: Kündigung bei Krankheit, Handbuch für die betriebliche, anwaltliche und gerichtliche Praxis, 12. Auflage, Berlin 2006, Zit.: Lepke, Kündigung bei Krankheit

Löwisch, Manfred/Kaiser, Dagmar: Betriebsverfassungsgesetz, Kommentar, 5. Auflage, Heidelberg 2002, Zit.: Löwisch/Kaiser BetrVG.

Mackensen, Lutz: Deutsches Wörterbuch, München 1986, Zit.: Mackensen, Deutsches Wörterbuch.

Mehrhoff, Friedrich/Schönle, Paul W. (Hrsg.): Betriebliches Eingliederungsmanagement. Leistungsfähigkeit von Mitarbeitern sichern. Interdisziplinäre Schriften zur Rehabilitation, Stuttgart 2006, Zit.: BEM-Schriften/Autor.

Moll, Wilhelm (Hrsg.): Münchener Anwalts Handbuch Arbeitsrecht, München 2005, Zit.: MünchAnwHdBuch

Müller-Glöge, Rudi/Preis, Ulrich/Schmidt, Ingrid: Erfurter Kommentar zum Arbeitsrecht, 8. Auflage, München 2008, Zit.: ErfK/Bearbeiter.

Müller-Wenner, Dorothee/Schorn, Ulrich: SGB IX Teil 2, Besondere Regelungen zur Teilhabe schwerbehinderter Menschen (Schwerbehindertenrecht); Kommentar, München 2003, Zit.: Müller-Wenner u.a. SGB IX/Bearbeiter.

Neumann, Volker (Hrsg.):Rehabilitation und Teilhabe behinderter Menschen, Handbuch SGB IX, 10. Auflage, Baden-Baden 2004, Zit.: Neumann u.a. Handbuch/Bearbeiter.

–/Pahlen, Ronald: Schwerbehindertengesetz. Gesetz zur Sicherung der Eingliederung Schwerbehinderter in Arbeit, Beruf und Gesellschaft, Kommentar, 9. Auflage, München 1999, Zit.: Neumann u.a. SchwbG.

–/Majerski-Pahlen, Monika: Sozialgesetzbuch IX – Rehabilitation und Teilhabe behinderter Menschen, Kommentar, 11. Auflage, München 2005, Zit.: Neumann u.a. SGB IX/Bearbeiter.

Palandt, Otto/Bassenge, Peter: Bürgerliches Gesetzbuch mit Einführungsgesetz (Auszug), Allgemeines Gleichbehandlungsgesetz (Auszug), Informationspflichten-Verordnung, Unterlassungsklagengesetz, Produkthaftungsgesetz, Erbaurechtsverordnung, Wohnungseigentumsgesetz, Hausratsverordnung, Vormünder- und Betreuervergütungsgesetz, Lebenspartnerschaftsgesetz, Gewaltschutzgesetz (Auszug), 66. Auflage, München 2007, Zit.: Palandt/Bearbeiter.

Pfarr, Heide/Ullmann, Karen/Bradtke, Marcus/Schneider, Julia/Kimmich, Martin/Bothfeld, Silke: „Der Kündigungsschutz zwischen Wahrnehmung und Wirklichkeit. Betriebliche Erfahrungen mit der Beendigung von Arbeitsverhältnissen“, Projekt Regulierung des Arbeitsmarktes (REGAM), WSI in der Hans-Böckler-Stiftung, 1. Auflage, München/Mering 2005, Zit.: Pfarr u.a.

Reich, Andreas: Bundespersonalvertretungsgesetz, Kommentar, Bad Honnef 2001, Zit.: Reich BPersVG.

Richardi, Reinhard (Hrsg.): Betriebsverfassungsgesetz mit Wahlordnung, Kommentar, 9. Auflage, München 2004, Zit.: Richardi u.a. BetrVG/Bearbeiter.

–/Dietz, Rolf: Bundespersonalvertretungsgesetz mit Wahlordnung, Kommentar unter Berücksichtigung der Landespersonalgesetze, 2. Band: § 53 – Schluss, München 1978, Zit.: Richardi/Dietz BPersVG.

Röhl, Klaus F.: „Allgemeine Rechtslehre. Ein Lehrbuch.“, 2. Auflage, Köln 2001, Zit.: Röhl Rechtslehre.

Rüthers, Bernd: „Rechtstheorie. Begriff, Geltung und Anwendung des Rechts.“, 2. Auflage, München 2005, Zit.: Rüthers Rechtstheorie.

Säcker, Franz Jürgen/Rixecker, Roland (Hrsg.): Münchener Kommentar zum Bürgerlichen Gesetzbuch, 4. Auflage, München 2005, Zit.: MüKo/Bearbeiter.

Sauer, Wilhelm: „Juristische Methodenlehre. Zugleich eine Einleitung in die Methodik der Geisteswissenschaften“, Aalen 1970, Zit.: Sauer Methodenlehre.

Schaub, Günter/Koch, Ulrich/Linck, Rüdiger: Arbeitsrechtshandbuch, Systematische Darstellung und Nachschlagewerk für die Praxis, München 2005, Zit: Schaub u.a. ArbRHdBuch/Bearbeiter.

Schneider, Hans: „Gesetzgebung", 3. Auflage, Heidelberg 2002, Zit.: Schneider Gesetzgebung.

Schubert, Michael: Der Anwalt im Arbeitsrecht, Handbuch für die Beratung und Vertretung von Arbeitnehmern, 2. Auflage, Frankfurt a.M. 2004, Zit.: Schubert Anwalt im Arbeitsrecht.

Söllner, Alfred/Reinert, Hans Jochen: Personalvertretungsrecht, 1. Auflage, Baden-Baden 1985, Zit.: Söllner/Reinert PersVR.

Staudinger, J. von: Kommentar zum Bürgerlichen Gesetzbuch mit Einführungsgesetz und Nebengesetzen; Buch 1; Allgemeiner Teil; §§ 134–163; Allgemeiner Teil 4, Berlin 2003, Zit.: Staudinger.

Stege, Dieter/Weinspach, F.K./Schiefer, Bernd: Betriebsverfassungsgesetz, 9. Auflage, Köln 2002, Zit.: SWS.

Tschöpe, Ulrich (Hrsg.): Anwaltshandbuch Arbeitsrecht, 4. Auflage, Köln 2005, Zit.: Tschöpe/Bearbeiter.

Von Hoyningen-Huene, Gerrick/Linck, Rüdiger: Kündigungsschutzgesetz, Kommentar, 14. Auflage, München 2007, Zit.: v. Hoyningen-Huene/Linck.

Weber, Ulrich/Ehrich, Christian/Hörchens, Angela/Oberthür, Nathalie: Handbuch zum Betriebsverfassungsrecht, 2. Auflage, Köln 2003, Zit.: Weber u.a. Handbuch.

Weyand, Joachim/Schubert, Jens: Das neue Schwerbehindertenrecht, Leitfaden zum Deutschen Bundesrecht, 2. Auflage, Baden-Baden 2002, Zit: Weyand/Schubert.

Wlotzke, Ottfried/Preis, Ulrich: Betriebsverfassungsgesetz, Kommentar, 3. Auflage, München 2006, Zit.: Wlotzke/Preis/Bearbeiter.

Abkürzungsverzeichnis

a.A.	anderer Ansicht
a.a.O.	am angegebenen Ort
ABl.	Amtsblatt
Abs.	Absatz
a.E.	am Ende
a.F.	alte Fassung
AiB	Arbeitsrecht im Betrieb (Zeitschrift)
AIB	Institut für Arbeitsmarkt- und Berufsforschung der Bundesanstalt für Arbeit (Werkstattberichte)
Alt.	Alternative
Anm.	Anmerkung
AP	Arbeitsrechtliche Praxis (Loseblattsammlung)
ArbGG	Arbeitsgerichtsgesetz
ArbRB	Arbeits-Rechts-Berater (Zeitschrift)
Art.	Artikel
AuA	Arbeit und Arbeitsrecht (Zeitschrift)
Aufl.	Auflage
AuR	Arbeit und Recht (Zeitschrift)
BAG	Bundesarbeitsgericht
BAGE	Entscheidungen des Bundesarbeitsgerichtes
BB	Betriebs-Berater (Zeitschrift)
Bd.	Band
BDA	Bundesvereinigung Deutscher Arbeitgeberverbände
BetrVG	Betriebsverfassungsgesetz 1972
BetrVG 1952	Betriebsverfassungsgesetz 1952
BGB	Bürgerliches Gesetzbuch
BGH	Bundesgerichtshof
BGHZ	Entscheidungen des Bundesgerichtshofes in Zivilsachen
BGBl.	Bundesgesetzblatt
Bl.	Blatt
BPersVG	Bundespersonalvertretungsgesetz
br	Behindertenrecht (Zeitschrift)
BR	Bundesrat
BR-DrS.	Bundesratsdrucksache

BReg.	Bundesregierung
BR-PlPr.	Bundesrats-Plenarprotokoll
BSG	Bundessozialgericht
BT	Bundestag
BT-DrS.	Bundestagsdrucksache
BT-PlPr.	Bundestags-Plenarprotokoll
BVerfG	Bundesverfassungsgericht
BVerfGE	Entscheidungen des Bundesverfassungsgerichts
BVerwG	Bundesverwaltungsgericht
BVerwGE	Entscheidungen des Bundesverwaltungsgerichts
bzw.	beziehungsweise
d.h.	das heißt
dass.	dasselbe
DB	Der Betrieb (Zeitschrift)
ders./dies.	derselbe/dieselbe(n)
DGB	Deutscher Gewerkschaftsbund
DRiG	Deutsches Richtergesetz
DrS.	Drucksache
DVfR	Deutsche Vereinigung für Rehabilitation Behinderter
Einf.	Einführung
Einl.	Einleitung
EGV	Vertrag zur Gründung der Europäischen Gemeinschaft
EuGH	Europäischer Gerichtshof
EzA	Entscheidungssammlung zum Arbeitsrecht (Loseblattsammlung)
ff.	folgende
FA	Fachanwalt Arbeitsrecht (Zeitschrift)
Fn.	Fußnote
GdB	Grad der Behinderung
GG	Grundgesetz
GOBT	Geschäftsordnung des Bundestages
GK	Gemeinschaftskommentar
GS	Großer Senat
h.L.	herrschende Lehre
HS	Halbsatz (bei Paragraphenangabe)
Hrsg.	Herausgeber
i.E.	im Ergebnis
insb.	insbesondere
i.S.v.	im Sinne von
i.Ü.	im Übrigen

i.V.m.	in Verbindung mit
JR	Juristische Rundschau (Zeitschrift)
KSchG	Kündigungsschutzgesetz
LAG	Landesarbeitsgericht
lit.	Buchstabe
LPersVG	Landespersonalvertretungsgesetz
LRiG	Landesrichtergesetz
MDR	Monatsschrift des deutschen Rechts (Zeitschrift)
m.w.N.	mit weiteren Nachweisen
n.F.	neue Fassung
NJW	Neue Juristische Wochenschau (Zeitschrift)
Nr.	Nummer
NZA	Neue Zeitschrift für Arbeitsrecht (Zeitschrift)
NZA-RR	Neue Zeitschrift für Arbeitsrecht-Rechtsprechungsreport (Zeitschrift)
PersV	Die Personalvertretung (Zeitschrift)
PersVG	Personalvertretungsgesetz
R	Rückseite (in Verbindung mit Seitenangabe in Fußnote, z.B. Bl. 544 R)
RdA	Recht der Arbeit (Zeitschrift)
Rdnr.	Randnummer
RGBl.	Reichsgesetzblatt
Rspr.	Rechtsprechung
S.	Satz (bei Gesetzen); Seite (bei Literaturangaben in Fußnoten)
s.	siehe
SAE	Sammlung Arbeitsrechtlicher Entscheidungen
SchwbG	Schwerbehindertengesetz
SchwBeschG	Schwerbeschädigtengesetz
SGB IX	Sozialgesetzbuch Neuntes Buch (IX) – Rehabilitation und Teilhabe behinderter Menschen
SoSi	Soziale Sicherheit (Zeitschrift)
st. Rspr.	ständige Rechtsprechung
u.a.	und andere
v.	vor, von, vom
vgl.	vergleiche
z.B.	zum Beispiel
ZfA	Zeitschrift für Arbeitsrecht
zit.	zitiert
ZSR	Zeitschrift für Sozialreform (Zeitschrift)

ZPO	Zivilprozessordnung
ZZP	Zeitschrift für den Zivilprozess (Zeitschrift)

1. Kapitel: Einleitung

Durch Artikel 1 des „Gesetzes zur Förderung der Ausbildung und Beschäftigung schwerbehinderter Menschen" vom 23.04.2004[1] hat der Gesetzgeber mit Wirkung zum 01.05.2004 Änderungen im Neunten Buch des Sozialgesetzbuches[2] vorgenommen, die für die betriebliche Praxis von hoher Relevanz sind.

An der gesenkten Beschäftigungsquote wurde festgehalten, das Verfahren zur Feststellung der Schwerbehinderteneigenschaft wurde modifiziert und Ausnahmeregelungen im besonderen Kündigungsschutz neu gestaltet.

A. Das betriebliche Eingliederungsmanagement

Noch weitgehend unbemerkt vollzog sich jedoch auch eine weitere Neuerung: Im Schwerbehindertenrecht[3] wurde die Norm des § 84 Abs. 2[4] neu gefasst und ein sogenanntes „betriebliches Eingliederungsmanagement" geschaffen. § 84 Abs. 2 lautet:

> *[1] Sind Beschäftigte innerhalb eines Jahres länger als sechs Wochen ununterbrochen oder wiederholt arbeitsunfähig, klärt der Arbeitgeber mit der zuständigen Interessenvertretung im Sinne des § 93, bei schwerbehinderten Menschen außerdem mit der Schwerbehindertenvertretung, mit Zustimmung und Beteiligung der betroffenen Person die Möglichkeiten, wie die Arbeitsunfähigkeit möglichst überwunden werden und mit welchen Leistungen oder Hilfen erneuter Arbeitsunfähigkeit vorgebeugt und der Arbeitsplatz erhalten werden kann (betriebliches Eingliederungsmanagement).[2] Soweit erforderlich wird der Werks- oder Betriebsarzt hinzugezogen.[3] Die betroffene Person oder ihr gesetzlicher Vertreter ist zuvor auf die Ziele des betrieblichen Eingliederungsmanagements sowie auf Art und Umfang der hierfür erhobenen und verwendeten Daten hinzuweisen.[4] Kommen Leistungen zur Teilhabe oder begleitende Hilfen im Arbeitsleben in Betracht, werden vom Arbeitgeber die örtlichen gemeinsamen Servicestellen oder bei schwerbehinderten Beschäftigten das Integrationsamt hinzugezogen.[5] Diese wirken darauf hin, dass die erforderlichen Leistungen oder Hilfen unverzüglich beantragt und innerhalb der Frist des § 14 Abs. 2 Satz 2 erbracht werden.[6] Die zuständige Interessenvertretung im Sinne des § 93, bei schwerbehinderten Menschen außerdem die Schwerbehindertenvertretung, kön-*

---

1 BGBl. I S. 606.
2 Im Folgenden SGB IX genannt.
3 2. Teil des SGB IX; §§ 80 ff.
4 Paragraphen ohne Angabe des Gesetzes sind solche des SGB IX.

nen die Klärung verlangen.[7] Sie wachen darüber, dass der Arbeitgeber die ihm nach dieser Vorschrift obliegenden Verpflichtungen erfüllt.

Nach § 84 Abs. 3 schließlich können die Rehabilitationsträger und Integrationsämter Arbeitgeber, die ein betriebliches Eingliederungsmanagement einführen, durch Prämien oder einen Bonus fördern.

Die Vorschrift widmet sich somit der betriebliche (Gesundheits-) Prävention und steht damit im Zusammenhang mit der internationalen und von der ILO[5] getragenen Bewegung, die unter dem Begriff des „Disability Managements" zusammengefasst wird und dem sich auch in den westlichen Industrienationen vollziehenden demographischen Wandel und daraus resultierenden Beschäftigungsproblemen entgegenwirken soll[6]. Dabei verfolgt das betriebliche Eingliederungsmanagement laut Empfehlung des Bundesministeriums für Gesundheit und Soziale Sicherung[7] das Ziel „im Betrieb mit den dort vorhandenen Akteuren und Strukturen sowie unter Nutzung der dort gegebenen oder herstellbaren spezifischen Potentiale, Menschen gesund und arbeitsfähig zu erhalten."[8] Die Norm knüpft dabei an den bereits in § 3 niedergelegten Präventionsgedanken an, wonach „ die Rehabilitationsträger (darauf hinwirken), dass der Eintritt einer Behinderung einschließlich einer chronischen Krankheit vermieden wird" und schafft eine Verfahrensregelung zur frühzeitigen Abwehr gesundheitsbedingter Gefährdungen des Arbeitsverhältnisses.

Die bisherige Regelung des § 84 Abs. 2 wurde dabei erweitert und stärker auf die betrieblichen Akteure bezogen. Kooperation soll ein Mittel zur Bewältigung derjenigen Aufgaben sein, die nunmehr vor allem auf den Arbeitgeber zukommen. Da dieser am erkrankten Beschäftigten „am nächsten dran ist"[9], wird ihm die Rolle des „Frühwarners und Kümmerers"[10] zugewiesen. Das bestehende System betrieblichen Gesundheitsmanagements (beinhaltend Arbeits- und Gesundheitsschutz sowie Gesundheitsförderung)[11] wird ergänzt, vorhandene Kräfte werden gebündelt.

So unmissverständlich sich der Gesetzgeber bei der Formulierung seiner Ziele in der Norm auch ausgedrückt haben mag – die neue Regelung lässt in zahlrei-

---

5 International Labour Organisation; www.ilo.org.

6 Jünger S. 1 BEM; BEM-Schriften/Knufmann-Happe, S. 14 f.

7 Im Folgenden BMGS genannt.

8 Zitiert in: „Empfehlungen zur Erbringung von Prämien zur Einführung eines betrieblichen Eingliederungsmanagements" zur Vereinheitlichung der Vergabepraxis bei Prämien und Boni des Senators für Arbeit, Frauen, Gesundheit, Jugend und Soziales der Freien Hansestadt Bremen.

9 Jünger S. 2.

10 BEM-Schriften/Mehrhoff, S. 9,11.

11 BEM-Schriften/Kaiser, S. 74.

chen Bereichen an Klarheit vermissen und wirft eine Vielzahl von für die betriebliche Praxis relevanten Fragen auf.

Anlass dieser Arbeit ist es, die bislang nicht oder nur ansatzweise diskutierten Probleme hinsichtlich der arbeitsrechtlichen Implikationen der Norm näher zu untersuchen:

Das 2. Kapitel widmet sich zunächst der grundlegenden Frage nach dem Anwendungsbereich der Norm in persönlicher und sachlicher Hinsicht, während im 3. Kapitel die Beteiligungsrechte und Pflichten der Interessenvertretungen, die Pflichten des Arbeitgebers und das Zustimmungserfordernis des Betroffenen beleuchtet werden. Im 4. Kapitel werden die Folgen eines unterbliebenen betrieblichen Eingliederungsmanagements im Hinblick auf den Kündigungsschutz und etwaige Schadensersatzforderungen erörtert. Das 5. Kapitel fasst die Ergebnisse der Arbeit noch einmal thesenhaft zusammen.

B. Gesetzgeberische Motive für § 84 Abs. 2 n.F.

Die Neufassung des § 84 Abs. 2 nahm ihren Beginn durch einen Entwurf der Fraktionen SPD und Bündnis90/Die Grünen vom 21.10.2003 für ein „Gesetz zur Förderung der Ausbildung und Beschäftigung schwerbehinderter Menschen“[12]. In diesem (mit einem Entwurf der Bundesregierung vom 17.10.2003[13] inhaltlich übereinstimmenden) Entwurf finden sich inhaltlich diejenigen Regelungen wieder, die heute gesetzlich verankert sind. So ist der vorgeschlagene § 84 Abs. 2 dem Entwurf entsprechend Gesetz geworden. Der Entwurf der Prämienregelung war zwar zunächst in § 83 als ein Absatz 2 b vorgesehen, findet sich nunmehr aber wortgleich in § 84 Abs. 3 wieder.

I. Anlass der Neuregelung

Leitgedanken der Novelle waren Integration, gleichberechtigte Teilhabe und Gleichstellung behinderter Menschen, insbesondere im Hinblick auf die Beschäftigungssituation. Es sollten die Kräfte der betrieblichen und außerbetrieblichen Akteure durch Schaffung eines erweiterten zentralen Steuerungsinstruments der kooperativen Zusammenarbeit gebündelt und so ein durch differierende Kompetenzen und Verfahrensweisen entstehender Reibungsverlust zum Nachteil des Betroffenen abgebaut werden. Die Notwendigkeit gesetzgeberischen Tätigwerdens

12 BT-DrS. 15/1783.
13 BR-DrS. 746/03.

wurde dabei im Wesentlichen auf drei miteinander korrespondierende Schwerpunkte gestützt:

1. Arbeitslosigkeit schwerbehinderter Menschen

In ihrem Gesetzesentwurf[14] berufen sich die o.g. Initiatoren zur Begründung gesetzgeberischen Handlungsbedarfs zunächst auf den von der Bundesregierung erstatteten Bericht über die Beschäftigungssituation schwerbehinderter Menschen vom 20. 06. 2003[15]. Dieser enthält Statistiken, die einen Abbau der Arbeitslosigkeit Schwerbehinderter von rund 24 Prozent in der Zeit von Oktober 1999 bis Oktober 2002 aufzeigen:

Basierend auf den Angaben der (damals noch sogenannten) Bundesanstalt für Arbeit und zusammengestellt vom BMGS[16], waren im September 1999 bundesweit 191.166 arbeitslose schwerbehinderte Menschen registriert[17]. Während sich die vergleichbaren Zahlen der Vorjahre 1990 bis 1997 kontinuierlich erhöht hatten, weil dem Rückgang der Arbeitslosigkeit in den alten Bundesländern eine Überkompensation durch Anstieg in den neuen Bundesländern gegenüber stand[18], ist dem Bericht der Bundesregierung zu entnehmen, dass sich allgemeine Arbeitslosigkeit und Arbeitslosigkeit Schwerbehinderter gegenläufig entwickelt haben. Es ist danach ein Rückgang der Schwerbehindertenarbeitslosigkeit von rund 24 Prozent zu verzeichnen. Waren im Oktober 1999 noch 189.766 Schwerbehinderte arbeitslos, so traf dies im Oktober 2002 nur noch auf 144.292 Schwerbehinderte zu.[19] Der letztgenannten Zahl hinzuzurechnen bleibt allerdings noch die Zahl derer, die aufgrund von Arbeits- und Strukturanpassungsmaßnahmen Beschäftigung befunden hatten. Diese zu addierende Zahl beläuft sich auf 169, so dass von einer tatsächlichen Vergleichzahl im Jahre 2002 in Höhe von 144.461 Menschen[20] auszugehen ist. Die spezifische Arbeitslosenquote schwerbehinderter Menschen im gesamten Bundesgebiet reduzierte sich so im maßgeblichen Zeitraum von 17,7 % auf 14,2 %[21] (ohne Berücksichtigung der von Arbeits- und Strukturanpassungsmaßnahmen Betroffenen). Den weitaus größten Teil derer machten dabei im gesamten Erhebungszeitraum die schwerbehinderten Menschen

14 BT-DrS. 15/1783 S. 10.
15 BT-DrS. 15/1295.
16 BT-DrS. 15/1295 S. 17.
17 BT-DrS. 15/1295 S. 17.
18 BT-DrS. 15/1295 S. 17.
19 BT-DrS. 15/1295 S. 17.
20 Bericht der BReg. BT-DrS. 15/1295 S. 17.
21 BT-DrS. 15/1295 S. 19.

in der Altersgruppe zwischen 55 und 60 Jahren aus, sowohl bei den Frauen, als auch bei den Männern.[22]

In dieser Altersgruppe war bei beiden Geschlechtern im maßgeblichen Zeitraum ein Rückgang der Arbeitslosenquote um auffällige 48 %[23] zu verzeichnen. Auch bei der allgemeinen Arbeitslosigkeit lag in dieser Altersgruppe ein Rückgang um 43 % vor.[24] Bei der Entwicklung spezifischer Arbeitslosigkeit nur Schwerbehinderter im Zeitraum von Oktober 2002 bis April 2003 in allen Altersgruppen gemeinsam zeichnete sich hingegen ein Anstieg der Schwerbehindertenarbeitslosigkeit von 3,7 % auf 3,8 % an der Gesamtarbeitslosigkeit ab.[25] Die Quote in den neuen Bundesländern war dabei mit 29,4% gegenüber der in den alten Bundesländern mit 14,6 % mehr als doppelt so hoch.

Ungeachtet dieser negativen Zwischenbilanz von Oktober 2002 bis April 2003 werten die Gesetzesinitiatoren den Gesamtrückgang der spezifischen Arbeitslosigkeit um insgesamt 24 % als erfolgreiches Ergebnis der bislang eingeschlagenen „Politik zur Sicherung der selbstbestimmten Teilhabe behinderter Menschen."[26] Darüber hinaus hätten, so die Initiatoren, auch die zahlreichen Kampagnen, insbesondere die von der Bundesregierung initiierte Kampagne „50.000 Jobs für Schwerbehinderte"[27] sowie das Gesetz zur Bekämpfung der Arbeitslosigkeit Schwerbehinderter aus dem Jahre 2000[28] dazu beigetragen, Schwerbehinderten Beschäftigung zu vermitteln. Zu verdanken sei dieser Erfolg dabei, so heißt es von Seiten der SPD, der Tatsache, dass alle, die für die Beschäftigung Behinderter Verantwortung tragen würden, das gemeinsam entwickelte Konzept auch in gemeinsamer sozialer Verantwortung umgesetzt hätten.[29] Es sei also Ergebnis der Kooperation aller Beteiligten innerhalb und außerhalb des Betriebes, dass eine drastische Reduzierung der Arbeitslosigkeit überhaupt möglich gewesen sei. Anknüpfend an diese Zusammenarbeit findet sich im Gesetzesentwurf dann auch die Aussage, man (die Bundesregierung[30]) strebe an, „mit den Beteiligten die Fortsetzung der bisherigen äußerst erfolgreichen Initiative zur Teilhabe schwerbehinderter Menschen am Arbeitsleben auf der Grundlage der weiterentwickelten gesetzlichen Rahmenbedingungen zu vereinbaren".[31] Da-

22 BT-DrS. 15/1295 S. 19 und 20.
23 BT-DrS. 15/1295 S. 20.
24 BT-DrS. 15/1295 S. 20.
25 BT-DrS. 15/1295 S. 34.
26 BT-DrS. 15/1783 S. 10.
27 BT-DrS. 15/1295 S. 4 und 5.
28 Gesetz vom 29. 09.2000, BGBl. I S. 1394.
29 BT-DrS. 15/1783 S. 10.
30 Die einen gleichlautenden Gesetzesentwurf eingebracht hatte.
31 BT-DrS. 15/1783 S. 11.

mit sollten „die Anstrengungen aller Beteiligten erneut gebündelt werden und die Ausbildungs- und Beschäftigungssituation behinderter, insbesondere schwerbehinderter Menschen dauerhaft verbessert werden“.[32]

Es sollten also die bisherigen Regelungen zur Zusammenarbeit betrieblicher und externer Beteiligter weiter ausgebaut werden. Habe dies schon einmal in geringerem Umfang zur Herabsetzung der Arbeitslosigkeit beigetragen, so, so nimmt man wohl an, werde es dies noch mehr tun, wenn die bisherigen Regelungen noch mehr ausgeweitet werden. Die einmal erreichte Beschäftigung schwerbehinderter Menschen solle durch Ausbau der Prävention im Sinne von „Rehabilitation statt Entlassung“[33] gesichert werden[34]. Dabei könne an die durch die bisherige Politik eingeführten Änderungen und gesetzlichen Eckpfeiler angeknüpft werden.[35] Dies sei auch insoweit geboten, als dass die zur Verfügung stehenden Instrumente bislang nicht ausreichen genutzt würden und schon insoweit ausbauungsbedürftig seien.[36] Das erzielte Ergebnis sei darüber hinaus bereits durch die allgemeine wirtschaftliche Lage Deutschlands inzwischen wieder geschmälert worden[37]; dem müsse durch eine Gesetzesinitiative entgegengewirkt werden.[38] Anlass für die Gesetzesinitiative war es demnach, die bislang erreichten Erfolge zu sichern und durch weiteren Ausbau der geschaffenen Instrumentarien weitere Erfolge zu ermöglichen.

In Umsetzung dieser Vorstellungen ist der neue § 84 Abs. 2 geschaffen worden, der die genannte Zusammenarbeit der bezeichneten Stellen normiert und dessen Präventionsgedanke erweitert wurde. Zudem wurde auch der mögliche Regelungsinhalt einer betrieblichen Integrationsvereinbarung um den Aspekt des betrieblichen Eingliederungsmanagements erweitert, § 83 Abs. 2 a Nr. 5 SGB IX.

2. *Krankheitsbedingter Arbeitsplatzverlust*

Weiterer Anlass der Fraktionen für die Gesetzesinitiative war auch der Zuwachs der Arbeitslosenquote aufgrund krankheitsbedingter arbeitgeberseitiger Kündigung. Dies zeigt sich schon am Ergebnis der Novelle. Der Wortlaut des § 84 Abs. 2 verhält sich ausdrücklich über die Vermeidung krankheitsbedingten Arbeitsplatzverlustes und legt dies als Ziel betrieblichen Eingliederungsmanagements fest. Zwar finden sich in dem als Grundlage des Gesetzesentwurfes verstandenen

32 a.a.O.
33 BT-DrS. 15/1295 S. 37.
34 BT-DrS. 15/1783 S. 10.
35 BT-DrS 15/1783 S. 10.
36 Karl Hermann Haack (SPD) in: BT-PlPr. 15/78 S. 7682 (B).
37 Franz Thönnes, Parlamentarischer Staatssekretär, in: BT-PlPr. 15/78 S. 7682 (B).
38 Ders. a.a.O.

und ausdrücklich darin zitierten Bericht der Bundesregierung lediglich Statistiken zu den Zahlen bezüglich eines Abgangs *aus* der Arbeitslosigkeit wegen Krankheit[39] und nicht *in* dieselbe. Daher kann dieses Ziel dem Bericht nicht ausdrücklich entnommen werden.

Im Gesetzesentwurf selbst wird auf diese Problematik jedoch dadurch Bezug genommen, dass ausgeführt wird, durch eine Neuregelung von § 84 Abs. 2 werde der Gesundheitsprävention am Arbeitsplatz ein stärkerer Stellenwert eingeräumt[40]. Zwar seien bezüglich der alten Regelung des § 84 noch keinerlei Wirkungen abschätzbar;[41] die Rückmeldungen der Integrationsämter seien „unterschiedlich“ und gingen vermehrt dahin, dass vor Zustimmungsbeantragung zur Kündigung eines Schwerbehinderten nach § 85 gerade noch keine vermehrte Prävention stattgefunden habe[42]. Dies ließe eigentlich darauf schließen, dass man bisherige Maßnahmen und verzeichnete Erfolge nicht zwingend in einen Kausalzusammenhang bringen kann. „Die Zahlen“, so Vertreter aus SPD-Reihen, belegten jedoch, dass noch immer viele Abgänge in die Arbeitslosigkeit aus Krankheitsgründen erfolgten.[43] Welche Zahlen dies sind, bleibt dem Leser der Gesetzesbegründung indes verborgen; es wird weder auf eine Quelle Bezug genommen, noch werden im Entwurf selber diese Zahlen genannt. Nach Angaben des Deutschen Gewerkschaftsbundes aus dem Jahre 2004, knapp ein Jahr nach Entstehung des Gesetzesentwurfes, sollen sich diese auf 500.000 Arbeitnehmer jährlich belaufen.[44] Nach Angaben einiger Politiker im Rahmen der ersten Lesung des Gesetzesentwurfes im Bundestag sei dabei ein Großteil dieser Abgänge in die Arbeitslosigkeit (teilweise ist sogar von einem Drittel die Rede[45]), durch Maßnahmen des betrieblichen Arbeitsschutzes und der betrieblichen Gesundheitsförderung vermeidbar.[46] „Rehabilitation vor Entlassung“[47] und „Rehabilitation statt Entlassung“[48] müsse daher das Ziel sein, welchem der Ausbau der „weichen Maßnahme“[49] betrieblicher Prävention diene[50]. Angesichts der Bezugnahme auf – wenn auch unbekannte – „Zahlen“, war also auch die Zahl krankheitsbedingter Kündigungen Anlass für den Gesetzesentwurf. Jedenfalls sollte ein An-

39 BT-DrS. 15/1295 S. 21.
40 BT-DrS. 15/1783 S. 16.
41 BT-DrS. 15/1295 S. 26.
42 BT-DrS. 15/1295 a.a.O.
43 BT-DrS. 15/1295 S. 26.
44 DGB Wir wollen ins Boot S. 5.; ders. Stellungnahme, Referentenentwurf S. 2.
45 Markus Kurth (Bündnis90/Die Grünen) in: BT-PlPr. 15/70 Anlage 6.
46 Franz Thönnes BT-PlPr. 15/78 S. 7683 (A).
47 Franz Thönnes in: BR-PlPr. 796 S. 8 (C).
48 Franz Thönnes in: BT-PlPr. 15/87 S. 7683 (A).
49 Markus Kurth (Bündnis90/Die Grünen) in: BT-PlPr. 15/87 S. 7685 (B).
50 Franz Thönnes in: BT-PlPr. 15/87 S. 7683 (A).

stieg dieser für die Zukunft vermieden werden. Die Umsetzung eines solchen Anlasses spiegelt sich in jedem Falle in der Gesundheitspräventionsnorm des neuen § 84 Abs. 2 SGB IX wider.

3. Kosten der Sozialkassen

Zuletzt muss, wenn auch im Gesetzesentwurf und im Bericht der Bundesregierung ebenfalls nicht erwähnt, aufgrund von Stellungsnahmen von Abgeordneten der Initiatoren davon ausgegangen werden, dass zumindest auch die Kosten der Sozialkassen Anlass und Beweggrund für die Gesetzesinitiative waren. So wurde im Rahmen der „Werbung“ für die Zustimmung zu diesem Gesetzesentwurf angeführt, die krankheitsbedingten Abgänge aus der Beschäftigung in die Arbeitslosigkeit würden die Sozialkassen langfristig stark belasten. Im Jahre 1998 seien so direkte und indirekte Krankenkosten in Höhe von 50 Milliarden Euro entstanden.[51] „Jeder Euro, der in den Ausbau der Prävention investiert (werde), (zahle) sich mehrfach wieder aus.[52]

II. Gang des Gesetzgebungsverfahrens

Der so begründete Entwurf eines Gesetzes für die Förderung der Ausbildung und Beschäftigung schwerbehinderter Menschen schien zunächst – trotz einigen Widerstandes aus der Opposition – relativ unproblematisch zu verabschieden zu sein, waren sich doch alle Parteien über die Erstrebsamkeit des Ziels selbst einig. Der Entwurf wurde am 24.10.2003 in erster Lesung im Bundestag beraten.[53]

Das Gesetz sollte bereits am 01.01.2004 in Kraft treten.[54] Am 28.11.2003 jedoch, wurde der Gang des Gesetzesentwurfes vorerst durch den Bundesrat gestoppt. Auf Vorschlag des Ständigen Beirates[55] beschloss der Bundesrat, gemäß Artikel 76 Absatz 2 Satz 3 GG eine Verlängerung der Frist zur Stellungnahme zu verlangen[56]. Nach dieser Vorschrift kann der Bundesrat, statt binnen einer Frist von regulären sechs Wochen Stellung zu nehmen, aus wichtigem Grund, namentlich aus Rücksicht auf den Umfang einer Vorlage, eine Fristverlängerung auf insgesamt neun Wochen verlangen. Das Verlangen des Bundesrates wurde mit der

51 Franz Thönnes a.a.O.
52 Markus Kurth (Bündnis90/Die Grünen) in: BT-PlPr. 15/70 Anlage 6.
53 BT-PlPr. 15/70.
54 Artikel 7 Abs. 1 des Gesetzentwurfes, BT-DrS. 15/1783 S. 9.
55 BR-DrS. 746/1/03.
56 BR-PlPr. 794.

besonderen Komplexität der Materie und mithin im Sinne des Art. 76 Abs. 2 S. 3 GG begründet.[57]

Noch vor Ablauf dieser verlängerten Frist ging am 09.12.2003 die Empfehlung der Ausschüsse des Bundesrates ein.[58] In dieser Empfehlung legten es die Ausschüsse dem Bundesrat nahe, zu einer Überprüfung des Gesetzesentwurfes aufzufordern und gingen auf die hier relevanten neuen Regelungen der §§ 84 und 83 SGB IX wie folgt ein:

Zu der neuen Regelung des § 83 Abs. 2 b, dem heutigen *§ 84 Abs. 3*, in welchem die Möglichkeit einer Prämiengewährung eröffnet wird, empfahlen der federführende Ausschuss für Arbeit und Sozialpolitik sowie der Ausschuss für Innere Angelegenheiten, in die Stellungnahme des Bundesrates aufzunehmen, die Regelung sei ersatzlos zu streichen.[59] Zur Begründung wurde angeführt, das betriebliche Eingliederungsmanagement sei zwar „ein wichtiger Beitrag zur leistungsgerechten Beschäftigung und zur Wirksamkeit präventiver Maßnahmen, sowie ein qualifiziertes Instrument zur Konkretisierung und Umsetzung der Arbeitgeberpflichten (§§81 und 84). (...) Der Arbeitgeber (könne) jedoch bei der Erfüllung seiner Aufgaben auf die Unterstützung des Integrationsamtes zurückgreifen. Prämien (seien) deshalb nicht erforderlich, zumal sie hinsichtlich ihrer Zielsetzung und Ausgestaltung nicht näher bestimmt (seien)".[60]

Zur vorgeschlagenen Regelung des *§ 84 Abs. 2* (in seiner heutigen Fassung) empfahl der Wirtschaftsausschuss dem Bundesrat, wie folgt Stellung zu nehmen: Auch diese Regelung sei ersatzlos zu streichen. Sie widerspreche dem „allgemein anerkannten Bestreben nach Deregulierung und Verminderung des Verwaltungsaufwandes für Arbeitgeber".[61] Der mit der Regelung verursachten Erhöhung eines arbeitgeberseitigen Verwaltungsaufwandes stünden „keine Vorteile gegenüber".[62] Materiellrechtlich bemängelte der Wirtschaftsausschuss, häufig könne nach der geplanten Sechs-Wochen-Frist der Arbeitsunfähigkeit noch nicht entscheiden werden, „ob und gegebenenfalls wie das Beschäftigungsverhältnis mit dem Betroffenen fortgesetzt werden (könne)".[63] Verbesserungen könne die Regelung nicht nur für die Arbeitgeber, sondern gleichfalls für die Beschäftigungssituation behinderter Menschen nicht herbeiführen. Es sei im Gegenteil vielmehr so, dass es nach dem geplanten Wortlaut der Norm „möglich (erscheine), dass der

57 BR-PlPr.794.
58 BR-DrS. 746/2/03.
59 BR-DrS. 746/2/03 S. 24.
60 BR-DrS. 746/2/03 S. 24.
61 BR-DrS. 746/2/03 S. 25.
62 BR-DrS. 746/2/03 S. 25.
63 BR-DrS. 746/2/03 S. 25.

Arbeitgeber Schwerbehindertenvertretung und Interessenvertretung im Sinne des § 93 SGB IX ohne Einverständnis des Betroffenen (einschalte)".[64]

Der Bundesrat beschloss unter dem 19.12.2003 mehrheitlich, diese Ausschussempfehlungen anzunehmen[65] und nahm am gleichen Tag entsprechend Stellung[66]. Der Ausschuss für Gesundheit und Soziale Sicherung gab darauffolgend am 14.01.2004 dem Bundestag seinen Bericht und die Beschlussempfehlung an den Bundestag ab mit dem Inhalt, die Regelung des § 83 Abs. 2 b werde entsprechend dem Vorschlag des Bundesrates gestrichen – jedoch in § 84 Abs. 3 vorgesehen. Zur Begründung wurde angegeben, eine Verschiebung innerhalb der Normen sei geboten, um klarzustellen, dass sich die Prämienregelung nicht auf den Abschluss von Integrationsvereinbarungen im Sinne des § 83 beziehen solle, sondern vielmehr einen Anreiz zur Einführung betrieblichen Eingliederungsmanagements darstellen solle.[67] Zugleich werde die Regelung um die Möglichkeit einer Bonusregelung erweitert.[68] Darüber hinaus empfahl der Ausschuss, dem § 84 Abs. 2 einen Satz 7 anzufügen, welcher der Interessen- und der Schwerbehindertenvertretung ein Überwachungsrecht einräumt[69].

Dieser Ausschussempfehlung schloss sich der Bundestag am 16.01.2004 an und nahm das so geänderte Gesetz mit den Stimmen von SPD, Bündnis90/Die Grünen und FDP gegen die Stimmen von CDU/CSU und PDS an.[70]

Die Einwände, die Abgeordnete der den Entwurf ablehnenden Parteien CDU und CSU anzumerken hatten, bezogen sich hinsichtlich des hier relevanten Gesetzesteils hauptsächlich auf den erstgenannten Anlass für den Gesetzesentwurf, der Reduzierung der Arbeitslosigkeit unter den Schwerbehinderten. So konzentrierte sich die Kritik darauf, das Argument, bisherige Maßnahmen seien erfolgreich gewesen, weshalb diese nunmehr ausgebaut werden müssten, anzugreifen. Vorgeworfen wurde insbesondere, dass die Regierungsparteien sich der tatsächlichen Lage auf dem Arbeitsmarkt verschlössen und zwar bereit seien, Missstände zu beheben, nicht aber, diese zu erkennen.[71] So hätten diese Parteien mit der Berufung auf eine Reduzierung der spezifischen Arbeitslosigkeit um 24 % viel Lob für sich übrig; tatsächlich jedoch sei dieser Rückgang der Tatsache zu „verdanken", dass eine große Anzahl Schwerbehinderter in die Frühverrentung gegangen

64 BR-DrS. 746/2/03 S. 25.
65 BR-PlPr. 795 S. 492 (B).
66 BR-DrS. 746/03.
67 BT-DrS. 15/2357 S. 24.
68 BT-DrS. 15/2357 S. 24.
69 BT-DrS. 15/2357 S. 24.
70 BT-PlPr. 15/87 S. 7699.
71 Hubert Hüppe (CDU/CSU) in: BT-PlPr. 15/87 S. 7688 (B).

seien.[72]. Von Erfolg könne mithin keine Rede sein. Dies ergebe sich schon daraus, dass der größte Rückgang in der Arbeitslosigkeit bei den über 55-jährigen Schwerbehinderten zu verzeichnen sei. Die initiierenden Parteien wollten sicher nicht erklären, so die Kritiker, dass ausgerechnet in dieser Altersklasse die erfolgreichste Eingliederung gelungen sei.[73] Es handele sich bei der Reduzierung somit lediglich um Abgänge aus der Arbeitslosenstatistik, nicht jedoch um eine erfolgreiche Arbeitsplatzvermittlung oder betriebliche Eingliederung[74], an die möglicherweise anzuknüpfen sein könne. Von einer Verbesserung der Situation könne auch deshalb keine Rede sein, weil die Zahlen aus dem Dezember 2003 belegten, das zu diesem Zeitpunkt 168.951 Schwerbehinderte arbeitslos gemeldet gewesen seien, was einem Zuwachs im Vergleich zum Vorjahr von 13.000 Schwerbehinderten und damit 8,1 % entspräche.[75] Durch weitere Reglementierungen könne zudem eine Absenkung der Arbeitslosenquote nicht erreicht werden. Angesichts der Tatsache, dass im Jahre 2003 400.000 Arbeitsplätze vernichtet bzw. 40.000 Arbeitsplätze monatlich ins Ausland abwanderten[76] und es schon schwer sei, Arbeitsplätze für Nichtbehinderte zu schaffen, sei es umso schwieriger, solche für behinderte Menschen bereitzustellen.[77] Während die Arbeitslosigkeit im Jahre 2003 um 8 % gestiegen sei, habe die Statistik für die Arbeitslosigkeit Schwerbehinderter mit einer Quote von 16 % daher auch ihren „traurigen Höhepunkt“[78] erreicht. Den Zeitraum von September 2003 miteinbezogen, ergäbe sich eine Senkung der Arbeitslosigkeit um lediglich 11,7 %.[79] Es sei mithin kein durch bisherige Maßnahmen erreichter Erfolg einer 24 %- Senkung gegeben, an den mit dem vorliegenden Entwurf und einer Verstärkung bisheriger Maßnahmen weiter angeknüpft werden könne. Die im Gesetzesentwurf vorgeschlagenen Änderungen des SGB IX seien nicht der richtige Weg, Schwerbehinderten mehr Beschäftigung zu verschaffen. Nur ein wirtschaftliches Wachstum könne dazu führen, dass auch Menschen mit Behinderungen wieder mehr Chancen auf dem allgemeinen Arbeitsmarkt bekämen[80].

Der Bundesrat verweigerte seine Zustimmung zu dem modifizierten Gesetzesentwurf unter dem 13.02.2004 und rief den Vermittlungsausschuss an[81]. Die-

---

72 Hubert Hüppe (CDU/CSU) in: BT-PlPr. 15/87 S. 7687 (D).
73 Hubert Hüppe (CDU/CSU) in : BT-PlPr. 15/87 S. 7687 (D), 7688 (A).
74 Matthäus Strebl (CDU/CSU) in: BT-PlPr. 15/87 S. 7698 (A).
75 Hubert Hüppe (CDU/CSU) in: BT-PlPr. 15/87 S. 7688 (A).
76 Matthäus Strebl (CDU/CSU) in: BT-PlPr. 15/87 S. 7698 (A).
77 Matthäus Strebl (CDU/CSU) in: BT-PlPr. 15/87 S. 7698 (A)und (B).
78 Matthäus Strebl (CDU/CSU) in: BT-PlPr. 15/87 S. 7698 (B).
79 Matthäus Strebl (CDU/CSU) in: BT-PlPr. 15/87 S. 7698 (B).
80 Matthäus Strebl (CDU/CSU) in: BT-PlPr. 15/87 S. 7698 (C).
81 BR-PlPr. 796 S. 9 (B).

ser gab am 31.03.2004 die Empfehlung ab, der Bundestag solle das beschlossene Gesetz nach Maßgabe seiner Vorschläge ändern.[82] Diese Vorschläge des Vermittlungsausschusses bezogen sich indes – gemäß dem Inhalt der Anrufung – nicht mehr auf die ursprünglich auch streitigen und hier relevanten Punkte bezüglich der Regelungen der §§ 83 und 84 SGB IX, sondern befassten sich im Wesentlichen mit Fragen des Feststellungsverfahrens der Schwerbehinderteneigenschaft sowie Zuständigkeiten und Ausweisbefristungen.[83] Bundestag und Bundesrat stimmten der Empfehlung des Vermittlungsausschusses sodann am 01.04.2004 zu.[84] Die hier relevante Regelung trat zum 01.05.2005 in Kraft.

III. Stellungnahme zum Anlass der Neuregelung

Die von der Bundesregierung angegebenen Gründe, die sie zu dem Entwurf des Gesetzes zur Förderung der Ausbildung und Beschäftigung schwerbehinderter Menschen bewegt haben, sind auch wegen des Widerstandes, der sich im Vorfeld und auch im Rahmen des Gesetzgebungsverfahrens gegen den Entwurf geregt hat, kritisch zu hinterfragen. Sie können im Ergebnis nicht überzeugen.

1. Zur Arbeitslosigkeit schwerbehinderter Menschen

Zunächst ist schon der von der Bundesregierung für sich verbuchte Erfolg der Herabsetzung der spezifischen Arbeitslosigkeit nicht ohne Weiteres zu bestätigen.

Zwar soll die Richtigkeit der vorgelegten Zahlen nicht in Frage gestellt werden. Die von der Opposition angeführte Kritik der Statistikbereinigung durch Frühverrentung ist jedoch berechtigt. Denn der „Erfolg" der Bundesregierung beruht auf einer falschen Auswertung der Zahlen:

Die Arbeitslosenstatistiken beziehen sich hinsichtlich des Anteils Schwerbehinderte an den Arbeitslosen stets auf die Zahl der Erwerbspersonen. Mithin entfallen all diejenigen aus der Arbeitslosenstatistik, die aus dem Erwerbsleben ausscheiden und somit nicht mehr in eine Beschäftigung zu vermitteln sind.

Innerhalb des Zeitraums 1999 bis 2001 ist beim Anteil der Schwerbehinderten an den Versichertenrenten insgesamt ein Zuwachs von 2,9 auf 6,9 Prozentpunkte zu verzeichnen. Dabei blieb der Zuwachs bei den Versichertenrenten insgesamt gleich. Auch die absolute Zahl stieg – im gesamten Bundesgebiet – erheb-

82 BT-DrS. 15/2830 S. 1 und 2.
83 Franz Thönnes in: BR-PlPr. 796 S. 8 (D).
84 BT-PlPr. 15/102 S. 9199 (B)–(C).

lich an und zwar von 48.350 auf 70.046.[85] Zwischen 1999 und 2000 gab es dabei mit rund 10.000 Fällen den größten Zuwachs.[86] Zwischen Oktober 1999 und Oktober 2001 schieden 154.474 schwerbehinderte Menschen aus dem Erwerbsleben aus. Die verstärkte Frühverrentung trug somit tatsächlich dazu bei, die spezifische Arbeitslosenquote schwerbehinderter Menschen zu reduzieren.

Die Opposition verwies dabei zur Offenkundigkeit des Aspektes darauf, dass der stärkste Rückgang in der Arbeitslosigkeit gerade bei in der Altersstufe der 55–60 Jährigen stattfand. Ihre Schlussfolgerung hieraus, die Reduzierung der Arbeitslosenquote könne schon deshalb nicht auf erfolgreiche Vermittlung und Eingliederung zurückzuführen sein, weil diese Personengruppe am schwersten in den Arbeitsmarkt zu vermitteln sei[87], trifft ebenfalls zu. Denn die durchschnittliche Dauer der Arbeitslosigkeit dieser Altersgruppe liegt mit 16,3 Monaten (1999) weit über derjenigen der anderen Altersgruppen.[88] Die zwischen 45 und 50-Jährigen beispielsweise wiesen dagegen „nur" eine durchschnittliche Arbeitslosigkeit von 9,1 Monaten auf (sowohl 1999 als auch 2001).[89] Dass sich diese Arbeitslosigkeitsdauer von 1999 bis 2001 sogar von 16,3 auf 16,6 Monate verschlechtert hat[90], zeigt, dass eine Verbesserung der Situation dieser Gruppe Schwerbehinderter durch erfolgreiche Vermittlung und Eingliederung gerade nicht eingetreten ist. Der Rückgang in der Arbeitslosigkeit der 55 bis 60 bzw. 65-Jährigen korrespondiert dabei mit dem Rückgang des Anteils der Erwerbspersonen. Dieser wiederum hat seine Ursache wohl auch im demographischen Wandel. Denn „die geburtenschwachen Jahrgänge aus den letzten Kriegs- und ersten Nachkriegsjahren wachsen in diese Altersspanne hinein"[91] und reduzieren somit den Anteil dieser Altersgruppe an den Arbeitslosen insgesamt.

Dass also auch der demographische Wandel seinen Beitrag zur Reduzierung der Arbeitslosigkeit in dieser Altersgruppe geleistet hat, wird auch daran deutlich, dass zwar die Arbeitslosenquoten von 35,5 auf 24,4 % sanken, der Bestand an Arbeitslosen insgesamt indes beinahe gleich blieb. Er stieg sogar zwischen 1999 bis 2002 leicht von 1.321.000 auf 1.347.000 an.[92]

In diesem Zusammenhang liegt noch eine weitere Ursache des Rückgangs der Arbeitslosigkeit im Alter ab 55 Jahren nahe: So stieg in den Jahren 1999 bis 2001 die Zahl der von der (damals noch so genannten) Bundesanstalt für Arbeit geför-

---

85 Vgl. dazu IAB-Werkstattbericht Nr. 6/2003 S.15.
86 Vgl. IAB-Werkstatbericht Nr. 6/2003 a.a.O.
87 Hubert Hüppe (CDU/CSU) in: BT-PlPr. 15/87 a.a.O.
88 IAB-Werkstattbericht Nr. 5/2003 Tabelle 9 S. 18.
89 IAB-Werkstattbericht Nr. 5/2003 a.a.O.
90 IAB-Werkstattbericht Nr. 5/2003 a.a.O.
91 IAB-Werkstattbericht Nr. 5/2003 S. 16.
92 IAB-Werkstattbericht Nr. 5/2003 a.a.O.

derten Altersteilzeitfälle von 24.871 auf auffällige 58.449[93], was eine Steigerung um den Faktor 2,3 bedeutet. Da Altersteilzeit in Betrieben als Instrument der Frühverrentung genutzt wird[94], entfallen auch diese Personen aus der Statistik. Eine tatsächliche Verbesserung der „Beschäftigungs"- Situation schwerbehinderter Menschen kann also nicht angenommen werden.

Jedoch ist die Tatsache steigender Frühverrentung (ob durch Rente oder Altersteilzeit) nicht die einzige Ursache sinkender Arbeitslosenzahlen bei den schwerbehinderten Menschen. Dieser Faktor vermag nämlich nur die Reduzierung bei den Über-55-Jährigen zu begründen. Betrachtet man die von der Bundesregierung vorgelegten Zahlen hinsichtlich der „Abgänge aus der Arbeitslosigkeit"[95] genauer, so wird deutlich, dass viele Faktoren in die Beurteilung der Abgangszahlen einfließen, die – um eine realistische Einschätzung vom tatsächlichen „Erfolg" der Regierung abgeben zu können – allesamt in Abzug von der Zahl der Gesamtabgänge zu bringen sind: Der „reine" Erfolg einer Bundesregierung im Kampf gegen die Arbeitslosigkeit Schwerbehinderter muss sich daran messen lassen, wie viele Fälle erfolgreicher Vermittlung in werthaltige – und möglichst auf Dauer angelegte – Beschäftigung zu registrieren waren. Nimmt man nach Abzug der gesetzgeberisch und politisch unabhängigen Abgangsgründe die „Netto-Zahl" erfolgreicher Vermittlungen zum Maßstab, so zeichnet sich ein anderes, als das von der Bundesregierung vermittelte Bild ab.

In die Abgangsstatistik mitaufgenommen wurden nämlich insbesondere auch folgende Gründe für den Abgang aus der Arbeitslosigkeit:

- Vermittlung in ABM[96] und SAM[97]
- Förderung beruflicher Weiterbildung (FbW) / Deutschsprachlehrgang und Rehabilitationsmaßnahmen
- Krankheit
- Nichterneuerung der Meldung (als arbeitslos)
- Ausscheiden aus dem Erwerbsleben.

Diese Faktoren sind zur Ermittlung des „Netto-Erfolges" der Bundesregierung von der Gesamtzahl der Abgänge in Abzug zu bringen. Sie haben mit erfolgreicher Eingliederung in den Arbeitsmarkt nichts zu tun. Im maßgeblichen Zeitraum 1999–2002 (jeweils Oktober) waren aus der Arbeitslosenstatistik für Schwerbehinderte insgesamt 797.843 Abgänge zu verzeichnen.[98] Im Oktober

93 IAB-Werkstattbericht Nr. 5/2003 Tabelle 7 S. 16.
94 IAB-Werkstattbericht Nr. 5/2003 S. 16.
95 BT-DrS. 15/1295 Tabelle S. 21 unten.
96 Arbeitsbeschaffungsmaßnahmen – staatlich subventioniert.
97 Strukturanpassungsmaßnahmen im Osten Deutschlands – staatlich subventioniert.
98 BT-DrS. 15/1295 Tabelle S. 21 unten. Auch die im Folgenden angegebenen Zahlen sind dieser Tabelle entnommen.

1999 gab es dabei 189.766, in 2002 144.292 arbeitslose Schwerbehinderte insgesamt.[99]

Auf den ersten Blick erscheint diese Reduzierung beeindruckend. Auf die erfolgreiche Vermittlung reduziert, gab es indes lediglich 149.331 Abgänge zu verbuchen. Diese Zahl kommt zustande, wenn man von den 189.546 Abgängen in Arbeit / Ausbildung diejenigen Schwerbehinderten abzieht, die in ABM- oder SAM-Projekte vermittelt wurden, was 40.215 Menschen ausmacht. Ein In-Abzug-Bringen dieser „Vermittlungen" in ABM und SAM ist deshalb geboten, weil sowohl ABM- als auch SAM-Projekte staatlich und damit vom Steuerzahler subventionierte[100] Maßnahmen sind, die nicht dazu beitragen, die Betroffenen auf Dauer und zugunsten der Staatskasse in werthaltige und dauerhafte Beschäftigung zu vermitteln. Es handelt sich mithin nicht um Vermittlungen in „normale" Arbeitsverhältnisse, die den Betroffenen dauerhaft von der Arbeitslosigkeit befreien würden. Insofern sind diese Abgänge allein der Statistikbereinigung dienlich.[101]

Die Vermittlung in Maßnahmen mit Hilfe von Zuschüssen ist sogar im maßgeblichen Zeitraum von 5 auf 6 % gestiegen.[102] Von einer Verbesserung der Beschäftigungssituation durch Vermittlung und Eingliederung kann demnach in diesen Fällen nicht die Rede sein.[103] Die reine Zahl der „Vermittlungen in Arbeit und Ausbildung", also das, was man bei natürlicher Betrachtung unter erfolgreicher Beschäftigungsförderung verstehen würde, belief sich lediglich auf 124.095 Abgänge (von 797.834 Gesamtabgängen), was den „Erfolg" der Maßnahmen der Regierung nicht nur unerheblich schmälert.

Weitaus größer als die Zahl der „tatsächlich" Vermittelten ist dagegen die Zahl derer, die (endgültig) aus dem Erwerbsleben ausschieden. Diese Zahl beträgt 154.474. 82.041 erneuerten ihre Meldung als Arbeitslose nicht; was jedoch nicht bedeutet, dass diese Menschen sich selbst eine Beschäftigung gesucht hätten und nur deshalb nicht unter der Rubrik „Vermittlung" auftauchen. Selbstgesuchte Beschäftigungen gab es 1999–2002 47.022 Fälle und damit weitaus weniger als die Fälle der bloßen Nichterneuerung der Meldung. Beide Rubriken sind voneinander getrennt aufgeführt und erhoben. In Maßnahmen der FbW[104] gingen 62.174 Menschen ab. Auch eine Zahl, welche nicht einen Vermittlungserfolg do-

99 Die Gesamtzahl aller Arbeitslosen belief sich 1999 auf 7.217.757, in 2002 auf 7.412.241; Quelle: IAB-Werkstattbericht Nr. 6/2003 Tabelle 4 S. 26.

100 Tschöpe FA 2004, 97 (97).

101 So i.E. auch von Seggern SoSi 2004, 110 (116).

102 IAB-Werkstattbericht Nr. 6/2003 S. 14.

103 So i.E. auch Tschöpe a.a.O.

104 Sowie Deutschsprachlehrgänge und Rehabilitation.

kumentiert, sondern lediglich eine kurze, nämlich bis zum Ablauf der Maßnahme befristete Herausnahme aus der Statistik bewirkt.

Den Großteil der Abgänge macht der Grund der Krankheit aus – 236.761. Diese Personen waren also aufgrund ihrer Krankmeldung nicht vermittelbar, da sie dem Arbeitsmarkt nicht zur Verfügung standen. Dass diese Krankheit indes keine endgültige ist, zeigt sich an dem Vergleich mit demgegenüber „nur" 154.474 Fälle des dauerhaften Ausscheidens aus dem Erwerbsleben. Letztlich müssten also auch die Krankheitsabgänge früher oder später in der Statistik wieder auftauchen.

Es bleibt also festzuhalten, dass die Reduzierung der Arbeitslosigkeit schwerbehinderter Menschen um 24 % nicht als tatsächlicher Erfolg der Bundesregierung im Kampf gegen die Arbeitslosigkeit verbucht werden kann. Zwar lag diese Senkung statistisch tatsächlich vor. Sie beruht jedoch auf einer undifferenzierten Auswertung der Zahlen. Inwieweit die Politik der Bundesregierung und deren Kampagnen einen (sicherlich vorhandenen) Anteil an der Gesamtreduzierung geleistet haben, kann nicht beurteilt werden. Fest steht indes, dass sich die Bundesregierung mit Ergebnissen „schmückte", die letztlich nicht auf ihr gesetzgeberisches und sonstiges Handeln zurückzuführen sind und ein falsches Bild von der Beschäftigungssituation Schwerbehinderter gezeichnet haben.

Hieraus folgt auch, dass die Ausweitung der Prävention im Betrieb (zumindest) nicht mit der bisherigen erfolgreichen Prävention begründet werden kann. Das Argument „Viel hilft viel" vermag daher nicht zu überzeugen. Dies zeigt sich auch schon daran, dass seit November 2002[105] die Kurve spezifischer Arbeitslosigkeit wieder ansteigt[106], was jedenfalls dann – unabhängig von der allgemeinen wirtschaftlichen Lage – in diesem Maße nicht zu erwarten wäre, wenn die bisherige Politik die bahnbrechenden Erfolge zu verzeichnen hätte, die von der Bundesregierung proklamiert wurden.

2. Zum krankheitsbedingten Arbeitsplatzverlust

Einen weiteren Anlass für den Entwurf des § 84 Abs. 2 einführenden Gesetzes sah die Bundesregierung in der vermeintlich hohen Zahl krankheitsbedingter Kündigungen.[107]

Durch die Äußerungen der Bundesregierung wird der Eindruck erweckt, dass gesundheitliche Beeinträchtigungen ein wesentlicher Aspekt der hohen Zahlen

---

105 Was von Tschöpe mit dem „dem Verpuffen statistischer Tricks" begründet wird; FA 2004, 97 (97).

106 Tschöpe a.a.O.

107 BT-DrS. 15/1295 S. 26.

Arbeitsloser unter den Schwerbehinderten sind. Neueste Untersuchungen[108] zeigen jedoch anhand von Zahlen der Jahre 2001 und 2003, dass der Anteil krankheitsbedingter Kündigungen nicht so hoch ist, wie allgemein angenommen wird.

So ergab die Befragung, dass im Jahre 2001 der Anteil arbeitgeberseitiger Kündigungen an der Gesamtzahl der Beendigungen von Arbeitsverhältnissen lediglich 1/3 betrug.[109] Von den arbeitgeberseitigen Kündigungen erfolgten 65 % betriebsbedingt, 7 % verhaltensbedingt, 23 % gaben in der Befragung entweder mehrere Gründe an oder konnten den Grund nicht zuordnen und nur 5 % der arbeitgeberseitigen Kündigungen erfolgte aus personenbedingten Gründen.[110] Die krankheitsbedingte Kündigung stellt eine solche personenbedingte Kündigung dar. Letztlich können also maximal 5 % aller arbeitgeberseitigen Kündigungen aus Krankheitsgründen erfolgt sein, wobei zu beachten ist, dass es neben der Krankheit weitere in der Person des Arbeitnehmers liegende Gründe gibt. Der Anteil der durch Krankheit ausgelösten Kündigungen liegt also noch unter 5 %.

Von der Gesamtheit der beendigten Arbeitsverhältnisse gaben zudem 41 % der befragten Beschäftigten an, sofort eine neue Stelle gefunden zu haben; nur 31 % traten erst später und 18% bislang noch gar nicht eine neue Stelle an[111]. Der Anteil der wegen Krankheit arbeitslos gewordenen Menschen relativiert sich damit langfristig betrachtet nochmals. Ein so dramatisches Vermittlungs- und Kündigungsproblem, wie dies gezeichnet wurde, besteht also nicht. Dabei haben sich (wohl auch ob der wirtschaftlichen Situation der Bundesrepublik[112]) die Kündigungsgründe im Vergleich zur Situation von vor 20 Jahren weg von personen- und verhaltensbedingten, hin zur betriebsbedingten Kündigung verschoben.[113] Es ist also insgesamt seit 2001 ein Trend weg von den krankheitsbedingten Kündigungen zu beobachten.

Bemerkenswert ist dabei, dass ein Großteil der Beendigung von Arbeitsverhältnissen von den Beschäftigten selbst ausgeht. Angesichts der sich nur schwerlich bessernden wirtschaftliche Lage Deutschlands und der steigenden Arbeitslosigkeit verwundert dies zwar. Der Anteil an Eigenkündigungen lag jedoch in den Jahren 2000 bis 2003 höher als der der Arbeitgeberkündigungen.[114] Arbeitgeber- und Arbeitnehmereigenkündigungen nahmen in diesem Zeitraum einen Anteil an den Gesamtbeendigungen von zusammen 2/3 ein. Das übrige Drittel verteilt sich auf Beendigungen durch Befristungs- oder Ausbildungsende sowie einvernehmli-

108 Pfarr u.a. „Der Kündigungsschutz zwischen Wahrnehmung und Wirklichkeit“ 2005.
109 Pfarr u.a. S. 46.
110 Pfarr u.a. S. 51.
111 Pfarr u.a. S. 45.
112 Pfarr u.a. S. 52 f.
113 Pfarr u.a. S. 51 und 52.
114 Pfarr u.a. S. 46.

che Aufhebung und sonstige Beendigungen wie Ruhestandabgänge, Versetzung in einen anderen Betrieb oder Berufsunfähigkeitsabgänge.[115]

Natürlich ist die Vermeidung krankheitsbedingter Kündigungen ein erstrebenswertes Ziel und die Gesundheit der arbeitenden Bevölkerung dient dem Erfolg der Gesamtwirtschaft in erheblichem Maße. Eine dramatische Krankheitssituation liegt jedoch in Deutschland nicht vor. Der Anteil krankheitsbedingter Kündigungen ist demnach nicht so besorgniserregend hoch, dass sich hieraus eine Neuregelung des Themenkomplexes Gesundheitsvorsorge schlüssig in dem Maße begründen ließe, wie dies von der Bundesregierung geschehen ist.

3. Zu den Kosten der Sozialkassen

Das Ziel, durch Prävention die Kosten der Sozialkassen senken zu können, war ein weiteres, welches die Neuregelung des § 84 Abs. 2 auslöste.

Ein Zusammenhang zwischen der Vermeidung krankheitsbedingter Arbeitsunfähigkeit und sozialen Kosten kann dabei insoweit nicht in Frage gestellt werden, als dass eine Reduzierung von Krankheitsfällen natürlich zu weniger Ausgaben der (gesetzlichen) Krankenversicherung als Teil der Sozialkostenträger führt. Und die Vermeidung so entstandener Arbeitsunfähigkeit zieht natürlich auch eine Verringerung der Kostenlast für Arbeitslosengeld I und II mit sich.

Eine Hinterfragung dieses Gesetzesanlasses kann sich nur auf die Entwicklung der gesamtfiskalischen Kosten der Arbeitslosigkeit[116] und des Krankenstandes[117] beschränken. Die gesamtfiskalischen Kosten der Arbeitslosigkeit beliefen sich im Jahre 1999 auf 77,6 Mrd. €.[118] Dabei entfiel der mit insgesamt 37,4 Mrd. € größte Teil auf Arbeitslosengeld, Sozialhilfe und Sozialversicherungsbeiträge.[119] Durch diese Arbeitslosigkeit wurden Mindereinnahmen von Steuern in Höhe von 16,3 Mrd. € sowie solche von Sozialbeiträgen in Höhe von 18,9 Mrd. € verursacht[120]. Gerade die letztgenannten Einnahmeverluste dürften dabei die Renten-, Kranken und Pflegeversicherung, sowie die (heute:) Bundesagentur für Arbeit stark finanziell belastet haben. Die Entwicklung bis zum Jahre 2003 verdeutlicht, dass diese Belastung[121] erheblich zugenommen hat. Die Mindereinnahmen bei Sozialbeiträgen kletterten auf 20,1 Mrd. €. Die Ausgaben für Ar-

115 Pfarr u.a. S. 46 und 47.
116 Anhand IAB-Kostenverteilung 2004.
117 Anhand des IAB-Werkstattberichtes Nr. 1/2002.
118 Bei einer Gesamtarbeitslosigkeit von 4,1 Mio. Menschen; IAB-Kostenverteilung 2004.
119 IAB-Kostenverteilung 2004.
120 IAB-Kostenverteilung 2004.
121 Bei Steigerung der Arbeitslosenzahlen auf insgesamt 4.38 Mio. Menschen 2003.

beitslosengeld und Sozialhilfe insgesamt stiegen nur unerheblich auf 37,5 um 0,1 Mrd. € an.[122] Nur der Anteil der Sozialleistungen und der steuerlichen Mindereinnahmen sank.[123] Durch eine Reduzierung der Sozialleistungen insgesamt konnten also die erheblichen Mindereinnahmen bei den Sozialbeiträgen nicht kompensiert werden. Die gesamtfiskalischen Kosten stiegen letztlich auf insgesamt 84,7 Mrd. €, was ein Plus innerhalb von 4 Jahren von 6,9 Mrd. € bedeutet.

Angesichts dieser finanziell negativen Entwicklung erscheint es naheliegend, durch gesetzgeberische Tätigkeit (weiter) korrigierend auf die Kostenstruktur einwirken zu wollen.

Doch kann die Aussage, jeder in den Ausbau der Prävention investierte Euro zahle sich mehrfach wieder aus[124], zumindest anhand der innerhalb der vergangenen 5 Jahre statistisch niedergelegten Zahlen, nicht bestätigt werden. Denn die Prävention war bereits vor Erlass des Gesetzes zur Förderung der Ausbildung und Beschäftigung schwerbehindertere Menschen gesetzgeberische Devise. Nicht umsonst bezogen sich die Abgeordneten der die Bundesregierung stellenden Parteien auf ihre bereits „erfolgreich“ ausgeführte Präventionspolitik.

Tatsächliche Auswirkungen lassen sich dabei bislang nicht verzeichnen. Aber auch anhand der Tendenzen in der Kostenstruktur der Sozialkosten kann dieses Lob für die eigene Tätigkeit keine statistische Bestätigung finden. Wäre eine Präventionspolitik tatsächlich derart erfolgreich gewesen, dass sie es nahe legen würde, an sie anzuknüpfen und ihre Mittel weiter auszubauen[125], so müssten sich doch zumindest geringfügige Erfolge in einer tendenziell positiven Zahlenstatistik niederschlagen. Dies ist jedoch nicht der Fall. Vielmehr stiegen die Belastungen bis ins Jahr 2004 hinein weiter auf den bisherigen Rekordstand[126] von insgesamt 85,7 Mrd. €. Gesundheitlich kann demnach keine sichtbare Verbesserung verzeichnet werden, die den Erfolg belegen und einen Ausbau bisheriger Regelungen begründen könnte.

Inwieweit speziell die Präventionsmaßnahmen der Bundesregierung (überhaupt) Einfluss auf die Entwicklung genommen haben, kann nicht beurteilt werden. Wäre dieser Einfluss jedoch groß oder zumindest irgendwie spürbar, so müssten die Mindereinnahmen bei Kranken- und Rentenversicherung durch eine Verbesserung der Beschäftigungssituation gesunken sein. Auch diese stiegen jedoch von 5,2 auf 6,9 Mrd. € (Krankenversicherung) bzw. von 7,5 auf 10,1 Mrd. € an[127].

---

122 IAB-Kostenverteilung 2004.
123 IAB-Kostenverteilung 2004.
124 Markus Kurth (Bündnis90/Die Grünen) in: BT-PlPr. 15/70 Anlage 6.
125 BT-DrS 15/1783 S. 10.
126 Seit 1998.
127 Zeitraum 1999 bis 2003; IAB-Kostenverteilung 2004.

Nun mag man einwenden, dass die ausbleibende positive Entwicklung nichts mit dem Institut der Prävention allgemein, sondern vielmehr mit der Durchführung gemein hat. So hatte ja auch die Bundesregierung angeführt, die geschaffenen Instrumente würden bislang noch zu wenig genutzt und müssten (schon allein deshalb) ausgebaut werden.[128] Diese Tatsache lässt sich möglicherweise dadurch beispielhaft belegen, dass die gesetzlichen Krankenversicherungen im Jahre 2003 von ihren Ausgaben in Höhe von insgesamt 144,531 Mrd. € lediglich 1, 006 Mrd. € auf Krankheitsvorsorge entfielen ließen[129], 2,5 mal soviel jedoch auf Kuren[130], also Rehabilitation und Nachsorge. Auch im Jahre 2003 wurde also in der Praxis der Rehabilitation noch ein größerer Stellenwert eingeräumt, als der Prävention. Das Ausbleiben eines sichtbaren Erfolges kann demnach auch darin begründet liegen, dass die gesetzlich vorgesehenen Möglichkeiten nicht, wie auch die Bundesregierung angab, ausreichend genutzt wurden.

Aber auch die gesetzgeberische Tätigkeit an sich, die zum Beleg des Erfolges angeführt wurde, vermag für sich gesehen keine größeren Erfolge aufzuweisen. Der Krankenstand ist zwar insgesamt seit 1991 rückläufig.[131] Und dies wird wahrscheinlich auch einen Rückgang der krankheitsbedingten Arbeitsunfähigkeit, mit sich ziehen. Dieser Rückgang kann jedoch nicht der gesetzgeberischen Tätigkeit zugeschrieben werden. Denn die gesetzgeberische Aktivität ist nur ein Einflussfaktor in der Entwicklung des Krankenstandes. Neben diesen treten die wirtschaftliche Lage Deutschlands/Konjunktur, Saison, Betriebsklima und Arbeitsbedingungen.[132]

Zwar beeinflusst gesetzgeberische Aktivität den Krankenstand teilweise: Krankenstand wird dabei definiert als der Anteil der arbeitsunfähig Kranken mit einem Lohnfortzahlungsanspruch von mindestens 6 Wochen an den entsprechenden Pflichtmitgliedern der gesetzlichen Krankenversicherung.[133] So ist der Krankenstand im Jahre 1970 nach Einführung der sechswöchigen Lohnfortzahlung gestiegen und im Jahre 1997 nach Einführung einer Beschränkung der Lohnfortzahlung wieder gesunken.[134] 1997 war jedoch auch ein Jahr des wirtschaftlichen Aufschwungs[135], so dass gleichfalls die Konjunktur für diese Entwicklung (mit)verantwortlich gemacht werden könnte. Der Verlauf des Krankenstandes folgt dem der Entwicklung der gesamtwirtschaftlichen Nachfrage jedenfalls pro-

128 Karl Hermann Haack (SPD) in: BT-PlPr. 15/78 S. 7682 (B).
129 BMGS Gesetzliche KV 2003 obere Tabelle.
130 BMGS a.a.O.
131 IAB-Werkstattbericht Nr. 1/2002 S.3, 5 und Übersicht S. 4.
132 IAB-Werkstattbericht Nr. 1/2002 S. 10.
133 IAB-Werkstattbericht Nr. 1/2002 S. 9.
134 IAB-Werkstattbericht Nr. 1/2002 S. 9.
135 IAB-Werkstattbericht Nr. 1/2002 S. 10.

zyklisch. Je besser die wirtschaftliche Lage, desto niedriger der Krankenstand.[136] Die genannten Einflussfaktoren lassen sich dabei aber nicht auseinander differenzieren[137], so dass keinerlei Rückschlüsse vom Krankenstand auf die gesetzgeberische Aktivität zu ziehen sind.

Auch der Krankenstand vermag somit nicht das von der Bundesregierung gezeichnete Bild zu bekräftigen. Jedenfalls in den Rahmen der neueren Gesetzgebung und der Änderung des § 84 Abs. 2 passt die Tatsache, dass die Krankheitszeiten der Arbeitnehmer von mehr als sechs Wochen mit 39,2 % aller Ausfallstunden den größten Anteil stellen.[138] Damit ließe sich zumindest statistisch die Vorverlegung des Interventionszeitpunktes von drei Monaten auf sechs Wochen belegen.

Festzuhalten bleibt nach alledem, dass eine Senkung der Sozialkosten sicherlich durch eine Senkung der Krankheitsfälle und so bedingter Arbeitsunfähigkeit erreicht werden kann. Eine zwingende Kausalität zwischen der angepriesenen Prävention und einer Senkung der Krankheitsfälle lässt sich indes gerade (noch) nicht herstellen.

4. Fazit

Nach alledem zeigt sich, dass die von der Bundesregierung angegebenen Motive gesetzgeberischen Tätigwerdens nicht uneingeschränkt nachvollziehbar sind. Weder lässt sich ein Zusammenhang zwischen Prävention und Rückgang der Arbeitslosigkeit Schwerbehinderter feststellen, noch liegt die Zahl krankheitsbedingter Kündigungen derart hoch, dass ein den Arbeitsmarkt korrigierendes Einschreiten des Gesetzgebers in dieser Weise von Nöten gewesen wäre. Zuletzt kann auch nach (zum Stand des Änderungsgesetzes) 3 Jahren präventiver gesetzgeberischer Tätigkeit kein Erfolg der Prävention im Zusammenhang mit den Kosten der Sozialkassen hergestellt werden. Da sich dieser jedoch (bei unterstelltem Gleichbleiben anderweitiger Ausgaben im Rahmen von Sozialleistungen) im Laufe der Zeit mit einiger Wahrscheinlichkeit aufgrund der abstrakten Kausalität einstellen wird, kann zumindest dieses Ziel der Bundesregierung auf lange Sicht nachvollzogen werden.

Problematisch erscheint in diesem Zusammenhang die Beibehaltung der auf 5 % herabgesetzten *Beschäftigungspflichtquote* in § 71 Absatz 2 SGB IX. Diese betrug ursprünglich 6 %, wurde jedoch durch das Gesetz zur Bekämpfung der

---

136 IAB-Werkstattbericht Nr. 1/2002 S. 7.
137 IAB-Werkstattbericht Nr. 1/2002 S. 6.
138 IAB-Werkstattbericht Nr. 1/2002 S. 3.

Arbeitslosigkeit Schwerbehinderter[139] auf 5 % herabgesetzt. Diese Herabsetzung war befristet bis zum 31.12.2002. Dabei wurde zwar eine dauerhafte Senkung in Aussicht gestellt, diese jedoch an die Bedingung geknüpft, dass „im Rahmen einer gemeinsamen, von allen Verantwortlichen getragenen, breit angelegten Beschäftigungsinitiative"[140] das Ziel erreicht wird, die Zahl arbeitsloser Schwerbehinderter in der Zeit von Oktober 1999 bis Oktober 2002 um rund 25 % zu senken. Ein erneutes Ansteigen auf 6 % war also für den 01.01.2003 gesetzlich vorgesehen.

Dieser Termin wurde sodann durch das „Gesetz zur Änderung von Fristen und Bezeichnungen im Neunten Buch Sozialgesetzbuch und zur Änderung anderer Gesetze"[141] auf den 01.01.2004 um ein Jahr verschoben.

Durch das „Gesetz zur Förderung der Ausbildung und Beschäftigung schwerbehinderter Menschen" wurde nunmehr § 71 Abs. 2 und damit die Befristung und Bedingung der dauerhaften Herabsetzung der Beschäftigungspflichtquote aufgehoben.[142] Begründet wurde die damit herbeigeführte dauerhafte Herabsetzung auf nunmehr 5 % damit, dass das gesetzte Ziel, die spezifische Arbeitslosigkeit Schwerbehinderter im maßgeblichen Zeitraum um 25 % zu senken, mit einem Erfolg von 24 % knapp erreicht worden sei.[143] Die erfolgreich gesetzten Rahmenbedingungen sollten nicht wieder zerstört werden.[144]

Wie oben dargelegt, sank zwar die Arbeitslosigkeit Schwerbehinderter tatsächlich um die genannten 24 %; diese Senkung war jedoch rein statistischer Natur. Da es jedoch wohl Gesetzesziel gewesen sein dürfte, Schwerbehinderte in tatsächlich werthaltige Arbeit (und nicht nur aus der Statistik heraus) zu vermitteln und für *diese* Vermittlung das Ziel bei 25 % lag, erscheint die Sinnhaltigkeit der dauerhaften Herabsetzung fragwürdig. Denn tatsächlich wurde das gesetzte Ziel nicht erreicht; die Bedingung nicht erfüllt. Konsequenterweise hätte zum 01.01.2004 eine Erhöhung der Beschäftigungspflichtquote auf erneut 6 % erfolgen müssen. Als Fazit lässt sich somit festhalten, dass die von der Bundesregierung verfolgte Politik zwar als in sich schlüssig und konsequent dargestellt wird, jedoch bereits vom Grundgedanken her von falschen Ausgangssituationen und Wertungen ausgeht. Den Äußerungen zu den Gesetzesmotiven kann demnach nicht beigepflichtet werden.

---

139 Gesetz vom 29.09.2000; BGBl. I S. 1394.
140 BT-DrS. 15/1783 S. 10.
141 Gesetz vom 03.04.2003; BGBl. I S. 462; dort Artikel 1 Lit. 4.b.aa.
142 BGBl. I S. 606; BT-DrS. 15/1783, dort S. 4 Lit. 9.b.
143 BT-DrS. 15/1783 S. 10 und 12.
144 BT-DrS. a.a.O.

C. Potential gesundheitlicher Prävention

Auch wenn die Begründung der Bundesregierung für den Entwurf eines „Gesetzes zur Förderung der Ausbildung und Beschäftigung schwerbehinderter Menschen“ nicht uneingeschränkt zu überzeugen vermag, so bedeutet dies indes nicht, dass betriebliche Prävention im Ergebnis abzulehnen wäre. Das betriebliche Eingliederungsmanagement birgt im Gegenteil potentielle Vorteile sowohl für den einzelnen Betroffenen, als auch für den Arbeitgeber.

Die sich dem *Arbeitnehmer* eröffnenden Vorteile werden schon bei der Lektüre des § 84 Abs. 2 deutlich. Es ist stets im Sinne eines erkrankten Arbeitnehmers, dass betriebliche Parteien – seine Zustimmung vorausgesetzt – gemeinsam nach Lösungsmöglichkeiten suchen, die Arbeitsunfähigkeit zu überwinden, erneuter vorzubeugen und so zu versuchen, seinen Arbeitsplatz zu erhalten. Für den Betroffenen kann betriebliches Eingliederungsmanagement so die Chance einer verlängerten Lebensarbeitszeit bedeuten.

Die potentiellen Vorteile für den Arbeitnehmer werden insbesondere deutlich, wenn man sich die möglichen Maßnahmen vor Augen führt, die nach erfolgter Klärung der Krankheitssituation für den Betroffenen in Betracht kommen:

- Arbeits- und Belastungserprobung
- Versetzung auf einen leidensgerechten Arbeitsplatz
- Innerbetriebliche Qualifikation für einen anderen Arbeitsplatz
- Coaching[145] und Mitarbeitergespräche
- Arbeitsplatz- und -ablaufanalyse
- ärztliche Untersuchung[146]
- die Palette des § 81 Abs. IV, V SGB IX[147].

Weniger offensichtlich – wenngleich dennoch vorhanden – sind dagegen die Vorteile für *Arbeitgeber*. Auch wenn im Gesetzgebungsverfahren und dessen Vorfeld eine gesteigerte Bürokratisierung[148] und Überreglementierung[149] befürchtet wurde und Einstellungsbarrieren sowie betriebliche Hemmnisse prognostiziert wurden[150], so kann doch auch der Arbeitgeber von einem gut organisierten betrieblichen Eingliederungsmanagement letztlich profitieren. Durch eine Vermeidung von krankheitsbedingter Frühverrentung wegen dauernder Arbeitsunfähigkeit kann zum Beispiel eine Verlängerung der Lebensarbeitszeit erreicht werden. Angesichts des sich vollziehenden demographischen Wandels mit steigen-

---

145 Vgl. zu den genannten Maßnahmen: Feldes SoSi 2004, 270 (277).
146 Vg. Zu den genannten Maßnahmen: Gaul ArbRB 2005, 308 (310).
147 Vgl. Feldes br 2004, 187 (190).
148 BDA, Stellungnahme „Menschen mit Behinderungen“ S. 1.
149 BDA, Stellungnahme „Menschen mit Behinderungen“ S. 1.
150 Ders. a.a.O. unter der Prämisse, die Norm gelte nur für Schwerbehinderte.

dem Lebensalter und veränderter Lebensumstände in der Bevölkerung[151] in Deutschland müssen Arbeitgeber zunehmend ihre Arbeitskräfte aus den Reihen älterer Arbeitnehmer „rekrutieren"[152] und sich dem Problem des „leistungsgewandelten Mitarbeiters"[153]stellen[154]. Bei diesen älteren Mitarbeitern ist die Gefahr der (möglicherweise auch dauerhaften) Erkrankung höher, als dies bei jungen Beschäftigten der Fall wäre. Im Jahre 2015 wird jeder dritte Beschäftigte älter als 50 Jahre sein.[155]

Diese Umstände werden auf lange Sicht zu einer Krankheits- und Pflegelast erstarken, die auch für die Arbeitgeber erhebliche finanzielle Einbußen mit sich ziehen kann. Bereits heute haben manche Betriebe einen Anteil von 15 % der gewerblichen Mitarbeiter mit gesundheitsbedingten Leistungseinschränkungen zu verzeichnen.[156] Durch das betriebliche Eingliederungsmanagement kann sich ein Arbeitgeber auf diesen Wandel in der Mitarbeiterschaft vorbereiten.[157]

Zudem kann der Arbeitgeber durch eine gezielte Auseinandersetzung mit möglichen Maßnahmen der Gesundheitsvorsorge in seinem Betrieb und speziell auf diese(n) bezogen, stärker als durch den bisher schon bestehenden allgemeinen Arbeitsschutz Erkrankungen vermeiden, die Fehlzeiten und Betriebsstörungen und mithin auch erhebliche Kosten für Lohnfortzahlungen und vorgehaltenes Personal nach sich ziehen können. Im Jahr 2001 beliefen sich die durch krankheitsbedingte Fehlzeiten verursachten Ausfallstunden an Arbeitszeit auf 2.070 Milliarden.[158] Volkswirtschaftlich betrachtet verursachte der krankheitsbedingte Ausfall an Produktion eine Größe von 81 Milliarden DM, davon entfielen allein 53 Milliarden DM auf Lohnfortzahlung.[159] Prävention ist daher auch betriebs- und gesamtwirtschaftlich sinnvoll.[160] Auch können durch ein geordnetes Verfahren alle zur Verfügung stehenden finanziellen Hilfen systematisch abgerufen werden[161], so dass die Wahrscheinlichkeit versäumter finanzieller Entlastun-

---

151 So BMGS „Erster Entwurf, Eckpunkte für ein Präventionsgesetz" vom 05.08.2003, zit. nach von Seggern PR 2005, 147 (148); Magin/Schnetter br 2005, 52 (53).
152 Vgl. BArbGem. In ZB 2/2005.
153 Regierung Oberpfalz S. 1.
154 Vgl. Magin/Schnetter br 2005, 52 (53).
155 Vgl. BArbGem. in ZB 2/2005; dieselbe Zahl schon für 2010 prognostizierend: Laschet br 2001, 142 (143); erst für 2020 vorhergesagt von BMBF, Demographischer Wandel S. 4.
156 Vgl. Magin/Schnetter br 2005, 52 (53).
157 Vgl. auch Magin/Schnetter br 2005, 52 (54).
158 IAB-Werkstattbericht Nr.1/2003 S. 3.
159 IAB-Werkstattbericht a.a.O.
160 Vgl. BDA-Stellungsnahme „Menschen mit Behinderungen"; BMBF, Demographischer Wandel S. 22.
161 So auch Magin/Schnetter br 2005, 52 (54).

gen verringert wird. Die Gesundheit der Beschäftigten wird von Arbeitgebern zunehmend auch als Leistungs- und Wettbewerbsfaktor gesehen.[162] Durch das den Mitarbeitern vermittelte Gefühl, der Arbeitgeber kümmere sich um die Gesundheit seiner Belegschaft, kann die Motivation im und die Identifikation mit dem Unternehmen[163] erhöht werden, was sich auf Innovationskraft und Produktivität auszuwirken vermag[164] und letztlich einen Imagefaktor darstellt[165]. Zudem ist ein Arbeitgeber nach Durchführung eines betrieblichen Eingliederungsmanagements, welches trotz aller Bemühungen nicht zu dem gewünschten Erhalt des Arbeitsplatzes führen kann, gut auf eine Kündigung vorbereitet.[166]

Zuletzt haben sich gerade die von gesundheitlichen Problemen am meisten betroffenen älteren Beschäftigten im Rahmen ihrer oft langjährigen Tätigkeit Know-how angeeignet, welches für die Produktivität und den Erfolg eines Betriebs von Bedeutung sein kann. Älteren Mitarbeitern kommt damit eine Schlüsselrolle zu. Sie können ihr Fachwissen und ihre Kompetenz an jüngere Kollegen weitergeben und vermitteln. Ein übermäßiger Verlust von solchen erfahrenen Mitarbeitern kann zu einem auch angesichts des demographischen Wandels nur schwer und nicht kurzfristig zu kompensierenden Fachkräftemangel führen[167].

Das betriebliche Eingliederungsmanagement birgt somit grundsätzlich zahlreiche Potentiale, die letztlich allen Beteiligten Vorteile bringen kann. Ob es diese Vorteile übersteigende Nachteile durch möglicherweise erhöhten bürokratischen Aufwand, die teilweise befürchteten Einstellungshindernisse[168] und neu entstehende Kosten für die Umsetzung gibt, kann hier nicht beurteilt werden. Auch in Anbetracht der erst relativ kurzen Geltung der Norm und den damit verbundenen Umsetzungsschwierigkeiten gilt es, Erfahrungen mit der neuen Norm abzuwarten.

Hier von Interesse sind nicht die Möglichkeiten der betriebswirtschaftlichen Umsetzung, sondern vielmehr die nun geschaffenen rechtlichen Rahmenbedingungen, mit denen sowohl Arbeitgeber, als auch Interessenvertretungen und Beschäftigte in Zukunft (auch wenn es manchem Arbeitgeber nicht entgegen kommen mag) umzugehen haben werden.

---

162 Vgl. Wuttke, DVfR-Fachtagung; dass dies generell ein Vorteil sei, unabhängig von der arbeitgeberseitigen Einschätzung meinen: BMGS, Thönnes-Rede und BMBF, Demographischer Wandel S. 8.
163 Magin/Schnetter br 2005, 52 (54).
164 Magin/Schnetter br 2005, 52 (54).
165 Regierung Oberpfalz S. 1.
166 Regierung Oberpfalz S. 1.
167 So auch BMBF, Demographischer Wandel S. 8, 12 und 26.
168 So befürchtet von Arbeitgeberseite: BDA-Stellungnahme „Menschen mit Behinderungen“ S. 1, 4.

2. Kapitel: Das betriebliche Eingliederungsmanagement – Anwendungsbereich

Der persönliche sowie der sachliche Anwendungsbereich sind sowohl für den Arbeitgeber, als auch für den betroffenen Beschäftigten und seine Interessenvertretung von entscheidender Bedeutung, um bestehende Rechte und Pflichten wahrnehmen zu können. Es ist zu klären, welche Beschäftigten von der Regelung wann betroffen sind, wann die Norm also anzuwenden ist.

A. Persönlicher Anwendungsbereich der Norm

Zunächst ist der Umfang des persönlichen Anwendungsbereichs zu klären:

I. Der Begriff des „Beschäftigten"

Im Rahmen des persönlichen Geltungsbereichs ist zuerst von Bedeutung, welche Personen im Betrieb in den Genuss betrieblichen Eingliederungsmanagements kommen können. § 84 Abs. 2 verwendet den Begriff des „Beschäftigten", so dass im Folgenden zu untersuchen ist, welche Personengruppen als „Beschäftigte" im Sinne des § 84 Abs. 2 zu verstehen sind.

1. Schwerbehinderte Beschäftigte

Unproblematisch erfasst sind von der Regelung des § 84 Abs. 2 zunächst jedenfalls die schwerbehinderten Beschäftigten.

Den Begriff des schwerbehinderten Menschen definiert § 2 Abs. 2. Danach sind Menschen im Sinne des Zweiten Teils als schwerbehindert anzusehen, wenn bei ihnen ein Grad der Behinderung von wenigstens 50 vorliegt und sie ihren Wohnsitz, gewöhnlichen Aufenthalt oder ihre Beschäftigung im Sinne des § 73 rechtmäßig im Geltungsbereich des SGB IX haben.[169] Der Grad der Behinderung wird in Schritten von je 10 von 20 bis 100 festgelegt. Er wird anhand der „Anhaltspunkte für die ärztliche Gutachtertätigkeit im sozialen Entschädigungsrecht

169 Vom Vorliegen dieser letztgenannten Voraussetzung wird im Folgenden ausgegangen.

und nach dem Schwerbehindertenrecht Teil 2 SGB IX“ bestimmt, neugefasst zum 01.05.2004 vom Bundesministerium für Gesundheit und Soziale Sicherung. Die Behinderung und deren Grad wird dabei in einem gesonderten Verwaltungsverfahren festgestellt, § 69 SGB IX.

Die Erstreckung des Anwendungs- und Schutzbereiches auf Schwerbehinderte wird zum Einen bereits am Wortlaut der Norm deutlich. Nach § 84 Abs. 2 klärt der Arbeitgeber „bei (Betroffenheit) schwerbehinderte(r) Menschen (außerdem) mit der Schwerbehindertenvertretung“ die Möglichkeiten betrieblichen Eingliederungsmanagements bzw. zieht nach § 84 Abs. 2 S. 4 „bei schwerbehinderten Menschen“ das Integrationsamt hinzu. Die Regelung des § 84 Abs. 2 geht mithin davon aus, dass – jedenfalls auch – schwerbehinderte Beschäftigte vom Anwendungsbereich umfasst sein sollen.

Dies folgt korrespondierend damit auch schon daraus, dass nach § 95 Abs. 1 Nr. 1, der Aufgabennormierung für die Schwerbehindertenvertretung, diese „darüber wacht, dass die zugunsten schwerbehinderter Menschen geltenden Gesetze (...) durchgeführt, insbesondere auch die dem Arbeitgeber nach (...) § 84 obliegenden Verpflichtungen erfüllt werden.“ Durch den Bezug des § 95 Abs. 1 Nr. 1 auf die Regelung des § 84 wird damit nochmals klargestellt, dass § 84 für Schwerbehinderte Geltung haben soll.

Dem steht auch § 84 Abs. 1 nicht entgegen. Zwar könnte man bei erster Betrachtung der ähnlich anmutenden Absätze 1 und 2 davon ausgehen, dass nur Absatz 1 für Schwerbehinderte geschaffen wurde. Nach § 84 Abs. ist bei Eintreten von personen-, verhaltens- oder betriebsbedingten Schwierigkeiten die Schwerbehindertenvertretung einzuschalten. Hieraus folgt, dass von der Regelung des § 84 Abs. 1 stets und nur Schwerbehinderte erfasst sind. Denn nur für diese ist die Schwerbehindertenvertretung nach § 95 Abs. 1 S. 1 Nr. 1 zuständig. Die darüber hinaus gehenden Aufgabenzuweisungen zur Betreuung Behinderter in § 95 Abs. 1 S. 3 bezieht sich lediglich auf das Feststellungsverfahren und weist keinen Bezug zu § 84 auf.

Die ausschließliche Geltung des § 84 Abs. 1 für Schwerbehinderte schließt jedoch eine Anwendung auch des Absatzes 2 auf Schwerbehinderte nicht aus.

Im Gegenteil nimmt § 95 Abs. 1 S. 1 Nr. 1 SGB IX insgesamt Bezug auf § 84, ohne dabei nach den einzelnen Absätzen der Norm zu differenzieren oder gar Absatz 2 des § 84 auszunehmen.

Das Verhältnis zwischen § 84 Abs. 1 und § 84 Abs. 2 ist so zu verstehen, dass Absatz 1 Schwierigkeiten Schwerbehinderter im Beschäftigungsverhältnis insgesamt behandelt, und zwar sowohl personen- und verhaltens-, als auch betriebsbedingte. Absatz 2 geht dagegen separat auf die krankheitsbedingte Gefährdung des Arbeitsplatzes ein und leitet hierfür ein in Absatz 1 so nicht vorgesehenes Verfahren ein, bei welchem alle im und außerhalb des Betriebes Beteiligten zusammenarbeiten, um über mögliche Gegenmaßnahmen zu diskutieren um den Arbeitsplatz zu erhalten.

Absatz 2 stellt mithin eine Spezialregelung im Verhältnis zu Absatz 1 dar[170]. Dies gilt so zumindest bei Betroffenheit Schwerbehinderter.

Bestätigt wird dieses Verständnis des Schutzbereiches zuletzt dadurch, dass § 68 Abs. 1 anordnet, dass die Regelungen dieses, nämlich des 2. Teils des SGB IX, für schwerbehinderte Menschen gelten. § 84 Abs. 2 findet sich in diesem Zweiten und mit „Schwerbehindertenrecht" überschriebenen Teil des Neunten Sozialgesetzbuches und ist als im Dritten Kapitel verortete Norm nochmals mit „Rechte schwerbehinderter Menschen" überschrieben.

Festzuhalten bleibt demnach, dass jedenfalls solche Beschäftigte, die einen Grad der Behinderung von mindestens 50 haben, unproblematisch als „Beschäftigte" im Sinne des § 84 Abs. 2 und damit als vom betrieblichen Eingliederungsmanagement potentiell Begünstigte anzusehen sind.

2. Behinderte Beschäftigte

Da § 84 Abs. 2 ausdrücklich nur auf „schwer"behinderte Menschen Bezug nimmt, ist zu untersuchen, ob sich der Geltungsbereich der Norm auch auf solche Beschäftigten erstreckt, die zwar unter einer Behinderung leiden, deren Grad der Behinderung jedoch noch unter der für das Vorliegen einer Schwerbehinderung maßgeblichen Grenze von 50 liegt.

Die Gruppe dieser Beschäftigten gliedert sich in zwei Untergruppen: Zum Einen gibt es diejenigen Beschäftigten, die von einer Behinderung derart betroffen sind, dass sie gesetzlich den Schwerbehinderten gleichgestellt werden (gleichgestellte behinderte Menschen). Zum Anderen existiert die Gruppe derer, die zwar einen gewissen Grad der Behinderung aufweisen, jedoch von der Gleichstellung nicht erfasst werden. Letztere sollen im Folgenden Einfach-Behinderte genannt werden.

a. Gleichgestellte behinderte Menschen

Gesetzlich den Schwerbehinderten gleichgestellt sind nach § 2 Abs. 3 „behinderte Menschen mit einem Grad der Behinderung von weniger als 50, jedoch wenigstens als 30, (...) wenn sie infolge ihrer Behinderung ohne die Gleichstellung einen geeigneten Arbeitsplatz (...) nicht erlangen oder nicht behalten können (gleichgestellte behinderte Menschen)."

---

170 So auch Deinert JR 2007, 177 (178).

Diese Gleichstellung gilt auch für § 84 Abs. 2 : Die Regelung des § 68 Abs. 1 verhält sich nicht allein über die Anwendung des Zweiten Teils des SGB IX auf Schwerbehinderte, sondern ordnet darüber hinaus auch die Geltung dieser Regelungen für gleichgestellte behinderte Menschen an. Da § 84 in diesem Zweiten Teil verortet ist, erfasst § 68 Abs. 1 mithin auch das betriebliche Eingliederungsmanagement.

Daran vermag auch § 68 Abs. 3 nichts zu ändern. Nach § 68 Abs. 3 werden die „besonderen Regelungen für schwerbehinderte Menschen mit Ausnahme des § 125[171] und des 13. Kapitels[172]" auch auf gleichgestellte behinderte Menschen angewendet. Der Wortlaut legt zunächst nahe, dass eine Anwendung nur von „besonderen Regeln für schwerbehinderte Menschen" stattfinden kann. Dann müsste es sich, um den Anwendungsbereich in der hier vertretenen Weise zu eröffnen, bei § 84 Abs. 2 um eine „besondere" Regelung für schwerbehinderte Menschen handeln. Dies kann möglicherweise nur dann der Fall sein, wenn sie speziell für Schwerbehinderte und gerade nicht für eine andere Personengruppe gilt.

Diese Annahme würde jedoch zu einem unhaltbaren Ergebnis führen. Sie würde einen Zirkelschluss darstellen, denn § 68 Abs. 3 wäre dann überflüssig. Würde man dies so sehen wäre die Folge nämlich die, dass § 68 Abs. 3 eine Geltung für Gleichgestellte nach dem Wortlaut eindeutig anordnen wollte, zugleich aber gerade die Regelungen, auf die sich eine Gleichstellung erstrecken würde, also diejenigen, die sich auf Schwerbehinderte beziehen, ausnehmen würde. § 68 Abs. 3 kann also per argumentum ad absurdum nur so verstanden werden, dass sich die Norm generell auf alle (besonderen) Regelungen für Schwerbehinderte bezieht und anordnen will, dass hierbei die Gleichgestellten wie Schwerbehinderte behandelt werden sollen; sie fingiert mithin das Vorliegen einer Schwerbehinderung trotz des sich unter 50 bewegenden Grades der Behinderung.

Der Bezug zu den „besonderen" Regelungen für Schwerbehinderte lässt sich so erklären, dass § 68 die erste Norm des Zweiten Teils des SGB IX ist. Dieser Teil ist mit eben diesem Begriff der „besonderen Regelungen zur Teilhabe schwerbehinderter Menschen (Schwerbehindertenrecht)" überschrieben. § 68 Abs. 3 stellt mithin lediglich eine Ausnahme für die generelle Anwendung des Zweiten Teils auf Gleichgestellte dar und nimmt dabei nur die genannten Regelungen des § 125 und des 13. Kapitels aus. § 68 Abs. 3 wäre möglicherweise besser als ein § 68 Abs. 1 Satz 2 verortet, um den Zusammenhang der beiden Regelungen zu verdeutlichen – an der inhaltlichen Ausgestaltung ändert dies jedoch nichts. § 68 Abs. 3 spricht also nicht gegen einen Ausschluss Gleichgestellter.

171 Regelung des Zusatzurlaubs für Schwerbehinderte.

172 Regelungen zur unentgeltlichen Beförderung Schwerbehinderter im öffentlichen Personennahverkehr.

Auch der Zuständigkeitsbereich der Schwerbehindertenvertretung spricht zunächst für eine Erstreckung auch auf gleichgestellte Behinderte. Nach § 95 Abs. 1 S. 3 „unterstützt (die Schwerbehindertenvertretung) Beschäftigte auch bei Anträgen (...) auf Feststellung einer Behinderung (und) ihres Grades". Hieraus folgt, dass die Schwerbehindertenvertretung auch die Interessen derjenigen wahrnehmen soll, die noch nicht den Grad einer Schwerbehinderung erreicht haben, deren Schwerbehinderung noch nicht festgestellt wurde und/oder deren Behinderung auch den Grad von 50 nicht erreicht.

§ 95 Abs. 1 S. 3 vermag jedoch eine Ausweitung des Anwendungsbereichs insofern nicht zu begründen, als dass die von der Schwerbehindertenvertretung zu gewährende Unterstützung sich nach dem Wortlaut des § 95 Abs. 1 S. 2 lediglich auf das behördliche Verfahren zur Feststellung einer Behinderung überhaupt bezieht, welches möglicherweise für den Einzelnen mangels Kenntnis des Verfahrensablaufs allein nur schwer zu bewältigen ist. Von Maßnahmen der Gesundheitsprävention oder gar der Zuständigkeit der Schwerbehindertenvertretung auch für Behinderte pauschal ist in der Regelung jedoch nicht die Rede.

Wie jedoch dargelegt, ergibt sich eine Anwendbarkeit des § 84 Abs. 2 auf Behinderte mit einem Grad der Behinderung von 30 bis 40 (wenn sie infolge ihrer Behinderung ohne die Gleichstellung einen geeigneten Arbeitsplatz nicht erlangen oder nicht behalten können) bereits aus § 68 SGB IX. § 84 Abs. 2 ist auch auf gleichgestellte Beschäftigte anzuwenden.

b. Einfach-Behinderte

Festzuhalten bliebt demnach, dass „Beschäftigte" im Sinne des § 84 Abs. 2 zumindest schwerbehinderte und diesen gleichgestellte behinderte Arbeitnehmer sind.

Den Schwerbehinderten gleichgestellt sind – wie oben dargestellt – jedoch lediglich diejenigen Behinderten, die einen Grad der Behinderung mindestens 30 aufweisen. Es fragt sich somit, wie sich dies bei denjenigen Behinderten verhält, bei denen der Grad der Behinderung unter der maßgeblichen Gleichstellungsgrenze von 30, also bei 20 oder 10, liegt.

Betroffen von dieser Frage sind diejenigen Personen, die nach der gesetzlichen Definition des § 2 Abs. 1 als behindert einzustufen sind. Dies sind diejenigen Personen, deren „körperliche Funktion, geistige Fähigkeit oder seelische Gesundheit mit hoher Wahrscheinlichkeit länger als sechs Monate von dem für das Lebensalter typischen Zustand abweichen" und deren „Teilhabe am Leben in der Gesellschaft" daher „beeinträchtigt" ist.

Eine gesetzlich festgeschriebene entsprechende Anwendung der Normen des Zweiten Teils oder gar des § 84 Abs. 2 existiert für diese Personengruppe nicht.

Dieses Fehlen vermag jedoch am erweiterten Anwendungsbereich und der Ausdehnung auch auf Behinderte nichts zu ändern. Dass der Geltungsbereich derart auszuweiten ist, folgt aus der Auslegung des § 84 Abs. 2:

aa. Sprachlich-grammatikalische Auslegung

Zunächst gibt schon der Wortlaut der Norm ein solches Verständnis vor. Will man den Sinngehalt eines Gesetzeswortlautes im Wege der sprachlich-grammatikalischen Auslegung erforschen, so ist der im Gesetzeswortlaut objektivierte Wille des Gesetzgebers maßgeblich.[173] § 84 Abs. 2 verwendet den Begriff des „Beschäftigten“. Dieser ist anhand des genannten Maßstabes zu untersuchen. Eine ausdrückliche Festlegung des Begriffs, welche für das Verständnis bindend wäre[174], etwa durch eine inhaltliche Definition im Rahmen des SGB IX, existiert nicht. Es ist daher zunächst der juristische Sprachgebrauch, zuletzt der allgemeine Sprachgebrauch für das Verständnis des Beschäftigtenbegriffs maßgeblich[175]. Unter einem „Beschäftigten“ sind im juristischen Sprachgebrauch alle bei einem Arbeitgeber abhängig für diesen Tätigen zu verstehen. Der juristische Begriff des „Beschäftigten“ ist ein umfassender, der gerade nicht nur Schwerbehinderte und ihnen gleichgestellte Behinderte erfasst[176]. Unter ihn fallen damit auch diejenigen Behinderten, die einen Grad der Behinderung von 20 oder 10 aufweisen.

Auch legt der Wortlaut des § 84 Abs. 2 neben der Arbeitsunfähigkeit und dem Bestehen eines Beschäftigungsverhältnisses keinerlei weitere Voraussetzungen für das Eingreifen des betrieblichen Eingliederungsmanagements fest[177], ist also vom Wortlaut her nicht auf Schwerbehinderte beschränkt.[178] Nach dem juristischen Sprachgebrauch sind daher auch Behinderte mit einem Grad der Behinderung von weniger als 30 vom Anwendungs- und Schutzbereich der Norm erfasst.

Auch das Verständnis nach dem allgemeinen Sprachgebrauch ergibt kein anderes Ergebnis. Unter einem „Beschäftigten“ werden im Allgemeinen alle Arbeiter und Angestellte eines Betriebes[179] begriffen. Beschäftigt ist danach jemand,

173 BVerfGE 62, 1 (45); Palandt/Heinrichs, Einl. Vor § 1 Rdnr. 34.

174 Palandt/Heinrichs a.a.O. Rdnr. 41.

175 Ders. a.a.O.

176 So auch Magin/Schnetter br 2005, 52 (53); v. Seggern PR 2005 147 (151); Cramer NZA 2004, 698 (703); Rehwald/Kossack AiB 2004, 604 (608); DGB, Wir wollen ins Boot S. 12 und 5.

177 So auch Feldes br 2005, 48 (48 und 50), ders. SoSi 2004, 270 (272); ders. br 2004, 187 (188 und 190); ders. u.a. SGB IX § 84 Rdnr. 8.

178 So auch Feldes br 2005, 48 (48); ders./Kossack AiB 2004, 453 (456); von Seggern PR 2005, 147 (147).

179 Mackensen, Deutsches Wörterbuch, Stichwort „Beschäftigte“.

der einer Tätigkeit oder Arbeit nachgeht[180], unabhängig von seiner physischen oder psychischen Verfassung und daraus resultierender etwaiger Beeinträchtigungen.

Der Begriff der Beschäftigung und des Beschäftigten stellt mithin sowohl im juristischen als auch im allgemeinen Sprachgebrauch allein darauf ab, ob jemand einer Tätigkeit überhaupt nachgeht, nicht aber darauf, welchen Gesundheitszustand er bei Ausübung der Tätigkeit aufweist[181].

Auch andere Formulierungen lassen ein solches erweitertes Verständnis zu. So sind in § 84 Abs. 2 S. 1, 4 und 6 SGB IX *zusätzlich* zum Begriff des Beschäftigten die Schwerbehinderten genannt. Es heißt dort stets „bei schwerbehinderten Menschen *außerdem* die Schwerbehindertenvertretung“[182]. Diese explizite Nennung der Schwerbehinderten zusätzlich zum Begriff des Beschäftigten wäre dann überflüssig, wenn vom Beschäftigtenbegriff ohnehin nur Schwerbehinderte (und die als solche Fingierten, die Gleichgestellten) umfasst wären.[183]

Zudem wäre eine Hinzuziehung der Interessenvertretungen im Sinne des § 93, wie es § 84 Abs. 2 S. 1 und 6 anordnen, zusätzlich zur und neben der Schwerbehindertenvertretung sinnlos. Als eine solche Interessenvertretung ist nämlich nach § 93 auch der Betriebsrat anzusehen. Dieser ist jedoch gerade nicht nur für Schwerbehinderte, sondern vielmehr auch für alle anderen und damit auch für behinderte Beschäftigte zuständig[184], wie der in § 80 I BetrVG gelistete Aufgabenkatalog verdeutlicht. Der Betriebsrat ist danach Repräsentant aller Arbeitnehmer.[185]

Die Nennung der Schwerbehindertenvertretung zusätzlich zu der Interessenvertretung nach § 93 entspricht dabei auch der Zuständigkeitsverteilung in den §§ 93 und 95.[186]

---

180 Ders. a.a.O. Stichwort „Beschäftigung“.

181 Den Anwendungsbereich anhand des Beschäftigtenbegriffs weiten auch aus: Britschgi AiB 2005, 284 (284); Cramer NZA 2004, 698 (703); Maier, sozcare; Gaul ArbRB 2005, 308 (310); Gagel, Diskussionsbeitrag 1–2005 S. 2.; Düwell Das novellierte Schwerbehindertenrecht Rdnr. 44; Klaesberg S. 4; Regierung Oberbayern, S. 1; Stegmann, ver.di-Projekt S. 2; Zorn br 2006, 42 (42); DKZ/Deinert § 84 Rdnr. 12; Gundermann/Oberberg AuR 2007, 19 (19); Kohte ZSR 2005, 7 (16).

182 So auch Faber AiB 2006, 553 (554); KDZ/Deinert § 84 Rdnr. 12; Ders. JR 2007, 177 (178); v. Hoyningen/Huene § 1 Rdnr. 341; KR/Griebeling § 1 KSchG Rdnr. 324 b.

183 So auch Brose DB 2005, 390 (390); ähnlich LAG Niedersachsen a.a.O. S. 721 zur ausdrücklichen Nennung der „Schwerbehinderten“.

184 So auch argumentierend LAG Niedersachsen 27.10.2006, BB 2007, 719 (721).

185 So auch Gitter/Michalski S. 276; Brose DB 2005, 390 (390).

186 So auch Düwell, Das novellierte Schwerbehindertenrecht Rdnr. 96.

Zwar wird in der Literatur teilweise angeführt, die Anordnung der zusätzlichen Hinzuziehung der Schwerbehindertenvertretung könne ihre Ursache auch darin haben, dass es denkbar sei, dass der betroffene Betrieb aufgrund Nichterreichens der Mindestzahl von fünf Schwerbehinderten nach § 94 nur über einen Betriebsrat, nicht jedoch über eine Schwerbehindertenvertretung verfüge[187]. Dies vermag indes nicht zu überzeugen. § 84 Abs. 2 stellt nicht etwa darauf ab, „ob" eine Schwerbehindertenvertretung besteht. Die Beteiligung der Schwerbehindertenvertretung wird ausdrücklich vom Betroffensein einer schwerbehinderten Person abhängig gemacht. Der Bezug besteht hier zum Beschäftigten, nicht zum Bestehen der Schwerbehindertenvertretung. Der Wortlaut lautet daher auch: „bei schwerbehinderten Menschen außerdem die Schwerbehindertenvertretung" und nicht etwa „und die Schwerbehindertenvertretung, soweit sie besteht".

Daneben wäre es widersinnig, abzuleiten, § 84 Abs. 2 treffe eine Extraregelung insofern, als dass vom Gesetzgeber berücksichtigt worden sein könnte, es bestehe keine Schwerbehindertenvertretung. Eine solche außerordentliche Regelung ist dem Arbeits- und Sozialrecht fremd. Das Bestehen einer Interessenvertretung wird schlichtweg stets dort vorausgesetzt, wo ihre Rechte oder Pflichten gesetzlich festgeschrieben werden.

Auch fragt sich, wenn, wie diese Literaturansicht meint, nur diesem Umstand Rechnung getragen werden sollte, warum dann im Zuge der gesetzgeberischen Neugestaltung des § 84 nicht auch Absatz 1 entsprechend angepasst wurde.[188]

In eine ähnliche Richtung geht auch eine Literaturansicht, die annimmt, für die Betriebe, die eine Schwerbehindertenvertretung gewählt hätten, bestünde kein Mitwirkungsrecht der Schwerbehindertenvertretung, wenn das Gesetz dieses nicht ausdrücklich angeordnet hätte.[189] Nur dies sei also Grund für die Nennung der Schwerbehindertenvertretung in § 84 Abs. 2.

Diese Ansicht verkennt jedoch, dass eine Einschaltung der Schwerbehindertenvertretung bereits nach § 84 Abs. 2 a.F. vorgesehen war. Insoweit fand keine Änderung des Wortlautes statt. Die Änderung bezieht sich allein darauf, zusätzlich zur Schwerbehindertenvertretung die Interessenvertretung hinzuzuziehen. Angesichts dieser Tatsache und der Tatsache, dass sich eine weitere Neuerung gerade darauf bezog, den Kreis der Begünstigten von „betroffene Person" in „Beschäftigte" im Zusammenhang mit der zusätzlichen Nennung der Interessenvertretung nach § 93 zu definieren, kann nicht davon ausgegangen werden, der persönliche Schutzbereich habe sich im Vergleich zur alten Fassung nicht geändert und damit nicht erweitert.

---

187 So etwa Brose DB 2005, 390 (391).
188 So auch Gagel, Diskussionsbeitrag 1–2005 S. 2.
189 So Namendorf/Natzel DB 2005, 1794 (1795).

Würde man den genannten Ansichten in der Literatur folgen, so würde sich auch der Unterschied zwischen § 84 Abs. 1 und § 84 Abs. 2 nicht erklären lassen: § 84 Abs. 1 ordnet an, dass bei Auftreten bestimmter Schwierigkeiten möglichst frühzeitig „die Schwerbehindertenvertretung *und* die in § 93 genannte Interessenvertretung“ einzuschalten ist. Es ist nach dem Wortlaut also stets die Schwerbehindertenvertretung einzuschalten, woraus folgt, dass stets und nur ein Schwerbehinderter betroffen ist und sein kann. § 84 Abs. 2 hingegen spricht von einer Einschaltung der Interessenvertretungen im Sinne des § 93 und – soweit ein Schwerbehinderter betroffen sein sollte – zusätzlich und sogar an erster Stelle der Schwerbehindertenvertretung. Die unterschiedliche Formulierung in beiden Absätzen macht also deutlich, dass gerade nicht nur Schwerbehinderte vom Absatz 2 erfasst werden können.

Zudem ließe sich, wollte man den persönlichen Anwendungsbereich derart einengen, die unterschiedliche Begriffsverwendung des „schwerbehinderten Menschen“ einerseits und des „Beschäftigten“ andererseits innerhalb derselben Norm und sogar desselben Satzes nicht erklären.[190] Hier angesichts der oben dargelegten Argumente von einer vom Gesetzgeber unbeabsichtigten Formulierung und Differenzierung zu sprechen, erscheint nicht vertretbar. Nach dem sprachlich-grammatikalischen Verständnis des § 84 Abs. 2 sind demnach solche Behinderte vom Beschäftigtenbegriff erfasst, deren Grad der Behinderung unter 30 liegt.[191]

bb. Systematische Auslegung

An diesem Ergebnis vermag auch die systematische Einordnung des § 84 Abs. 2 nichts zu ändern.

Das SGB IX trägt den Titel „Rehabilitation und Teilhabe behinderter Menschen“ und lässt eine Beschränkung auf Schwerbehinderte und ihnen Gleichgestellte vermissen. Diese systematische Einordnung vermag zumindest jedoch das o.g. Argument zu widerlegen, § 84 Abs. 2 erfasse behinderte Menschen schon al-

---

190 So auch Klaesberg S.4.

191 Ohne nähere Begründung vertreten von: Feldes SoSi 2004, 270 (272); ders. br 2004, 187 (188); ders. in Feldes u.a. § 84 Rdnr. 8; ders./Kossack AiB 2004, 453 (456); Magin/Schnetter br 2005, 52 (53); Rehwald/Kossack AiB 2004, 604 (608); von Seggern br 2004, 110 (113); von Steinau-Steinrück/Hagemeister NJW-Spezial 2005 Heft 3 S. 129 (129); von Seggern PR 2005, 147 (147); Wilmerstadt, DVfR-Tagung; Diedenhofen, DVfR-Tagung; BMGS-Arbeitspapier Folie 23; DGB Das SGB IX S. 8 und 15; DGB Wir wollen ins Boot S. 17; i.E. so wohl auch Wuttke, DVfR-Tagung und Mehrhoff, DVfR-Tagung; Kohte, die neuen Instrumente, S. 7; Schuller Info 17/2005 S. 1; Gagel u.a. Diskussionsbeitrag 4–2004 S. 3.

lein deshalb, weil der Wortlaut gerade keine Beschränkung auf Schwerbehinderte enthalte[192]. Denn einer solchen Beschränkung bedarf es angesichts der Systematik gar nicht. Denn § 84 ist systematisch in den Zweiten Teil und darin in das 3. Kapitel des SGB IX eingeordnet. Sowohl die Titulierung des Teils, als auch die des Titels nehmen ausschließlich Bezug auf Schwerbehinderte (Besondere Regelungen zur Teilhabe schwerbehinderter Menschen (Schwerbehindertenrecht); Rechte der schwerbehinderten Menschen).[193] Dabei legt § 68 Abs. 1 den Anwendungsbereich des einschlägigen Teils und mithin auch des Titels auf Schwerbehinderte und ihnen Gleichgestellte, also gerade nicht auf die hier fragliche Personengruppe, fest.[194]

Dieses Ergebnis kann indes keinen Bestand mehr haben, betrachtet man die Regelungen innerhalb des Zweiten Kapitels im Übrigen, also die innere Systematik, genauer. In diesem Kapitel finden sich durchaus Regelungen, die einen Bezug nicht nur zu Schwerbehinderten und ihnen Gleichgestellten aufweisen.

Eine solche Vorschrift stellen § 83 Abs. 2 und 2 a dar. § 83, welcher sich über die Möglichkeit des Abschlusses von verbindlichen Integrationsvereinbarungen im Betrieb verhält, regelt in seinem Absatz 2 Satz 1, dass Integrationsvereinbarungen Regelungen im Zusammenhang mit der Eingliederung „schwer"behinderter Menschen enthalten. Die Bezugnahme auf den Begriff der „Eingliederung" mag zunächst den Schluss nahe legen, dass hiermit das betriebliche Eingliederungsmanagement nach § 84 Abs. 2 gemeint ist[195] und sich § 84 Abs. 2 mithin nur auf diese Personengruppe, nämlich die Schwerbehinderten, beziehen kann. Eine andere Art und Weise der „Eingliederung" als die der gemanagten betrieblichen kann, auch in Anbetracht der Tatsache, dass § 83 unmittelbar den § 84 in seiner systematischen Stellung vorangeht, auf den ersten Blick nicht gemeint sein.

Betrachtet man jedoch den durch das „Gesetz zur Förderung der Ausbildung und Beschäftigung schwerbehinderter Menschen" neu eingeführten § 83 Abs. 2 a aus der Nähe, so wird deutlich, dass diese Schlussfolgerung dem Sinn und Wortlaut des § 83 zuwider läuft:

So ist in § 83 Abs. 2 a Nr. 5 SGB IX geregelt, dass Gegenstand von Integrationsvereinbarungen *„insbesondere"* auch Regelungen „zur Durchführung der betrieblichen Prävention (betriebliches Eingliederungsmanagement)" sein können. Die unterschiedliche Verwendung der Formulierungen in beiden Regelungen,

---

192 So argumentiert von Feldes br 2005, 48 (48); v. Seggern PR 2005, 147 (147).

193 So auch BDA, Rechtliche Rahmenbedingungen S. 4; Brose DB 2005, 390 (390); Dies. RdA 2006, 149 (131); Namendorf/Natzel DB 2005, 1794 (1794); Balders/Lepping NZA 2005, 854 (854).

194 So auch Brose a.a.O.; Namendorf/Natzel a.a.O.; Balders/Lepping a.a.O.

195 So BDA-Stellungnahme „Menschen mit Behinderungen" S. 4.

einmal „Eingliederung“ und einmal die Zitierung des Begriffs des „betrieblichen Eingliederungsmanagements“, ist also durchaus berechtigt und geboten.

Denn würden diese beiden Begriffe gleichgesetzt, so würde § 83 Abs. 2 a Nr. 5 sein eigenständiger Regelungsgehalt genommen. Denn sowohl § 83 Abs. 2, als auch der neu eingeführte § 83 Abs. 2 a würden schlichtweg das Gleiche meinen. Dann stellt sich jedoch die Frage, warum der Gesetzgeber einen neuen Absatz 2 a eingeführt hat, wenn doch der Inhalt bereits innerhalb der gleichen Norm nur einen Absatz zuvor geregelt ist? Dies insbesondere auch in Anbetracht der Tatsache, dass Absatz 2 im Vergleich zu Absatz 2 a viel ausdifferenzierter ist. Absatz 2 nennt im Gegensatz zur verallgemeinernden Formulierung des Absatzes 2 a fünf konkrete Möglichkeiten der Eingliederung. Warum also sollte der Gesetzgeber eine ausdifferenzierte Regelung durch eine sie verallgemeinernde im darauffolgenden Absatz „ergänzen“? Es ist vielmehr so, dass die Differenzierung zwischen dem Begriff der „Eingliederung“ in Absatz 2 und dem des „betrieblichen Eingliederungsmanagements“ in Absatz 2 a durchaus Sinn macht. Im Rahmen jeder Auslegung ist stets von der Einsicht auszugehen, dass der einzelne Rechtssatz im Gesamtzusammenhang der Rechtsordnung zu verstehen ist.[196] Ausgangspunkt jeder Auslegung muss daher die Annahme sein, dass das Gesetz eine zweckmäßige und vernünftige Regelung treffen will.[197] Eine solche wäre jedoch bei einer Gleichsetzung beider Regelungen gerade nicht gegeben, so dass sich dieses Verständnis verbietet. Während § 83 Abs. 2 also Regelungen bezüglich der Eingliederung Schwerbehinderter trifft, verhält sich § 83 Abs. 2 a über das betriebliche Eingliederungsmanagement „im Übrigen“. Dieses unterscheidet sich von der Eingliederung hinsichtlich seines persönlichen Anwendungsbereiches. Also sind vom betrieblichen Eingliederungsmanagement über die Eingliederung hinaus auch Behinderte erfasst.

Indem der Gesetzgeber in den Gesetzgebungsmaterialien ausdrücklich angab, um das Instrument der Integrationsvereinbarung zu stärken, seien weitere „sinnvolle Regelungsgegenstände“[198] zu nennen, machte er deutlich, dass eine Regelung auch über den Kreis der Schwerbehinderten hinaus erfolgen sollte. Statt § 83 Abs. 2 also zu erweitern, fügte er den Absatz 2 a und den darin enthaltenen Verweis auf das betriebliche Eingliederungsmanagement ein. Dieser Verweis kann nur den Schluss zulassen, dass eben dieses betriebliche Eingliederungsmanagement gerade auch über den Kreis Schwerbehinderter hinaus gelten soll –

---

196 Palandt/Heinrichs a.a.O. Rdnr. 42.

197 RG 74, 69 (72).

198 BT-DrS. 15/1783 S. 15; so auch argumentierend: Gagel Diskussionsbeitrag 2–2005 S. 4.

sonst wäre das betriebliche Eingliederungsmanagement zu einer Ausweitung der Regelungsmöglichkeiten schlicht ungeeignet gewesen.

Dies zeigt sich auch an den übrigen Begriffsverwendungen in den beiden Absätzen: Vereinbarungen bezüglich Schwerbehinderter *„enthalten"* Regelungen zur Eingliederung, während in Integrationsvereinbarungen Regelungen zum betrieblichen Eingliederungsmanagement getroffen werden *„können"*. Während also derjenige Bereich der „Eingliederung", der jedenfalls nur Schwerbehinderte betrifft, zwingend von den Betriebsparteien in einer Integrationsvereinbarung zu regeln ist, ist es den Beteiligten im Falle der „betrieblichen Eingliederung" 'im Übrigen' zusätzlich anheim gestellt, ob sie verbindliche Regelungen treffen wollen. Was auch bedeutet, dass es hiervon Betroffene 'im Übrigen' überhaupt geben (können) muss.

Festzuhalten bleibt zunächst also, dass sich auch im Zweiten Teil, 3. Kapitel, Regelungen bezüglich Behinderter finden, welche nicht den Grad einer Schwerbehinderung erreichen. Das 3. Kapitel ist also gerade seiner inneren Systematik nach inhaltlich nicht stringent exklusiv den Schwerbehinderten gewidmet, auch wenn seine Überschrift dies zunächst vermuten lässt.

Auch das Argument, der Gesetzgeber hätte, habe er den Anwendungsbereich über den Kreis Schwerbehinderter und ihnen Gleichgestellter hinaus ausweiten wollen, eine andere Verortung, etwa im allgemeinen ersten Teil des SGB IX oder gar im ArbSchG, wählen müssen[199], vermag aus diesen Gründen den hier vertretenen Standpunkt nicht zu entkräften.

Auch die systematische Auslegung vermag somit das Ergebnis, dass auch Behinderte mit einem Grad der Behinderung von unter 30 von § 84 II erfasst werden, nicht zu widerlegen.

cc. Historische Auslegung

Der Gesetzgeber hat bei der Schaffung des neuen § 84 Abs. 2 eine solche Ausweitung des Geltungsbereichs auch beabsichtigt. Das wird deutlich, wenn man den Sinngehalt der Norm im Wege der historischen Auslegung betrachtet:

Der Gesetzgeber mag zwar mit der Titulierung seines „Gesetzes zur Förderung der Ausbildung und Beschäftigung schwerbehinderter Menschen" den Eindruck erwecken, es sei beabsichtigt, die Situation nur der schwerbehinderten Menschen zu verbessern.

Diese Folgerung greift indes zu kurz. Das erklärte Ziel, Schwerbehinderte einzugliedern und ihnen eine gleichberechtigte Teilhabe am Arbeitsleben zu ermöglichen, ist zwar nur bei schwerbehinderten Menschen erreichbar. Der

---

199 Namendorf/Natzel DB 2005, 1794 (1794); dies. FA 2005, 162 (163).

Schwerpunkt der Gesetzesbegründung bezieht sich denn auch auf die allein für Schwerbehinderte geltende Beschäftigungspflichtquote.[200] Dies bedeutet indes nicht, dass sich alle gesetzgeberischen Ziele auf diese Personengruppe allein beziehen müssen. Das zeigt auch die Gesetzesbegründung. Dort heißt es, Ziel[201] des Gesetzes sei es gewesen, die Politik zur Sicherung der Teilhabe „behinderter Menschen“[202] fortzusetzen und an die geschaffenen Eckpfeiler für die Ermöglichung selbstbestimmter Teilhabe in Beruf und Gesellschaft „behinderter und von Behinderung bedrohter Menschen“[203] anzuknüpfen.

Auch im weiteren Verlauf der Gesetzesbegründung heißt es, die Beschäftigung „behinderter und schwerbehinderter Menschen“ sollten durch den Ausbau von Prävention gesichert[204] und dauerhaft verbessert[205] werden. Bezüglich des neu gestalteten § 84 Abs. 2 wird erklärt, dass vom Gesetz vorgesehen werde, dass bei gesundheitlichen Störungen zukünftig mit Zustimmung des „betroffenen behinderten Arbeitnehmers“[206] eine gemeinsame Klärung möglicher Maßnahmen erfolgen solle, um kurzfristig Beschäftigungshindernisse überwinden zu können.

Diese Bezugnahme des Gesetzgebers auch auf Behinderte wird teilweise so gedeutet, dass mit Behinderten nur die Gleichgestellten gemeint seien.[207] Dies geht jedoch fehl, denn, wie dargelegt, existieren verschiedene Grade der Behinderung. Nicht jeder „behinderte Mensch“ ist automatisch ein den Schwerbehinderten Gleichgestellter. Die undifferenzierte Ausdrucksweise des Gesetzgebers, von „behinderten“ Menschen zu sprechen, weist vielmehr darauf hin, dass gerade auch außerhalb der Gruppe Schwerbehinderter und gesetzlich als solche Fingierter eine Anwendung des § 84 Abs. 2 beabsichtigt war. Es sollte gerade nicht nur in Anknüpfung an § 3 der Gedanke der Prävention allein und eine Beteiligung der Betriebsexternen vor Ausspruch einer Kündigung[208], sondern vielmehr auch der persönliche Anwendungsbereich ausgeweitet werden.

Bekräftigt wird dieses Ergebnis auch durch die Anlässe, die die Gesetzesinitiatoren zur Schaffung der Präventionsregelung sahen: Die Zahl krankheitsbedingter Kündigungen und die daraus resultierenden hohen Krankheits- und Pflegekosten für die Sozialsysteme sollten langfristig verringert werden, um einen Fortbestand der sozialen Sicherung zu ermöglichen. Kostenverursachende krankheits-

---

200 BT-DrS. 15/1783 S. 10.
201 Vgl. dazu auch 1. Kapitel lit. B.
202 BT-DrS. 15/1783 S. 10.
203 BT-DrS. 15 /1783 S.10.
204 BT-DrS. 15/1783 S. 10.
205 BT-DrS. 15/1783 S. 11.
206 BT-DrS. 15/1783 S. 12.
207 Namendorf/Natzel DB 2005, 1794 (1794); dies. FA 2005, 162 (162).
208 So Namendorf/Natzel a.a.O. auch unter Berufung auf BT-DrS. 15/1783 S. 20.

bedingte Kündigungen treffen indes auch andere Personengruppen, als die der Schwerbehinderten. Diese gesetzgeberischen Ziele sind bei Anwendung der Norm allein auf Schwerbehinderte gar nicht zu erreichen.

Ausweislich der Gesetzesbegründung ist also die Personengruppe der behinderten Menschen sehr wohl vom Anwendungsbereich der Norm erfasst. Zwar sind Stellungnahmen in Gesetzgebungsmaterialien nicht bindend, da sie subjektiv sind und eben nicht der subjektive Wille des Gesetzgebers, sondern der im Gesetzeswortlaut objektivierte gesetzgeberische Wille maßgeblich ist.[209] Die Stellungnahmen verdeutlichen jedoch den Gesetzeszweck sind daher in der Regel zu befolgen.[210] Anlass, von diesem Grundsatz eine Ausnahme zuzulassen, besteht angesichts der eindeutigen Bezugnahme des Gesetzgebers auf Behinderte nicht.

Es bleibt damit festzuhalten, dass auch der gesetzgeberische Wille für ein extensives Verständnis des persönlichen Anwendungsbereichs spricht.

dd. Teleologische Auslegung

Gleiches gilt für den mit der Norm verfolgten Zweck, die ratio legis. Diesen gibt der Gesetzgeber bereits in der Formulierung des Gesetzeswortlautes vor, indem er den Gegenstand der Initiative aller Beteiligten festschreibt: Arbeitsunfähigkeit soll überwunden, erneuter Arbeitsunfähigkeit vorgebeugt und der Arbeitsplatz erhalten werden. Zweck des Gesetzes ist es also, die dauerhafte Beschäftigung in Fällen der krankheitsbedingten Arbeitsunfähigkeit zu sichern. Beschäftigungshindernisse sollen kurzfristig, nämlich bereits nach Ende der Lohnfortzahlungsfrist, überwunden werden. Die Zeit der Arbeitsunfähigkeit soll sinnvoll genutzt werden.

Solche durch krankheitsbedingte Arbeitsunfähigkeit verursachten Beschäftigungshindernisse und ein daraus resultierender drohender Arbeitsplatzverlust liegen jedoch nicht nur bei Schwerbehinderten vor[211]. Bei Behinderten mit einem Grad der Behinderung von weniger als 30 ist es ebenso möglich, dass eine Erkrankung von insgesamt mehr als sechs Wochen innerhalb eines Jahres auftritt, die den Bestand des Arbeitsverhältnisses auf Dauer möglicherweise gefährdet.

Würde man den Anwendungsbereich der Norm allein auf Schwerbehinderte (und ihnen Gleichgestellte) beschränken, so würde der Zweck des § 84 Abs. 2 zudem in sein Gegenteil verkehrt: Es gälte abzuwarten, bis der gesundheitliche Schaden besonders groß, etwa die Schwerbehinderung eingetreten, und damit

---

209 BVerfGE 62, 1 (45); Palandt/Heinrichs a.a.O. Rdnr. 45.

210 Palandt/Heinrichs a.a.O. Rdnr. 45.

211 So auch LAG Niedersachsen 27.10.2006 BB 2007, 719 (722); DKZ/Deinert § 84 Rdnr. 12.

auch besonders schwer zu beheben ist.[212] Die Norm würde mithin mittelbar zum Abwarten und Unterlassen statt zum aktiven Handeln auffordern. Prävention bedeutet aber (auch) Vermeidung von Verschlimmerungen gesundheitlicher Beeinträchtigungen und beginnt nicht erst, wenn die Krankheit einen bestimmten und hohen Intensitätsgrad erreicht hat. Gerade weil es ausweislich der Gesetzesmaterialien schwer ist, schwerbehinderte Menschen nach einer Kündigung erneut in den Arbeitsmarkt einzugliedern und diesen eine gleichberechtigte Teilhabe am Arbeitsleben zu ermöglichen, wurde die Präventionsnorm geschaffen bzw. erweitert, die auch die Entstehung neuer Schwerbehinderungen vermeiden will. Bei Zugrundelegen eines anderen Verständnisses wäre § 84 Abs. 2 nicht mit Prävention, sondern mit Rehabilitation zu überschreiben gewesen[213].

Will man also den Anforderungen an eine auch durch allgemeine Zweckmäßigkeits- und Gerechtigkeitserwägungen mitbestimmten[214] Auslegung durch teleologische Untersuchung gerecht werden, bei der die zu untersuchende Norm stets als Teil einer zweckmäßigen und gerechten Rechtsordnung zu verstehen ist[215], so müssen auch Behinderte mit einem Grad der Behinderung von 10 oder 20 vom Schutzbereich des § 84 Abs. 2 als umfasst angesehen werden.

Für dieses Ergebnis spricht zuletzt die Verknüpfung der §§ 4 und 84 Abs. 2. Nach § 84 Abs. 2 S. 4,5 ist darauf hinzuwirken, dass mögliche Leistungen zur Teilhabe beantragt und erbracht werden. Diese Leistungen sind nach § 4 zu gewähren und umfassen nach § 4 Abs. 1 Nr. 1 auch solche notwendigen Sozialleistungen, die dazu dienen, die Verschlimmerung einer bestehenden Behinderung zu verhüten. Diese Regelung gilt demnach und auch gemäß § 1, der den Anwendungsbereich des SGB IX auch für behinderte Menschen festlegt, auch für Behinderte, die den Grad einer Schwerbehinderung noch nicht erreicht haben.

Angesichts der Tatsache, dass nunmehr alle nationalen juristischen Auslegungsmethoden zu dem Ergebnis eines extensiven Verständnisses geführt haben, sind auch die Anforderungen derjenigen Vertreter in der Literatur erfüllt, die eine Ausweitung des Anwendungsbereichs anhand des Beschäftigtenbegriffs kritisiert und dargelegt hatten, dass aufgrund des hohen Abstraktionsgrades des verwendeten Begriffes ein erweitertes Verständnis nur dann zu rechtfertigen sei, wenn sowohl Sinn und Zweck, als auch der historische und systematische Zusammenhang dies zuließen[216].

---

212 So auch v. Seggern PR 2005, 147 (148); ders. SoSi 2004, 110 (119).
213 Auf die amtliche Überschrift stellt auch ab: Faber AiB 2006, 553 (555).
214 Palandt/Heinrichs a.a.O. Rdnr. 46.
215 Palandt/Heinrichs a.a.O.
216 So Namendorf/Natzel FA 2005, 162 (162); dies. DB 2005, 1794 (1794).

Zusammenfassend lässt sich also festhalten, dass sich der persönliche Anwendungsbereich nach dem Gesagten aus Sicht des nationalen Rechts sowohl auf Schwerbehinderte und ihnen Gleichgestellte, als auch auf Behinderte mit einem Grad der Behinderung von unter 30 ausdehnt.

ee. Allgemeines Gleichbehandlungsgesetz und RL 2000/78/EG

Dieses Ergebnis wird zuletzt bestätigt durch einen Blick auf europarechtliche Vorgaben und deren jüngste Umsetzung in nationales Recht. In diesem Zusammenhang sind sowohl das Allgemeine Gleichbehandlungsgesetz vom 14.08.2006[217] als auch die „Richtlinie 2000/78/EG des Rates vom 27. November 2000 zur Festlegung eines allgemeinen Rahmens für die Verwirklichung der Gleichbehandlung in Beschäftigung und Beruf"[218], deren Umsetzung in nationales Recht durch das AGG vollzogen wurde, von Relevanz. Diese sind im Rahmen eines systematisch einheitlichen Verständnisses zu berücksichtigen.

Würde man Behinderte vom persönlichen Anwendungsbereich des § 84 Abs. 2 ausnehmen und somit dieser Personengruppe die Möglichkeit einer Klärung nehmen, während sie anderen Personengruppen gewährt würde, so würde dies eine unmittelbare Diskriminierung im Sinne des AGG darstellen, die nach § 7 Abs. 3 AGG eine Verletzung vertraglicher Pflichten durch den Arbeitgeber darstellen würde. Ein solches Verständnis würde also einen systematischen Widerspruch hervorrufen und muss demnach ausscheiden.

(1) Sachlicher Anwendungsbereich des AGG

§ 84 Abs. 2 unterfällt seinem Inhalt nach dem sachlichen Anwendungsbereich des AGG. Nach § 2 Abs. 1 Nr. 2 AGG erstreckt sich dieser nämlich auf Benachteiligungen „in Bezug auf Beschäftigungs- und Arbeitsbedingungen, (...) insbesondere Maßnahmen bei der Durchführung (...) eines Beschäftigungsverhältnisses." Eine solche Maßnahme bei der Durchführung des Beschäftigungsverhältnisses stellt das betriebliche Eingliederungsmanagement dar, findet die Klärung nach § 84 Abs. 2 doch während des bestehenden Beschäftigungsverhältnisses statt und soll dessen Erhalt dadurch sichern, dass Möglichkeiten gesucht werden, die Arbeitsbedingungen an die bestehende Situation des Betroffenen anzupassen oder anderweitig im Rahmen des Beschäftigungsverhältnisses Hilfestellung zu geben oder als Arbeitgeber zu veranlassen.

---

217 BGBl. I 2006, 1897; im Folgenden AGG genannt.

218 ABl. L 303 (2000) S. 16 ff; im Folgenden Richtlinie genannt.

Dies zeigt sich auch dann, wenn man den Inhalt der Richtlinie hinzuzieht, deren Umsetzung durch das AGG erfolgte: Nach der Rechtsprechung des EuGH ist das gesamte nationale Recht[219] so auszulegen, dass ein Widerspruch zum Gemeinschaftsrecht vermieden wird.[220] Diese Auslegung hat sich dabei „soweit wie möglich“ an Zweck *und* Wortlaut der einschlägigen Richtlinie auszurichten[221], um zu dem von der Richtlinie verfolgten Ziel zu gelangen. Die Grenze bilden dabei Wortlaut und Zweck nationaler Vorschriften[222], denn „der Gehalt einer nach Wortlaut, Systematik und Sinn eindeutigen Regelung kann nicht im Wege der richtlinienkonformen Auslegung in ihr Gegenteil verkehrt werden[223]. Zum Verständnis des Begriffs der „Maßnahme bei der Durchführung des Beschäftigungsverhältnisses“ im Sinne des AGG muss also auf den Inhalt der Richtlinie zurückgegriffen werden.

Sachlich erstreckt sich der Anwendungsbereich der Richtlinie gemäß dessen Artikel 3 Abs. 1 auf den Zugang zu allen Formen und Ebenen der Beschäftigungs- und Arbeitsbedingungen, wobei der Arbeitgeber nach Artikel 5 der Richtlinie „die geeigneten und im konkreten Fall erforderlichen Maßnahmen ergreift, um den Menschen mit Behinderung (...) die Ausübung des Berufes zu ermöglichen“. Die Richtlinie zielt somit ersichtlich auf während der Dauer des Arbeitsverhältnisses die Arbeitsfähigkeit erhaltende Schutzmaßnahmen durch den Arbeitgeber ab. Den konkreten Zweck der Richtlinie in diesem Sinne lassen auch die Erwägungen des Rates erkennen, die der Richtlinie zugrunde liegen[224]. Die Richtlinie will jede Art von Diskriminierung im Berufsleben verhindern und – ebenso wie das Gesetz zur Förderung der Ausbildung und Beschäftigung schwerbehinderter Menschen – die soziale und wirtschaftliche Eingliederung behinderter Menschen fördern.[225] Dabei bezieht sich der Rat auf die im Jahre 1999 in Helsinki vereinbarten beschäftigungspolitischen Leitlinien für das Jahr 2000 und damit auf die Notwendigkeit, einen Arbeitsmarkt zu schaffen, der diese Eingliederung durch ein ganzes Bündel an Antidiskriminierungsmaßnahmen fördert[226].

---

219 EuGH 05.10.2004 C–397/01 – Pfeiffer Rdnr. 118; so auch BAG NJW 1998, 2208 (2211); sogar dann, wenn es um Umsetzung europarechtlicher Vorschriften geht: EuGH a.a.O. – Pfeiffer Rdnr. 115.

220 EuGH a.a.O. – Pfeiffer Rdnr. 116.

221 Vgl. EuGH 13.11.1990 C–160/89 – Marleasing Rdnr. 8; EuGH 05.10.2004 C–397/01 – Pfeiffer Rdnr. 119; entsprechend BGH NJW 1998, 2208 (2211) „im Lichte“ von Wortlaut und Zweck.

222 EuGH 13.11.1990 C–160/89 – Marleasing Rdnr. 8

223 BAG 18.02.2003 1 ABR 2/02 – Bereitschaftsdienst als Arbeitszeit Rdnr. 66.

224 ABl. L 303 S. 16.

225 Erwägungen des Rates Lit. (6).

226 Erwägungen des Rates Lit. (8)

Genau diese Ziele können durch die Ausführung betrieblichen Eingliederungsmanagements erreicht werden und gerade der Ermöglichung, seinen Beruf (weiter) auszuüben, dient § 84 Abs. 2.

Die im EGV niedergelegten Ziele, auf die sich die Richtlinie bezieht[227], nämlich ein hohes Beschäftigungsniveau und Maß an sozialem Schutz, Hebung von Lebensstandard und –qualität, zeugen vom gebotenen weiten Verständnis des sachlichen Anwendungsbereichs. Dies insbesondere insoweit, als dass besonders hervorgehoben wird, dass die genannten Ziele durch wirksame und praktikable Maßnahmen erreicht werden sollen, durch die der Arbeitsplatz der Behinderung entsprechend eingerichtet wird beziehungsweise Arbeitsgerät, Räumlichkeiten, Arbeitsrhythmus und Aufgabenverteilung entsprechend gestaltet werden[228], also solche Handlungsweisen, die auch als Ergebnis des betrieblichen Eingliederungsmanagements in Betracht kommen.

Das betriebliche Eingliederungsmanagement stellt also eine Maßnahme im Sinne des AGG dar, bei deren Durchführung niemand wegen seiner Behinderung benachteiligt werden darf.

(2) Behinderungsbegriff im Sinne des AGG

Dabei fallen unter den Begriff der Behinderung im Sinne des AGG auch die Behinderten, die nicht schwerbehindert oder den Schwerbehinderten gleichzustellen sind:

Denn zum Einen ist der Anwendungsbereich einer Antidiskriminierungsnorm aufgrund ihrer grundrechtlichen Relevanz weit zu verstehen.[229] Zum Anderen darf nicht außer Acht gelassen werden, dass die Richtlinie für sämtliche europäischen Nationen gilt und dort umgesetzt werden muss. Es muss also ein Verständnis zugrunde gelegt werden, welches in allen europäischen Nationen möglichst praktikabel umsetzbar und auf diese übertragbar ist, um einen europaweit einheitlichen Rechtsrahmen gewährleisten zu können. Aus diesem Grunde liegt es fern, den Behindertenbegriff im Sinne der Richtlinie und damit dem AGG auf Schwerbehinderte im Sinne des deutschen Rechts zu beschränken. Denn der in Deutschland bestehende Schwellenwert für das Vorliegen einer Schwerbehinderung (§ 2 Abs. 2: GdB von mindestens 50) ist den anderen europäischen Nationen fremd. So unterfallen in Irland, Frankreich und Großbritannien dem Behindertenschutz

227 Erwägungen des Rates Lit. (11).

228 Erwägungen des Rates Lit. (20).

229 So auch Schiek NZA 2004, 875 (881); für das verfassungsrechtliche Verständnis des Art. 3 Abs. 3 GG entsprechend: Kummer S. 77; Däubler/Bertzbach/Däubler, § 1 Rdnr. 72.

gerade nicht nur Personen mit einer gewissen Schwere der Behinderung.[230] Es reicht dort vielmehr (teilweise) aus, dass physische oder mentale Beeinträchtigungen vorliegen, die erhebliche und langfristige Beschränkungen der Ausführung gewöhnlicher Lebensaktivitäten bedingen.[231] Angesichts der offensichtlichen Ausnahmeposition Deutschlands kann nicht davon ausgegangen werden, dass der Rat bei Erlass der Richtlinie deutsche Standards auf alle europäischen Nationen übertragen wollte, zumal das nationale Verständnis in anderen europäischen Nationen dann über das der Richtlinie hinausgehen würde und ein Ausbau des Diskriminierungsschutzes durch die Richtlinie nicht erreicht werden könnte. Die von der Richtlinie bezweckte „Chancengleichheit" auf dem Arbeitsmarkt und zwar die Gleichheit und Gleichstellung Behinderter mit Nichtbehinderten, kann nur erreicht werden, wenn man national dieser den Schwerbehinderten identisch schutzbedürftigen Gruppe Behinderter die gleiche Bevorzugung angedeihen lässt. Denn bezüglich des leidensgerechten Arbeitsplatzes und dessen Umfeld wird man eine Differenzierung nach dem GdB nur schwer rechtfertigen können.

Sind also nach der Richtlinie vom Begriff der Behinderung sämtliche unter Behinderung leidenden Beschäftigten erfasst, so gilt dies auch für das der Richtlinienumsetzung dienende AGG.

(3) Diskriminierung im Sinne des AGG

Die Nichtanwendung des § 84 Abs. 2 auf Behinderte mit einem Grad der Behinderung von weniger als 30 würde eine unmittelbare Diskriminierung der betroffenen behinderten Person darstellen, die länger als sechs Wochen innerhalb eines Jahres arbeitsunfähig erkrankt war.

Denn eine (unmittelbare) Diskriminierung liegt nach § 3 Abs. 1 AGG vor, „wenn eine Person wegen (einer Behinderung) in einer vergleichbaren Situation eine weniger günstige Behandlung erfährt, als eine andere Person erfährt, erfahren hat oder erfahren würde". Bei einer mehr als sechswöchigen Arbeitsunfähigkeit würde eine behinderte Person – würde man sie vom Anwendungsbereich des § 84 Abs. 2 ausnehmen – eine weniger günstige Behandlung erfahren, als eine nicht behinderte Person, nämlich gar keine. Ein (den Betroffenen stets begünstigendes) betriebliches Eingliederungsmanagement würde schlichtweg nicht stattfinden.

Eine solche Diskriminierung würde auch „wegen" der verpönten Unterscheidungsmerkmals der Behinderung stattfinden, wie es die Norm erfordert: Eine Ungleichbehandlung allein reicht nicht aus, kann sie doch unter Umständen sogar

---

230 Vgl. Thüsing ZfA 2001, 397 (401) und Fn. 14–18; Kummer (S. 78).
231 Vgl. Thüsing a.a.O. Rdnr. 18.

erforderlich sein. Zu einer verbotenen Diskriminierung wird diese erst dann, wenn sie *wegen* des Merkmals der Behinderung erfolgt. Es muss also eine *Kausalität* zwischen dem Antidiskriminierungsmerkmal und der Ungleichbehandlung herzustellen sein, um eine Diskriminierung bejahen zu können. Unabhängig vom Stand der Meinungen hinsichtlich der Anforderungen an den Diskriminierungstatbestand kann hier die Annahme genügen, dass jedenfalls dann eine Diskriminierung vorliegt, wenn zumindest die Möglichkeit besteht, dass das verpönte Merkmal als ein Motiv (auch von mehreren) an der Entscheidung mitgewirkt haben könnte, wenn also ein Bezug zum Merkmal hergestellt werden kann[232]. Ausreichend ist also bereits eine *Mitursächlichkeit.* Wenn ein Behinderter nicht in den Genuss betrieblichen Eingliederungsmanagements kommt, weil sein GdB unter der für eine Begünstigung maßgeblichen Grenze von 50 liegt, dann wird er ungleichbehandelt, weil er – zugespitzt ausgedrückt – „nicht behindert genug" ist. Anknüpfungspunkt für die Ungleichbehandlung ist damit das Maß der Behinderung und mithin die Behinderung selbst.

Ein Ausnehmen der Behinderten vom Anwendungsbereich des § 84 Abs. 2 und die Versagung eines betrieblichen Eingliederungsmanagements für diese Personengruppe würde also eine verbotene Diskriminierung des betroffenen Behinderten darstellen und mithin eine Verletzung vertraglicher Pflichten durch den Arbeitgeber. Wenn dies aber so ist, dann kann sich der Anwendungsbereich des § 84 Abs. 2 nur auf alle Behinderten unabhängig vom Grad der Behinderung beziehen.

Nach allen Auslegungsmethoden und Zusammenhängen mit einschlägigen Normen ist also auch die Gruppe der Behinderten, die nicht mit Schwerbehinderten gleichzustellen sind, vom persönlichen Anwendungsbereich des betrieblichen Eingliederungsmanagements erfasst.

3. Nicht von Behinderung betroffene Beschäftigte

Darüber hinaus gilt § 84 Abs. 2 auch für nicht behinderte Beschäftigte.[233] Betrachtet man die Ausführungen in den Gesetzgebungsmaterialien, so wird zunächst deutlich, dass der Gesetzgeber bei der Schaffung der Norm zumindest ausdrücklich nicht primär die von Behinderung nicht betroffenen Beschäftigten im Auge hatte. Wie oben dargelegt, finden sich dort im Gegenteil hauptsächlich Bezugnahmen auf schwerbehinderte und behinderte Menschen[234], die es sowohl

232 Kummer S. 12 und 13; dort auch vertiefend zur Forderung eines qualifizierten Bezuges.

233 So auch ohne nähere Begründung: Löw MDR 2005, 608 (609): Oppolzer AiB 2007, 37 (37).

234 BT-DrS. 15/1783 S. 10 und 11.

in die Gesellschaft, als auch in den Arbeitsmarkt einzugliedern galt. Angesichts dieses Schweigens des Gesetzgebers zu den Belangen Nichtbehinderter in diesem Zusammenhang könnte man daher annehmen, er habe diese Personengruppe nicht in den Anwendungsbereich mit einbeziehen wollen.

Aber der Gesetzgeber hat es nicht gänzlich unterlassen, sich in der Äußerung seiner Motive den nicht behinderten Menschen zu widmen. So ist in den Gesetzesmaterialien zu lesen, man wolle an die geschaffenen Eckpfeiler für die Ermöglichung selbstbestimmter Teilhabe in Beruf und Gesellschaft auch „von Behinderung bedrohter Menschen“[235] anknüpfen[236].

Allein die Tatsache, dass der Gesetzgeber im Übrigen bezüglich der konkreten Norm des § 84 nicht ausdrücklich auf alle Beschäftigten Bezug nahm, bedeutet gleichwohl nicht, dass diese nicht vom Regelungsumfang erfasst sein können.

Das Fehlen einer weiteren Bezugnahme in den Gesetzgebungsmaterialien verwundert nämlich schon deshalb nicht, weil der Anwendungsbereich bereits in der alten Fassung über den Kreis der Schwerbehinderten und Behinderten hinausging. Durch § 84 Abs. 2 S. 3 a.F. wurden auch von Behinderung bedrohte Menschen erfasst. Diese Regelung wurde gestrichen. Dies bedeutet aber schon deshalb keinen Ausschluss der Nichtbehinderten, weil an die Stelle der Regelung eine Nennung der „Beschäftigten“ trat. Durch diese Modifizierung wurde der Anwendungsbereich der Norm eindeutig ausgeweitet. Das Fehlen einer ausdrücklichen Erweiterung auf Behinderte und von Behinderung bedrohte Menschen ist demnach kein Argument gegen ein weites Verständnis[237], sondern gerade eines dafür[238]. Denn einer ausdrücklichen Regelung bedurfte es nur wegen der früheren grundsätzlichen Beschränkung auf Schwerbehinderte in § 84 Abs. 2 a.F.

Anhand des Beschäftigtenbegriffes weitet nunmehr auch erstmals eine gerichtliche Entscheidung den Anwendungsbereich des § 84 Abs. 2 auf alle Arbeitnehmer aus[239].

Durch diese Streichung sollte nicht der persönliche Anwendungsbereich eingeengt, sondern vielmehr sollten Abgrenzungsprobleme beseitigt werden, die mit der Unmöglichkeit für Arbeitgeber, eine drohende Behinderung festzustellen, einhergingen.[240].

---

235 BT-DrS. 15 /1783 S.10.

236 Hornung AuA 2005, 250 (259), die jedoch ohne Stellung zu beziehen sowohl eine weite, als auch eine enge Auslegung für vertretbar hält.

237 So aber Balders/Lepping NZA 2005, 854 (854).

238 So i.E. auch Gaul ArbRB 2005, 308 (310).

239 LAG Niedersachsen, Urteil vom 29.03.2005 – 1 Sa 1492/04 (dort Lit. 2.a der Gründe.)sowie Dass. 27.10.2006 BB 2007, 719 (721).

240 Düwell, Das novellierte Schwerbehindertenrecht Rdnr. 96.

Ferner wurde die alte Fassung dahingehend geändert, dass früher die Interessenvertretungen bei Betroffensein von von Behinderung bedrohter Menschen einzuschalten war, während heute in der neuen Fassung ohne weitere Differenzierung stets die Interessenvertretung einzubeziehen ist. Dies bedeutet, dass der Anwendungsbereich zumindest so weit reicht, wie die Zuständigkeiten der Interessenvertretungen im Betrieb. Die Interessenvertretung Betriebsrat ist jedoch für alle Arbeitnehmer und nicht nur für die Schwerbehinderten zuständig.[241]

Als weiteres, systematisches Argument wird teilweise angeführt, dass das Dritte Kapitel mit „Sonstige Pflichten der Arbeitgeber“ überschrieben ist.[242] Da sich die vorangegangenen Normen hinsichtlich arbeitgeberseitiger Pflichten lediglich auf Schwerbehinderte und ihnen Gleichgestellte bezögen, würde das Dritte Kapitel somit nur die zusätzliche sachlich bezogene Pflicht des betrieblichen Eingliederungsmanagement enthalten, nicht aber den persönlichen Anwendungsbereich ausweiten.[243]

Dieses Argument kann nicht überzeugen. Der Zusammenhang zwischen den vorangegangenen Regelungen allein zugunsten Schwerbehinderter und ihnen Gleichgestellter und der Überschrift „sonstige“ Pflichten kann ebenso als Argument für eine gegenteilige Ansicht herhalten. So könnte man ebenso anführen, gerade diese Überschrift leite einen Abschnitt ein, in welchem (auch) solche Pflichten der Arbeitgeber normiert werden, die gerade über die bislang zugunsten Schwerbehinderter und ihnen Gleichgestellter bestehenden hinausgehen. Ansonsten wäre eine auch eine erneute Überschrift dieser Art entbehrlich gewesen. Der Gesetzgeber hätte es dabei belassen können, einmalig die „Pflichten der Arbeitgeber“ zu regeln, ohne einen Abschnitt mit „sonstigen Pflichten“ hintan zu stellen.

Auch der Zusammenhang in der Überschrift des Dritten Kapitels mit „Rechte schwerbehinderter Menschen“ vermag bezüglich des § 84 Abs. 2 nicht zu überzeugen.[244] Denn § 84 Abs. 2 legt gerade keine „Rechte“ betroffener Personen, sondern „Pflichten des Arbeitgebers“ fest. Der Wortlaut zielt primär nicht darauf ab, dem Betroffenen einen Anspruch gegen seinen Arbeitgeber einzuräumen, sondern legt fest, dass der Arbeitgeber Möglichkeiten betrieblichen Eingliederungsmanagements „klärt“. Rechte der Schwerbehinderten finden sich vielmehr z.B. in § 81 Abs. 4, wo diesen ausdrücklich Ansprüche gegen ihren Arbeitgeber eingeräumt werden.

---

241 So auch LAG Niedersachsen 27.10.2006 BB 2007, 719 (721).
242 So auch Hornung AuA 2005, 250 (250).
243 Namendorf/Natzel DB 2004, 1794 (1795).
244 Namendorf/Natzel DB 2005, 1794 (1795).

Für dieses auf die Vermeidung des Eintritts von (auch) erstmaligen Behinderungen gerichtete Verständnis spricht nicht zuletzt auch der sich im Entwurf eines „Gesetzes zur Stärkung der gesundheitlichen Prävention" vom 25.02.2005[245] niedergelegte Wille derjenigen Fraktionen, die auch für das Gesetz zur Förderung der Ausbildung und Beschäftigung schwerbehinderter Menschen verantwortlich zeichnen:

In diesem Entwurf für ein *sog. Präventionsgesetz*[246], welches die gesundheitliche Prävention als weitere Säule im Gesundheitssystem verankern wollte[247], war auch beabsichtigt, Änderungen an den §§ 3 und 84 SGB IX vorzunehmen. So sollten deren Überschriften wie folgt geändert werden:

§ 3 sollte von „Vorrang der Prävention" in „Vorrang der Prävention *von Behinderung*" und § 84 von „Prävention" in „Prävention *zur Erhaltung von Beschäftigung*" umbenannt werden[248].

Diese Absicht verdeutlicht den Gedanken, den die Gesetzesinitiatoren, welche sich auch im Gesetz zur Förderung der Ausbildung und Beschäftigung schwerbehinderter Menschen letztlich durchsetzten, bei Schaffung des § 84 Abs. 2 n.F. hatten. Es ging ihnen um den Erhalt von Beschäftigung generell durch Vermeidung von Behinderung überhaupt. Im Zusammenspiel mit der beabsichtigten Änderung der Überschrift des § 3 zeigt sich dann, dass diese Beschäftigung deshalb als bedroht anzusehen sein soll, weil Behinderung droht. Dies heißt dann aber auch, dass die Prävention auch und gerade diejenigen Menschen erfassen soll, die noch unter keiner Behinderung leiden. Wenn sich der Anwendungsbereich des § 84 Abs. 2 lediglich auf Schwerbehinderte und ihnen Gleichgestellte erstrecken würde, so würde eine solche „Nachbesserung" keinen Sinn machen.

Auch die systematische Erwägung, eine Regelung für alle Arbeitnehmer könne sich nicht im Schwerbehindertenrecht finden, vermag nicht zu überzeugen.

245 BT-DrS. 15/4833, dieser Gesetzesentwurf ist als innerhalb der Legislaturperiode unerledigter Gegenstand gemäß § 125 GOBT als gescheitert anzusehen (Grundsatz der Diskontinuität).

246 Vgl. dazu auch Zangl/Kummer AuA 2005, 200 sowie Magin AuA 2005, 205.

247 Aber letztlich aufgrund der Uneinigkeit stiftenden Kostenlastverteilung zulasten der Träger gesetzlicher Unfall-, Kranken- Renten- und Pflegeversicherung (vgl. Kreuger SoSi 2005, 19 (21)) und § 23 des Entwurfes nicht mehrheitsfähig war und in den Vermittlungsausschuss gelangte, vgl. Kreuger SoSi 2005, 201 (201). Angesichts der erfolgten Bundestagsauflösung ist dieses Gesetz (jedoch einzig aufgrund der genannten Kostenproblematik) als gescheitert anzusehen.

248 BT-DrS. 15/4833 S. 20 zu Artikel 9 lit. 1 a und b des Gesetzesentwurfes; die neue Terminologie sollte zur Abgrenzung der SGB IX-Prävention von der im PräventionsG niedergelegten gesundheitlichen Prävention dienen, wobei Überschneidungen in beiden Gebieten und Maßnahmen ausdrücklich angeführt wurden; BT-DrS. 15/4833 S. 57 zu Nr. 2 (§3).

Wie bereits gesehen, finden sich im Schwerbehindertenrecht auch Regelungen zu Behinderten, so dass das SGB IX keine Exklusivität diesbezüglich aufweist.

Zwar mag man annehmen, dass die Fälle der betroffenen Behinderten sich inhaltlich und sachlich näher an denen der Schwerbehinderten bewegen, als dies bei grundsätzlich Gesunden der Fall wäre. Die reine Sachnähe zwischen Behinderung und Schwerbehinderung kann jedoch nicht davon ablenken, dass sich die Regelung des § 84 Abs. 2 inhaltlich tatsächlich mit Krankheit und Behinderung befasst, sich jedoch im Vergleich zu den meisten übrigen Regelungen des SGB IX gerade nicht auf die schon Betroffenen beschränkt, sondern auch den Personenkreis erfasst, der Gefahr läuft, bald zu dieser Gruppe zu gehören.

Der Bezug zu (Schwer-)Behinderten ist in § 84 Abs. 2 also durchaus gegeben, so dass völlige Sachfremde der Regelung nicht angenommen werden kann. § 84 Abs. 2 befindet sich dort, wo durch Einbeziehung von Interessenvertretung, Schwerbehindertenvertretung und Rehabilitationsträgern (sowie betroffenen Schwerbehinderten) alle Rechte und Pflichten der genannten Beteiligten geregelt sind.

Das SGB IX mag sich für allgemeingültige Regelungen nicht gerade aufdrängen. Sinnvoll und auch historisch bedingt ist es jedoch, Prävention in den Zusammenhang zu setzen, in der sie steht – zu Krankheit und Behinderung und zu den möglichen Leistungen und Hilfen, die zur Verfügung stehen, den Eintritt dieser zu vermeiden. Die Tatsache, dass der Gesetzgeber die Regelung in geänderter Fassung nicht in einem anderen Gesetzestext verortete, sondern sie im SGB IX ließ, kann im Zusammenhang mit all den für eine Ausweitung sprechenden Argumenten nicht als Grund für eine Beschränkung des Anwendungsbereichs reichen.

Zudem bleibt anzumerken, dass der Gesetzgeber bereits durch die alte Fassung des § 84 Abs. 2, die sich ausdrücklich auch auf von Behinderung Bedrohte bezog, die Systematik des Schwerbehindertenrechts durchbrochen hat. Bereits diese Grenzziehung ging über den Kreis der Schwerbehinderten und ihnen Gleichgestellter hinaus[249], ohne dass sich in der Literatur merklich Kritik über die systematische Verortung geregt hätte.

Die Erfassung aller Arbeitnehmer durch § 84 Abs. 2 wird auch bestärkt durch den Präventionsgedanken an sich: Dass der Präventionsgedanke ein allumfassender ist, der sich nicht nur auf Schwerkranke bezieht, zeigt § 3. Danach wirken die Rehabilitationsträger darauf hin, dass der Eintritt einer Behinderung „einschließlich einer chronischen Erkrankung" vermeiden wird. Die Norm ist amtlich mit „Vorrang der Prävention" überschrieben und hat damit einen eindeutigen Bezug zu § 84 Abs. 2.

---

249 So auch Gagel, Diskussionsbeitrag 1–2005 S. 3.

Die Vermeidung von Chronifizierungen, die potentiell zum Eintritt einer Behinderung führen können, entspricht auch dem generellen Ziel der durch die Novelle ausgeweiteten Prävention. Prävention bedeutet Vorbeugung. Es gilt, den Eintritt solcher Situationen zu verhindern, die geeignet sind, dazu zu führen, dass eine bestehende Krankheit sich derart ausweitet, dass ein Arbeitspatzverlust droht. Dazu gehört nicht nur, die Verschlimmerung bestehender „kleinerer" Erkrankungen zu verhindern, sondern auch und gerade die Gesundheit und mithin die vollständige Arbeitskraft eines Beschäftigten zu erhalten – sprich, zu vermeiden, dass er überhaupt dauerhaft erkrankt. Nur so kann sinnvoll das erklärte Ziel der Sozialkostenverringerung und des krankheitsbedingten Arbeitsplatzverlustes erreicht werden. Würde sich die Prävention lediglich auf bereits erkrankte Mitarbeiter beziehen, so wäre es angebrachter, diesen Personen Rehabilitation zu gewähren. Hierüber aber verhält sich § 84 Abs. 2 nicht. § 84 Abs. 2 will ein frühzeitiges Einschreiten erreichen.

Anders ließe sich auch die Verkürzung der Initiativfrist von drei Monaten auf nunmehr nur sechs Wochen nicht erklären. Schon die Herabsetzung dieser Krankheitsdauer macht deutlich, dass bereits Fälle erfasst sein sollen, bei denen Krankheit nur in geringerem Umfang vorliegt. Eine solche Gesetzesänderung macht nur dann Sinn, wenn sie auch diejenigen Krankheitsfälle erfasst, die möglicherweise die Grenze von drei Monaten gar nicht erreichen wird. Nach einer Dauer von sechs Wochen, gerechnet auf ein Jahr, kann auch nicht bereits von einer chronischen Erkrankung die Rede sein; denn die sechs Wochen stellen nach dem Gesetzeswortlaut einen Gesamtzeitraum dar. Der Betroffene muss insgesamt sechs Wochen arbeitsunfähig erkrankt sein, entweder dauerhaft oder aber durch wiederholte kurze Erkrankungen. Diese Kurzerkrankungen müssen ihre Ursache dabei nicht stets und zwingend in einer bereits vorliegenden Behinderung haben, sondern sind auch bei im Übrigen gesunden Beschäftigten denkbar.

Der Präventionsgedanke wird ferner in § 84 Abs. 3 zum Ausdruck gebracht. Danach können die Rehabilitationsträger einen Arbeitgeber, der ein betriebliches Eingliederungsmanagement einführt, durch Prämien oder einen Bonus fördern. Wären von § 84 Abs. 2 nur (Schwer-)Behinderte erfasst, wäre diese Regelung sinnlos. Denn will man die Kosten der Sozialkassen senken, so macht es wenig Sinn, die Arbeitgeber (nur) dann zu prämieren, wenn ein schon behinderter Mensch nochmals erkrankt und dessen Arbeitsplatz dann erhalten werden soll. Tatsächlich kann diese Regelung nur dann zielführend sein, wenn es auch und sogar primär darum geht, das erstmalige Entstehen einer potentiell dauerhaft gefährdenden Krankheit und dessen Kostenintensität zu vermeiden und einen Anreiz für eine allgemeine betriebliche Gesundheitsfürsorge bei drohendem Arbeitsplatzverlust zu schaffen.

Gegen dieses Verständnis des Anwendungsbereichs wird in der Literatur zum Teil ein Vergleich mit Normen des Kündigungsschutzgesetzes angeführt. So wird argumentiert, § 84 Abs. 2 könne schon deshalb nur für Schwerbehinderte gelten, weil auch im Rahmen des KSchG nicht in Betracht gezogen werde, § 1 KSchG auf alle Betriebe anzuwenden, weil die Kleinbetriebsklausel nur in § 23 Abs. 1 KSchG ausdrücklich erwähnt wird, in § 1 KSchG aber lediglich von Betrieben die Rede ist.[250] Man dehne also die weiter gefasste Regelung nicht deshalb aus, weil sich eine Beschränkung nur andernorts im Gesetz findet. Hieraus folge, dass auch die ausdrückliche Hinzuziehung der Schwerbehindertenvertretung neben der Interessenvertretung nach § 93 nicht zwangsläufig bedeuten müsse, dass alle Arbeitnehmer von § 84 Abs. 2 erfasst seien.[251]

Dieses Argument kann jedoch insofern nicht überzeugen, als dass im Rahmen des SGB IX nicht die gleiche Konstellation wie im KSchG gegeben ist. Im Kündigungsschutzgesetz legt § 1 die Anforderungen an eine sozial gerechtfertigte und mithin wirksame Kündigung fest. § 23 besagt, dass diese Regelung nicht für Kleinbetriebe gilt. Es stellt sich also so dar, dass § 1 die generellen Rahmenbedingungen vorgibt und einen generalisierten Adressatenkreis, nämlich den Betrieb, festschreibt, während § 23 lediglich besagt, dass eine Ausnahme für Kleinbetriebe gilt. Wäre der Vergleich mit dem KSchG passend, so müsste sich die Situation im § 84 Abs. 2 so verhalten, dass generell für alle Beschäftigten ein betriebliches Eingliederungsmanagement angeordnet wird und dann beispielsweise § 68 besagen würde, dass diese Regelung nicht für nicht von Behinderung betroffene Arbeitnehmer gälte. Dies ist aber nicht der Fall.

Nun mag man einwenden, § 68 besage gerade dies in bloß negierter Form, indem er anordnet, die Vorschriften des Zweiten Teils gelten für schwerbehinderte und diesen gleichgestellte Menschen. Und dass dies im Umkehrschluss bedeute, eine Geltung für alle außerhalb des genannten Personenkreises Stehenden dürfe gerade nicht vorliegen.

Dies kann aber schon deshalb nicht richtig sein, weil ein solches Verständnis – im Gegensatz zum KSchG – hier gar keinen Sinn machen würde. Es stellt sich doch die Frage, warum – die Richtigkeit der Annahme in der Literatur einmal unterstellt – die Interessenvertretungen im Sinne des § 93 neben der Schwerbehindertenvertretung genannt werden. Die Nennung der Interessenvertretung neben der Schwerbehindertenvertretung würde letztlich dann doch bedeuten, dass der Gesetzgeber zwar die nicht von Behinderung betroffenen Personen ausnehmen wollte, zugleich aber für den Fall, dass die Norm auf sie angewendet wird, regelt, welche Vertretung ihnen bei der Durchführung des Verfahrens zur Seite stünde.

250 So Brose DB 2005, 390 (391).
251 Dieselbe a.a.O.

Warum sollte der Gesetzgeber gerade den Fall, den er ausnehmen will gleichsam im gleichen Atemzug positiv regeln wollen?

Den Grund für die Unterscheidung zwischen Interessenvertretung und Schwerbehindertenvertretung versucht man in der Literatur dann in der denkbaren Konstellation zu finden, dass in betroffenen Betrieb keine Schwerbehindertenvertretung existiert[252]. Dass dieser Gedanke aber dem Arbeits- und Sozialrecht fremd ist und dieses Argument damit ins Leere geht, wurde bereits oben dargelegt. Es gibt daher keine durchgreifenden Argumente dafür, den persönlichen Anwendungsbereich auf Schwerbehinderte, ihnen Gleichgestellte oder Behinderte zu beschränken.

Als Ergebnis lässt sich damit festhalten, dass sich der persönliche Anwendungsbereich des § 84 Abs. 2 auf alle in einem Betrieb beschäftigten Arbeitnehmer erstreckt.

4. Arbeitnehmerähnliche Personen

Die Gruppe der arbeitnehmerähnlichen Personen sind hingegen vom Anwendungsbereich des § 84 Abs. 2 nicht erfasst.

Arbeitnehmerähnliche Personen sind Dienstleistende, die mangels persönlicher Abhängigkeit keine Arbeitnehmer, aber wegen ihrer wirtschaftlichen Abhängigkeit auch keine Unternehmer sind[253]; sie nehmen insoweit eine Zwischenstellung ein. An der persönlichen, einen Arbeitnehmer kennzeichnenden, Abhängigkeit fehlt es bei dieser Personengruppe deshalb, weil sie weder in eine betriebliche Organisation oder einen fremden Herrschaftsbereich eingebunden[254], noch weisungsabhängig[255] sind und ihre Zeit im Wesentlichen frei bestimmen können[256]. Dem für den Arbeitsvertrag typischen und darin implizierten Direktionsrecht ihres Vertragspartners unterliegen sie nicht.[257] Die statt dessen gegebene wirtschaftliche Abhängigkeit liegt dann vor, wenn die Personen, die regelmäßig persönlich ohne Mithilfe dritter Personen aufgrund Dienst- oder Werksvertrages[258] tätig werden, einerseits die Arbeits- oder Werksleistung für Rechnung von Auftraggebern erbringen, die das Unternehmerrisiko tragen, andererseits vom Erfolg der Verwendung ihrer Arbeitskraft abhängig sind[259].

---

252 Brose DB 2005, 390 (391).
253 Schaub u.a. ArbRHdBuch /Schaub § 9 Rdnr. 1.
254 Schaub u.a. ArbRHdBuch/Schaub a.a.O.; ErfK/Preis § 611 Rdnr. 111.
255 Schaub u.a. ArbRHdBuch/Schaub a.a.O.; ErfK/Preis a.a.O. Rdnr. 111.
256 Schaub u.a. ArbRHdBuch/Schaub a.a.O.
257 Gitter/Michalski S. 40.
258 Schaub u.a. ArbRHdBuch/Schaub a.a.O. Rdnr. 2; vgl. § 12 a TVG.
259 Gitter/Michalski S. 40.

Das die arbeitnehmerähnlichen Personen kennzeichnende Element wirtschaftlicher Abhängigkeit wird dabei ergänzt und die Personengruppe dadurch in die Nähe der Arbeitnehmer gerückt, dass diese Personen einem Arbeitnehmer vergleichbar sozial schutzbedürftig[260] sind. Diese vergleichbare soziale Schutzbedürftigkeit ist dann gegeben, wenn das Maß der Abhängigkeit nach einer erfolgten Gesamtschau[261] im Rahmen einer Einzelfallbeurteilung[262] nach der Verkehrsanschauung einen solchen Grad erreicht, wie er im Allgemeinen nur in einem Arbeitsverhältnis vorkommt[263] und die gesamte soziale Stellung der eines Arbeitnehmers vergleichbar ist[264].

Zu den arbeitnehmerähnlichen Personen gehören daher vor allem Heimarbeiter[265], Handelsvertreter – dort vor allem Einfirmenvertreter mit geringem Einkommen –, freie Mitarbeiter[266] sowie alle Personen, die im Rahmen wiederkehrender Verträge künstlerische, schriftstellerische, journalistische oder wissenschaftliche Leistungen erbringen[267]. Dass arbeitnehmerähnliche Personen vom Anwendungsbereich nicht erfasst sind, zeigt sich bei der Auslegung anhand des Gesamtzusammenhangs[268]:

a. Sprachlich-grammatikalische Auslegung

Die sprachlich-grammatikalische Auslegung der in § 84 Abs. 2 verwendeten Begriffe erweist sich dabei jedoch als weitestgehend unergiebig:

aa. „Beschäftigter“

Der Begriff des „Beschäftigten“ selbst erfasst grundsätzlich alle für einen Arbeitgeber abhängig Tätigen und spricht daher zunächst für ein weites Verständnis des persönlichen Anwendungsbereichs, denn auch arbeitnehmerähnliche Personen sind abhängig beschäftigt, wenn auch nicht persönlich, sondern wirtschaftlich (von einem Auftraggeber). Die juristische Definition des Beschäftigten verhält

---

260 Vgl. Legaldefinition in § 12 a TVG, an welche sich anlehnen lässt; Schaub u.a. ArbRHdBuch/Schaub a.a.O. Rdnr. 2; ErfK/Preis Rdnr. 111.
261 ErfK/Preis a.a.O. Rdnr. 111.
262 Schaub u.a. ArbRHdBuch/Schaub a.a.O. Rdnr. 2.
263 Schaub u.a. ArbRHdBuch/Schaub a.a.O. Rdnr. 2.
264 H/A/Aufhauser § 2 Rdnr. 5.
265 Für die allerdings im HAG Sonderregelungen bestehen.
266 Schaub u.a. ArbRHdBuch/Schaub a.a.O. Rdnr. 2.
267 H/A/Aufhauser § 2 Rdnr. 5.
268 Namendorf/Natzel DB 2005, 1794 (1794); dies. FA 2005, 162 (162); Brose DB 2005, 390 (391).

sich nicht über die Qualität der Abhängigkeit. Sie kann demnach sowohl persönlicher, als auch wirtschaftlicher Natur sein.

Da die Definition jedoch dem Arbeitsrecht entspringt und dessen Regelungen gerade grundsätzlich nicht auf arbeitnehmerähnliche Personen anwendbar sind, darf der Inhalt der Definition nicht überstrapaziert werden. Vor dem Hintergrund des Definitionsursprungs ist daher Zurückhaltung geboten und eine Einbeziehung arbeitnehmerähnlicher Personen eher nicht anzunehmen.

bb. „Arbeitgeber"

Auch der Begriff des „Arbeitgebers" hilft bei der Suche nach dem Umfang des persönlichen Anwendungsbereichs nicht eindeutig weiter.

Zwar ist grundsätzlich als Arbeitgeber im arbeitsrechtlichen Sinne derjenige anzusehen, der mindestens einen Arbeitnehmer beschäftigt[269], was auf eine persönliche Abhängigkeit des Beschäftigten hinweist. Der Umfang des Arbeitgeberbegriffs ist dabei jedoch stets abhängig von dem des Beschäftigten. So wird beispielsweise als Arbeitgeber im Sinne des Arbeitsschutzgesetzes auch derjenige angesehen, der arbeitnehmerähnliche Personen beschäftigt, da diese ausdrücklich gemäß § 2 Abs. 2 Nr. 3 ArbSchG[270] als Arbeitnehmer fingiert werden. Arbeitgeber- und Beschäftigtenbegriff sind mithin voneinander abhängig. Der eine kann nicht unabhängig vom anderen definiert werden. Ist der Beschäftigtenbegriff nicht eindeutig ergiebig, muss Gleiches für den Arbeitgeberbegriff gelten.

cc. „Klärung"

Auch die Verwendung des Begriffs „Klärung" vermag nichts zur Klärung des persönlichen Anwendungsbereichs beizutragen. Zwar könnte man annehmen, dass aus der Tatsache, dass der Arbeitgeber mögliche Maßnahmen betrieblicher Eingliederung „klärt", eine Fürsorgepflicht des Arbeitgebers insofern folgt, als dass er sich um das Wohl und die Gesundheit seines Beschäftigten zu kümmern hat, um eine drohende Kündigung zu vermeiden.

Das Bestehen einer Fürsorgepflicht, sollte diese in dieser Qualität bestehen, könnte dann für das Erfordernis einer arbeitsrechtlichen Beziehung zwischen Arbeitgeber und Beschäftigten sprechen. Denn nur ein Arbeitsvertrag vermag grundsätzlich eine solche Pflicht zu begründen, als dessen Konkretisierung § 84 Abs. 2 dann möglicherweise anzusehen wäre.

---

269 Gitter/Michalski S. 41
270 Arbeitsschutzgesetz.

Dann müsste es sich bei dem Betroffenen um einen Arbeitnehmer handeln; arbeitnehmerähnliche Personen wären nicht erfasst.

Der Begriff der „Klärung“ ist jedoch insofern nicht zielführend, als dass eine Fürsorgepflicht im Rahmen des betrieblichen Eingliederungsmanagements nicht zwingend aus dem Über-Unterordnungsverhältnis eines Arbeitsvertrages abgeleitet werden muss. Selbst wenn ein solches nicht besteht, ist denkbar, dass § 84 Abs. 2 selbst eine solche Pflicht gegenüber den Beschäftigten begründet und nicht nur eine schon bestehende konkretisiert. § 84 Abs. 2 könnte somit auch konstitutive Wirkung haben. Die Fürsorgepflicht – sofern sie besteht – kann also nicht weiterführen. Der Begriff der „Klärung“ ist unergiebig.

dd. „Interessenvertretung im Sinne des § 93“

Auch die Einbeziehung der „Interessenvertretung im Sinne des § 93“ an sich ist unergiebig. Eine solche Interessenvertretung stellt auch der Betriebsrat dar.

Arbeitnehmerähnliche Personen sind jedoch mangels Eingliederung in den Betrieb nicht berechtigt, an der Wahl des Betriebrates teilzuhaben.[271] Das heißt, dass grundsätzlich (mit Ausnahme des ArbSchG[272]) die arbeitnehmerähnlichen Personen nicht vom Betriebsrat vertreten werden. Die Nennung der Interessenvertretungen im Sinne des § 93 kann also über die Anwendung des § 84 Abs. 2 auf arbeitnehmerähnliche Personen nichts aussagen.

Sie kann den weiten Anwendungsbereich nicht bestätigen mangels Zuständigkeit des Betriebsrates für diese Personengruppe.

Sie kann ihn aber auch nicht widerlegen. Denn es ist so, dass neben Interessenvertretungen im Sinne des § 93 und Schwerbehindertenvertretung deshalb keine anderen Interessenvertretungen genannt werden, weil es für die arbeitnehmerähnlichen Personen keine eigene Interessenvertretung gibt. Über die Interessenvertretungen und deren Zuständigkeiten kann also kein Rückschluss auf die Begünstigung arbeitnehmerähnlicher Personen auf den Anwendungsbereich gezogen werden.

ee. Zusammenarbeit aller Beteiligten

Etwas Anderes ergibt sich auch dann nicht, wenn man die Nennung der Interessenvertretung in Zusammenhang mit der übrigen Ausgestaltung der Norm und den anderen Beteiligten setzt. Hier wird deutlich, dass das Verfahren sehr wohl auf den Betrieb und dessen interne Organisation und die Eingliederung in diese

---

271 BAG NZA 1989, 724 (725); Weyand/Schubert § 2 Rdnr. 318.
272 Kittner/Pieper ArbSchR § 2 Rdnr. 13.

zugeschnitten ist. Die Zusammenarbeit von Arbeitgeber und Interessenvertretung nach § 84 Abs. 2 erinnert stark an die vom Betriebsverfassungsgesetz[273] geregelte Konstellation, nach welcher der Arbeitgeber Maßnahmen ergreifen will/muss und diese mit dem Betriebrat – welcher Intensität auch immer – abzustimmen hat. Die Beteiligten an den Verfahren sind die Gleichen.

Das Gesetz scheint in § 84 Abs. 2 des Weiteren davon auszugehen, dass die Zuständigkeits- und Aufgabenverteilung der des BetrVG entspricht, denn besondere hiervon abweichende Regelungen enthält das SGB IX insoweit nicht. Die der Interessenvertretung in § 93 S. 1 zugewiesene Aufgabe, die Eingliederung schwerbehinderter Menschen zu fördern ist gleichlautend in § 80 I Nr. 4 BetrVG geregelt. Auch die Regelung der Überwachungsaufgabe entspricht der des § 80 BetrVG.

Dass der Gesetzgeber die Konstruktion der Beteiligung offensichtlich an die des BetrVG angelehnt hat, zeigt sich auch an § 95 Abs. 4 S. 2 a.E., Abs. 5. Hier wird für die Schwerbehindertenvertretung geregelt, dass die Vorschriften des BetrVG entsprechend gelten, soweit sie sich auf die Aussetzung von Beschlüssen bezieht und dass die Schwerbehindertenvertretung zu Besprechungen nach § 74 BetrVG hinzuzuziehen ist. Die Existenz dieser Regelung bezieht sich zwar auf die Schwerbehindertenvertretung. Deren Rechte sind allerdings im BetrVG auch nicht geregelt, so dass es einer erstmaligen Festlegung bedurfte.

Zu entnehmen ist dieser Regelung allerdings, dass der Gesetzgeber durchaus die Konstellationen des BetrVG bei der Schaffung der Regelung im Auge hatte und sich an dessen vorgegebene Abläufe anlehnte. Hieraus folgt dann auch, dass, wenn der Gesetzgeber die „normale“ Konstellation im Rahmen der Rechte der am Verfahren nach § 84 Abs. 2 Beteiligten berücksichtigte und keine anderslautenden Regelungen traf, die Konstellation des BetrVG durchaus auf § 84 Abs. 2 zu übertragen ist. Sind also die Zuständigkeiten identisch und wird sich ausdrücklich an das BetrVG angelehnt, so kann dies nur Folgendes bedeuten: Der Gesetzgeber ging davon aus, dass der Betriebsrat in Fällen des § 84 Abs. 2 zuständig ist – und zwar auch personell. Dies bedeutet dann, dass vom Anwendungsbereich auch nur diejenigen erfasst werden können, deren Interessen der Betriebsrat vertritt: die Arbeitnehmer und nicht die arbeitnehmerähnlichen Personen. Die Verknüpfung der Beteiligten zeigt also, dass vom persönlichen Anwendungsbereich des § 84 Abs. 2 arbeitnehmerähnliche Personen nicht erfasst sind. Eine Ausnahme wie beim ArbSchG ist nicht normiert. § 84 Abs. 2 regelt die Beteiligung des Betriebsrats selbstredend nur für den Fall, dass ein solcher auch vorhanden ist. Das betriebliche Eingliederungsmanagement findet auch in den Betrieben statt, in denen kein Betriebsrat gewählt ist. Gleichwohl bedeutet dies nicht, dass § 84

273 Im Folgenden BetrVG genannt.

Abs. 2 nur auf diejenigen Beschäftigten anzuwenden wäre, die einen Betriebsrat gewählt haben. Existiert kein Betriebsrat, so kann es auch nicht darauf ankommen, warum dieser nicht existiert. Also, ob es keinen Betriebsrat gibt, weil er nicht gewählt wurde oder ob es keinen solchen gibt, weil die Beschäftigten nicht berechtigt sind, einen solchen zu wählen, weil es sich um arbeitnehmerähnliche Beschäftigte handelt. Die Tatsache, dass der Betriebsrat zu beteiligen ist, wenn er vorhanden ist, zeigt nur, dass gewählte Interessenvertretungen am Verfahren teilhaben sollen, sagt aber im Umkehrschluss nichts darüber aus, ob es sich bei den Beschäftigten um arbeitnehmerähnliche Personen oder Arbeitnehmer handelt. Nur, wenn der existierende Betriebsrat beteiligt wird, kommen die Parallelen zum BetrVG zum tragen. Auch die Zusammenarbeit aller Beteiligten lässt somit keinen zwingenden Schluss auf den persönlichen Anwendungsbereich zu.

ff. „Rehabilitationsträger“

Weiterer und auch ergiebiger Anhaltspunkt für das Verständnis des Beschäftigtenbegriffs ist der in § 84 Abs. 3 verwendete Begriff der „Rehabilitationsträger“.

Hier wird der Begriff der Rehabilitationsträger zwar nur im Zusammenhang mit der Möglichkeit der Prämien- oder Bonusgewährung genannt. § 84 Abs. 2 S. 1 selbst nimmt jedoch auf diese insoweit Bezug, als er auf mögliche Leistungen und Hilfen ausdrücklich hinweist.

Träger dieser Leistungen sind nach § 6 Abs. 1 die Rehabilitationsträger. Die Rehabilitationsträger sind mithin fest in das Verfahren miteinbezogen und eingeplant.

Rehabilitationsträger sind nach § 6 Abs. 1 insbesondere die gesetzlichen Krankenkassen, die Bundesagentur für Arbeit sowie die Träger der gesetzlichen Rentenversicherung. Hierdurch wird der Bezug zu den Sozialversicherungszweigen im Sinne des § 1 Abs. 1 SGB IV[274] hergestellt.

Indem der Gesetzgeber diese Rehabilitationsträger einbezieht, macht er deutlich, dass er davon ausgeht, die potentiell Begünstigten gehörten zum Kreise derer, die berechtigt sind, solche Leistungen entgegenzunehmen. Berechtigt zu Sozialleistungen in diesem Sinne sind die bei den Rehabilitationsträgern Versicherten. Wer in allen Zweigen des Sozialversicherungsrechts versichert ist, regelt § 2 Abs. 2 Nr. 1 SGB IV. Danach sind solche Personen stets versichert, die gegen Arbeitsentgelt (oder zu ihrer Berufsausbildung) beschäftigt sind.

Hier kann der Bezug zwischen „beschäftigt“ und dem vorliegend zu untersuchenden „Beschäftigtenbegriff“ hergestellt werden. „Beschäftigung“ im Sinne des Sozialversicherungsrechts ist nach §§1 Abs. 1 S. 1 i.V.m. 7 Abs. 1 S. 1 SGB

274 Sozialgesetzbuch 4. Buch.

IV „die *nichtselbständige* Arbeit, insbesondere in einem Arbeitsverhältnis". „Anhaltspunkte für eine Beschäftigung sind" nach § 7 Abs. 1 S. 2 SGB IV „eine Tätigkeit nach *Weisungen* und eine *Eingliederung* in die Arbeitsorganisation des Weisungsgebers". Der sozialversicherungsrechtliche Beschäftigungsbegriff, so, wie er für alle Sozialversicherungszweige gilt, erfordert mithin eine persönlich abhängige Beschäftigung. An dieser fehlt es aber gerade bei arbeitnehmerähnlichen Personen.

Diese sind zwar in der gesetzlichen Rentenversicherung nach § 2 Nr. 9 SGB VI[275] *pflicht*versichert. Dies hindert jedoch eine Festlegung des Beschäftigtenbegriffs in diesem Sinne nicht. Denn neben den Pflichtversicherten haben auch die *freiwillig* Versicherten Anspruch auf Sozialleistungen (§ 2 Abs. 1 SGB IV). Diese Versicherungsberechtigung liegt im Gegensatz zur Versicherungspflicht jedoch bei in Betrieben Tätigen regelmäßig nicht vor. Da das Gesetz jedoch in § 84 Abs. 2 und 3 davon ausgeht, dass die Rehabilitationsträger *stets* zuständig sind, kann auch nur die Personengruppe erfasst sein, auf die diese Zuständigkeit *stets* zutrifft. Dies sind nur die Arbeitnehmer. Die so herzustellende Verbindung zwischen betrieblichem Eingliederungsmanagement als Anlass für die Gewährung sozialer Leistungen und dem Sozialversicherungsrecht gebietet es also, den Beschäftigtenbegriff auf Arbeitnehmer einzuschränken und damit die arbeitnehmerähnlichen Personen auszuschließen.

gg. „Betriebliche Eingliederung"

Im Rahmen der sprachlich-grammatikalischen Auslegung ist zuletzt auch der Begriff der „betrieblichen Eingliederung" selbst zu untersuchen.

Anlass zu Überlegungen gibt diese Formulierung insofern, als dass arbeitnehmerähnliche Personen gerade nicht in den Betrieb eingegliedert sind. Insoweit scheinen sich beide Begrifflichkeiten zu widersprechen.

Dies insbesondere insoweit, als dass man bei der Durchführung von Maßnahmen betrieblicher Eingliederung zunächst daran denken mag, der Arbeitgeber werde den Betroffenen auf einen für ihn geeigneten und leidensgerechten Arbeitsplatz versetzen.[276] Dabei stellt sich jedoch das Problem, dass dem Auftraggeber anders als dem Arbeitgeber kein arbeitsvertragliches Weisungs- und Direktionsrecht zusteht, mit Hilfe dessen er der arbeitnehmerähnlichen Person einseitig eine neue Stelle zuweisen könnte. Auch kann, sollte es sich um eine schwerbehinderte Person handeln, die in § 81 Abs. 4 genannte Gestaltungspalette, die ebenfalls als Maßnahme betrieblichen Eingliederungsmanagements in Betracht

275 Sozialgesetzbuch 6. Buch
276 Feldes SoSi 2004, 270 (277).

kommt[277], nicht umgesetzt werden. Denn eine Ausstattung des Arbeitsplatzes mit den erforderlichen technischen Hilfen (§81 Abs. 4 Nr. 5) oder gar die bevorzugte Berücksichtigung bei innerbetrieblichen Maßnahmen (§ 81 Abs. 4 Nr. 2) erscheint faktisch mangels betrieblicher Integration nicht möglich. Dem Auftraggeber sind einseitige Maßnahmen im Rahmen seines Herrschaftsbereichs unmöglich, da sich die arbeitnehmerähnliche Person nicht innerhalb seines Herrschaftsbereichs bewegt.

Dass aber auch gesundheitsfördernde Maßnahmen gegenüber arbeitnehmerähnlichen Personen ohne Innehaben eines Direktionsrechts möglich sind, zeigt das ArbSchG. In diesem sind arbeitnehmerähnliche Personen vom Anwendungsbereich nämlich ausdrücklich erfasst. Es bedarf also nicht zwingend eines Direktionsrechts, um derartige Maßnahmen, wie sie auch im Rahmen des betrieblichen Eingliederungsmanagements in Betracht kommen, durchzuführen. Der Begriff der betrieblichen Eingliederung ist also hier unergiebig für die Untersuchung des persönlichen Anwendungsbereichs im Hinblick auf die arbeitnehmerähnlichen Personen.

hh. „Arbeitsplatz"

Zuletzt legt die Verwendung des Begriffes „Arbeitsplatz" den Anwendungsbereich des § 84 Abs. 2 fest. Ziel des § 84 Abs. 2 ist es letztlich, den von Krankheit bedrohten „Arbeitsplatz" zu erhalten. Nach § 73 Abs. 1 sind „Arbeitsplätze im Sinne des Teils 2 alle Stellen, auf denen *Arbeitnehmer* (...) beschäftigt werden." § 84 Abs. 2 befindet sich im Zweiten Teil des SGB IX. Die Definition des § 73 ist mithin für das Verständnis des § 84 Abs. 2 verbindlich. Der Beschäftigte im Sinne des § 84 Abs. 2 ist derjenige, der auf einem in § 73 definierten Arbeitsplatz beschäftigt ist. Das betriebliche Eingliederungsmanagement bezieht sich danach (nur) auf den Erhalt der Beschäftigung eines Arbeitnehmers, nicht aber einer arbeitnehmerähnlichen Person.

Dass in § 73 Abs. 1 auch Beamte, Richter und Auszubildende genannt werden, ändert nichts an der Definition. Denn diese Personengruppen haben mit arbeitnehmerähnlichen Personen nichts gemein und sind ihnen auch nicht vergleichbar.

Auch die ausdrückliche Ausnahme bestimmter Beschäftigungsverhältnisse in § 73 Abs. 2 vermag kein anderes Verständnis zu begründen. Denn diese beziehen sich sämtlich auf solche Personengruppen, die nicht in erster Linie aus Erwerbszwecken und nicht aufgrund eines „regulären" Vertrages einer Beschäftigung im Dienste eines Anderen nachgehen (so z.B. Personen, die an Arbeitsbeschaf-

277 So Feldes br 2004, 187 (190).

fungsmaßnahmen teilnehmen oder solche, die aufgrund von Leistungen zur Teilhabe im Betrieb sind, etwa an einer Fortbildung in einem Betrieb teilnehmen).

Der Begriff des zu erhaltenden Arbeitsplatzes bezieht sich demnach ausschließlich auf Arbeitnehmer.

Nach der sprachlich-grammatikalischen Auslegung sind mithin arbeitnehmerähnliche Personen vom persönlichen Anwendungsbereich nicht erfasst.

b. Systematische Auslegung

Auf die systematische Eingliederung des § 84 Abs.2 in den Zweiten Teil des SGB IX, für dessen Arbeitsplatzbegriff § 73 sich allein auf Arbeitnehmer bezieht, wurde bereits eingegangen. Darüber hinaus bezieht sich der Zweite Teil des SG IX stets auf Arbeitnehmer. So ordnet er im Zweiten Kapitel eine Beschäftigungspflicht für Arbeitgeber an (§§ 71 ff.). Diese greift dann ein, wenn im Jahresdurchschnitt monatlich mindestens 20 Arbeitsplätze im Sinne des § 73 im Betrieb bestehen. Aus der Bezugnahme auf § 73 folgt, dass sich die Beschäftigungspflicht der Arbeitgeber lediglich auf Arbeitnehmer und mithin den Abschluss von Arbeitsverträgen erstreckt. Auch hier wird also der Begriff der „Beschäftigung" allein auf Arbeitnehmer bezogen.

Daneben nimmt auch der dem § 84 systematisch vorangestellte § 83 Bezug auf die oben bereits dargelegten regulären Zuständigkeitsverteilungen, die sich allein auf betrieblich Integrierte ausdehnen. Nach § 93 Abs. 2 a Nr. 5 können über den Regelungsgegenstand der betrieblichen Eingliederung Integrationsvereinbarungen abgeschlossen werden. Für den Abschluss einer solchen ist wieder die Interessenvertretung nach § 93 zuständig. Mithin geht auch diese Norm davon aus, dass diejenige Vertretung mit dem Arbeitgeber Regelungen vereinbart, die auch für sämtliche Betroffene zuständig ist. Die den § 84 umgebenden Regelungen beziehen sich mithin stets auf ein Arbeits-, nicht aber auf ein sonstiges Vertragsverhältnis. Somit sprechen auch systematische Gründe dafür, die arbeitnehmerähnlichen Personen vom Anwendungsbereich des § 84 Abs. 2 auszuschließen.

c. Historische Auslegung

Historisch betrachtet lässt sich als Argument für eine restriktivere Handhabung des Beschäftigtenbegriffs auch die Vorgehensweise des Gesetzgebers anführen. Dieser fügte im Zuge der Neuregelung des § 84 Abs. 2 die Interessenvertretung zwar nicht gänzlich neu in den § 84 Abs. 2 ein. Auch schon nach § 84 Abs. 2 S. 3 a.F. war diese zu beteiligen. Nach alter Rechtslage allerdings an Stelle der

Schwerbehindertenvertretung, wenn ein behinderter oder von Behinderung bedrohter Mensch betroffen war.

Was neu geregelt wurde, ist die Beteiligung der Interessenvertretung in jedem Falle und zwar im Zusammenspiel mit der Neueinführung des Beschäftigtenbegriffs. Hieraus folgt, dass Interessenvertretung und Beschäftigtenbegriff miteinander in Zusammenhang stehen. Wie oben dargelegt, ist die Interessenvertretung jedoch nicht für arbeitnehmerähnliche Personen zuständig. Werden aber beide Begriffe zusammen geregelt und beziehen sich folglich aufeinander, so können mithin nur Arbeitnehmer vom Beschäftigtenbegriff erfasst sein. Dass auch im ArbSchG arbeitnehmerähnliche Personen vom Zuständigkeitsbereich des Betriebsrates ergriffen werden, kann kein anderes Verständnis rechtfertigen. Denn anders als im ArbSchG sind arbeitnehmerähnliche Personen nicht ausdrücklich vom persönlichen Geltungsbereich erfasst; eine § 2 Abs. 2 Nr. 3 ArbSchG entsprechende Regelung fehlt in § 84 Abs. 2.

Auch das oben angeführte Argument, die fehlende Zuständigkeit könne insofern nicht dazu beitragen, den Anwendungsbereich auszuweiten, als dass auch Betriebe ohne Betriebsrat existierten, wird hierdurch nicht widerlegt. Denn wenn der Gesetzgeber die Interessenvertretung in ein Verfahren ausdrücklich mit einbezieht, dann geht er davon aus, dass zum Einen grundsätzlich ein solcher besteht, zum Anderen, dass, wenn dies nicht so sein sollte, diejenigen Beschäftigten, deren Interessen der Betriebsrat eigentlich wahrnimmt, dann ohne eine solche Interessenvertretung „auskommen" müssen. An dem persönlichen Anwendungsbereich ändert dies aber nichts. Auch historisch lässt sich somit ein Ausschluss arbeitnehmerähnlicher Personen vom betrieblichen Eingliederungsmanagement begründen.

d. Teleologische Auslegung

Für eine Einbeziehung arbeitnehmerähnlicher Personen in den Geltungsbereich des § 84 Abs. 2 spricht zunächst bei teleologischer Betrachtung das die arbeitnehmerähnlichen Personen kennzeichnende Element der sozialen Schutzbedürftigkeit im Zusammenhang mit dem Regelungszweck des § 84 Abs. 2.

Die arbeitnehmerähnlichen Personen sind nach ihrer gesamten sozialen Stellung einem Arbeitnehmer vergleichbar.[278] Denn arbeitnehmerähnliche Personen sind existenziell auf das Ergebnis der Verwertung ihrer Arbeitskraft angewiesen und daher von ihrem Vertragsverhältnis abhängig. Sie können im Falle einer Kündigung ebenso wenig wie Arbeitnehmer ohne Weiteres auf eine anderweitige Einnahmequelle zurückgreifen. Die soziale Schutzbedürftigkeit arbeitnehmerähn-

278 HK-ArbSchG/Aufhauser § 2 Rdnr. 5.

licher Personen ergibt sich gerade aus ihrer wirtschaftlichen Abhängigkeit von der Verwertung der eigenen Arbeitskraft.[279] Dies legt eine Schutzbedürftigkeit auch ihres Vertragsverhältnisses im Sinne des § 84 Abs. 2 zunächst einmal nahe.

Sind nach Sinn und Zweck des § 84 Abs. 2 alle Arbeitnehmer von der Regelung erfasst, so könnte dies angesichts gleicher sozialer Schutzbedürftigkeit also auch für arbeitnehmerähnliche Personen gelten.

Dies darf aber nicht darüber hinwegtäuschen, dass die rechtliche Grundlage ihrer Tätigkeit ein Werk- oder Dienstvertrag ist und der Zweck des § 84 Abs. 2, die Vermeidung krankheitsbedingter Kündigungen, daher nicht ohne Weiteres übertragbar ist. Werk- und Dienstverträge sind schon zivilrechtlich und erst Recht arbeitsrechtlich hinsichtlich ihres Bestandes und einer Kündigung nicht an etwaige Fürsorgepflichten des Vertragspartners gekoppelt. Dies hat seine Ursache darin, dass in diesen Fällen kein Über-Unterordnungsverhältnis besteht, welches es durch besondere Pflichten einer Seite auszugleichen gälte. Arbeitsvertrag und Werkvertrag sind in diesem Zusammenhang nicht vergleichbar. Dies zeigt sich auch und vor allem daran, dass auch das KSchG nicht für arbeitnehmerähnliche Personen gilt. Es sind also auch hier keine besonderen Anforderungen an eine Kündigungsprophylaxe oder gar Maßnahmen geknüpft, die eine solche Kündigung verhindern sollen.

Und diese waren vom Gesetzgeber auch offensichtlich gar nicht beabsichtigt. Denn er hat in Kenntnis der Existenz und der sozialen Schutzbedürftigkeit arbeitnehmerähnlicher Personen zahlreiche Reformen am KSchG vorgenommen, ohne die arbeitnehmerähnlichen Personen in dessen Anwendungsbereich mit einzubeziehen. Hieran wird deutlich, dass an den (Fort-) Bestand eines Vertragsverhältnisses mit einer arbeitnehmerähnlichen Person rechtlich keinerlei fürsorgende Anforderungen und Pflichten an den Vertragspartner gestellt werden sollen. Der Zweck der Vermeidung krankheitsbedingter Kündigungen ist somit auf die arbeitnehmerähnlichen Personen nicht übertragbar.

Hierzu bleibt auch festzuhalten, dass sich der vom SGB IX gewährte Schutz was Schwerbehinderte angeht, ebenfalls allein auf Arbeitsverhältnisse beschränkt. So setzt eine Kündigung nach § 85 die Zustimmung des Integrationsamtes voraus. In den §§ 85 ff. wird jedoch das Beschäftigungsverhältnis lediglich im Sinne eines Arbeitsvertrages erwähnt. Dies ergibt sich daraus, dass in den Normen lediglich Begriffe verwendet werden, die nur im Rahmen des Arbeitnehmerrechts einschlägig sind: Das Integrationsamt hat im Rahmen der Zustimmungserteilung eine Ermessensentscheidung zu treffen. Die Einschränkungen bei der Ausübung dieses Ermessens regelt § 89. In § 89 Abs. 1 S. 3 wird die Weiterbeschäftigungsmöglichkeit auf einem anderen Arbeitsplatz desselben Betriebes als

279 Gitter/Michalski S. 40.

Versagungsgrund angeführt. Diese Formulierung ist offensichtlich an die Aspekte sozialer Rechtfertigung einer arbeitgeberseitigen Kündigung nach § 1 Abs. 1, 2 S. 3 KSchG angelehnt. Diese Norm betrifft nur Arbeitnehmer; das KSchG gilt nicht für arbeitnehmerähnliche Personen. Auch die Nennung eines Interessenausgleichs in § 89 Abs. 3 Nr. 1 und des Sozialplans in § 90 Abs. 1 Nr. 3 a, sowie die Wiedereinstellungsmöglichkeit gemäß § 90 Abs. 2 zeigen die Beziehung des besonderen Kündigungsschutzes allein zum Arbeitnehmer. Der Gesetzgeber stellt mithin nur diejenigen Vertragsverhältnisse (Schwerbehinderter) unter einen besonderen Kündigungsschutz und sieht daher nur bei solchen Vertragsverhältnissen Schwerbehinderter auch ein Schutzbedürfnis, in denen ein Arbeitsvertrag die Grundlage der Leistungserbringung ist.

Daneben hatte der Gesetzgeber auch das Ziel, die durch den Verlust des Arbeitsplatzes und Krankheit anfallenden Kosten der Sozialkassen zu senken. Auch diese Zweckrichtung gebietet keine Anwendung des § 84 Abs. 2 auf arbeitnehmerähnliche Personen. Denn wie oben dargestellt unterliegen diese grundsätzlich gerade nicht der gesetzlichen Sozialversicherungspflicht. Diese setzt eine persönlich abhängige Beschäftigung voraus, § 7 I SGB IV.

Die zum 01.01.1999 in Kraft getretenen Änderungen durch das „Gesetz zu Korrekturen in der Sozialversicherung und zur Sicherung der Arbeitnehmerrechte“[280], welche arbeitnehmerähnliche Selbständige von der Rentenversicherungspflicht erfassen (nunmehr § 2 Nr. 9 SGB VI) ändern hieran nichts. Denn Zweck dieses Korrekturgesetzes war es zum Einen, der Rentenversicherung eine breitere Einnahmebasis zu verschaffen.[281] Im Interesse der arbeitnehmerähnlichen Personen lag diese Regelung insofern, als dass diese aufgrund des regelmäßig nicht erheblichen Einkommens ähnlich den Arbeitnehmern nicht in der Lage waren, sich außerhalb der gesetzliche Rentenversicherung abzusichern.[282] Dieser Zweck, den arbeitnehmerähnlichen Personen zusätzlichen Schutz angedeihen zu lassen, kann indes nicht auf den gesamten Sozialversicherungszweig und mithin nicht über den Zweig der gesetzlichen Rentenversicherung hinaus übertragen werden. Dass dies auch der Gesetzgeber so sah, zeigt sich daran, dass er eine Versicherungspflicht allein für die Renten-, nicht aber für die übrigen Sozialversicherungen einführte. Dies, obwohl eine Absicherung in der Kranken- und Pflegeversicherung ebenso wichtig zu sein scheint, wie die Absicherung für das Alter. Aus dieser einseitigen Änderung lässt sich somit schließen, dass arbeitnehmerähnliche Personen auch nach Ansicht des Gesetzgebers bezüglich Krankheit und deren Ver-

---

280 BGBl. I S. 3843.
281 Kollmer NJW 1999, 608 (610).
282 Berndt NJW 2000, 464 (467).

meidung sowie deren Folgen nicht den Arbeitnehmern gleichgestellt sind, dass sie also faktisch nicht gleich schutzbedürftig sind.

Zudem ist es damit auch so, dass eine Entlastung der Sozialkassen durch Einbeziehung arbeitnehmerähnlicher Personen in den Schutzbereich gar nicht zu erreichen wäre. Denn diese beziehen gerade keine Leistungen aus den Sozialkassen.

Auch bleibt zu beachten, dass es sich bei arbeitnehmerähnlichen Personen noch immer um „echte Selbständige"[283] handelt. Ihre soziale Schutzbedürftigkeit zwingt nicht dazu, ihnen *jeglichen,* einem Arbeitnehmer zustehenden, Schutz zukommen zu lassen. Sinn und Zweck des § 84 Abs. 2, das bestehende Vertragsverhältnis vor Kündigung zu schützen, greifen daher demnach bei arbeitnehmerähnlichen Personen nicht.

Zuletzt spricht jedoch ein wesentliches Argument letztlich für eine Ausweitung des persönlichen Anwendungsbereichs auf diese Personengruppe: Der Gesamtkontext, in welchem das betriebliche Eingliederungsmanagement im Betrieb steht. Denn das betriebliche Eingliederungsmanagement ist nicht die einzige Maßnahme, die ergriffen werden kann, um frühzeitig Gefahren im Betrieb für den Arbeitnehmer zu erkennen und ggf. zu beseitigen. Vergleichend sei hier auf die Gefährdungsbeurteilung nach § 5 ArbSchG verwiesen. Dabei ist zu berücksichtigen, dass die(se) Regelungen des ArbSchG gemäß § 2 Abs. 2 Nr. 3 ArbSchG ausdrücklich auch zugunsten arbeitnehmerähnlicher Personen gelten. Aufgrund der nachfolgend dargestellten Parallelen wird daher auch teilweise vertreten, § 84 Abs. 2 SGB IX sei seinem Inhalt nach besser im ArbSchG verortetet und insoweit im SGB IX deplaziert[284].

Das ArbSchG und § 84 Abs. 2 SGB IX sind sich in Sinn und Zweck vergleichbar, weshalb es nahe liegt, auch den persönlichen Anwendungsbereich beider Regelungsgegenstände einander anzugleichen.

Dabei mag einer Vergleichbarkeit auf den ersten Blick entgegenstehen, dass das ArbSchG nach § 1 Abs. 1 ArbSchG dazu dient, Sicherheit und Gesundheitsschutz der Beschäftigten *bei der Arbeit* durch Maßnahmen des Arbeitsschutzes zu sichern und zu verbessern. Der Gesundheitsschutz ist hier also ein arbeits*platz*bezogener[285], es soll der Arbeitsplatz so gestaltet werden, dass der Beschäftigte dort keinen Gesundheitsgefahren ausgesetzt ist. Demgegenüber sieht § 84

283 Kollmer NJW 1999, 608 (609).

284 Namendorf/Natzel 2005, 162 (163); Dies. DB 2005 1794 (1794) unter Bezugnahme auf Brose DB 2004, 390 (391), die jedoch nur eine Regelung jedenfalls „an anderer Stelle" befürwortet.

285 Balders/Lepping NZA 2005, 854 (856); Fitting u.a. § 87 Rdnr. 293 und Wlotzke/Preis/Bender § 87 Rdnr. 134 zum identischen Gesundheitsbegriff des § 87 Abs. 1 Nr. 7 BetrVG.

Abs. 2 durch gesundheitliche Beeinträchtigungen das Arbeits*verhältnis* im vertraglichen Sinne als abstrakt gefährdet an. Man könnte also meinen, dass eine Vergleichbarkeit insoweit nicht gegeben ist, als dass sich der Schutz *am* Arbeitsplatz (ArbSchG) und der Schutz *des* Arbeitsplatzes (§ 84 Abs. 2) gegenüberstehen. Darüber hinaus unterscheidet beide Regelungsbereiche, dass beim betrieblichen Eingliederungsmanagement anders als im Rahmen des ArbSchG Erkrankungen, die in der Vergangenheit aufgetreten sind, nicht im Zusammenhang mit der bisherigen Tätigkeit und den Arbeitsabläufen gestanden haben müssen[286], denn eine solche Einengung gibt der Wortlaut des § 84 Abs. 2 nicht her. Die Arbeitsunfähigkeit kann also auch auf einem privaten Unfall beruhen, der Folgeerkrankungen und Abwesenheiten im Betrieb nach sich zieht (z.B. Bruch beim Sport in der Freizeit mit notwendigen Folgeoperationen und stationären Aufenthalten). Zuletzt passen auch die im Rahmen des betrieblichen Eingliederungsmanagements denkbaren Abhilfemöglichkeiten und Hilfen nicht so recht ins Bild eines Gesundheitsschutzes am Arbeitsplatz. Denn neben Leistungen zur Teilhabe am Leben in der Gemeinschaft (§§ 55 ff) und unterhaltssichernden Leistungen (§§ 44 ff) können auch Maßnahmen der medizinischen Rehabilitation §§ 26 ff) und nicht zuletzt finanzielle Unterstützungen an den Arbeitgeber (§ 34) erbracht werden. Der Bezug zum Arbeitsplatz ist dabei also nicht offensichtlich.

Dass ein solcher jedoch auch beim betrieblichen Eingliederungsmanagement besteht, wird deutlich, wenn man – unabhängig von den Mitteln – die Ziele beider Regelungsbereiche miteinander vergleicht. So ist der Arbeitsschutz nach dem ArbSchG kein Selbstzweck. Er dient der Gesundherhaltung der Beschäftigten und dies auch nicht nur zu deren „privatem" Wohle, sondern auch, um damit Arbeitskraft und Arbeitsleistung zu erhalten. Mithin dient auch das ArbSchG letztlich dem Schutz *des* Arbeitsplatzes. Dass bei ArbSchG und betrieblichem Eingliederungsmanagement die Mittel zur Erreichung dieses gemeinsamen Zieles divergieren, schadet dabei nicht. Beides dient dem präventiven Gesundheitsschutz. Man wird nicht annehmen können, betriebliches Eingliederungsmanagement habe nichts mit dem Schutz der Gesundheit *am* Arbeitsplatz gemein, nur weil es nicht um Arbeitsunfälle und Berufskrankheiten geht, denn darauf ist auch das ArbSchG nicht beschränkt. Dem ArbSchG liegt ein erweiterter, sich auch und gerade auf die Prävention arbeitsbedingter Gesundheitsgefahren beziehender Arbeitsschutzansatz zugrunde, im Rahmen dessen eine Verbesserung der Bedingungen, unter denen die Arbeit zu leisten ist[287], avisiert wird. Gerade die Frage, wie der Arbeitsunfähigkeit am Arbeitsplatz begegnet werden kann, stellt sich auch im Klärungsverfahren nach § 84 Abs. 2. Dass neben der Arbeitsplatzumgestaltung

286 So auch Balders/Lepping NZA 2005, 854 (856).
287 Kittner/Pieper ArbSchG § 2 Rdnr. 9.

und -anpassung an die gesundheitlichen Bedürfnisse des Betroffenen auch betriebsexterne Unterstützung herangezogen werden kann, ist dabei ohne Belang, zeigt es doch nur, dass betriebliches Eingliederungsmanagement über den bislang bekannten Arbeitsschutz hinausgeht. Dies bedeutet nicht, dass es etwas Anderes wäre.

Das „betriebliche" Eingliederungsmanagement und die damit praktizierte „betriebliche" Prävention zeigen, dass gerade im Betrieb Gesundheitsschutz stattfindet und er dorthin zunehmend verlagert wird. Der Arbeitgeber wird sowohl beim ArbSchG als auch beim betrieblichen Eingliederungsmanagement als allgemeiner Fürsorger, Frühwarner und „Kümmerer"[288] in seiner Funktion als Arbeitgeber tätig und nicht nur gleichsam bei Gelegenheit. ArbSchG und betriebliches Eingliederungsmanagement sind sich also in ihren Zielen sehr ähnlich.

Der Begriff des Gesundheitsschutzes als Ziel beider Instrumente bestätigt dies. Er ist weit zu verstehen[289] und umfasst alle Maßnahmen, die der Erhaltung der psychischen und physischen Integrität der Beschäftigten gegenüber arbeitsplatzbedingten Beeinträchtigungen dienen, die zu medizinisch feststellbaren Verletzungen führen oder führen können[290]. Dabei sind unter Beeinträchtigungen neben den arbeitsplatzbedingten Verletzungen und Erkrankungen auch sonstige gesundheitliche Beeinträchtigungen gemeint[291] und auch präventive Maßnahmen erfasst, die schon dann greifen, wenn die Schwelle zu einer medizinisch feststellbaren Erkrankung noch nicht überschritten ist[292]. Der Gesamtbereich menschengerechter Gestaltung der Arbeit ist erfasst.[293] Eben diesen präventiven Gesundheitsschutz beabsichtigt sowohl das betriebliche Eingliederungsmanagement als auch das ArbSchG, wenn auch die Erreichung des Ziels mit unterschiedlichen Mittel und Methoden möglich ist.

Wenn also das ArbSchG Gesundheitsschutz im Betrieb auch für arbeitnehmerähnliche Personen bezweckt und beim betrieblichen Eingliederungsmanagement das gleiche Ziel verfolgt wird, so legt dies eine Einbeziehung auch arbeit-

---

288 BEM-Schriften/Mehrhoff S. 9,11; Jünger S. 2.

289 DKK/Klebe § 87 Rdnr. 172; Fitting u.a. § 87 Rdnr. 262; Richardi u.a. BetrVG BetrVG/Richardi § 87 Rdnr. 542; GK-BetrVG/Wiese § 87 Rdnr. 585 jeweils zum identischen Begriff im Sinne des § 87 Abs. 1 Nr. 7 BetrVG; MünchArbRHdBuch/Wlotzke § 206 Rdnr. 35 ff; Ders. FS Wissmann S. 428 f; Kittner/Pieper ArbSchR § 1 Rdnr. 8; Kittner FS Däubler S. 696.

290 MünchArbRHdBuch/Wlotzke § 205 Rdnr. 35; Fitting u.a. a.a.O. Rdnr. 262; Siemes NZA 1998, 232 (235); Wlotzke/Preis/Bender a.a.O. Rdnr. 138.

291 Wlotzke FS Wissmann S. 429.

292 Wlotzke FS Wissmann S. 429; MünchArbRHdBuch/Wlotzke § 206 Rdnr. 11.

293 Richardi u.a. BetrVG/Ders. § 87 Rdnr. 542; Kittner/Pieper ArbSchG § 1 Rdnr. 10; MünchArbRHdBuch § 206 Rdnr. 12; Kittner FS Däubler S. 696.

nehmerähnlicher Personen in den Anwendungsbereich des § 84 Abs. 2 zumindest nahe.

Es kann jedoch allein aufgrund der Parallelen zum ArbSchG nicht angenommen werden, aus diesem Grunde müsse in jedem Fall der Anwendungsbereich des § 84 Abs. 2 weit verstanden werden. Denn gleichfalls könnte man einwenden, dass die Regelungen des ArbSchG ausdrücklich auf arbeitnehmerähnliche Personen für anwendbar erklärt worden sind, woraus folge, dass dies grundsätzlich bei Normen mit arbeitsschutzrechtlichem Charakter gerade nicht der Fall ist.

Nach der teleologischen Auslegung kann also eine zwingende Einbeziehung der arbeitnehmerähnlichen Personen in den persönlichen Anwendungsbereich nicht festgestellt werden.

e. Allgemeines Gleichbehandlungsgesetz und RL 2000/78/EG

Auch unter Einbeziehung des AGG und der ihm zugrundeliegenden europarechtlichen Richtlinie kann eine Anwendung des § 84 Abs. 2 auf arbeitnehmerähnliche Personen nicht erfolgen.

Nach dem AGG und der Richtlinie könnte dies ohnehin nur hinsichtlich derjenigen arbeitnehmerähnlichen Personen in Betracht kommen, die behindert sind. Denn nach § 6 Abs. 1 Nr. 3 AGG gilt das AGG auch für arbeitnehmerähnliche Personen. Gleiches regelt Art 3 Abs. 1 lit. A der Richtlinie.

Beide Regelwerke konstatieren jedoch keine Gleichstellung der arbeitnehmerähnlichen Personen mit Arbeitnehmern, sondern wollen eine Gleichberechtigung der behinderten Menschen mit nichtbehinderten Menschen erreichen.

Zwar darf auch eine behinderte arbeitnehmerähnliche Person nicht wegen ihrer Behinderung benachteiligt werden, §§ 7 i.V.m. 1 AGG. Nimmt man jedoch die arbeitnehmerähnlichen Personen vom Anwendungsbereich des § 84 Abs. 2 aus, so stellt dies keine Diskriminierung im Sinne des AGG dar. Denn die Ungleichbehandlung würde nicht *wegen* der Behinderung erfolgen. Sollen Behinderte den Nichtbehinderten gleichgestellt werden, so muss man sich bei der Untersuchung auf eine Diskriminierung fragen, wie die betroffene Person behandelt worden wäre, wäre sie nicht behindert. Im Falle der arbeitnehmerähnlichen behinderten Person muss man sich also fragen, wie diese behandelt worden wäre, wäre sie eine gesunde arbeitnehmerähnliche Person. Nach dem Ergebnis der obigen Auslegungen lautet die Antwort dann: Die Person wäre nicht vom Anwendungsbereich des § 84 Abs. 2 erfasst. Ein behinderter arbeitnehmerähnlicher Beschäftigter wird also bei Ausschluss aus dem Anwendungsbereich genau so behandelt, wie ein gesunder arbeitnehmerähnlicher Beschäftigter. Eine Kausalität auch im Sinne einer Mitursächlichkeit für die Andersbehandlung und damit eine Diskriminierung ist also nicht gegeben.

Das Gleiche gilt bei einem Vergleich der Behandlung einer behinderten arbeitnehmerähnlichen Person mit einem (gesunden) Arbeitnehmer. Auch hier würde die behinderte arbeitnehmerähnliche Person, wenn ihr kein betriebliches Eingliederungsmanagement zuteil würde, nicht *wegen* ihrer Behinderung aus dem Anwendungsbereich ausgeschlossen, sondern wegen ihrer Zugehörigkeit zur Gruppe der arbeitnehmerähnlichen Personen.

Würde man wegen des Vorliegens einer Behinderung die behinderten arbeitnehmerähnlichen Personen in den Schutzbereich einbeziehen, so würde dies eine Gleichbehandlung nicht der Behinderten mit den Nichtbehinderten, sondern der arbeitnehmerähnlichen Personen mit den Arbeitnehmern bedeuten, was weder das AGG noch die RL ersichtlich bezwecken. Die Vorschriften verfolgen „lediglich" das Ziel, all diejenigen, die behindert sind, wegen dieser Behinderung nicht schlechter zu stellen. Es soll aber keine Besserstellung gegenüber Gesunden generell oder gegenüber Gesunden der gleichen Gruppenzugehörigkeit erfolgen. Würde man dies anders sehen, so würde § 84 Abs. 2 nur für behinderte arbeitnehmerähnliche Personen, nicht aber für gesunde arbeitnehmerähnliche Personen gelten.

Auch nach AGG und der ihm zugrundeliegenden Richtlinie sind also (behinderte) arbeitnehmerähnliche Personen nicht vom Anwendungsbereich des § 84 Abs. 2 erfasst.

Zusammenfassend lässt sich also sagen, dass keine der Auslegungsmethoden zu dem Ergebnis kam, arbeitnehmerähnliche Personen müssten zwingend dem persönlichen Anwendungsbereich des § 84 Abs. 2 unterfallen. Im Gegenteil sprechen sowohl Argumente im Rahmen der sprachlich-grammatikalischen, als auch der systematischen und historischen Auslegung vielmehr gegen eine solche Ausweitung des Anwendungsbereichs.

Für arbeitnehmerähnliche Personen gilt § 84 Abs. 2 mithin nicht.

5. Zwischenergebnis

Als „Beschäftigte" im Sinne des § 84 Abs. 2 sind alle Arbeitnehmer, unabhängig vom Vorliegen oder der Intensität einer Behinderung zu verstehen. Arbeitnehmerähnliche Personen sind hingegen nicht erfasst.

II. Der Begriff des „Arbeitgebers"

Umfasst der Beschäftigtenbegriff somit alle in einem Betrieb tätigen Arbeitnehmer, so erklärt sich hieraus auch das Verständnis des Arbeitgeberbegriffs.

Als Arbeitgeber im Sinne des § 84 Abs. 2 ist mithin jede natürliche oder juristische Person anzusehen, die mindestens einen Arbeitnehmer beschäftigt. Der hier anzuwendende Arbeitgeberbegriff entspricht also dem arbeitsrechtlichen Arbeitgeberbegriff.

Dieser Arbeitgeberbegriff gilt dabei unabhängig von einer etwaig bestehenden Beschäftigungspflicht des Arbeitgebers hinsichtlich schwerbehinderter Arbeitnehmer gemäß § 71 Abs. 1. Es ist somit auch in Betrieben, welche weniger als jahresdurchschnittlich mindestens zwanzig Arbeitnehmer beschäftigen ein betriebliches Eingliederungsmanagement durchzuführen.[294] Die Unabhängigkeit des Arbeitgeberbegriffs von einer Beschäftigungspflicht ergibt sich daraus, dass der Beschäftigtenbegriff alle Arbeitnehmer erfasst und mithin von § 84 Abs. 2 auch Betriebe betroffen sind, in welchen möglicherweise gar keine Schwerbehinderten beschäftigt sind.

Auch legt § 84 Abs. 2 keinerlei zusätzlich zur Beschäftigung von Arbeitnehmern hinzukommenden Voraussetzungen an die Klärung möglicher Präventionsmaßnahmen fest. Die teilweise vertretene Ansicht, von Prämien im Sinne des § 84 Abs. 3 Begünstigte – und mithin Arbeitgeber – seien (nur) diejenigen privaten und öffentlichen Arbeitgeber, welche ihre Beschäftigungspflicht erfüllen, über eine Interessenvertretung im Sinne des § 93 verfügen und mit dieser eine Integrationsvereinbarung nach § 83 Abs. 2 a abgeschlossen haben[295], ist daher auch abzulehnen. Denn der Arbeitgeberbegriff des § 84 Abs. 2 und 3 ist einheitlich zu sehen. Denn gerade für die Arbeitgeber im Sinne des Absatzes 2 sollen Anreize zur Einführung eines betrieblichen Eingliederungsmanagements geschaffen werden, was bedeutet, dass potentiell auch jeder dieser Arbeitgeber in den Genuss einer Prämie gelangen können muss. Ferner wurde die Prämienregelung des § 84 Abs. 3 gerade nicht, wie ursprünglich beabsichtigt, in den § 83 eingegliedert, sondern dem § 84 angefügt. Dies geschah deshalb, um klarzustellen, dass eine Prämiengewährung nicht an den Abschluss einer Integrationsvereinbarung gekoppelt ist, sondern sich allein auf die Einführung des betrieblichen Eingliederungsmanagements überhaupt bezieht, was durch den eindeutigen Wortlaut des § 84 Abs. 3 auch hinreichend deutlich wird. Es ist deshalb unerheblich, ob der Arbeitgeber einer Beschäftigungspflicht unterliegt[296] und ob in seinem Betrieb eine Interessenvertretung gemäß § 93 besteht. Jede natürliche oder juristische

---

294 Britschgi AiB 2005, 284 (284), Gaul/Süßbrich/Kulejewski ArbRB 2005, 308 (310); Regierung Oberbayern, BEM S. 1.

295 Vgl. Empfehlung zur Erbringung von Prämien zur Einführung eines betrieblichen Eingliederungsmanagements des Senators für Arbeit, Frauen, Gesundheit, Jugend und Soziales der Freien Hansestadt Bremen.

296 So auch Westers br 2005, 74 (76).

Person, die mindestens einen Arbeitnehmer beschäftigt, ist als Arbeitgeber im Sinne des § 84 anzusehen.

B. Sachlicher Anwendungsbereich der Norm

Nach Klärung des persönlichen Anwendungsbereichs ist der sachliche Anwendungsbereich der Norm zu untersuchen. Der Arbeitgeber klärt die Möglichkeiten präventiven Handelns unter den nachfolgenden Voraussetzungen:

I. Betriebsgröße

Zunächst einmal ist festzuhalten, dass § 84 Abs. 2 für jeden Betrieb unabhängig von dessen Größe gilt.[297] Denn des Schutzes durch dieses Präventionsverfahren bedarf ein von sechswöchiger Arbeitsunfähigkeit Betroffener unabhängig davon, wie viele weitere Mitarbeiter neben ihm im Betrieb beschäftigt sind.

II. Vorhandensein einer Interessenvertretung

Auch findet das betriebliche Eingliederungsmanagement dann statt, wenn in dem betroffenen Betrieb kein Betriebsrat oder eine sonstige Interessenvertretung vorhanden ist[298]. In diesem Fall sind allein Arbeitgeber und Betroffener als betriebsinterne Personen zu beteiligen. § 84 regelt die Beteiligungsrechte der Interessenvertretungen für den Fall, dass solche vorhanden sind, erhebt deren Vorhandensein jedoch nicht zur materiell-rechtlichen Tatbestandsvoraussetzung.

III. Arbeitsunfähigkeit

Nach § 84 Abs. 2 wird der Arbeitgeber tätig, wenn ein Beschäftigter innerhalb eines Jahres länger als sechs Wochen ununterbrochen oder wiederholt arbeitsunfähig ist.

---

297 So auch Seel br 2006, 30 (31); Zorn br 2006, 42 (43); Pick Diskussionsbeitrag 6–2006 m.V.a. LAG Schleswig-Holstein 17.11.2005 4 Sa 328/06.

298 So auch Deinert ZSR 2005, 104 (125).

Der Begriff der Arbeitsunfähigkeit ist dabei im Arbeits- und Sozialrecht identisch.[299] Er bezeichnet die Situation, in welcher es eine Krankheit einem Arbeitnehmer unmöglich macht, die nach dem Vertrag geschuldete Leistung zu erbringen oder in welcher die Gefahr besteht, dass sich der Gesundheitszustand bei Fortsetzung der Arbeit in absehbarer, naher Zukunft verschlechtert.[300] Als Krankheit gilt dabei sowohl im Arbeits- als auch im Sozialrecht[301] ein regelwidriger Körper- und Geisteszustand[302], der eine Heilbehandlung erforderlich macht[303]. Es existieren grundsätzlich vier Fallgruppen krankheitsbedingter Arbeitsunfähigkeit[304]:

1. Häufige Kurzerkrankungen

Hierbei handelt es sich um sich häufig wiederholende Leistungsunfähigkeiten, die jeweils von kürzerer Dauer sind, ohne dass die Ausfallzeitpunkte im Voraus berechenbar wären.[305] Diese Fallgruppe ist von § 84 Abs. 2 durch Verwendung des Begriffs „wiederholter Arbeitsunfähigkeit“ innerhalb eines Jahres in die Durchführung betrieblichen Eingliederungsmanagements einbezogen.

2. Lang andauernde Arbeitsunfähigkeit

Hier wird die geschuldete Leistung infolge einer Erkrankung des Arbeitnehmers für längere Zeit in zusammenhängender Zeitfolge nicht erbracht, wobei eine Genesung des Arbeitnehmers nicht ausgeschlossen ist.[306] Auch diese Form der Arbeitsunfähigkeit ist von § 84 Abs. 2 erfasst, was sich an der Nennung der „ununterbrochenen Arbeitsunfähigkeit“ zeigt.

3. Dauernde Arbeitsunfähigkeit

Bei dauernder Arbeitsunfähigkeit ist – wie der Begriff schon impliziert – die Leistungsfähigkeit des Arbeitnehmers krankheitsbedingt auf Dauer ausgeschlos-

---

299 Schaub u.a. ArbRHdBuch/Linck § 98 Rdnr. 13.
300 BAG NZA 1992, 69 (69).
301 KDZ /Kittner § 1 KSchG Rdnr. 72.
302 BAG a.a.O.
303 KDZ/Kittner a.a.O.
304 Schaub u.a. ArbRHdBuch/Linck § 129 Rdnr. 1.
305 ErfK/Oetker § 1 KSchG Rdnr. 138.
306 ErfK/Oetker a.a.O. Rdnr. 129.

sen, da ein Ende der Erkrankung nicht absehbar ist und die Erwerbsunfähigkeit insoweit feststeht.[307]

Auch diese Fallgruppe ist von § 84 Abs. 2 erfasst. Denn der Arbeitgeber kann im gesetzlich vorgeschriebenen Interventionszeitpunkt nicht in jedem Fall wissen, ob der Betroffene endgültig arbeitsunfähig sein wird, sondern weiß nur, dass er seit sechs Wochen arbeitsunfähig ist. Ob eine Kündigung vermeidbar ist, gilt es auch bei faktisch (schon) vorliegender dauerhafter Arbeitsunfähigkeit zu klären. Gerade die Frage, ob das Arbeitsverhältnis erhalten werden kann, soll im betrieblichen Eingliederungsmanagement ja geklärt werden. Wenn der Betroffene seine dauerhafte Arbeitsunfähigkeit offenbart, ist das Ergebnis der Klärung, dass keine Möglichkeiten der Prävention von Kündigungen oder weiterer Erkrankung bestehen. Gerade dies muss jedoch erst einmal erörtert werden.

4. Krankheitsbedingte Leistungsminderung

Bei der krankheitsbedingten Minderung der Leistungsfähigkeit kann der Arbeitnehmer dauerhaft die geschuldete Leistung nicht im geschuldeten Maße erbringen. Erbringt der Arbeitnehmer die Leistung nicht im vollen geschuldeten Umfang, so erbringt er sie gar nicht, da er die Leistung insgesamt schuldet. Die Fallgruppe krankheitsbedingter Leistungsminderung ist somit mit der häufiger Kurzerkrankungen gleich zu behandeln.[308] § 84 Abs. 2 bezieht mithin auch diesen Fall der Arbeitsunfähigkeit mit ein.

Die Arbeitsunfähigkeit im Sinne des § 84 Abs. 2 erfasst damit alle Fälle der Arbeitsunfähigkeit.

IV. Dauer der Arbeitsunfähigkeit

Als maßgeblichen Zeitpunkt für ein Einschreiten des Arbeitgebers sieht § 84 Abs. 2 S. 1 den Ablauf von sechs Wochen bestehender Arbeitsunfähigkeit innerhalb eines Jahres vor. Dabei bleibt nach dem Wortlaut offen, wie dieser Jahreszeitraum zu bestimmen ist.

§ 84 Abs. 2 bezweckt den Erhalt des Arbeitsplatzes und die Vermeidung (dauerhafter oder erneuter) Arbeitsunfähigkeit. In Anbetracht dieses Gesetzeszweckes wäre es wenig sinnvoll, den Zeitraum „eines Jahres“ dem eines Kalenderjahres gleich zu setzen. Denn auch ein Arbeitnehmer, der über einen Jahres-

---

307 ErfK/Oetker a.a.O. Rdnr. 127 f.

308 So für den Kündigungsschutz auch Gaul/Süßbrich/Kulejewski ArbRB 2004, 308 (309).

wechsel erkrankt und binnen des vergangenen Kalenderjahres lediglich fünf Wochen arbeitsunfähig war, läuft Gefahr, seinen Arbeitsplatz zu verlieren und ist damit ebenso schutzwürdig, wie ein Kollege, dem es „gelang“ die Sechs-Wochen-Frist binnen eines Kalenderjahres zu überschreiten.[309] Als ein Jahr im Sinne des § 84 Abs. 2 ist mithin der Zeitraum der vergangenen zwölf Monate zu verstehen.[310] „Kalendarische Zufälle“[311] sind unerheblich.

Abzulehnen bleibt indes die Ansicht, es sei darüber hinaus bei jeder Arbeitsunfähigkeit die Prüfung geboten, ob der Arbeitnehmer mit der aktuellen Arbeitsunfähigkeit insgesamt länger als sechs Wochen arbeitsunfähig „wird“.[312]

§ 84 Abs. 2 S. 1 konstatiert nicht das Erfordernis einer Prognoseentscheidung bezüglich einer möglichen Überschreitung des Sechs-Wochen-Zeitraums. Die Norm ordnet vielmehr eine Klärung für den Fall an, dass Beschäftigte innerhalb eines Jahres sechs Wochen arbeitsunfähig „sind“. Damit wird für ein Tätigwerden des Arbeitgebers überhaupt eine bereits sechs Wochen andauernde Krankheit des Arbeitnehmers vorausgesetzt. Zwar mag es aus organisatorischen Gründen und zur Vermeidung unnötigen Zeitverlustes für Arbeitgeber sinnvoll und geboten sein, stets zu beobachten, ob der erkrankte Arbeitnehmer alsbald die Sechs-Wochen-Grenze überschreiten wird. Dies schon deshalb, weil der Arbeitgeber ab dem Erreichen dieser Grenze unverzüglich tätig werden soll. Eine Klärung verlangt das Gesetz jedenfalls erst dann, wenn die sechs Wochen voll erreicht wurden. Da diese Klärung den Beginn eines Denk- und Lösungsprozesses beschreibt, ist es vor Ablauf der Frist zwar möglich, Vorkehrungen zu treffen, es geht jedoch über das gesetzlich Geforderte hinaus.

V. Ursachenzusammenhang

§ 84 Abs. 2 erfasst seinem Wortlaut nach ausdrücklich auch die wiederholte, sich auf insgesamt sechs Wochen innerhalb eines Jahres summierende, Arbeitsunfähigkeit und damit die Arbeitsunfähigkeit infolge häufiger Kurzerkrankungen.

Fraglich ist mithin, ob die einzelnen, sich wiederholenden Erkrankungen auf derselben Ursache beruhen müssen, oder aber ob allein maßgeblich ist, dass der Arbeitnehmer überhaupt erkrankt ist. Zur Beantwortung dieser Frage ist zwischen der möglichen Erforderlichkeit eines Ursachenzusammenhangs im Rahmen einer

---

309 Balders/Lepping NZA 2005, 854 (855).

310 Dies. a.a.O.; DKZ/Deinert § 84 Rdnr. 14; Ders. JR 2007, 177 (178); v. Hoyningen/Huene § 1 Rdnr. 342; Zorn br 2006, 42 (42); Gagel NZA 2004, 1359 (1361); Seel br 2006, 30 (32); Wetzling/Habel NZA 2007, 1129 (1130).

311 KR/Griebeling § 1 KSchG Rdnr. 324 c.

312 Dies. a.a.O.

sinnvollen Durchführung von konkreten Maßnahmen zum Einen und zum Anderen der Erforderlichkeit eines Ursachenzusammenhangs als sachliche Voraussetzung für das Eingreifen des Klärungsverfahrens nach § 84 Abs. 2 zu differenzieren.

Im Rahmen der Frage nach den sachlichen Voraussetzungen betrieblichen Eingliederungsmanagements ist dabei zunächst festzuhalten, dass es, um das Verfahren überhaupt in Gang zu setzen, nicht darauf ankommt, aufgrund welcher Ursache der Arbeitnehmer erkrankte und ob diese bei wiederholter Arbeitsunfähigkeit stets identisch oder ähnlich war.

§ 84 Abs. 2 setzt nach seinem Wortlaut lediglich die Arbeitsunfähigkeit überhaupt, und zwar ursachenunabhängig, voraus. Dies macht auch Sinn, denn das Verfahren betrieblichen Eingliederungsmanagements soll ja gerade dem Zweck dienen, die Situation des Arbeitnehmers zu analysieren und nach Feststellung der genauen Bedürfnisse des Betroffenen Maßnahmen zu ergreifen, dessen Arbeitsfähigkeit auch für die Zukunft zu erhalten. Würde man als sachliche Voraussetzung eine „ursachenzusammenhängende" Arbeitsunfähigkeit fordern, so hätte dies zur Folge, dass sich der Arbeitgeber nach sechswöchiger Arbeitsunfähigkeit zunächst mit den Ursachen der Krankheit auseinandersetzen müsste, um dann festzustellen, ob ein Zusammenhang besteht und nur in diesem Falle die Interessenvertretung, Schwerbehindertenvertretung und den Betroffenen selbst zum Verfahren hinzuziehen. Der Arbeitgeber würde also ein dem betrieblichen Eingliederungsmanagement vorgelagertes Verfahren alleine durchführen, um ein mögliches betriebliches Eingliederungsmanagement vorzubereiten. So kann § 84 Abs. 2 nicht verstanden werden.

Die Verknüpfung des betrieblichen Eingliederungsmanagements mit der Möglichkeit der Hinzuziehung eines Werks- oder Betriebsarztes in § 84 Abs. 2 S. 2 zeigt gerade, dass der Arbeitgeber grundsätzlich im Zeitpunkt seines initiativen Tätigwerdens noch keinerlei Kenntnisse über die (Krankheits-) Situation des Betroffenen mit Ausnahme der Fehlzeiten hat. Die Hinzuziehung des Werks- oder Betriebsarztes ermöglicht erst eine genaue Ursachenerforschung. Da diese Hinzuziehung aber bereits Teil des betrieblichen Eingliederungsmanagements ist, kann es ein diesem vorgelagertes Verfahren sinnvollerweise nicht geben. Ob ein Ursachenzusammenhang zwischen den wiederholten Erkrankungen des Betroffenen besteht, ist daher für die Frage nach dem Eingreifen des betrieblichen Eingliederungsmanagements unerheblich.

Ein Ursachenzusammenhang ist keine sachliche Voraussetzung des § 84 Abs. 2[313].

---

313 So auch DKZ/Deinert § 84 Rdnr. 13; Ders. JR 2007, 177 (178).

Fragt man nach der Erforderlichkeit eines Ursachenzusammenhangs, um Maßnahmen des betrieblichen Eingliederungsmanagements sinnvoll und erfolgreich durchführen zu können, so ist hierfür ein Ursachenzusammenhang dienlich. Sinn und Zweck des betrieblichen Eingliederungsmanagements, durch geeignete Maßnahmen erneuter Arbeitsunfähigkeit vorzubeugen, erfordern ein gezieltes Eingehen auf die individuelle Situation des Betroffenen. Es gilt, seinen Arbeitsplatz und die Umstände, unter denen er seine Arbeitsleistung zu erbringen hat, an das vorhandene Krankheitsbild anzupassen oder ihm einen neuen leidensgerechten Arbeitsplatz zuzuweisen. Wenn der Arbeitnehmer häufig kurz aufgrund ständig wechselnder Ursachen erkrankt, sind jedoch weder die Einleitung zielgerichteter betrieblicher Präventionsmaßnahmen, noch die sinnvolle Inanspruchnahme von Leistungen zur Teilhabe oder begleitende Hilfen im Arbeitsleben, wie sie § 84 Abs. 2 S. 4 vorsieht, möglich. Denn Maßnahmen der Durchführung betrieblichen Eingliederungsmanagements kann es sinnvoll nur dann geben, wenn es möglich erscheint, langfristige Maßnahmen zu ergreifen. Bei der Ergreifung von „Gegenmaßnahmen" im Sinne des § 84 Abs. 2 muss mithin der „Gegner" bekannt und auch dauerhaft der Gleiche sein. Den Beteiligten muss klar sein, an welches (dauerhafte) Krankheitsbild sie den Arbeitsplatz und die weiteren Umstände der Leistungserbringung anzupassen haben. „Zusammenhanglose" und „sich zufällig auf sechs Wochen summierende"[314] Ursachen verhindern dies.

Es müssen also die Ursachen der wiederholt auftretenden Krankheit entweder dieselben sein oder aber zumindest in einem „arbeitsmedizinischen Zusammenhang"[315] stehen, damit Maßnahmen im Sinne des § 84 Abs. 2 sinnvoll ergriffen werden können. Eine sachliche Voraussetzung für das Eingreifen des § 84 Abs. 2 ist dies jedoch nicht.

VI. Überwindbarkeit der Arbeitsunfähigkeit

Teilweise wird in der Literatur angenommen, eine sechswöchige Arbeitsunfähigkeit allein reiche nicht aus. Die beim Mitarbeiter vorliegende Arbeitsunfähigkeit müsse vielmehr überwindbarer oder vorbeugbarer Natur sein.[316] Nur bei einer solchen mache betriebliches Eingliederungsmanagement Sinn.[317]

Ob die Arbeitsunfähigkeit überwind- oder vorbeugbar sei, müsse der Arbeitgeber in einem „geeigneten Verfahren" feststellen, wobei als solches beispielhaft

314 Balders/Lepping a.a.O. S. 855.

315 Dies. a.a.O.

316 Namendorf/Natzel DB 2005, 1794 (1795).

317 Dies. a.a.O.

das Krankengeld-Fall-Management der Krankenkassen genannt wird.[318] Erst wenn der Arbeitgeber nach Durchführung dieses Verfahrens diese Natur der Arbeitsunfähigkeit festgestellt habe, sei um die Zustimmung des Arbeitnehmers zu ersuchen und dieser zu beteiligen.[319]

Diese Ansicht, die damit die Überwind- oder Vorbeugbarkeit der bestehenden Arbeitsunfähigkeit zu einer sachlichen Voraussetzung des betrieblichen Eingliederungsmanagements erhebt, ist abzulehnen.

Zuzugeben ist ihr zwar, dass nur dort, wo eine Arbeitsunfähigkeit überwindbar oder im Voraus vermeidbar ist, die Ergreifung von *Maßnahmen* des betrieblichen Eingliederungsmanagements überhaupt in Betracht kommt. Dies bedeutet jedoch gerade nicht, dass die Überwind- oder Vorbeugbarkeit eine sachliche Voraussetzung für das In-Gang-Setzen des Verfahrens überhaupt ist. Der zur Begründung dieser Ansicht pauschal herangezogene Gesetzeswortlaut gibt eine solche Voraussetzung nicht her. Es ist vielmehr so, dass allein die sechswöchige Arbeitsunfähigkeit eines Mitarbeiters ausreicht, um das Verfahren nach § 84 Abs. 2 auszulösen. Das von der Literaturansicht genannte Verfahren zur Feststellung der Überwind- oder Vorbeugbarkeit der Arbeitsunfähigkeit ist nämlich das des betrieblichen Eingliederungsmanagements selbst und nicht ein ihm vorgeschaltetes.

Ein solches Verfahren kann es nicht geben. Dies deshalb nicht, weil doch eine Überwindbarkeit der bestehenden Arbeitsunfähigkeit nur dann bejaht werden kann, wenn die Möglichkeiten der Überwindbarkeit bekannt sind. Gerade diese Möglichkeiten sollen jedoch im Rahmen des betrieblichen Eingliederungsmanagements erst erörtert und aufgeklärt werden. Und zwar nicht allein durch den Arbeitgeber, wie es die schon aus diesem Grunde abzulehnende Ansicht zur Konsequenz hätte, sondern nach § 84 Abs. 2 S. 1 ausdrücklich unter Einbeziehung der restlichen Betriebsparteien und Beteiligung des Betroffenen selbst.

Dem steht auch der Wortlaut des § 84 Abs. 2 nicht entgegen, der festlegt, durch das betriebliche Eingliederungsmanagement sollten „*die Möglichkeiten*, wie die Arbeitsunfähigkeit *möglichst* überwunden werden und mit welchen Leistungen oder Hilfen erneuter Arbeitsunfähigkeit vorgebeugt (...) werden *kann*" geklärt werden. Diese Zielsetzung setzt nämlich gerade nicht voraus, dass solche Möglichkeiten tatsächlich bestehen. Sondern die Möglichkeiten sollen durch das in § 84 Abs. 2 vorgegebene Verfahren geklärt werden, und zwar erstmalig. Das betriebliche Eingliederungsmanagement ist daher nichts anderes als ein gesetzlich vorgesehener Beratungsprozess. Arbeitgeber und Interessen-, ggf. auch die Schwerbehindertenvertretung beraten gemeinsam über die vorliegenden Schwierigkeiten im Beschäftigungsverhältnis und suchen nach geeigneten Lösungen zu

318 Dies. a.a.O.
319 Dies. a.a.O.

deren Beseitigung. Ergebnis dieses Beratungsprozesses kann daher auch sein, dass gerade *keine* Möglichkeiten zur Überwindung und Vorbeugung von Arbeitsunfähigkeit bestehen. Das betriebliche Eingliederungsmanagement untersucht das „ob" *und* das „wie" des Arbeitsplatzerhaltes.

Dies zeigt sich auch daran, dass nach § 84 Abs. 2 S. 1 Möglichkeiten gesucht werden sollen, welche die Schwierigkeiten „möglichst" beseitigen. Hieraus wird ersichtlich, dass das Ergebnis dieses Verfahrens zu dessen Beginn noch offen ist.

Ziel des betrieblichen Eingliederungsmanagements ist dabei auch nicht, Arbeitsplätze (nur) dort zu retten, wo eine Rettung ganz offensichtlich möglich ist, sondern vielmehr, bei allen gesundheitsbedingten Schwierigkeiten Anstrengungen zu unternehmen, diese zu beseitigen. Und zwar auch und gerade in denjenigen Fällen, in welchen Möglichkeiten nicht offenkundig sind. Dies zeigt sich daran, dass alle betrieblichen Parteien am Verfahren beteiligt werden, also gerade nicht allein der Arbeitgeber ein Urteil über die Situation fällen soll, sondern dieses ein Ergebnis gegenseitigen Meinungsaustauschs sein soll. Es gilt dabei auch der Satz, dass „vier Augen mehr sehen als zwei".

Eine Überwindbarkeit der bestehenden oder Vermeidbarkeit zukünftiger Arbeitsunfähigkeit ist nicht sachliche Voraussetzung des § 84 Abs. 2 S.1.

VII. Gefährdung des Arbeitsverhältnisses

§ 84 Abs. 2 definiert als Gegenstand der vorzunehmenden Klärung die Möglichkeiten, „den Arbeitsplatz [zu] erhalten (...)". Dies könnte implizieren, dass der Bestand des Arbeits"platzes" im Sinne eines Arbeitsverhältnisses (schon) bedroht sein muss. Denn es liegt nahe anzunehmen, dass eine Erhaltung nur dort versucht werden soll, wo der Wegfall bevorsteht.

Eine *konkrete* Gefährdung ist jedoch nicht Voraussetzung des § 84 Abs. 2. Sondern es ist vielmehr so, dass eine sechswöchige Arbeitsunfähigkeit eines Arbeitnehmers *abstrakt* stets eine Gefahr für den Fortbestand des Arbeitsverhältnisses darstellt und dies auch ausreicht. Denn nach Rechtsprechung des BAG[320] ermöglicht es auch eine erst sechswöchige Arbeitsunfähigkeit einem Arbeitgeber unter Umständen, angesichts einer bereits anzunehmenden Beeinträchtigung betrieblicher Interessen, eine krankheitsbedingte Kündigung wirksam auszusprechen.

Zudem hat der Gesetzgeber die Regelung des § 84 Abs. 2 gerade deshalb neu gefasst, weil er davon ausging, dass krankheitsbedingte Kündigungen die Hauptursache für den Arbeitsplatzverlust sind und er diese bereits nach einer Arbeits-

---

320 BAG NZA 2000, 768 (770).

unfähigkeit von sechs Wochen potentiell als gegeben ansah.[321] Der Gesetzgeber nahm also an, dass eine solche Arbeitsunfähigkeit bei ungehindertem Fortgang zu einem Arbeitsplatzverlust führen könnte. Er nahm also eine abstrakte Gefahr für den Bestand des Arbeitsverhältnisses an.

Darüber hinaus bedarf es aber keiner Gefahr. Die konkrete Gefahr zeichnet sich im Gegensatz zur abstrakten dadurch aus, dass der Schadenseintritt nicht nach allgemeiner Lebenserfahrung zu erwarten ist, sondern im speziellen Einzelfall tatsächlich bevorsteht. Eine konkrete Gefahr würde also bedeuten, dass im Falle des jeweils betroffenen einzelnen Arbeitnehmers eine Möglichkeit einer wirksamen krankheitsbedingten Kündigung durch den Arbeitgeber besteht.

Dass im Rahmen des § 84 Abs. 2 eine solche konkrete Gefahr für den Bestand des Arbeitsverhältnisses erforderlich ist, wird zwar von Teilen der Literatur vertreten. So wird dieses Erfordernis mit dem Wortlaut des § 84 Abs. 2 S. 1 begründet. Der Bestand des Arbeitsverhältnisses sei nur dort zu sichern, wo er auch schon *konkret* bedroht sei.[322] Dass diese Ansicht indes nicht zu überzeugen vermag, zeigt sich schon, betrachtet man den Sinn und Zweck des § 84 Abs. 2. Das betriebliche Eingliederungsmanagement wurde nicht geschaffen, um eine bereits mögliche Kündigung zu erschweren, es soll die abstrakt drohende Kündigung möglichst verhindern. Dabei soll der Arbeitgeber gerade so frühzeitig handeln, dass eine in der Zukunft denkbare und bei ungehindertem Fortgang des Krankheitsverlaufes möglicherweise naheliegende Kündigung vermieden wird. Es sollen nicht bereits gegebene Voraussetzungen nachträglich beseitigt, sondern deren Entstehen verhindert werden.

Aus den Gesetzgebungsanlässen geht eindeutig dieses Ziel der Vermeidung krankheitsbedingter Kündigungen hervor. Der sich für den Gesetzgeber darstellende und auf den Betrieb übertragene Handlungsbedarf liegt in der abstrakten Gefahr, nicht in einer solchen, die bereits gegeben ist. Dass der Gesetzgeber auch gar nicht vom Vorliegen einer konkreten Gefährdung des Arbeitsverhältnisses ausgegangen sein kann, zeigt sich zudem daran, dass er den Initiativzeitpunkt auf sechs Wochen festlegte. Nach dem Verstreichen von sechs Wochen kann nicht generell vom Vorliegen aller Voraussetzungen einer personenbedingten Kündigung ausgegangen werden. Zwar mag eine solche im Einzelfall auch schon nach einer wirtschaftlichen Belastung des Arbeitgebers mit Lohnfortzahlungen von mehr als sechs Wochen gegeben sein[323], pauschal und mithin gesetzlich lässt sich dies indes gerade nicht beurteilen. Aufgrund der Abhängigkeit der Kündigungsvoraussetzungen vom konkreten Einzelfall kann eine konkrete Gefahr gerade

321 So auch Brose RdA 2006, 149 (152).
322 Balders/Lepping NZA 2005, 854 (855).
323 BAG EzA § 1 KSchG Krankheit Nr. 40.

nicht angenommen werden, sondern gerade nur eine abstrakte. Per se kann nicht nach sechswöchiger Arbeitsunfähigkeit gekündigt werden; dies würde aber die abzulehnende Ansicht erfordern.

Zudem kann auch nicht davon ausgegangen werden, das ultima-ratio-Prinzip als Voraussetzung einer wirksamen Kündigung sei stets gewahrt. Denn der Gesetzgeber kann nicht beurteilen, ob dem Arbeitgeber im Einzelfall andere, mildere Mittel zur Verfügung stehen. Auch wäre es sinnlos, ein betriebliches Eingliederungsmanagement nur in den Fällen durchzuführen, in denen eine Kündigung konkret droht, also möglich erscheint. Denn dann wäre nach Berücksichtigung des ultima-ratio-Prinzips gerade keine Möglichkeit gegeben, den Arbeitsplatz zu erhalten und das betriebliche Eingliederungsmanagement, das gerade auch dieser Frage nachgehen soll, verkäme zum reinen Selbstzweck. Gerade die „hoffnungslosen Fälle“ kämen in den Genuss des betrieblichen Eingliederungsmanagements, nicht aber diejenigen Betroffenen, bei denen ein *präventives* Einschreiten Sinn macht und auch noch möglich erscheint.

Zuletzt zeigt auch ein vergleichender Blick auf § 84 Abs. 1, dass nur eine potentiell in der Zukunft drohende Kündigung gemeint sein kann.[324] Denn Absatz 1 verhält sich über Schwierigkeiten, „die zur Gefährdung führen *können*“. Damit will nach der Rechtsprechung des BAG § 84 Abs. 1 nur solche Fälle einem Präventionsverfahren unterziehen, die „noch nicht den Charakter von Kündigungsgründen aufweisen“[325] und damit schon Gefährdungen an sich zuvorkommen, bevor „Kündigungsreife“[326] eingetreten ist.

Eine solche Formulierung unter Verwendung des Begriffs der Schwierigkeiten im Stadium vor einer Gefährdung enthält § 84 Abs. 2 nicht. Die Norm greift vielmehr erst bei der Gefahr des Arbeitsplatzverlustes ein und unterstellt diese bei einer Arbeitsunfähigkeit von mehr als sechs Wochen.

VIII. Zusammenfassung

Zusammenfassend lässt sich zum sachlichen Anwendungsbereich demnach festhalten, dass das betriebliche Eingliederungsmanagement greift, wenn einer der Fälle von Arbeitsunfähigkeit vorliegt. Im Falle der wiederholten Arbeitsunfähigkeit ist kein zwischen den Krankheiten bestehender arbeitsmedizinischer Zusammenhang zu fordern, aber für die Ergreifung konkreter Anschlussmaßnahmen wohl notwendig. Das Arbeitsverhältnis muss nicht konkret in seinem Bestand be-

---

324 Cramer NZA 2004, 698 (703); Feldes/Kossack AiB 2004, 453 (456).
325 BAG NJW 2007, 1995 (1998).
326 BAG a.a.O

droht sein, eine Kündigung muss nicht schon möglich sein oder unmittelbar bevorstehen.

3. Kapitel: Beteiligungsrechte und Pflichten im Verfahren betrieblichen Eingliederungsmanagements

Nach § 84 Abs. 2 S. 1 klärt der Arbeitgeber mit der zuständigen Interessenvertretung im Sinne des § 93, bei schwerbehinderten Menschen außerdem mit der Schwerbehindertenvertretung, mit Zustimmung und Beteiligung der betroffenen Person die Möglichkeiten, wie die Arbeitsunfähigkeit möglichst überwunden werden und mit welchen Leistungen oder Hilfen erneuter Arbeitsunfähigkeit vorgebeugt und der Arbeitsplatz erhalten werden kann. Neben dem Arbeitgeber wirken somit weitere betriebliche Akteure und der Betroffene selbst am Verfahren betrieblichen Eingliederungsmanagements mit. Wie und in welchem Umfang diese Beteiligung zu erfolgen hat, soll im Folgenden einer näheren Betrachtung unterzogen werden.

A. Mitwirkung der Schwerbehindertenvertretung

Sofern ein schwerbehinderter Mensch betroffen ist, ist die Schwerbehindertenvertretung mit in das betriebliche Eingliederungsmanagement einzubeziehen. In welchem Umfang dies zu geschehen hat, ist §§ 95 und 84 SGB IX zu entnehmen.

Danach stehen der Schwerbehindertenvertretung im Rahmen betrieblichen Eingliederungsmanagements Unterrichtungs- und Anhörungs- sowie ein Überwachungs- und ein Initiativrecht zu.

Gemeinsam ist allen diesen Beteiligungsrechten ihre rechtliche Einordnung als reine Mit*wirkungs*rechte. Zwar wurde im Rahmen der Gesetzesnovelle teilweise gefordert, der Schwerbehindertenvertretung zur Stärkung ihrer betrieblichen Stellung Mit*bestimmungs*rechte einzuräumen.[327] Diese Forderung wurde jedoch schon nicht in den Gesetzesentwurf aufgenommen und konnte sich auch während des Gesetzgebungsverfahrens nicht durchsetzen. Ein Mitbestimmungsrecht steht der Schwerbehindertenvertretung also nicht zu.[328]

---

327 DGB Stellungnahme Ausschussanhörung S. 3; Diedenhofen DVfR-Tagung S. 1.

328 So auch GK-SGB IX/Schimanski § 95 Rdnr. 84.

Das Recht der Schwerbehindertenvertretung, im Falle eines beabsichtigten betrieblichen Eingliederungsmanagement vom Arbeitgeber hierüber unterrichtet zu werden, ergibt sich zunächst aus § 95 Abs. 2 S. 1.

Im Rahmen einer allgemeinen Aufgabenzuweisung der Schwerbehindertenvertretung legt die Norm fest, dass der Arbeitgeber die Schwerbehindertenvertretung „in allen Angelegenheiten, die den einzelnen oder die schwerbehinderten Menschen als Gruppe berühren, unverzüglich und umfassend zu unterrichten" hat.

Eine solche den einzelnen schwerbehinderten Menschen berührende Angelegenheit stellt das betriebliche Eingliederungsmanagement dar, so dass die Schwerbehindertenvertretung hier ihrer Aufgabe individueller Betreuung nachzukommen hat.

Das Unterrichtungsrecht stellt dabei eine Konkretisierung des Gebotes vertrauensvoller Zusammenarbeit aus § 99 Abs. 2 dar und drückt aus, dass die Angelegenheit nicht nur den Arbeitgeber, sondern auch und gerade den betroffenen Beschäftigten angeht.

Sieht der Arbeitgeber also die Voraussetzungen des § 84 Abs. 2 als gegeben an und beabsichtigt er die Durchführung dieses Verfahrens, so hat er gemäß dem Inhalt des Unterrichtungsrechts der Schwerbehindertenvertretung diejenigen Informationen zu verschaffen, die ihm hinsichtlich der Ausgangssituation des Betroffenen zur Verfügung stehen[329].

Er muss dagegen nicht auf Verlangen der Schwerbehindertenvertretung weitere Informationen, die ihm noch nicht vorliegen, beschaffen.[330] Denn Sinn und Zweck des Unterrichtungsrechts ist nur, dass der Schwerbehindertenvertretung die Ausübung bestehender betrieblicher Beteiligungsrechte dadurch ermöglicht wird, dass ihr diejenigen Informationen zukommen, die sie den Sachstand eigenverantwortlich prüfen lassen und so die Möglichkeit eigener Ermittlungen, der Erforderlichkeit eigenen Handelns[331] und der Bildung einer eigenen Meinung eröffnen.

Diese Unterrichtung hat unverzüglich, also ohne schuldhaftes Zögern nach Erlangung der Kenntnis der Notwendigkeit betrieblichen Eingliederungsmanagements zu erfolgen. Dieser Zeitpunkt stimmt mit dem Initiativzeitpunkt des Arbeitgebers überein. Eine Unterrichtung hat damit (spätestens) nach dem Vorliegen einer Arbeitunfähigkeit eines Beschäftigten von sechs Wochen zu erfolgen.

---

329 Richardi u.a. BetrVG /Thüsing § 80 BetrVG Rdnr. 49,51 und 57.

330 Ders. a.a.O. Rdnr. 49 und 51.

331 Fitting u.a. § 80 Rdnr. 51.

Ob die Einschaltung dabei auch an die Zustimmung des Betroffenen gebunden ist, wird noch zu untersuchen sein.

Weiter hat die Unterrichtung umfassend zu erfolgen, also so vollständig, dass die Schwerbehindertenvertretung die notwendige Kenntnis erlangt, um an den Beratungen nach § 84 Abs. 2 S. 1 teilnehmen zu können.[332]

Ferner ergibt sich ein Unterrichtungsrecht für die Schwerbehindertenvertretung auch aus § 84 Abs. 2 selbst. Dabei kann zwar § 84 Abs. 2 S. 1 nicht als Rechtsgrundlage dienen, da die Norm durch die Anordnung, der Arbeitgeber habe zu klären, lediglich eine an den Arbeitgeber gerichtete Verpflichtung normiert, ohne dabei ein mit dieser Pflicht korrespondierendes Recht der Schwerbehindertenvertretung zum Ausdruck zu bringen.

Das Unterrichtungsrecht der Schwerbehindertenvertretung folgt aber aus § 84 Abs. 2 Satz 6, nach welchem die Schwerbehindertenvertretung die Klärung verlangen kann. Da der Begriff der Klärung mit dem der Beratung gleichzusetzen ist und sich eine solche gerade durch die Auseinandersetzung mit den geäußerten Stellungnahmen des Gegenübers zum zu beratenden Thema auszeichnet, erfasst das Recht, Beratung zu verlangen auch ein Recht auf Unterrichtung. Denn erst wenn eine solche überhaupt erfolgt ist, kann eine Beratung überhaupt stattfinden.

II. Anhörungsrecht

Auch das Recht der Schwerbehindertenvertretung, vom Arbeitgeber vor seiner Entscheidung im Rahmen der Beratung angehört zu werden, ergibt sich aus § 95 Abs. 2 S. 1. Der Arbeitgeber muss dabei der Schwerbehindertenvertretung die Möglichkeit geben, Einwendungen zu erheben, Gegenvorschläge zu unterbreiten und Stellung zu nehmen. Mit den Äußerungen der Schwerbehindertenvertretung hat sich der Arbeitgeber – sonst wäre das Anhörungsrecht bloße Förmelei – ernsthaft auseinander zu setzen und sie gegen seine eigene Auffassung abzuwägen.[333] Nur so kann sich im Laufe der Anhörung eine echte Beratung entwickeln, die § 84 Abs. 2 fordert.

Darüber hinaus ergibt sich auch aus § 84 Abs. 2 Satz 6 ein Anhörungsrecht der Schwerbehindertenvertretung. Ebenso wie beim Recht auf Unterrichtung erfasst das Recht, eine Beratung zu verlangen notwendigerweise auch das Recht, im Rahmen einer Beratung vom Arbeitgeber angehört zu werden. Denn nur nach Unterrichtung und Anhörung der Schwerbehindertenvertretung kann überhaupt

---

332 Entsprechend für das Unterrichtungsrecht nach § 80 BetrVG: Richardi u.a. BetrVG/Thüsing § 80 BetrVG Rdnr. 54.

333 Richardi u.a. BetrVG/Richardi Vorbemerkung zum 4. Teil Rdnr. 25.

von einer Beratung mit dem Arbeitgeber gesprochen werden. Beratung ist Unterrichtung und (gegenseitige) Anhörung.

III. Rechtsfolgen der Missachtung

Wird die Schwerbehindertenvertretung entgegen § 95 Abs. 2 S. 1 nicht, nicht richtig, nicht vollständig oder nicht rechtzeitig unterrichtet, oder wird sie nicht oder nicht rechtzeitig angehört, so stellt dies eine nach § 156 Abs. 2 mit einem Bußgeld von bis zu 10.000 € bedrohte Ordnungswidrigkeit im Sinne des § 156 Abs. 1 Nr. 9 dar.

Trifft der Arbeitgeber eine Entscheidung, ohne die Schwerbehindertenvertretung nach § 95 Abs. 2 S. 1 beteiligt zu haben, so ist zudem nach § 95 Abs. 2 S. 2 die Durchführung oder Vollziehung dieser Entscheidung auszusetzen und die Beteiligung nachzuholen; sodann ist endgültig zu entscheiden.

Streitig war und ist bis heute, ob eine ohne Beteiligung der Schwerbehindertenvertretung getroffene Entscheidung weitere, auf privatrechtlicher Ebene liegende Rechtsfolgen mit sich bringen kann: In der Literatur wird dabei vereinzelt die Auffassung vertreten[334], die so getroffene Entscheidung sei bis zur Nachholung der Beteiligung schwebend, ohne Nachholung der Beteiligung endgültig zivilrechtlich unwirksam. Begründet wird diese Ansicht im Wesentlichen damit, dass der besonderen Bedeutung der Aussetzungsregel Rechnung getragen werden müsse.[335] Schon der zwingende Wortlaut gebiete es, die Beteiligung der Schwerbehindertenvertretung zur Wirksamkeitsvoraussetzung zu erheben. Denn an der Formulierung in § 95 Abs. 2 S. 2, es sei nach Nachholung „endgültig" zu entscheiden, zeige sich, dass die vorherige ohne Beteiligung getroffene Entscheidung nicht wirksam sein könne.[336] Wäre dies anders, so wird argumentiert, und bliebe die Entscheidung des Arbeitgebers auch bei nicht nachgeholter Beteiligung wirksam, so würde die rechtfolgenregelnde Norm des § 95 Abs. 2 S. 2 zu reinem Formalismus degradiert, was nicht dem Willen des Gesetzgebers entspräche.[337] Die Rechtsordnung wolle den Schwerbehinderten davor schützen, vor vollendete Tatsachen gestellt zu werden. Ohne eine Unwirksamkeit der Entscheidung könne aber der Arbeitgeber gerade diese schaffen, indem er die Entscheidung entgegen § 95 Abs. 2 S. 2 umsetze.[338] Zudem gibt diese Auffassung zu be-

334 Feldes u.a. SGB IX § 95 Rdnr. 24; Peiseler AiB 1991, 68 (68) sowie GK-SGB IX/Schimanski § 95 Rdnr. 104.

335 Feldes a.a.O.; Peiseler a.a.O.

336 GK-SGB IX/Schimanski a.a.O.

337 Feldes a.a.O. Rdnr. 25; Peiseler a.a.O.

338 GK-SGB IX/Schimanski a.a.O. Rdnr. 104.

denken, dass die Beteiligungsrechte der Schwerbehindertenvertretung gänzlich ausgehöhlt würden, wenn der Arbeitgeber die Schwerbehindertenvertretung – was in seiner Macht läge – erst nach Ablauf der Nachholungsfrist von seiner Entscheidung in Kenntnis setze. Eine Nachholung sei dann gesetzlich nicht mehr vorgesehen und die Rechte der Schwerbehindertenvertretung damit gleichsam in die Hände des Arbeitgebers gelegt.[339]

Dieser Auffassung ist – in Übereinstimmung mit Rechtsprechung[340] und herrschender Literaturauffassung[341] – jedoch zu entgegnen, dass eine solche Stärkung der Rechte der Schwerbehindertenvertretung sich aus keinem Aspekt rechtlicher Interpretation rechtfertigen lässt.

Zum Einen gibt der Wortlaut ein solches Verständnis nicht her. Soweit sich diese Vertreter auf die Formulierung der „endgültigen" Entscheidung berufen, so sei ihnen zwar zugegeben, dass diese auf einen vorläufigen Charakter der ohne Beteiligung getroffenen Entscheidung hinweist. Diese Vorläufigkeit steht jedoch nicht im Zusammenhang mit einer ungeschriebenen Unwirksamkeit der Entscheidung, sondern vielmehr mit der Aussetzung ihrer Durchführung. Schon am Aufbau des § 95 Abs. 2 S. 2 lässt sich erkennen, dass das Gesetz davon ausgeht, dass die ohne Beteiligung getroffene Regelung auch tatsächlich ausgesetzt und die Beteiligung nachgeholt wird und dass sich damit das Wort „endgültig" allein darauf bezieht, dass der Arbeitgeber nach erfolgter Beteiligung unter Auseinandersetzung mit dem Vorbringen der Schwerbehindertenvertretung eine (gleichlautende oder inhaltlich von der ersten abweichende) Schlussentscheidung trifft. Endgültig ist sie dabei insoweit, als dass alle Beteiligungsrechte gewahrt wurden und es keiner weiteren Diskussion oder Beratung mehr bedarf. Dies bedeutet aber nicht, dass die zuerst gefällte Entscheidung des Arbeitgebers *zivilrechtlich* unwirksam ist.

Zudem weist § 95 Abs. 2 S. 2 gerade nicht diejenige Gesetzestechnik auf, die der Gesetzgeber wählt, um Wirksamkeitsvoraussetzungen aufzustellen. Denn anders als im Rahmen der §§ 102 Abs. 1 S. 3 BetrVG und 79 Abs. 4 BPersVG[342]

---

339 So wohl GK-SGB IX/Schimanski a.a.O. Rdnr. 115.

340 BAG in BAGE 43, 210 zu § 22 SchwbG a.F.

341 Neumann u.a. SGB IX/Pahlen § 95 Rdnr. 9; Müller-Wenner u.a./Dies. § 95 Rdnr. 46; GK-KSchG /Etzel vor §§ 85–92 SGB IX Rdnr. 37; LAG Hamm AiB 1991. 67 (67). So auch, jedoch ohne Begründung: Weyand/Schubert S. 134 Rdnr. 33; Kossens u.a./Ders. § 95 Rdnr. 19 sowie LPK-SGB IX/Düwell § 85 Rdnr. 56.

342 Bundespersonalvertretungsgesetz.

sieht § 95 Abs. 2 keine ausdrückliche Unwirksamkeit der Entscheidung im Falle eines Verstoßes vor.[343]

Dass es auch dem Willen des Gesetzgebers entspricht, dass es nicht die zivilrechtliche Wirksamkeit beeinflusst, wenn die Schwerbehindertenvertretung nicht unterrichtet oder angehört wurde, zeigt auch die historische Entwicklung des § 95 Abs. 2 S. 2 deutlich. Bereits in § 22 SchwbG a.F. war die Arbeitgeberpflicht zur Anhörung normiert. Bis 1986 existierte dabei außer der heute in § 156 niedergelegten Ordnungswidrigkeitenregelung keine Rechtsfolgenanordnung für den Fall der Missachtung. Und schon damals wurde mit dem Argument mangelnder Nichtigkeitsanordnung angenommen, die Missachtung habe keinerlei Einfluss auf die Rechtswirksamkeit der Entscheidung im Rahmen des Arbeitsverhältnisses.[344] Diese Ansicht konnte sich im Jahre 1986 bestätigt sehen, als der Gesetzgeber eine Neuregelung des damaligen § 22 SchwbG erließ und die Aussetzungsregel so, wie sie heute existiert, schaffte. Denn im Rahmen des Gesetzgebungsverfahrens aufgrund zweier Gesetzesentwürfe zur Änderung des SchwbG[345] setzte sich der Gesetzgeber ausführlich mit dieser streitigen Frage auseinander. Ziel sollte sein, die Rechtsstellung des Vertrauensmannes Schwerbehinderter zu stärken.[346] Dabei sah die SPD-Fraktion das geeignete Mittel zur Erreichung dieses Zieles darin, die Beteiligung der Schwerbehindertenvertretung an personellen Einzelentscheidungen als Wirksamkeitsvoraussetzung zu konstatieren und regte an, § 22 SchwbG einen entsprechenden Satz anzufügen.[347] Diese Forderung konnte sich indes im Bundestag nicht durchsetzen. Nach der Ablehnung dieser Formulierung wegen befürchteter möglicher Auswirkungen auf die Rechte Dritter und einer entstehenden Rechtsunsicherheit[348], wurde die heute noch existierende Aussetzungs- und Nachholungsregelung eingeführt.[349] Der Gesetzgeber hat sich also bewusst gegen eine Unwirksamkeitsregelung entscheiden und als einzige Rechtsfolge neben der Ordnungswidrigkeit die Aussetzung der Entscheidung und Nachholung der Beteiligung als geeignetes und vor allem ausreichendes Mittel gesehen, um die Rechte

---

343 So auch BAGE 43, 210 (217); Neumann u.a. SGB IX/Pahlen § 95 Rdnr. 9; Müller-Wenner u.a./Dies. § 95 Rdnr. 46; GK-KSchG/Etzel vor §§ 85–92 Rdnr. 37; LAG Hamm AiB 1991, 67 (67).

344 BAGE 43, 210 zu § 22 SchwbG a.F.

345 Der Bundesregierung BT-DrS. 10/3138 – Entwurf eines ersten Gesetzes zur Änderung des SchwbG, sowie der SPD-Fraktion BT-DrS. 10/1731 – Entwurf eines Gesetzes zur Weiterentwicklung des SchwbG (SchwbWG).

346 BT-DrS. 10/3138 S. 2.

347 BT-DrS. 10/1731 S. 6.

348 BT-DrS. 10/5701 S. 7.

349 Auf Vorschlag des Ausschusses für Arbeit und Gesundheit BT-DrS. 10/5701S. 11 sowie dessen Beschluss BT-DrS. 10/5673 S. 16.

der Schwerbehindertenvertretung zu wahren. Es kann also keine Rede davon sein, eine gegenteilige Ansicht entspräche dem Willen des Gesetzgebers.

Dies auch deshalb nicht, weil der Gesetzgeber diese Ansicht bis heute aufrecht erhält: Auch im Gesetzgebungsverfahren zum Gesetz zur Förderung der Ausbildung und Beschäftigung schwerbehinderter Menschen[350] im Jahre 2003 kam nämlich das Thema der zivilrechtlichen Rechtfolgen fehlender Beteiligung erneut zur Sprache.[351] Und auch hier wurde die Forderung laut, die Beteiligung als Wirksamkeitsvoraussetzung gesetzlich zu normieren[352], um eine bessere Beachtung der Rechte der Schwerbehindertenvertretung gewährleisten zu können.[353] Und auch in diesem Gesetzgebungsverfahren wurde diese Lösung erneut abgelehnt[354], mit der Begründung, zentrales Organ der Mitbestimmung im Betrieb sei der Betriebsrat; man wolle keinen „Nebenbetriebsrat".[355] Es wird also deutlich, dass die Annahme der Beteiligung als Wirksamkeitsvoraussetzung dem gesetzgeberischen Willen klar zuwider laufen würde.

Zudem kann der von Vertretern der gegenteiligen Ansicht erweckte Eindruck völliger Preisgabe von Rechten der Schwerbehindertenvertretung nicht aufrecht erhalten werden. Die Schwerbehindertenvertretung ist gerade nicht rechtlos gestellt, wenn man ihre Beteiligung „lediglich" durch das Aussetzungsrecht und den Anspruch auf Nachholung schützt. Denn der Rechtsanspruch auf Aussetzung kann von der Schwerbehindertenvertretung gerichtlich durchgesetzt werden. Zudem sieht sich der sich rechtswidrig verhaltende Arbeitgeber einer nicht unerheblichen Bußgeldandrohung ausgesetzt. Es kann also nicht nachvollzogen werden, wenn die Gegenansicht meint, die Schwerbehindertenvertretung sei hier gleichsam der Willkür des Arbeitgebers ausgesetzt, der nach Belieben handeln könne. Die Rechtsfolgen eines solchen Arbeitgeberverstoßes mögen begrenzt sein, der Gesetzgeber hat sich jedoch bewusst für diese Grenze entscheiden.

Auch kann eine Nichtigkeit einer solchen Arbeitgeberentscheidung nicht aus den §§ 134 BGB i.V.m. 156 Abs. 1 Nr. 9 hergeleitet werden. Mangels ausdrücklicher Anordnung einer Nichtigkeit in § 156 könnte sich eine solche Rechtsfolge nur dann ergeben, wenn eine Auslegung ergäbe, dass über die Erzwingung eines Verhaltens hinaus nach Sinn und Zweck des Verbotsgesetzes auch der Rechtserfolg des rechtswidrigen Verhaltens verhindert werden soll.[356] Dass § 156 Abs. 1 Nr. 9 ein Handeln erzwingen soll, nämlich die Beteiligung der Schwerbehinder-

350 BGBl. I S. 606.
351 Empfehlung der Ausschüsse vom 09.12.2003 BR-DrS. 746/2/03 S. 28.
352 Empfehlung der Ausschüsse a.a.O.
353 Empfehlung der Ausschüsse a.a.O.
354 BR-PlPr. 795 S. 492 (B) vom 19.12.2003.
355 So Daniel Bahr (FDP) in: BT-PlPr. 15/78 S. 7685 (A) vom 12.01.2004.
356 BGHZ 45, 322 (326); 46, 24 (26).

tenvertretung, steht außer Frage. Jedoch fehlt der darüber hinausgehende Zweck, der einem Verbotsgesetz zu eigen ist. Unmittelbar aus § 156 kann ein solcher schon deshalb nicht hergeleitet werden, weil die Norm sich lediglich über ein Handeln des Arbeitgebers verhält, welches im Zusammenhang mit der Schwerbehindertenvertretung steht – eine Bezugnahme auf den Beschäftigten selbst fehlt der Regelung. Es ist keine Rede von der aus dem Verhalten resultierenden Maßnahme und ihrer Auswirkung auf den Beschäftigten.

Auch mittelbar lässt sich § 156 nicht als Verbotsgesetz einordnen, denn dies wäre nur dann möglich, wenn sich der mit der Regelung verfolgte Zweck anders als über eine Nichtigkeit nach § 134 BGB nicht erreichen ließe.[357] Dass dies aber gerade nicht der Fall ist, wurde oben bereits gezeigt. Der Zweck der Regelung ist es, den Arbeitgeber zur Beachtung der Beteiligungsrechte anzuhalten. Dass dies in ausreichendem Maße durch Bußgeldandrohung und die Aussicht für den Arbeitgeber, die Beteiligung nachholen zu müssen und mit einem gerichtlichen Verfahren überzogen zu werden, gewährleistet ist, hat der Gesetzgeber mehrfach klargestellt. Und dieser Wille zur so beschränkten Auswirkung eines Verstoßes kommt auch ausreichend darin zum Ausdruck, dass die Aussetzungsregelung ergänzend und zeitlich nach dem Schaffen der Ordnungswidrigkeitenregelung in den § 22 SchwbG a.F. eingefügt und bis heute so inhaltlich beibehalten wurde.

Zuletzt würde die Annahme einer (schwebenden) Unwirksamkeit bei Nichtbeteiligung der Schwerbehindertenvertretung eine Ausnahme im Verhältnis des Zivil- zum Öffentlichen und Arbeitsrecht darstellen. Denn die Verknüpfung von öffentlich-rechtlichen Ordnungswidrigkeiten mit zivilrechtlicher Unwirksamkeitsfolge bei Verletzung arbeitsrechtlicher Schutzgesetze ist gerade nicht die Regel.[358] Tatbestände, die bei Verletzung von Mitwirkungsrechten Unwirksamkeit anordnen sind in der Regel nicht zugleich Ordnungswidrigkeiten – und umgekehrt.[359] Das Vorliegen einer Ausnahme von dieser Regel kann mit einem vom Gesetzgeberwillen abweichenden Willen zur Ausweitung von Rechten nicht gerechtfertigt werden. Dem zur Begründung der Gegenansicht herangezogenen Argument, es müsse ein öffentliches Interesse an der Einhaltung von Arbeitgeberverpflichtungen bestehen[360], sei daher entgegnet, dass ja gerade dieses der Grund für die Existenz der §§ 156 Abs. 1 Nr. 9 und 95 Abs. 2 S. 2 ist und diesem damit Genüge getan wurde.

Zivilrechtlich vermag sich eine Missachtung der Beteiligungsrechte somit nicht auszuwirken.

---

357 BAGE 43, 210 (220).
358 So auch BAGE 34, 210 (221).
359 So auch BAGE a.a.O.
360 GK-SGB IX/Schimanski § 95 Rdnr. 130, 104.

IV. Überwachungsrecht

Der Schwerbehindertenvertretung steht darüber hinaus ein Mitwirkungsrecht in Form eines Überwachungsrechts zu. Dieses folgt aus § 95 Abs. 1 S. 2 Nr. 1. Danach erfüllt die Schwerbehindertenvertretung ihre dort allgemein definierten Aufgaben insbesondere dadurch, dass sie darüber wacht, dass die dem Arbeitgeber „nach (...) § 84 obliegenden Verpflichtungen" erfüllt werden.

1. Inhalt des Überwachungsrechts

Nach dem allgemein anerkannten Verständnis eines Überwachungsrechts berechtigt dies den Überwachenden, ein Unterlassen des Arbeitgebers diesem gegenüber zu beanstanden und auf Abhilfe zu drängen.[361] Aus dem Überwachungsrecht ergibt sich kein Anspruch auf Durchführung[362], diese ist allein Sache des Arbeitgebers[363] und kann daher vom Überwachenden auch nicht gerichtlich durchgesetzt werden. Denn die Überwachungsaufgabe macht den Überwachenden nicht zu einem dem Arbeitgeber übergeordneten Kontrollorgan.[364] Durch den Überwachungsauftrag wird vielmehr das Gebot vertrauensvoller Zusammenarbeit (hier des § 99) konkretisiert und zugleich konstatiert, dass eben auch der Überwachende von seiner Seite aus für die Wahrnehmung der betrieblichen Aufgabe Sorge zu tragen hat.[365] Überwachung bedeutet also Beanstanden einer Arbeitgeberuntätigkeit und Drängen auf Abhilfe.

2. Gegenstand des Überwachungsrechts

Fraglich ist, auf welche Verpflichtungen sich dieses Überwachungsrecht bezieht. Nach § 95 Abs. 1 Nr. 1 a.E. soll die Erfüllung der „dem Arbeitgeber obliegenden Verpflichtungen" überwacht werden.

Das Überwachungsrecht richtet sich also seinem Gegenstand nach nach den Verpflichtungen des Arbeitgebers und wird durch diese in seinem Umfang begrenzt. Eine Beanstandung und ein Drängen auf Abhilfe macht auch nur Sinn, wenn der Arbeitgeber zu einem Tätigwerden verpflichtet ist, soll sie sich nicht in

---

361 Fitting a.a.O. Rdnr. 17.

362 Ders. a.a.O.; DKK/Buschmann § 80 BetrVG Rdnr. 17.

363 Richardi u.a. BetrVG/Thüsing a.a.O. Rdnr. 17.

364 Richardi u.a. BetrVG/Thüsing § 80 BetrVG Rdnr. 16; DKK Buschmann § 80 BetrVG Rdnr. 17; Fitting u.a. § 80 BetrVG Rdnr. 13; GK-SGB IX/Schimanski § 95 Rdnr. 95.

365 Richardi u.a. BetrVG/Thüsing a.a.O.

einer reinen Anregung erschöpfen. Maßgeblich ist mithin die Frage, welches die „dem Arbeitgeber aus § 84 obliegenden Verpflichtungen" sind:

a. Begriff der „Durchführung" und der „Klärung"

Zunächst ist zu untersuchen, ob der Arbeitgeber zur Durchführung betrieblichen Eingliederungsmanagements verpflichtet ist. Dabei ist von entscheidender Bedeutung, den Begriff der „Durchführung" zu definieren.

Dieser ist als Oberbegriff für ein umfassendes Verfahren der Prävention im Betrieb zu verstehen: Er gliedert sich dabei in zwei voneinander zu abstrahierende Begriffe, nämlich zum Einen die *„Klärung" der Möglichkeiten* des Ergreifens von Maßnahmen und zum Anderen die *„Durchführung" von späteren Maßnahmen* selbst.

§ 84 Abs. 2 verhält sich allein über die „Klärung der Möglichkeiten".[366] Er regelt, wann diese erfolgt und wer daran in welcher Weise zu beteiligen ist. Eine Regelung über die Frage, wie (weiter) zu verfahren ist, wenn sich in der Beratung herausgestellt hat, dass es tatsächlich Möglichkeiten gibt, die Arbeitsunfähigkeit dauerhaft zu beseitigen und den Arbeitsplatz zu erhalten, enthält § 84 Abs. 2 hingegen nicht. Das betriebliche Eingliederungsmanagement ist ein ergebnisoffenes „Erkenntnisverfahren".

Die Klärung ist also die Vorstufe der Durchführung[367] und bedeutet nichts anderes als Erörterung. Dies zeigt sich schon daran, dass im Rahmen der Klärung die *„Möglichkeiten"* zu erörtern sind, der Arbeitsunfähigkeit und dem Arbeitsplatzverlust entgegenzuwirken. Über eben diese soll beraten werden. Ob und welche Maßnahmen letztlich tatsächlich ergriffen werden, ist eine andere Frage.

Verhält sich also § 84 Abs. 2 allein über die „Klärung" der Möglichkeiten und regelt er allein in diesem Zusammenhang eine Beteiligung der Interessenvertretungen, so kann sich auch das Überwachungsrecht allein auf den Begriff der „Klärung" beziehen.

Zwar wird teilweise vertreten, dass aus diesem Überwachungsrecht folge, der Arbeitgeber sei der Schwerbehindertenvertretung gegenüber zur „Durchführung des betrieblichen Eingliederungsmanagements" (im Sinne einer Maßnahmenergreifung) verpflichtet.[368] Begründet wird diese Auffassung damit, dass die Schwerbehindertenvertretung die „Klärung" bereits nach § 84 Abs. 2 S. 6 „verlangen" und das Überwachungsrecht mithin nur ein darüber hinaus gehendes

366 So auch Deinert JR 2007, 177 (179).
367 So auch DGB a.a.O.
368 DGB, Wir wollen ins Boot S. 17.

Recht beinhalten, sich also nur auf die der Klärung folgende Stufe der (tatsächlichen Maßnahmen-) Durchführung beziehen könne.[369]

Diese Ansicht wird jedoch dem allgemein anerkannten Verständnis eines Überwachungsrechts nicht gerecht, welches sich gerade auf Beanstandung und Drängen auf Abhilfe beschränkt. Anhaltspunkte dafür, dass der Gesetzgeber im Rahmen seiner Novelle ein völlig neues Verständnis des Überwachungsbegriffes schaffen wollte, sind nicht ersichtlich. Weder findet sich in den Gesetzgebungsmaterialien ein Hinweis hierzu oder eine Auseinandersetzung mit dem Begriff des Überwachungsrechts überhaupt. Noch wäre ein vom allgemeinen Verständnis abweichender Inhalt des Überwachungsrechts im Rahmen des § 84 Abs. 2 mit dem gesetzgeberischen Willen vereinbar. Denn würde man der genannten Auffassung folgen und eine Ausweitung der Überwachung auf die „Durchführung von Maßnahmen" und weiter ein Vorliegen einer Erzwingbarkeit solcher Maßnahmen gegen den Willen des Arbeitgebers annehmen, so würde dies doch bedeuten, dass der Schwerbehindertenvertretung ein über den Umfang eines Mit*wirkungs*rechts hinaus gehendes Recht in Form eines Mit*bestimmungs*rechts gleichsam „durch die Hintertür" eingeräumt würde. Gerade die Schaffung eines solchen war jedoch vom Gesetzgeber nicht beabsichtigt. Er entscheid sich – in Kenntnis der Forderungen nach der Einräumung eines solchen – gegen eine Ausweitung der Rechte der Schwerbehindertenvertretung.

Auch der gesetzlich in § 95 Abs. 1 Nr. 1 am Anfang hergestellte Bezug zwischen Überwachung und „Durchführung" ändert hieran nichts. Nach § 95 Abs. 1 Nr. 1 wacht die Schwerbehindertenvertretung darüber, dass die zugunsten schwerbehinderter Menschen geltenden Gesetze, und mithin auch das SGB IX[370] „durchgeführt" werden. Dieser Bezug vermag das Gebot begrifflicher Trennung zwischen Klärung und Durchführung nicht zu widerlegen, denn das SGB IX wird ja im Rahmen einer Klärung durchgeführt und die zu ergreifenden Maßnahmen stellen gerade keinen Gegenstand des „zugunsten schwerbehinderter Menschen geltenden Gesetze" dar, sind sie in § 84 Abs. 2 doch gar nicht geregelt. Und gerade wegen der vorzunehmenden Trennung von Klärung und Maßnahmenergreifung ist auch nach § 95 Abs. 2 S. 1 der Schwerbehindertenvertretung die Entscheidung des Arbeitgebers nur „mitzuteilen", nachdem sie angehört und unterrichtet wurde. Schon dies zeigt, dass der Arbeitgeber diese Entscheidung allein trifft und gerade in seiner Entscheidungskompetenz nicht von der Schwerbehindertenvertretung abhängig ist. Klärung und Maßnahmendurchführung sind also voneinander zu unterscheiden. § 84 Abs. 2 verhält sich allein über die Klärung.

369 Ders. a.a.O.

370 Feldes u.a. SGB IX § 95 Rdnr. 6; Neumann u.a. 2005 § 95 Rdnr. 5.

Nur auf diese kann sich daher das Überwachungsrecht der Schwerbehindertenvertretung beziehen.

b. Verpflichtung des Arbeitgebers zur „Klärung"

Das in § 95 Abs. 1 Nr. 1 a.E. normierte Überwachungsrecht kann sich also nur auf die Klärung der Präventionsmöglichkeiten beziehen. Ein Überwachungsrecht im oben definierten Sinne kann indes nur dann gegeben sein, wenn diese Klärung auch eine Pflicht des Arbeitgebers darstellt. Das Vorliegen einer solchen gilt es also zu untersuchen:

Dabei kann abhängig von der rechtlichen Intensität grundsätzlich nach der Einordnung als Rechtspflicht (vollständiger Rechtssatz), Obliegenheit, unvollständigem Rechtssatz sowie als bloßem Programmsatz unterschieden werden.

Methodisch verhalten sich diese Institute wie folgt zueinander: Zu unterscheiden ist zunächst zwischen einem Rechtssatz und einem bloßen Programmsatz. Der Programmsatz ist eine unverbindliche Anweisung an den Normadressaten, aus welchem sich keine konkreten Rechtsfolgen herleiten lassen.[371] Er verweist auf ein bestimmtes Verhalten, welches im Falle des Vorliegens eines bestimmten Tatbestandes vom Gesetzgeber als geboten erscheint. Er ordnet dieses Verhalten jedoch nicht an, sondern konstatiert es als „ratsam". Der Programmsatz sagt, dass etwas „sein soll(te)"[372], stellt also einen Leitgedanken auf. Demgegenüber konstatiert der Rechtssatz, dass etwas „gilt".[373] Er weist Verbindlichkeit durch seine ihm immanente Geltungsanordnung auf.[374] Diese Geltung kann ein Rechtssatz dabei auf unterschiedliche Art und Weise erlangen. Entweder als vollständiger Rechtssatz, indem er für einen bestimmten Tatbestand X die Rechtsfolge Y verbindlich anordnet.[375] Oder als unvollständiger Rechtssatz, indem er einen Tatbestand X umschreibt, die Rechtsfolge Y sich jedoch erst aus einer anderen Rechtsnorm ergibt, mit welcher der unvollständige Rechtssatz innerlich verknüpft ist.[376] Unter die Kategorie des unvollständigen Rechtssatzes fallen dabei auch die Institute der Obliegenheit sowie der Legaldefinition.[377]

---

371 Schneider Gesetzgebung S. 348.

372 Ähnlich Larenz/Canaris Methodenlehre S. 77.

373 Ders. a.a.O.

374 Ders. a.a.O.

375 Larenz Methodenlehre S. 251; Larenz/Canaris Methodenlehre S. 73; wohl auch Röhl Rechtslehre S. 202; Rüthers Rechtstheorie S. 49.

376 Larenz Methodenlehre S. 257; Brose DB 2005, 309 (391); Namendorf/Natzel DB 2005, 1794 (1796).

377 Röhl Rechtslehre S. 201.

Um zu untersuchen, welches der genannten Rechtsinstitute im Falle des § 84 Abs. 2 vorliegt, soll erneut auf die juristischen Auslegungsmethoden zurückgegriffen werden. Dabei soll Ausgangspunkt der Überlegungen die Annahme sein, dass der Gesetzgeber mit der Normschaffung grundsätzlich auch einen Regelungsgehalt und eine Regelungsintention verbindet. Eine Norm, die keine „an Rechtsfolgen ablesbare Sollensanforderung“[378] konstatiert, ist letztlich wert- und nutzlos. Der Gesetzgeber wird sich in aller Regel nicht den Mühen eines Gesetzgebungsverfahrens unterziehen, um eine diesem Sinne überflüssige Regelung zu schaffen.[379] Er wird vielmehr durch seine Normschaffung gestalten und Einfluss nehmen wollen. Es ist also grundsätzlich davon auszugehen, dass eine Regelungsintention vorliegt.

aa. Sprachlich-grammatikalische Auslegung

Nach dem Wortlaut des § 84 Abs. 2 und anderer, mit ihr in Zusammenhang stehender Normen ändert sich an der zugrundeliegenden These der Regelungsintention des Gesetzgebers nichts.[380] Sprachlich-grammatikalisch liegt eine Verpflichtung des Arbeitgebers zur Klärung vor.[381]

Schon bei natürlicher Betrachtungsweise wird man den verpflichtenden Charakter der Regelung kaum leugnen können. Bei unvoreingenommener Lektüre des § 84 Abs. 2 S. 1 erscheint die Formulierung, dass „der Arbeitgeber klärt“ durchaus imperative Qualität zu besitzen und kann mit „der Arbeitgeber hat zu klären“ gleichgesetzt werden[382]. Auch das BAG geht in einer neueren Entscheidung davon aus, der Gesetzgeber „schreibe die Einleitung des besonderen Ein-

---

378 So Preis NZA 1998, 449 (451) im Rahmen der Untersuchung der Verbindlichkeit des § 2 SGB III.

379 So auch Preis a.a.O.

380 Ohne weitere Begründung: Feldes/Kossack AiB 2005, 453 (456); Balders/Lepping NZA 2005, 854 (855); Feldes br 2005, 187 (188) sowie Britschgi AiB 2005, 284 (285).

381 So auch Kohte ZSR 2005, 7 (19).

382 Ähnlich argumentierend im Zusammenhang mit dem Grundsatz der Beitragsstabilität bzgl. der Verbindlichkeit der gesetzlichen Vorgabe für Vergütungsvereinbarungen nach §§ 71 I a.F., 85 III SGB V: BSG 10.05.2000 – B 6 KA 20/99 R Rdnr. 41. Auf diese Interpretation des Bundessozialgerichts bezieht sich in ihrer Argumentation auch: Brose DB 2005, 390 (391) Fn. 11. Gleichfalls so argumentierend: Klaesberg S. 2; Hornung AuA 2005, 250 (250); Faber AiB 2006, 533 (533); DKZ/Deinert § 84 Rdnr. 20; Ders. ZSR 2005 104 (124); Seel br 2006, 30 (31 f.); Gagel NZA 2004, 1359 (1360) folgert hieraus jedoch unzutreffend die Pflicht zur „Installation“ eines betrieblichen Eingliederungsmanagements, was aber einer kollektivrechtlichen Organisation gleichkommt, während die Klärung an sich zunächst nur individualrechtlicher Natur ist.

gliederungsmanagements vor“ und geht damit ersichtlich vom Vorliegen einer Rechtspflicht zur Klärung aus.[383]

Hiergegen wird eingewandt, der Wortlaut lege bei juristischer Betrachtungsweise ein anderes Verständnis nahe. So habe der Gesetzgeber nicht die für die Schaffung einer Rechtspflicht typischerweise verwendeten „Schlüsselwörter“[384] wie „soll“, „muss“, „ist verpflichtet“ oder „hat zu“ benutzt[385].

Während dieses Argument einigen Vertretern in der Literatur ausreicht, um die Auseinandersetzung mit dem Wortlaut mit dem Ergebnis der Unergiebigkeit zu beenden[386], nehmen andere das Fehlen dieser Schlüsselwörter zum Anlass, auf Meinungsstände zu (vermeintlich) ähnlichen Normen zu verweisen. So wird als Argument für die Verbindlichkeit des § 84 Abs. 2 auf den damals im Rahmen des § 2 Abs. 1 SGB III herrschenden Streit Bezug genommen und dieser vergleichend herangezogen.[387] Nach § 2 Abs. 1 SGB III „(haben) die Arbeitgeber bei ihren Entscheidungen verantwortungsvoll deren Auswirkungen auf die Beschäftigung der Arbeitnehmer einzubeziehen“. Hier wird argumentiert, angesichts des § 2 Abs. 1 SGB III seien „solche *Programmsätze*“[388] nicht unbekannt. Auch hier sei dem Arbeitgeber „ein verantwortungsvolles Handeln aufgegeben“ worden.[389] Zwischen der Formulierung „die Arbeitgeber haben“ und „der Arbeitgeber klärt“ sei kein qualitativer Unterscheid zu sehen. Für § 84 Abs. 2 könne also nichts anderes gelten als für § 2 SGB III.

Nach Ansicht dieser Autoren sei eine Auseinandersetzung mit dem zum damaligen § 2 SGB III herrschenden Streit geboten. Setzt man sich nun aber mit diesem auseinander[390] und folgt man der von den Autoren vertretenen Auffassung, es läge Verbindlichkeit vor, so müssten sich in der Konsequenz, so möchte man meinen, auch die Vertreter der geschilderten Auffassung, die diesen Vergleich anregten, dem Lager der eine Rechtspflicht Bejahenden anschließen.

Doch dies ist nicht der Fall, so dass der Ansicht schon aufgrund ihrer Inkonsequenz nicht zu folgen ist. Zwar kann diesen Autoren zugute gehalten werden,

---

383 BAG 13.06.2006 NZA 2007, 91 (93).

384 Larenz/Canaris Methodenlehre S. 73; Larenz S. Methodenlehre S. 252.

385 So Namendorf/Natzel DB 2005, 1794 (1796); dies. FA 2005, 162 (163); Klaesberg S. 2 und Brose DB 2005, 390 (391), die beide im Ergebnis eine Verpflichtung aber bejahen.

386 Brose a.a.O.

387 So Namendorf/Natzel DB 2005, 1794 (1797), die wohl versehentlich auf den Absatz 2 des § 2 SGB III verweisen.

388 Namendorf/Natzel DB 2005, 1794 (1797).

389 Dies. a.a.O.

390 Vgl. hierzu insbesondere Preis NZA 1998, 449 ff; Schaub NZA 1997, 810 ff; Rolfs NZA 1998, 17 ff; Heinze NZA 2000, 5 ff; Ettwig NZA 1997, 1152 ff sowie Bauer/Haußmann NZA 1997, 1100 ff.

dass sie letztlich subsumieren, „eine arbeitsvertraglich verpflichtende Wirkung" könne dem „nicht von ungefähr im Sozialversicherungsrecht integrierten" § 2 SGB III nicht zuerkannt werden.[391] Damit wird zunächst das Bestehen einer *privatrechtlich*-verpflichtenden Regelung abgelehnt, was in Anbetracht der Diskussion zu § 2 SGB III konsequent erscheint.

Diese Konsequenz hält die geschilderte Auffassung indes nicht durch. Denn wenn darauf verwiesen wird, zwischen „hat zu" und „klärt" bestünde kein wertungsmäßiger Unterschied und der Formulierung „hat zu" könne eine Verpflichtung ohne Weiteres entnommen werden, so müssten die Autoren eigentlich zu dem Ergebnis kommen, im Falle des § 84 Abs. 2 läge ebenfalls eine Verpflichtung vor. Und verneinen sie dabei eine privatrechtliche Verpflichtung, so bleibt nur noch das Vorliegen einer *öffentlich-rechtlichen* Pflicht des Arbeitgebers. Gerade das negieren die Autoren jedoch. Es handele sich bei § 84 Abs. 2 vielmehr um eine „den Präventionsgedanken des § 3 SGB IX konkretisierenden *Programmsatz*".[392] Ein Programmsatz entfaltet jedoch gerade keine Rechtsfolgen und Verbindlichkeit.

Die so angeregte Diskussion bleibt daher fruchtlos. Es wird irrtümlich die Annahme zugrunde gelegt, dass, wenn keine privatrechtliche Verpflichtung des Arbeitgebers vorliegt, gar keine Verpflichtung gegeben sein könne.

Allein die Annahme, dass eine im Sozialversicherungsrecht verortete Norm keinerlei Rechtsfolgen im Individualarbeitsrecht habe, bedeutet jedoch gerade noch nicht, dass ihr nicht innerhalb des Sozialversicherungsrechts Verbindlichkeit zukommen könnte. Zudem handelt es sich bei § 84 Abs. 2 nicht um eine sozialversicherungsrechtliche Norm, sondern ausweislich des Regelungsinhaltes um eine arbeitsrechtliche[393]. Der Vergleich mit § 2 SGB III ist für die Frage des Vorliegens einer Rechtspflicht unergiebig. Letztlich ergiebig ist er nur insoweit, als dass (nochmals) die natürliche Betrachtungsweise des Wortlautes nahe gelegt wird.

Unterstützend für die Interpretation der „Klärung" als verbindliche Anordnung wird zudem angeführt, der Gesetzgeber habe gerade nicht die Formulierung „versucht zu klären" gewählt[394]. Auch dieses Argument, mag es auf den ersten Blick auch für eine Verbindlichkeit der Norm sprechen, vermag nicht zu überzeugen. Denn die Wortwahl „versucht zu klären" wäre gar keine tatsächliche Alternative zur geltenden Fassung gewesen. Hält man sich vor Augen, dass schon die Klärung „nur" die Diskussion und Beratung um Möglichkeiten betrieblicher

---

391 Namendorf/Natzel a.a.O.

392 Dies. FA 2005, 162 (164).

393 So auch Deinert JR 2007, 177 (179).

394 Brose DB 2005, 390 (391).

Prävention bezeichnet[395], so folgt daraus, dass dieses Verfahren ergebnisoffen ist. Dies insoweit, als dass sich am Ende einer Beratung auch das Ergebnis ergeben kann, dass eine solche Handlungsmöglichkeit gerade nicht besteht. Es würde keinen Sinn machen, einem Arbeitgeber aufzugeben oder anzuraten, eine „Beratung zu versuchen". Entweder es soll oder muss beraten werden, oder eben nicht; eine Beratung an sich stellt indes keine so große Herausforderung an den Arbeitgeber dar, als dass man ihm nur „zumuten" möchte, es einmal zu versuchen. Eine Aufforderung oder Anordnung eines Versuchen könnte sich allein auf die *Durchführung* derjenigen Maßnahmen beziehen, die nach dem Ergebnis einer erfolgten Beratung als möglich erscheinen. Auf die Durchführung von Maßnahmen bezieht sich der Wortlaut indes gerade nicht und so will auch diese Ansicht nicht verstanden werden.[396] Dieses Argument überzeugt daher nicht.

Des Weiteren wird auf den Wortlaut des § 95 Abs. 1 S. 2 Nr. 1 zurückgegriffen, um den verpflichtenden Charakter des § 84 Abs. 2 S. 1 zu hinterfragen. Die Formulierung der „obliegenden" Verpflichtung gibt in der Tat Anlass, über das Vorliegen einer Verbindlichkeit in Form einer Obliegenheit des Arbeitgebers nachzudenken. Eine Obliegenheit stellt zwar keine „Pflicht" im Rechtssinne, sondern vielmehr eine „Last" dar. Auch sie zieht indes (als unvollständiger Rechtssatz) Rechtsfolgen nach sich, indem sie ein Gebot des Handelns im wohlverstandenen eigenen Interesse konstatiert, bei dessen Nichterfüllung ein „Verschulden gegen sich selbst" gegeben ist und der mit dem Gebot Belastete Rechtsnachteile oder Rechtsverluste erleidet.[397]

Eine Obliegenheit kann in der Klärungsaufforderung an den Arbeitgeber indes schon deshalb nicht gesehen werden, weil § 84 Abs. 2 S. 1 die Anordnung der Rechtsfolge für den Fall der Nichtbefolgung fehlt, wie sie der Obliegenheit zu eigen ist[398]. Letzteres zeigt sich beispielhaft an den als Obliegenheit einzustufenden §§ 300, 149, 254 BGB sowie § 377 HGB.[399] Dieser Teil des Wortlautes ist insoweit ebenfalls nicht zielführend.

Betrachtet man diesen jedoch weiter, so ist ihm zu entnehmen, dass eine Überwachung der dem Arbeitgeber obliegenden „Verpflichtungen" zu erfolgen hat. Dieser Wortlaut legt das Vorliegen einer echten Rechtspflicht durchaus nahe. Selbst wenn in anderen Vorschriften des SGB IX grundsätzlich die Begriffe „hat zu" (§ 80) und „sind verpflichtet" (§ 81) verwendet werden, um Rechtspflichten zum Ausdruck zu bringen, so kann doch der Kombination der Begriffe „Ver-

---

395 Und so sieht es auch Brose a.a.O.

396 Vgl. Brose a.a.O.

397 Palandt/Heinrichs Einleitung vor § 241 Rdnr. 16; Namendorf/Natzel DB 2005, 1794 (1796); Röhl Rechtslehre S. 201.

398 So auch Namendorf/Natzel DB 2005, 1794 (1796).

399 Palandt/Heinrichs Einleitung vor § 241 Rdnr. 16.

pflichtung“ *und* „klärt“ eine Intention gleichen Inhalts beigemessen werden. Zudem ist auch in § 82 S. 1 nur die Rede davon, dass der Arbeitgeber (frei werdende und mit Schwerbehinderten besetzbare Stellen) „meldet“ und auch hierin ist eine Pflicht des Arbeitgebers zu erblicken, ohne dass der Gesetzgeber die Formulierung „hat zu melden“ verwendet hätte.

Ferner strahlen auch die anderen Sätze des § 84 Abs. 2 Befehlscharakter aus: So „ist“ beispielsweise der Betroffene auf Ziele des betrieblichen Eingliederungsmanagements und Daten hinzuweisen (S.3). Das Verfahren scheint also verbindlich festgelegt zu sein. Es erscheint fernliegend anzunehmen, der Gesetzgeber habe durch den Wortlaut des § 84 Abs. 2 zum Ausdruck bringen wollen, dass es dem Arbeitgeber freistehe, eine Klärung vorzunehmen, aber für den Fall, dass er dies tut, verbindliche Regelungen getroffen, wie diese zu erfolgen hat. Entweder es handelt sich um einen Programmsatz als reinen Appell mit einem unverbindlichen Vorschlag, wie ein betriebliches Eingliederungsmanagement idealerweise aussehen könnte, wenn es freiwillig durchgeführt würde, was ratsam wäre. Oder aber es liegt eine insgesamt verpflichtende Norm vor, in welcher sowohl das „ob“ als auch das „wie“ in gewissem Umfang vom Gesetzgeber mit Geltungswillen festgeschrieben wurden. Der imperative Charakter der genannten Sätze lässt auf Letzteres schließen.

Teilweise wird aus dem Wort „klärt“ auch geschlossen, § 84 Abs. 2 S. 1 „komme als bloße Feststellung in Form einer Legaldefinition daher“.[400] Da aus Legaldefinitionen keine unmittelbaren Rechtsfolgen hergeleitet werden können, wird angenommen, es handele sich um einen unverbindlichen Programmsatz.[401]

Auch dieser Ansicht kann nicht beigepflichtet werden. Zwar haben Legaldefinition und Programmsatz gemein, dass sie keine unmittelbaren Rechtspflichten begründen. Darin erschöpfen sich die Gemeinsamkeiten indes auch schon. Denn bei einer Legaldefinition handelt es sich um einen (unvollständigen) Rechtssatz, sodass er methodisch in der geschilderten Weise vom Programmsatz zu unterscheiden ist. Aus einer Legaldefinition folgen aber sehr wohl Rechtsfolgen, wenn auch „nur“ mittelbar. Nämlich die, dass in anderen Normen, die den so definierten Begriff verwenden, dieser in der definierten Weise zu verstehen ist. Zuzugeben ist der Ansicht zwar, dass § 84 Abs. 2 S. 1 eine gesetzliche Begriffsbestimmung enthält. Nämlich die, dass unter betrieblichem Eingliederungsmanagement die Klärung der Möglichkeiten im Betrieb zu verstehen ist, wie bestehende Arbeitsunfähigkeit möglichst überwunden, erneuter vorgebeugt und der Arbeitsplatz erhalten werden kann. Dies zeigt sich daran, dass der Gesetzgeber den Begriff des betrieblichen Eingliederungsmanagements in Klammern hinter diese

400 Namendorf/Natzel FA 2005, 162 (163 f.).
401 Dies. a.a.O.

Formulierung gestellt hat. Die Tatsache, dass die Einklammerung des Begriffs am Ende des Satzes 1 erfolgte, die nachfolgenden Sätze sich aber gleichwohl inhaltlich mit dem Thema der Eingliederung beschäftigen und das Verfahren und die Beteiligten ansprechen, zeigt denn auch erneut, dass dieser sich (allein) auf die Klärung selbst bezieht.

In § 84 Abs. 2 S. 1 findet sich jedoch darüber hinaus auch eine Regelung der Voraussetzungen, wann das so definierte Verfahren anzuwenden ist. Es wird nämlich auch festgeschrieben, dass dieses bereits bei einer Arbeitsunfähigkeit von mehr als sechs Wochen stattzufinden hat bzw. stattfinden soll. Der Inhalt des § 84 Abs. 2 S. 1 geht also über die reine Definition im ersten Teil des Satzes hinaus. Eine reine Legaldefinition kann demnach nicht vorliegen.

Und selbst wenn man den vom modernen Gesetzgeber gewählten Wortlaut und Aufbau allein seiner Neigung zuschreiben würde, immer längere und umfangreichere Regelungen zu treffen, so fragt sich in diesem Zusammenhang doch, welche Überlegungen ihn zu einer Regelung der Rechte der Interessenvertretungen in dem in § 84 Abs. 2 S. 6 enthaltenen Sinne bewegten: Denn würde es sich tatsächlich *nur* um eine Legaldefinition handeln, so würde dies bedeuten, dass es dem Arbeitgeber freisteht, betriebliches Eingliederungsmanagement durchzuführen. Wenn dem aber so ist, so fragt sich, warum die Interessenvertretungen dann die „Klärung verlangen können"?[402] Es macht keinen Sinn, einer Interessenvertretung ein Recht einzuräumen, welches tatsächlich niemals zur Anwendung kommen kann. Die Interessenvertretung wäre berechtigt, etwas vom Arbeitgeber einzufordern, zu dem dieser gar nicht rechtlich verpflichtet ist.

Auch das Argument, § 84 Abs. 2 S. 1 könne schon deshalb keine Rechtspflicht darstellen, weil die Norm keine Rechtsfolge enthalte[403], geht fehl. Dieser Ansicht liegt ein falsches Verständnis vom Begriff der Rechtsfolge zugrunde. Denn sie geht davon aus, diese sei in einer Regelung für den Fall der Nichtbefolgung des Gebotes zu sehen. Dem ist jedoch nicht so. Es ist vielmehr zu unterscheiden zwischen der Rechtsfolge und der möglichen Konsequenz der Nichterfüllung im Sinne einer Sanktion. Eine Rechtsfolge kann nach dem Gesagten in § 84 Abs. 2 S. 1 durchaus erblickt werden. Der Tatbestand lautet, es liegt die mehr als sechswöchige Arbeitsunfähigkeit eines Beschäftigten vor. Die Rechtsfolge für das Vorliegen dieses Tatbestandes lautet dann, dass die betrieblichen Parteien eine Klärung herbeizuführen haben. Die Rechtsfolge ist also das betriebliche Eingliederungsmanagement selbst, das dann durchzuführen ist. Dass § 84 Abs. 2 S. 1 keine geschriebenen Sanktionen für den Fall enthält, dass ein Arbeitgeber bei Vorliegen der Tatbestandsvoraussetzungen kein betriebliches Eingilie-

402 So auch von Steinau-Steinrück/Hagemeister NJW spezial 3/2005, 129 (129).
403 Namendorf/Natzel DB 2005, 1794 (1796).

derungsmanagement durchführt, ist unschädlich. Nicht jeder Verstoß gegen eine Rechtspflicht muss sanktioniert werden. Die Frage einer Sanktionierung ist eine solche nach der Durchsetzbarkeit einer Pflicht und ihrer Effektivität; nicht aber Voraussetzung für das Bestehen der Pflicht überhaupt.

Nach dem Gesagten ergeben sich keine stichhaltigen Argumente dafür, von der grundsätzlichen Annahme abzuweichen, dass der Gesetzgeber mit einer Novellierung der Norm Regelungsintention verfolgte und sich nicht allein für unverbindliche Empfehlungen den Mühen eines Gesetzgebungsverfahrens aussetzt. Nach dem Wortlaut des § 84 Abs. 2 liegt danach durchaus eine Verpflichtung des Arbeitgebers vor.

bb. Systematische Auslegung

Auch das Ergebnis einer systematischen Auslegung bestätigt dieses Auslegungsergebnis. Hier ist zum Einen auf § 84 Abs. 1 abzustellen. Danach „schaltet der Arbeitgeber bei Eintreten personen-, verhaltens- oder betriebsbedingter Schwierigkeiten (...)“ die Schwerbehindertenvertretung und Interessenvertretung nach § 93 ein. In § 84 Abs. 1 findet sich ebenfalls keine imperative Anordnung im Sinne von „hat einzuschalten“, „soll einschalten“ oder „ist verpflichtet, einzuschalten“. Gleichwohl wird im Rahmen dieses Absatzes auch vom BAG vom Vorliegen eines arbeitgeberseitigen Rechtspflicht ausgegangen.[404] Aus der Formulierung „schaltet ein“ wird gefolgert, eine Einschaltung sei ohne Ausnahme vorzunehmen.[405] Da zwischen den Begriffen „schaltet ein“ und „klärt“ hinsichtlich des Befehlscharakters kein Unterscheid zu erkennen ist, spricht dies für eine Verbindlichkeit des § 84 Abs. 2 S. 1.

Dass ein solches Verständnis systematisch geboten ist, zeigt sich zum Anderen daran, dass § 84 Abs. 2 im Verhältnis zu Abs. 1 eine Konkretisierung darstellt. Während Abs. 1 bei allen möglichen Ursachen von Schwierigkeiten im Betrieb Handlungsbedarf sieht, stellt Abs. 2 eine Ausdifferenzierung allein hinsichtlich der krankheitsbedingten Schwierigkeiten dar, bei denen der Gesetzgeber ja davon ausgeht, diese seien Hauptursache für den Verlust des Arbeitsplatzes. Mit der Novellierung ging dann zudem eine Ausweitung des persönlichen Anwendungsbereichs einher, so dass eine Konkretisierung allein hinsichtlich des Personenkreises der Schwerbehinderten anzunehmen ist, denn nur für diese gilt Abs. 1.

---

404 Feldes u.a. SGB IX § 84 Rdnr. 4,11,16; Neumann u.a. SGB IX § 84 Rdnr. 16; GK-SGB IX/Schimanski § 84 Rdnr. 35 a, 68, 74; Tschöpe/Schmalenberg S. 2609; BAG 04.10.2005 0 AZR 632/04; Brose RdA 2006, 149 (154).

405 GK-SGB IX/Schimanski a.a.O. Rdnr. 68.

Wenn also Abs. 2 eine Konkretisierung des Abs. 1 darstellt, dann kann nicht ein Einschreiten bei allen Schwierigkeiten angeordnet, bei den als besonders arbeitsplatzgefährdend eingestuften krankheitsbedingten Schwierigkeiten hingegen fakultativ sein. § 84 ist vielmehr als einheitliches System betrieblicher Prävention zu sehen, welches eine derartig isolierte Betrachtungsweise nicht erlaubt. Hieraus folgt bereits die Verbindlichkeit des § 84 Abs. 2.

Ein weiteres Argument kann die Stellung des § 84 Abs. 2 im Normengefüge beibringen. § 84 Abs. 2 ist systematisch im Dritten Teil, Zweites Kapitel des SGB IX verortet. Der Dritte Teil ist mit „Sonstige Pflichten der Arbeitgeber“ überschrieben. Dies weist deutlich auf eine verpflichtende Intention der Regelung hin. Dass § 84 Abs. 2 sich auch nicht (völlig) systemwidrig hier wiederfindet, wurde bereits dargelegt.

Zudem konstatieren sämtliche in diesem Dritten Teil eingeordnete Normen Rechtspflichten; die Rechtspflicht zum Führen eines Verzeichnisses über (u.a.) schwerbehinderte Personen (§ 80), die Rechtspflicht, mit schwerbehinderten Menschen besetzbare Stellen zu prüfen (§ 81) und die Rechtspflicht, solche Stellen der Agentur für Arbeit zu melden (§ 82). Nach § 83 schließlich obliegt dem Arbeitgeber die Pflicht zum Abschluss einer Integrationsvereinbarung. Es wäre mithin systemwidrig, allein § 84 Abs. 2 keine solche Verbindlichkeit beizumessen.

Diesem Verständnis steht auch die Regelung des § 84 Abs. 3 nicht entgegen, wonach die Rehabilitationsträger und das Integrationsamt Arbeitgebern, die betriebliches Eingliederungsmanagement einführen, Prämien oder einen Bonus gewähren können. Zwar wird zu Recht eingewandt, die Erfüllung einer Rechtspflicht werde nicht auch noch prämiert, sondern sei eine Selbstverständlichkeit.[406] Dabei wird jedoch davon ausgegangen, die zu prämierende „Durchführung betrieblichen Eingliederungsmanagements“ sei inhaltlich mit der Klärung gleichzusetzen. Dass dies gerade nicht der Fall ist, wurde dargelegt. Prämiert werden können nach § 84 Abs. 3 diejenigen Arbeitgeber, die nach der Beratung auch tatsächlich Maßnahmen der betrieblichen Prävention ergreifen, also Maßnahmendurchführung betreiben. Hierfür soll ein (finanzieller) Anreiz gegeben werden.[407] Ein Wertungswiderspruch besteht also nicht. Auch die systematischen Erwägungen stützen also die These grundsätzlicher Verbindlichkeit von Normen.

406 Hornung AuA 2005, 250 (259); Brose DB 2005, 390 (391); Namendorf/Natzel DB 2005, 1794 (1796); Kohte ZSR 2005, 7 (27).

407 So auch Britschgi AiB 2005, 284 (285); Brose a.a.O.

cc. Historische Auslegung

Auch eine Betrachtung von Entstehungsgeschichte und Gesetzgeberwille ergibt nichts anderes. Das eindeutige Argument für eine Verbindlichkeit der Regelung des § 84 Abs. 2 S. 1 führt dabei der Gesetzgeber selbst an: So ist der Gesetzesbegründung die klare Aussage zu entnehmen, der Gesundheitsprävention werde am Arbeitsplatz durch die neue Fassung des § 84 Abs. 2 dadurch ein stärkerer Stellenwert eingeräumt, dass „die Akteure unter Mitwirkung des Betroffenen zur Klärung der zu treffenden Maßnahmen *verpflichtet* werden.“[408] und weiter, dass „bei gesundheitlichen Störungen (...) eine gemeinsame Klärung (...) erfolgen *soll*“.[409]

Der Gesetzgeber hatte also bei Novellierung des § 84 Abs. 2 durchaus Regelungsintention und wollte Verbindlichkeit schaffen.

Dies war auch den Interessenvertretungen klar, die im Gesetzgebungsverfahren angehört wurden. So regte sich gegen die Neuregelung heftige Kritik, wurde doch zu bedenken gegeben, durch eine Ausweitung der Prävention werde die Belastung der Arbeitgeber erhöht, die Bürokratisierung verstärkt und weitere Einstellungshindernisse geschaffen.[410] Der dem Gesetzesinitiatoren entgegen gebrachte Widerstand wäre indes überflüssig gewesen, hätte es sich nur um eine unverbindliche Anregung gehandelt. Die Kritiker gingen zu Recht davon aus, dem Arbeitgeber würden zusätzliche Pflichten auferlegt.

Dieser eindeutig herausgestellte Gesetzgeberwille zeigt sich auch in den Motiven seines Handelns. So wollte man durch die Novellierung des § 84 Abs. 2 an die bislang (vermeintlich) erfolgreichen Kampagnen im Kampf gegen die Arbeitslosigkeit Schwerbehinderter anknüpfen. Hätte der Gesetzgeber nicht Verbindlichkeit beabsichtigt, so hätte es des Durchlaufens eines Gesetzgebungsverfahrens gar nicht bedurft. Er hätte die bislang durchgeführten außergesetzlichen Kampagnen fortführen und so weiterhin an die Arbeitgeber appellieren können, der spezifischen Arbeitslosigkeit vorzubeugen.

Historisch gesehen ist auch deshalb in § 84 Abs. 2 S. 1 eine rechtliche Verpflichtung des Arbeitgebers zu sehen, weil die Norm letztlich „nur“ eine den bisherigen Umfang ausweitende und konkretisierende Regelung darstellt. Zur einer Einschaltung der Interessenvertretungen war der Arbeitgeber auch schon nach der alten Fassung des § 84 Abs. 2 verpflichtet, wie sich aus dem wie in Abs. 1 verwendeten Begriff des „Einschaltens“ zeigt. Diese ursprüngliche Verbindlichkeit wollte der Gesetzgeber durch die Novellierung nicht aufheben, baute er doch

---

408 BT-DrS. 15/1783 S. 16.
409 BT-DrS. 15/1783 S. 12.
410 Vgl. statt vieler BDA Stellungnahme Ausschussanhörung S. 1.

den Anwendungsbereich betrieblicher Prävention im Gegenteil weiter aus. Auch historisch gesehen stellt § 84 Abs. 2 S. 1 daher eine Verpflichtung des Arbeitgebers dar.

dd. Teleologische Auslegung

Das bisherige Auslegungsergebnis, das den Arbeitgeber durch Klärung der Präventionsmöglichkeiten verpflichtet, wird zuletzt auch durch Sinn und Zweck der Regelung untermauert.

Zum Einen kann die Neufassung des § 84 Abs. 2 ihren erklärten Zweck, betrieblicher Prävention einen „stärkeren Stellenwert" einzuräumen, nur dann erfüllen, wenn mit ihr eine Arbeitgeberpflicht einhergeht. Denn allein die Ausweitung des Anwendungsbereichs vermag dies nicht zu bewirken, bleibt es bei einem Aufruf. Der der Prävention positiv gegenüberstehende Arbeitgeber kann ohnehin seinen betrieblichen Schutz auf weitere Beschäftigte ausweiten und frühzeitig tätig werden. Ein größerer Kreis der Arbeitgeber wird aber nur dann ereicht, wenn alle zur einer solchen Klärung verpflichtet werden. Zum Anderen kann durch den Ausbau des persönlichen Anwendungsbereichs nicht das Ziel des Abbaus der Arbeitslosigkeit Schwerbehinderter erreicht werden. Dieses Ziel kann nur eine über die bisherigen Appelle hinausgehende Verbindlichkeit erreicht werden. Zudem wurde bereits ausgeführt, dass der Gesetzgeber bei einer Arbeitsunfähigkeit von mehr als sechs Wochen vom Vorliegen einer abstrakten Gefährdung des Arbeitsverhältnisses ausgeht. Die Vermutung, es könne alsbald zu einer krankheitsbedingten Kündigung kommen, bedingt ein Einschreiten des Gesetzgebers mit verbindlichen Regelungen. Denn der Gesetzgeber wird nicht „sehenden Auges" einer solchen, aus seiner Sicht immensen Gefahr nur mit gut gemeinten Appellen begegnen und hoffen, dass die Arbeitgeber von sich aus regulierend tätig werden, wenn er die Möglichkeit hat, gestaltend in das Geschehen einzugreifen.[411]

Freilich würde eine Sanktionierung des Unterlassens der betrieblichen Prävention einen (noch) stärkeren Stellenwert einräumen. Auf eine Sanktionierung kommt es jedoch nicht an.

Der Arbeitgeber ist demnach zur Klärung der Präventionsmöglichkeiten rechtlich verpflichtet[412] (unter der Voraussetzung des § 84 Abs. 2 S. 1, dass der Betroffene der Durchführung betrieblichen Eingliederungsmanagements im Sinne einer Klärung zugestimmt hat).

Aus dieser Rechtspflicht des Arbeitgebers folgt im Gegenzug, dass der Schwerbehindertenvertretung ein Beanstandungsrecht hinsichtlich dieser Klärung

411 Ähnlich auch GK-SGB IX/Schimanski § 84 Rdnr. 74.
412 So auch ohne Begründung KR/Griebeling § 1 KSchG Rdnr. 324 a.

zusteht. Führt der Arbeitgeber mithin keine Klärung herbei, so kann sie dieses beanstanden und auf Abhilfe drängen.

c. Verpflichtung des Arbeitgebers im Übrigen

Das Überwachungs- bzw. Beanstandungsrecht besteht nach § 95 Abs. 1 S. 2 Nr. 1 hinsichtlich der „Verpflichtung*en*" des Arbeitgebers aus § 84. Es bestehen also neben der Verpflichtung zur Klärung nach dieser Formulierung offenbar weitere Rechtspflichten des Arbeitgebers.

aa. Hinzuziehung Werks- oder Betriebsarztes

Gemäß § 84 Abs. 2 S. 2 „wird" der Werks- oder Betriebsarzt[413] der Beratung hinzugezogen, „soweit" dies erforderlich ist.

(1) Pflicht zur Hinzuziehung

Eine arbeitgeberseitige Verpflichtung zur Hinzuziehung des Betriebsarztes bei jeder Klärung mit einem Betroffenen existiert aber nicht.[414] Dies folgt sowohl aus dem Wortlaut, als auch aus der Systematik und dem teleologischen Verständnis der Norm:

Denn schon die Begriffe des „soweit" und des „erforderlich" bringen die grundsätzliche Dispositivität der Hinzuziehung klar zum Ausdruck. Gerade weil das Verfahren betrieblichen Eingliederungsmanagements einzelfallbezogen ist und in jedem Betrieb individuelle und unterschiedliche Ausgangs- und Rahmenbedingungen vorzufinden sind, kann vom Gesetzgeber sinnvollerweise eine generalisierte „Anordnung" der Hinzuziehung eines Betriebsarztes (soweit vorhanden) nicht erfolgen. Auch die gesundheitliche Situation des jeweils Betroffenen gebietet nicht in jedem Fall die Einbeziehung eines medizinischen Sachverständigen.

Dies insbesondere auch in Anbetracht der Aufgabe und Funktion, die einem Betriebsarzt zukommt. Denn diese(r) ist nicht auf den einzelnen Betroffenen und dessen medizinische Behandlung, sondern auf den gesamten Betrieb, die gesamte Belegschaft und dessen Arbeitssicherheitssituation bezogen, § 3 Abs. 1 S. 2 Nr. 1 ASiG.[415] Der Betriebsarzt ist nicht behandelnder Arzt des Betroffenen, sondern

413 Im Folgenden Betriebsarzt.

414 So auch Faber AiB 2006, 553 (557).

415 Gesetz über Betriebsärzte, Sicherheitsingenieure und andere Fachkräfte für Arbeitssicherheit; Arbeitssicherheitsgesetz.

Berater des Arbeitgebers in Arbeitssicherheitsangelegenheiten. Dabei überwacht der Arbeitgeber den Betriebsarzt, § 2 Abs. 2 ASiG, nicht aber umgekehrt der Betriebsarzt die ordnungsgemäße Aufgabenerfüllung des Arbeitgebers, so dass Letzterer nicht gezwungen sein kann, den Betriebsarzt zu Entscheidungen hinzuzuziehen und so die Positionen vom Überwachten und Überwacher in ihr Gegenteil zu verkehren. Der Betriebsarzt ist – auch im Rahmen des betrieblichen Eingliederungsmanagements – als eine Person vorgesehen, die Hilfestellungen dort geben kann, wo dies wegen mangelndem medizinischen Sachverstandes der Beteiligten erforderlich ist. Das Recht und die Pflicht des Betriebsarztes, auf Missstände aufmerksam zu machen und auf Abhilfe zu drängen sowie Vorschläge zu unterbreiten, § 3 Abs. 1 Nr. 3 a, c ASiG, also initiativ tätig zu werden, bleibt ihm dabei ungenommen.

Dass die Hinzuziehung des Betriebsarztes grundsätzlich im „Belieben" des Arbeitgebers steht, zeigt sich auch am Beitrag, den der Betriebsarzt zum Verfahren beisteuern könnte, würde er hinzugezogen: Wie dargelegt, ist er nicht behandelnder Arzt des Betroffenen. Er ist auch und gerade nicht dafür zuständig, Krankmeldungen auf ihre Berechtigung hin zu überprüfen, wie § 3 Abs. 3 ASiG ausdrücklich festlegt. Ihm obliegt also vor allem die Beurteilung gesundheitlicher Gefahren des Arbeitsplatzes. Diese stehen aber beim betrieblichen Eingliederungsmanagement nicht immer zur Diskussion. Dies vor allem deshalb nicht, weil die Arbeitsunfähigkeit im Rahmen des betrieblichen Eingliederungsmanagements ja gerade nicht eine durch den Arbeitsplatz oder das -umfeld ausgelöste oder verstärkte sein muss. Zu denken ist dabei beispielsweise an die durch einen Sportunfall in der Freizeit des Betroffenen verursachte Arbeitsunfähigkeit; etwa eine komplizierte Fraktur des Beines, die sich durch notwendige Folgeoperationen auf mehr als sechs Wochen summiert.

Soll also der Betriebsarzt nicht die Berechtigung der Krankmeldung an sich kontrollieren und so gar zu einem „auf Seiten des Arbeitgebers" stehenden Kontrollorgan über seine außerbetrieblichen Kollegen und deren Diagnose und Therapien werden, so besteht für die stete Hinzuziehung des Betriebsarztes gerade kein Bedarf. Eine dennoch erfolgende weil gesetzlich vorgeschriebene Hinzuziehung wäre reine Förmelei und passte nicht in das Bild des auf Effektivität und Finden individueller Lösungen gerichteten Verfahrens betrieblichen Eingliederungsmanagements im Einzelfall.

Geht man davon aus, dass ein überwiegender Teil der Arbeitsunfähigkeitszeiten nicht auf betriebliche Ursachen zurückzuführen ist – denn § 84 Abs. 2 will nicht die Arbeitssicherheit im Betrieb an sich erhöhen, sondern generell präventiv wirken – so besteht für den Betriebsarzt in den meisten Fällen betrieblichen Eingliederungsmanagements kein Handlungsbedarf und demnach keine „Erforderlichkeit" seiner Hinzuziehung.

(2) Hinzuziehung bei „Erforderlichkeit"

Besteht also ausweislich des Wortlautes jedenfalls keine Pflicht, den Betriebsarzt immer hinzuzuziehen, so fragt sich, ob eine solche Rechtspflicht den Arbeitgeber zumindest im Falle einer „Erforderlichkeit" treffen kann.

Der Arbeitgeber ist zur Klärung verpflichtet. Dies bedeutet, dass er nicht nur formal das Klärungsverfahren durchzuführen hat, sondern dies auch inhaltlich unter Ausschöpfung aller im zur Verfügung stehenden Mittel erfolgen muss.

Wenn sich im Laufe der Klärung herausstellt, dass Möglichkeiten, die bestehende Arbeitsunfähigkeit zu beseitigen, erneuter vorzubeugen und den Arbeitsplatz zu erhalten möglicherweise bestehen, dies aber abschließend nur durch Hinzuziehung medizinischen Sachverstandes beurteilt werden kann, so ist er verpflichtet, den Betriebsarzt hinzuzuziehen. Andernfalls würde der Arbeitgeber das Verfahren trotz möglichen Erfolges abbrechen – dies würde den Zielen des § 84 Abs. 2 zuwider laufen.

Eine Pflicht zur Hinzuziehung des Betriebsarztes besteht demnach dann und insoweit, wie das Verfahren ohne eine Hinzuziehung vorzeitig zum Scheitern gebracht würde.

bb. Datenhinweis und Recht zur anderweitigen Datenverwertung

Fraglich ist zudem, wie sich die Rechtslage hinsichtlich der Verwendung personenbezogener Daten des Betroffenen verhält, die dieser, seinem Arbeitgeber im Rahmen des betrieblichen Eingliederungsmanagements möglicherweise preisgibt.

(1) Datenhinweis und Zustimmung

Nach § 84 Abs. 2 S. 3 ist der Betroffene zuvor – also vor Durchführung des Klärungsverfahrens – auf die Ziele des betrieblichen Eingliederungsmanagements sowie auf Art und Umfang der hierfür erhobenen und verwendeten Daten hinzuweisen.

Dieser Hinweis an den Betroffenen stellt unproblematisch eine arbeitgeberseitige Verpflichtung dar. Denn das Verfahren betrieblichen Eingliederungsmanagements, also das der Klärung, kann nach § 84 Abs. 2 S. 1 nur mit Zustimmung des Betroffenen in Gang gesetzt werden. Dieser kann seine Zustimmung indes nur dann wirksam erteilen, wenn er sich des Ausmaßes und der Folgen dieses Verfahrens auch bewusst ist. Eine Entscheidung darüber, ob die betrieblichen Parteien sich zu seinen Gunsten mit seiner gesundheitlichen Situation auseinandersetzen sollen mit dem Ziel, seine individuellen Arbeitsbedingungen möglicherweise zu modifizieren, kann er nur bei Kenntnis aller zum Verfahren gehörenden Umstände treffen.

Der Schwerbehindertenvertretung steht insofern im Interesse des Betroffenen ein Beanstandungsrecht gegenüber dem Arbeitgeber zu, sollte dieser den Hinweis nicht erteilen.

(2) Recht zur anderweitigen Datenverwertung

Hat der Arbeitgeber bei Zustimmung des Betroffenen Daten über den Gesundheitszustand seines Beschäftigten erlangt, so fragt sich, ob er diese Daten auch im Rahmen einer späteren Kündigung verwerten darf. Etwa wenn das betriebliche Eingliederungsmanagement nicht erfolgreich war (also entweder ohne Ergebnis oder die für geeignet erachtete Maßnahme später doch nicht zur Beseitigung der gesundheitsbedingten Beeinträchtigung geeignet war) oder der Betroffene seine Zustimmung zum weiteren Verlauf des Verfahrens versagt hat und das betriebliche Eingliederungsmanagement somit „abgebrochen“ wurde.

Die Antwort auf diese Frage muss schon nach dem Wortlaut des § 84 Abs. 2 S. 3 selbst eindeutig „Nein“ sein. Denn nach § 84 Abs. 2 S. 3 erfolgt der Hinweis hinsichtlich der *„hierfür* erhobenen und verwendeten Daten“. In dieser Formulierung spiegelt sich das erforderliche Maß an Datenschutz zugunsten des Betroffenen klar wider. Die erhobenen und verwendeten Daten sind allein auf das Verfahren betrieblichen Eingliederungsmanagements bezogen und somit zweckgebunden.[416]

Das Gleiche gilt für diejenigen Fälle, in denen das BDSG anwendbar ist. Hier normiert § 28 Abs. 1 S. 2 BDSG, dass bei der Erhebung personenbezogener Daten, also auch der Gesundheitsdaten, die Zwecke, für die die Daten genutzt werden sollen, konkret festzulegen sind. Nur auf den Inhalt dieser Festlegung bezieht sich auch die Zustimmung des Betroffenen, denn sie verhält sich spiegelbildlich zum Inhalt der Anfrage auf Datenpreisgabe gegenüber dem Beschäftigten; dieser kann nur in einem solchen Umfang einer Erhebung und Verwendung zustimmen, in dem der Arbeitgeber um diese Daten ersucht hat.

Richtet der Arbeitgeber also die Bitte an den Betroffenen, seine Gesundheitsdaten zum Zwecke des betrieblichen Eingliederungsmanagements preiszugeben, so ist auch die daraufhin erteilte Einwilligung eine zweckgebundene. Dies kann vom Arbeitgeber auch nicht durch eine „schwammig“ formulierte Anfrage auf Datenfreigabe umgangen werden, denn selbst im Anwendungsbereich des BDSG gilt § 84 Abs. 2 S. 3 als lex specialis fort und begrenzt so die Datenverwendung.

416 So auch Gundermann/Oberberg AuR 2007, 19 (23).

Mangels einer diesbezüglichen Ausnahmeregelung in § 84 Abs. 2 bleibt zwar § 28 Abs. 3 BDSG anwendbar. Danach können die Daten auch ausnahmsweise für andere Zwecke genutzt werden. Ein solcher Zweck ist jedoch in der Begründung und/oder Ermöglichung einer krankheitsbedingten Kündigung nicht zu erblicken. Denn die Norm ermöglicht eine solche zweckfremde Verwendung nur dann, wenn die Daten (ohnehin) öffentlich zugänglich sind (§ 28 Abs. 1 Nr. 3 BDSG), was in einem Arbeitsverhältnis nicht der Fall ist, oder dann wenn es zur Wahrung berechtigter Interessen der verantwortlichen Stelle erforderlich ist und kein Grund zu der Annahme besteht, dass das schutzwürdige Interesse des Betroffenen an dem Ausschluss der Nutzung überwiegt (§ 28 Abs. 1 Nr. 2 BDSG).

Die verantwortliche Stelle ist nach § 3 Abs. 7 BDSG der Arbeitgeber, da er die Daten für sich selbst erhebt. Dessen Interessen, mit den eigentlich zu anderen Zwecken erlangten Daten die Beendigung des Arbeitsverhältnisses zu begründen, mögen zwar jedenfalls aus seiner Sicht berechtigter Art erscheinen. Objektiv berechtigt kann dieses Interesse, die Negativprognose im Rahmen der Kündigung leichter begründen zu können, aber nicht sein. Denn würde man diese Verwendung zulassen, so würde der Zweck betrieblichen Eingliederungsmanagements in sein Gegenteil verkehrt. Der Arbeitnehmer würde seinem Arbeitgeber die Informationen liefern, die dieser benötigt, um leichter das Arbeitsverhältnis zu beenden. Dies würde dazu führen, dass Betroffene lediglich ein „Aushorchen“ mit dem betrieblichen Eingliederungsmanagement verbinden und sich diesem verschließen würden. Gerade auf Kooperation ist das Verfahren jedoch ausgelegt. Der Gesetzgeber wollte ein Instrument zur Sicherung von Arbeitsplätzen, nicht jedoch zur vereinfachten Beendigung von Arbeitsverhältnissen schaffen. § 84 Abs. 2 soll ausschließlich dem Arbeitnehmer, nicht jedoch dem Arbeitgeber dienen. Überwiegende Interessen des Arbeitgebers kann es daher nicht geben. Das betriebliche Eingliederungsmanagement muss daher teleologisch ausgelegt ein in sich abgeschlossenes Verfahren darstellen. Die im Verfahren erlangten Informationen sind zweckgebunden zu verwenden.

Auch würde es die gesetzgeberische Intention, durch eine konstruktive Zusammenarbeit den Arbeitsplatz zu erhalten, konterkarieren, wenn der Arbeitgeber die erlangten Daten zu anderen Zwecken als denen des § 84 Abs. 2 nutzen dürfte. Wäre eine von diesem Zweck losgelöste Verwendung erlaubt, so würde kaum ein Arbeitnehmer dem Arbeitgeber seine Daten anvertrauen oder gar dem Verfahren an sich zustimmen, da er sich der Gefahr, dass Daten später zu seinem Nachteil verwendet werden, nicht aussetzen würde.

cc. Hinzuziehung von Servicestelle/Integrationsamt

Gemäß § 84 Abs. 2 S. 4 werden vom Arbeitgeber die örtlichen gemeinsamen Servicestellen (§ 23) oder bei schwerbehinderten Menschen das Integrationsamt (§ 101 Abs. 1 Nr. 1) hinzugezogen, wenn Leistungen zur Teilhabe (§§ 4, 5) oder begleitende Hilfen im Arbeitsleben (§ 102 Abs. 1 Nr. 3 i.V.m. Abs. 2 und 3) in Betracht kommen. Auch diese Hinzuziehung stellt keine Arbeitgeberpflicht mit den Folgen eines Überwachungsrechts der Schwerbehindertenvertretung dar.

Eine Hinzuziehung kommt nur bei Betroffenheit behinderter und schwerbehinderter Personen in Betracht[417], denn nur für diese Personengruppe sind die genannten Stellen zuständig. Adressat der Regelung ist ausdrücklich der Arbeitgeber. Er ist für die Hinzuziehung der genannten Stellen zuständig. Aus dieser Zuständigkeit folgt indes keine Rechtspflicht des Arbeitgebers, denn hier kann nichts anderes gelten, als das zu § 84 Abs. 2 S. 2 zur Betriebsarzthinzuziehung Gesagte. Zwar erscheint die Hinzuziehung der Servicestellen oder des Integrationsamtes durch den vom Wort „werden hinzugezogen" vermittelten imperativen Charakter zwingend. Aber auch hier liegt ein vom Arbeitgeber auszufüllender Beurteilungsspielraum vor, der es ihm ermöglicht, über das „Ob" der Hinzuziehung zu entscheiden. Denn eine Hinzuziehung erfolgt nach § 84 Abs. 2 S. 4, *wenn* Leistungen oder begleitende Hilfen im Arbeitsleben *in Betracht* kommen.

Zwar sind diese Leistungen gesetzlich geregelt, doch entscheidet über das „Inbetrachtkommen" allein der Arbeitgeber. Denn die Leistungen oder Hilfen sind inhaltlich abhängig von den vom Arbeitgeber beabsichtigten Maßnahmen, wobei diese als dem Arbeitgeber bekannt zu unterstellen sind. Als Beispiel sei § 33 Abs. 8 Nr. 5 genannt. Danach umfassen Leistungen zur Teilhabe am Arbeitsleben auch die Kosten technischer Arbeitshilfen, die wegen Art oder Schwere der Behinderung zur Berufsausübung erforderlich sind. Wenn jedoch das vorläufige Ergebnis des Klärungsverfahrens nicht lautet, dass beabsichtigt ist, dem Betroffenen eine technische Arbeitshilfe zukommen zu lassen, so kommt eine solche Leistung, also die Kostenübernahme für diese Maßnahme, auch nicht „in Betracht". In diesem Fall ist weder Servicestelle noch Integrationsamt hinzuzuziehen.

Dies macht auch Sinn, denn diese Stellen sollen dazu dienen, (auch) den Arbeitgeber hinsichtlich beabsichtigter Maßnahmen detaillierter zu unterrichten und die Möglichkeiten tatsächlicher Umsetzung aufzuzeigen und so analysieren. Erst wenn eine solche Maßnahme ausgewählt wurde, macht es Sinn, diesbezüglich eine weitere spezifische und fachkundige Beratung zu erhalten. Auch § 84 Abs. 2

417 Vgl. §§ 33 Abs. 1 S. 1; 34; 55 Abs. 1; 56 Abs. 1 Nr. 1,2; 101 Abs. 1; 102 Abs. 2 S. 2 sowie Abs. 3 S. 1 Nr.1.

S. 4 eröffnet demnach einen Beurteilungsspielraum und begründet keine Verpflichtung des Arbeitgebers und mithin kein Beanstandungsrecht der Schwerbehindertenvertretung. Hält die Schwerbehindertenvertretung eine Leistung an den Betroffenen dennoch für möglich, so kann sie diese Auffassung durch ihr Antragsrecht nach § 95 Abs. 1 Nr. 2 realisieren und entweder beim Arbeitgeber oder direkt bei den Rehabilitationsträgern nach § 6 solche Leistungen beantragen. Sofern der Arbeitgeber sich der potentiellen Möglichkeiten von Leistungen und Hilfen nicht bewusst sein sollte, ist es ihm unbenommen, die Servicestellen und das Integrationsamt hinzuzuziehen. Dann, aber auch erst dann, wenn eine Beurteilung möglicher Hilfen ohne die Fachkompetenz dieser Stellen nicht möglich ist oder solche Hilfen in Betracht kommen und nähere Beratung erforderlich ist, kommt eine Hinzuziehung in Betracht.

3. Zusammenfassung zum Überwachungsrecht

Zusammenfassend lässt sich festhalten, dass sich das Überwachungsrecht der Schwerbehindertenvertretung aus § 95 Abs. 1 Nr. 1 auf die Rechtspflichten des Arbeitgebers bezieht,

- die Möglichkeiten der Ergreifung präventiver Maßnahmen zu klären, § 84 Abs. 2 S. 1 sowie
- den Betroffenen auf die Ziele des Verfahrens und die dafür erhobenen und verwendeten Daten hinzuweisen, § 84 Abs. 2 S. 3.

Diese Überwachungspflichten können die Schwerbehindertenvertretung indes nicht dazu berechtigen, nach erfolgloser Beanstandung beim Arbeitgeber vor Gericht auf Abhilfe zu drängen. Denn dies würde bedeuten, dass die Schwerbehindertenvertretung aus ihrem Überwachungsauftrag heraus den Arbeitgeber zur Erfüllung der ihm obliegenden Verpflichtungen gerichtlich verpflichten lässt. Zwar folgt das Überwachungsrecht der Schwerbehindertenvertretung neben § 84 Abs. 2 auch aus § 95 Abs. 1 S. 2 Nr. 1 und sind gemäß § 2 a Abs. 1 Nr. 3 a ArbGG die Arbeitsgerichte für die Angelegenheiten der Schwerbehindertenvertretung aus § 95 zuständig. Da das Überwachungsrecht jedoch die Schwerbehindertenvertretung gerade nicht zu einem dem Arbeitgeber übergeordneten Kontrollorgan macht, ist sie darauf beschränkt – jedenfalls was das Überwachungsrecht anbelangt – Verstöße des Arbeitgebers aufzudecken, den Arbeitgeber hierauf aufmerksam zu machen und sich zu bemühen, auf gütlichem Wege Abhilfe zu erreichen. Ist dies nicht möglich, so kann allenfalls der Betroffene selbst, soweit er durch den Verstoß in seinen Rechten verletzt ist, eine gerichtlich Klärung der Sache beantragen.[418] Ob dies beim betrieblichen Eingliederungsmanagement für den Betroffenen möglich ist, wird noch zu untersuchen sein.

V. Initiativrecht

Gemäß § 84 Abs. 2 S. 6 kann die Schwerbehindertenvertretung zudem die „Klärung verlangen". Hierbei handelt es sich um ein mit der Arbeitgeberpflicht zur Klärung korrespondierendes Initiativrecht auf Klärung.[419] Die Schwerbehindertenvertretung kann danach den Eintritt in die Beratung verlangen und dies auch gerichtlich durchsetzen.[420]

VI. Gerichtliche Sicherung der Mitwirkungsrechte

Die Schwerbehindertenvertretung hat die Möglichkeit, ihre bislang erläuterten Mitwirkungsrechte gerichtlich geltend zu machen, wenn der Arbeitgeber in Verkennung der Rechtslage davon ausgeht, ein solches stehe ihr nicht zu und ein Klärungsverfahren ohne sie oder gar nicht durchführen will.

1. Unterrichtungs- und Anhörungsrecht

Hat die Missachtung des Unterrichtungs- und Anhörungsrechts für den Arbeitgeber bislang „nur" die Erfüllung eines Ordnungswidrigkeitentatbestandes zur Folge und hindert die Nichtbeteiligung die individualrechtliche Wirksamkeit der Maßnahme nicht, so stellt sich für die Schwerbehindertenvertretung umso dringender die Frage, wie sie ihr Unterrichtungs- und Anhörungsrecht im Vorfeld sichern kann.

Im Vorfeld deshalb, weil für eine Sicherung von Beteiligungsrechten dann, wenn die Maßnahme bereits durchgeführt, also das betriebliche Eingliederungsmanagement zum Abschluss gebracht wurde, keine Möglichkeiten mehr besteht. Das Gesetz sieht eine solche Geltendmachung in § 95 Abs. 2 S. 2 nämlich nur für den Fall vor, dass die Maßnahme noch nicht durchgeführt wurde.[421] Ist also das Klärungsverfahren abgeschlossen, bleibt es bei der Erfüllung des Ordnungswidrigkeitentatbestandes auf Seiten des Arbeitgebers. Die Schwerbehindertenver-

418 GK-SGB IX/Schimanski § 95 Rdnr. 45; Feldes u.a. SGB IX § 84 Rdnr. 29; LPK-SGB IX/Düwell § 95 Rdnr. 4.
419 Feldes u.a. SGB IX § 94 Rdnr. 29.
420 Neumann u.a. SGB IX § 84 Rdnr. 16; Feldes u.a. SGB IX § 84 Rdnr. 29.
421 Vgl. auch Müller-Wenner u.a./Müller-Wenner § 95 Rdnr. 46.

tretung ist also auf ein gut funktionierendes Kommunikationssystem zusammen mit den übrigen Interessenvertretungen und auch den Beschäftigten im Betrieb angewiesen sowie auf eine partnerschaftliche Zusammenarbeit mit dem Arbeitgeber, um nicht Gefahr zu laufen, aufgrund von Informationsdefiziten die Teilnahme an einem betrieblichen Eingliederungsmanagement zu „verpassen".

Eine Sicherung von Unterrichtungs- und Anhörungsrecht in dem Falle, in welchem das betriebliche Eingliederungsmanagement begonnen hat, aber noch nicht abgeschlossen wurde, erfolgt durch die Geltendmachung des § 95 Abs. 2 S. 2, wonach die ohne Beteiligung der Schwerbehindertenvertretung getroffene Entscheidung vom Arbeitgeber auszusetzen, die Beteiligung nachzuholen und sodann neu zu entscheiden ist.

Dass sich § 95 Abs. 2 S. 2 dabei über die Aussetzung einer getroffenen „Entscheidung" verhält, schadet der Anwendbarkeit auf das betriebliche Eingliederungsmanagement nicht. Zwar wird unter einer „Entscheidung" grundsätzlich eine vom Arbeitgeber beschlossene Maßnahme verstanden, wie z.B. die Abmahnung, Versetzung, Kündigung.[422] Der Begriff der „Entscheidung" ist daher punktueller Natur. Das betriebliche Eingliederungsmanagement hingegen ist ein länger dauerndes Verfahren, an dessen Ende nicht zwangsläufig die Durchführung einer konkreten Einzelmaßnahme steht, sondern das primär der Erörterung der vorliegenden Sachlage überhaupt dient. Am Ende eines Klärungsverfahrens steht zunächst nicht das Treffen und Durchführen von personellen Einzelmaßnahmen, sondern ein Beratungsergebnis an sich. Dies schadet jedoch vorliegend deshalb nicht, da § 95 Abs. 2 S. 2 dazu dienen soll, Maßnahmenvollzug dort zu verhindern, wo die Rechte des Betroffenen möglicherweise deshalb nicht ausreichend berücksichtigt wurden, weil die Schwerbehindertenvertretung nicht beteiligt wurde. Ob sich diese potentielle Nichtberücksichtigung der Interessen des Beschäftigten nun auf eine Entscheidung im wörtlichen Sinne bezieht, oder ob es darum geht, dass im Rahmen eines Beratungsverfahrens Beteiligungsrechte nicht berücksichtigt wurden, macht keinen Unterschied.

Erlangt die Schwerbehindertenvertretung also Kenntnis davon, dass der Arbeitgeber mit der Durchführung eines betrieblichen Eingliederungsmanagements ohne sie begonnen hat, so kann sie vom Arbeitgeber verlangen, die weitere Durchführung des Verfahrens auszusetzen. Kommt der Arbeitgeber diesem Verlangen nicht nach, kann sie gerichtliche Hilfe in Anspruch nehmen. Denn der Schwerbehindertenvertretung steht aus § 95 Abs. 2 S. 2 ein einklagbarer Anspruch auf Aussetzung gegen den Arbeitgeber zu.[423] Dieser kann nach den §§ 2 a

---

422 LPK-SGB IX/Düwell § 95 Rdnr. 17.

423 Arbeitsgericht München br 1990,43 (44); LPK-SGB IX/Düwell § 95 Rdnr. 21,30; HK-SGB IX § 95 Rdnr. 24; GK-SGB IX/Schimanski § 95 Rdnr. 112; Kossens u.a.

Abs. 1 Nr. 3 a, 80 Abs. 1 ArbGG i.V.m. 84 Abs. 2, 95 Abs.2 S. 2 SGB IX im Wege des Beschlussverfahrens erfolgen.[424]

Dabei ist jedoch zu beachten, dass aufgrund der nach den §§ 87 Abs. 1, 92 Abs. 1 S. 1 und 92 a S. 1 ArbGG gegen den erstinstanzlichen Beschluss und die Folgebeschlüsse des LAG zur Verfügung stehenden Rechtsmitteln ein Beschlussverfahren unter Umständen Jahre in Anspruch nehmen kann. Das bedeutet, dass im Laufe eines solchen Verfahrens die Gefahr besteht, dass mangels Aussetzung wegen Fehlens einer rechtskräftigen Entscheidung der oben geschilderte Rechtsverlust durch Beendigung des betrieblichen Eingliederungsmanagements droht.

Es kommt daher nur in Betracht, den Erlass einer einstweiligen Verfügung zu beantragen nach den §§ 80 Abs. 1 und 3, 48 Abs. 1, 85 Abs. 2 S. 1, 2 ArbGG i.V.m. 935, 938 Abs. 2 ZPO i.V.m. 84 Abs. 2, 95 Abs. 2 S. 2 SGB IX und zwar beim für die Hauptsache zuständigen Gericht, in dessen Bezirk der Betrieb liegt (§ 937 ZPO i.V.m. 82 Abs. 1 S. 1 ArbGG).

a. Verfügungsanspruch

Um den Erlass einer einstweiligen Verfügung mit Erfolg zu beantragen, müssen dabei Verfügungsanspruch und Verfügungsgrund glaubhaft gemacht werden.

Der erforderliche Verfügungsanspruch der Schwerbehindertenvertretung ist gegeben. Denn sie kann nach § 95 Abs. 2 S. 2 die Aussetzung der (weiteren) Durchführung vom Arbeitgeber verlangen. Dieses spiegelbildlich zum Aussetzungsanspruch bestehende Verbot (weiterer) Durchführung ist dabei so lange wirksam, bis die Beteiligung nachgeholt wurde. Die 7-Tages-Frist des § 95 Abs. 2 S. 2 ist nämlich nicht so zu verstehen, dass das Beteiligungsgebot nach Fristablauf automatisch verfällt. Die Aussetzung gilt vielmehr so lange, bis die Schwerbehindertenvertretung tatsächlich beteiligt wurde.[425]

Zwar wird vertreten, dass die Aussetzung bis zum Ablauf dieser Frist zu erfolgen und bis dahin die Arbeitgeberentscheidung „schwebend unwirksam“

---

§ 95 Rdnr. 40; Feldes u.a. § 95 Rdnr. 25; Müller-Wenner u.a./Müller-Wenner § 95 Rdnr. 43; Neumann u.a. SGB IX § 95 Rdnr. 11 a.; Kittner/Zwanziger/Bantle § 129 Rdnr. 137.

424 Vgl. Fußnote zuvor.

425 Cramer, Die Schwerbehindertenvertretung § 25 Rdnr. 7 a; Neumann/Pahlen SchwbG § 25 Rdnr. 11 a; Cramer SchwbG § 25 Rdnr. 7 a; Kittner/Zwanziger/Bantle § 129 Rdnr. 137; Müller-Wenner u.a./Müller-Wenner § 95 Rdnr. 44; Neumann u.a. SGB IX § 95 Rdnr. 11 a.

sei.[426] Aus § 95 Abs. 2 S. 2 folge kein über die 7-Tages-Frist hinausgehender Unterlassungsanspruch der Schwerbehindertenvertretung.[427]

Diese Ansicht ist jedoch abzulehnen. Zum Einen handelt es sich im Fall des § 95 Abs. 2 S. 2 nicht um einen Unterlassungsanspruch. Zwar wird mit der Aussetzung faktisch vom Arbeitgeber verlangt, eine (weitere) Durchführung zu unterlassen. Die Anspruchsgrundlage des § 95 Abs. 2 S. 2 ist jedoch nicht auf ein Unterlassen ausgerichtet, sondern verlangt dem Arbeitgeber das aktive Tun des „Aussetzens“ als Handlung ab. Zum Anderen würde, würde man dieser Ansicht folgen, das Aussetzungsrecht der Schwerbehindertenvertretung und mithin ihre Beteiligungsrechte vollkommen ausgehöhlt. Dem gesetzlich vorgesehenen Zusammenspiel von Handlungsmöglichkeiten und Sanktionen würde dies nicht gerecht. Denn wenn die 7-Tages-Frist eine „Maximalfrist“ für die Aussetzung und Nachholung darstellen würde, so verkäme das Aussetzungsrecht zum reinen Selbstzweck ohne tatsächliche Durchsetzungsmöglichkeiten. Eine reale Handhabe zur Sicherung der Beteiligungsrechte bestünde nicht, denn ebenso wie die Wahrung der Beteiligungsrechte im Vorfeld wäre es allein dem Arbeitgeber anheim gestellt, die Beteiligung nachzuholen. Tut er dies nicht und wird dieses Unterlassen allein als Ordnungswidrigkeit sanktioniert, so besteht kein Unterscheid mehr zwischen der Sanktion bereits ohne Beteiligung vollzogener Entscheidungen und noch nicht vollzogener Entscheidungen. Einen solchen Unterschied will aber § 95 Abs. 2 S. 2 gerade erreichen. Für den Arbeitgeber bestünde keinerlei Anreiz, die Beteiligung überhaupt, geschweige denn innerhalb der Frist, nachzuholen, wenn er ohne Nachholung genauso stünde wie mit Nachholung. Die Schwerbehindertenvertretung könnte ebenso gut von der gerichtlichen Geltendmachung ihres Aussetzungsrechts absehen und sogleich auf den guten Willen des Arbeitgebers hoffen. Die 7-Tages-Frist stellt also keine Höchstfrist dar, schon dem Wortlaut nach. Sie ist eine Verpflichtung des Arbeitgebers und Ausdruck des gesetzgeberischen Willens nach zeitnaher Nachholung und Beendigung des gesetzeswidrigen Zustandes. Sie ist somit als „Beschleunigungsgebot“ zu verstehen. Kommt er dieser Verpflichtung nicht nach, besteht die Sanktion darin, dass die Aussetzung weiter fortwirkt.

b. Verfügungsgrund

Auch der im Rahmen des § 935 ZPO erforderliche Verfügungsgrund ist beim ohne Beteiligung der Schwerbehindertenvertretung begonnenen betrieblichen Eingliederungsmanagement gegeben.

426 GK-SGB IX/Schimanski § 95 Rdnr. 116.
427 HK-SGB IX § 95 Rdnr. 23.

Nach § 935 ZPO muss, um die Nichtwahrnehmung der Möglichkeit des Beschwerdeverfahrens zu rechtfertigen, die Gefahr der Vereitelung oder Erschwerung der Rechtsverwirklichung bestehen. Es muss also aufgrund der Kurzfristigkeit der geschuldeten Handlung ein Erwirken eines Titels in einem ordentlichen Verfahren nicht möglich sein.[428] Soweit man angesichts des Erfordernisses der „Rechts-" Vereitelung allein auf die Schwerbehindertenvertretung als Trägerin dieses Aussetzungsrechts abstellt, liegt die Gefahr einer Vereitelung angesichts der Schaffung vollendeter Tatsachen bei ungehindertem Fortgang des Klärungsverfahrens vor. Denn sie kann nur während des noch laufenden Verfahrens ihre Beteiligungsrechte geltend machen.

Teilweise wird zudem für die Rechte des Betriebsrats in vergleichbarere Situation – und insofern kann hier nichts anderes gelten – vertreten, es komme nicht darauf an, ob der Interessenvertretung die Ausübung ihrer Beteiligungsrechte ganz oder jedenfalls für die Vergangenheit unmöglich gemacht werde. Sondern darauf, ob für die Zeit bis zum Inkrafttreten einer unter Beteiligung erfolgten Regelung der damit bezweckte notwendige Schutz der Arbeitnehmer unwiederbringlich vereitelt werde.[429] Die Beantwortung der so zu stellenden Frage sei abhängig davon, wie sich die Verletzung von Beteiligungsrechten im Verhältnis zwischen Arbeitgeber und Arbeitnehmer auswirke und in welchem Umfange die Arbeitnehmer in diesem Falle geschützt seien und diesen Schutz realisieren könnten. Seien die Folgen der Missachtung der Beteiligungsrechte abschließend geregelt und sei der damit bezweckte Schutz der Arbeitnehmer auch ohne einstweilige Verfügung nicht eingeschränkt, komme eine einstweilige Verfügung nicht in Betracht.[430]

Übertragen auf die Situation des Betroffenen im Verfahren betrieblichen Eingliederungsmanagements ergibt sich hieraus kein anderes Ergebnis als bei einem Abstellen auf die Rechte der Schwerbehindertenvertretung allein. Der Betroffene würde ohne Erlass einer einstweiligen Verfügung, also ohne Aussetzung des Verfahrens in der Zeit der Durchführung, nicht mit dem vom Gesetz vorgesehenen Schutz bedacht. Denn ohne Erlass einer einstweiligen Verfügung kann es zum Einen das Inkrafttreten einer unter Beteiligung zustande gekommenen Regelung gar nicht geben, kann die Schwerbehindertenvertretung doch nach Abschluss nicht mehr ihre Rechte gelten machen. Zum Anderen entstünde bei weiterem Fortgang des Verfahrens ohne einstweilige Verfügung eine individualrechtlich wirksame Maßnahme, der sich der Betroffene nicht mehr entziehen könnte.

---

428 Reichold ZPO § 94 Rdnr. 15.
429 Germelmann u.a./Matthes ArbGG § 940 Rdnr. 37.
430 Ders. a.a.O.

Auch durch die Beteiligung des Betriebsrates (so sie denn stattfindet) kann der Schutz des Betroffenen nicht in dem Maße erreicht werden, wie dies vom Gesetz bezweckt ist. Denn § 84 Abs. 2 ordnet eine Beteiligung der Schwerbehindertenvertretung neben der des Betriebsrates an, will also eine Wahrnehmung der Interessen des Betroffenen durch zwei Interessenvertretungen im Verfahren, wohl ausgehend davon, dass die Schwerbehindertenvertretung kraft Natur der Sache und ihrer Aufgaben über detailliertere Sachkenntnisse im Schwerbehindertenrecht verfügt.

Der von § 95 Abs. 2 S. 2 bezweckte Schutz ist also mangels ausreichender Berücksichtigung der Arbeitnehmerbelange und drohender endgültiger Wirksamkeit der Maßnahme auf individualrechtlicher Ebene nicht gewahrt, ergeht keine einstweilige Verfügung. Auch sind die Folgen der Missachtung der Beteiligungsrechte nicht abschließend derart geregelt, dass schon gesetzlich ausreichender Schutz gewährleistet wäre. Dies ist bei beendetem betrieblichen Eingliederungsmanagement der Fall. Für das noch nicht beendete Verfahren sieht § 95 Abs. 2 S. 2 aber gerade ausdrücklich etwas Anderes, nämlich die Aussetzung vor.

Die Schwerbehindertenvertretung kann somit beim zuständigen Arbeitsgericht beantragen,

> *den Arbeitgeber zu verpflichten, die (weitere) Durchführung des betrieblichen Eingliederungsmanagements zugunsten des Beschäftigten X bis zur Nachholung der Beteiligung vorläufig auszusetzen.*

2. *Initiativrecht*

Die Schwerbehindertenvertretung kann auch ihr Initiativrecht aus § 84 Abs. 2 S. 6 gerichtlich geltend machen. Diese Möglichkeit gerichtlicher Durchsetzung unterscheidet das Initiativrecht aus § 84 Abs. 2 S. 6 von dem in § 95 Abs. 1 S. 2 Nr. 2 enthaltenen, nach welchem die Schwerbehindertenvertretung die ihr obliegenden Aufgaben insbesondere dadurch erfüllt, dass sie Maßnahmen, die den schwerbehinderten Menschen dienen, insbesondere auch präventive Maßnehmen, bei den zuständigen Stellen beantragt. Die für Präventionsmaßnahmen zuständige Stelle ist der nach § 84 Abs. 2 zum betrieblichen Eingliederungsmanagement verpflichtete Arbeitgeber. Während also § 95 Abs. 1 S.2 Nr. 2 der Schwerbehindertenvertretung ein Antragsrecht einräumt[431], geht § 84 Abs. 2 S. 6 weiter und gewährt der Schwerbehindertenvertretung darüber hinaus die Möglichkeit, gegen den Willen des Arbeitgebers tätig zu werden, diesen gerichtlich zur Erfüllung seiner Pflicht anzuhalten.[432]

---

431 GK-SGB IX/Schimanski § 95 Rdnr. 47.

432 Feldes u.a. SGB IX § 84 Rdnr. 29; Neumann u.a. SGB IX Rdnr. 16.

Die gerichtliche Durchsetzung kann dabei im Wege des Beschlussverfahrens erfolgen gemäß §§ 2 a Abs. 1 Nr. 3 a, 80 Abs. 1 ArbGG, 95 Abs. 1 Nr. 1, 84 Abs. 2 S. 6 SGB IX.[433] Die in der Zuständigkeitsnorm für das Beschlussverfahren genannten Angelegenheiten beziehen zwar das betriebliche Eingliederungsmanagement nicht ausdrücklich mit ein. Denn nach § 2 a Abs. 1 Nr. 3 a ArbGG sind die Arbeitsgerichte zuständig für Angelegenheiten (u.a.) aus § 95. § 95 Abs. 1 S. 2 Nr. 1 wiederum bezieht sich aber ausdrücklich auf § 84 und leitet damit zum betrieblichen Eingliederungsmanagement über. Dabei ist es unschädlich, dass § 95 Abs. 1 S. 2 Nr. 1 lediglich eine Überwachungspflicht der Schwerbehindertenvertretung hinsichtlich der dem Arbeitgeber obliegenden Verpflichtungen normiert. Denn hieraus kann nicht gefolgert werden, dass sich die Zuständigkeit der Arbeitsgerichte auf das Überwachungsrecht, nicht aber auf das Initiativrecht der Schwerbehindertenvertretung bezieht. Denn das Überwachungsrecht kann zum Einen nicht gerichtlich geltend gemacht werden. Es berechtigt die Schwerbehindertenvertretung zur Beanstandung und zum Drängen auf Abhilfe, macht sie aber gerade nicht zu einem dem Arbeitgeber übergeordneten Kontrollorgan mit dem Recht, diesem ein Verhalten vorzuschreiben. Durch den Verweis von § 95 auf § 84 ist das Initiativrecht notwendigerweise vom Beschlussverfahren erfasst, denn nur durch die Geltendmachung dieses Rechts kann ja gerade die Erfüllung der dem Arbeitgeber obliegenden Verpflichtungen gewährleistet werden. Zum Anderen wäre es sinnwidrig, ein nicht durchsetzbares Überwachungsrecht der Zuständigkeit der Arbeitsgerichte zuzuweisen, ein gerichtlich durchsetzbares Initiativrecht hingegen davon mangels Modifikation des § 2 a ArbGG im Rahmen der Gesetzesnovelle des SGB IX hiervon auszunehmen.

Ebenso wie bei der Sicherung von Unterrichtungs- und Anhörungsrecht legt es jedoch auch beim Initiativrecht die mögliche Dauer eines solchen Beschlussverfahrens bis zu einer rechtskräftigen Entscheidung nahe, den Erlass einer einstweiligen Verfügung zu beantragen.[434]

Die Erfolgsaussichten eines solchen Antrags sind dabei jedoch nicht so offensichtlich, wie dies bei Unterrichtungs- und Anhörungsrecht der Fall war.

Zwar liegt der erforderliche Verfügungsanspruch vor. Die Schwerbehindertenvertretung hat gegen den Arbeitgeber einen Anspruch darauf, dass dieser eine Klärung durchführt, also ein betriebliches Eingliederungsmanagement einleitet.

Problematisch erscheint jedoch das Vorliegen eines Verfügungsgrundes, den es glaubhaft zu machen gilt. Denn anders als dies beim Beteiligungsrecht der Fall

433 Vgl. Gagel, Diskussionsbeitrag 5–2004 S. 4; Britschgi Krankheit und BEM S. 37; Feldes u.a. SGB IX a.a.O.; Neumann u.a. SGB IX a.a.O.

434 Für die Möglichkeit, eine solche zu beantragen auch Kohte ZSR 2005, 7 (20), ohne allerdings auf den Verfügungsgrund einzugehen.

war, geht das Recht, Klärung zu verlangen nicht bei Eintritt eines bestimmten Ereignisses juristisch ins Leere.

Dennoch unterliegt auch das Initiativrecht einer zeitlichen Begrenzung, der auch durch Wahrung des Beschleunigungsgrundsatzes im Beschlussverfahren nicht ausreichend Rechnung getragen werden kann. Denn das Initiativrecht geht nach Ablauf einer gewissen Zeit faktisch ins Leere, was zum juristischen „Untergang" des Rechts keinen Unterschied macht. Auch im Rahmen des Initiativrechts liegt die Voraussetzung des Verfügungsgrundes, dass angesichts der Kurzfristigkeit der vorzunehmenden Handlung das Erwirken eines Titels im ordentlichen Verfahren nicht zumutbar erscheint, vor:

Zunächst bleibt festzuhalten, dass es sich im vorliegenden Fall nicht mehr um eine reiche Sicherungsverfügung handeln würde. Denn anders als bei der vorläufigen Aussetzung des Verfahrens kann ein betriebliches Eingliederungsmanagement nicht vorläufig durchgeführt werden. Entweder der Arbeitgeber führt es durch, oder er führt es nicht durch. Würde also dem Antrag der Schwerbehindertenvertretung, den Arbeitgeber zur Durchführung zu verpflichten entsprochen, so würde damit die Hauptsache in vollem Umfang vorweggenommen. Denn der Arbeitgeber würde zum Handeln so verpflichtet, wie es ihm auch im Rahmen eines Titels im ordentlichen Verfahren auferlegt würde. Es läge somit eine über die reine Sicherung von Rechten hinausgehende sog. Leistungsverfügung analog § 940 ZPO vor, welche eine Ausnahme vom grundsätzlichen Verbot der Hauptsachenvorwegnahme bildet.[435]

An den Erlass einer solchen sind wegen dieses Ausnahmecharakters besondere Anforderungen zu stellen. Es muss dem Antragsteller ohne die einstweilige Verfügung ein nicht wiedergutzumachender Schaden drohen, während ein solcher Nachteil dem Arbeitgeber als Antragsgegner nicht droht.[436]

Aber auch diese gesteigerten Anforderungen sind erfüllt: Auch hier impliziert der Verfügungsanspruch den Verfügungsgrund, schon aufgrund des ansonsten eintretenden faktischen Sinnverlustes des Initiativrechts. Denn wenn Jahre vergehen, ehe der Arbeitgeber verpflichtet wird, das betriebliche Eingliederungsmanagement durchzuführen, hat sich der Gesundheitszustand des betroffenen Arbeitnehmers möglicherweise derart verschlechtert, dass ein *präventives* Handeln unmöglich ist. Dabei lassen sich die Rechte der Schwerbehindertenvertretung nicht von den Interessen der schwerbehinderten Arbeitnehmer trennen. Denn die Geltendmachung des Initiativrechts dient allein dem Zweck, den Betroffenen in den Genuss des betrieblichen Eingliederungsmanagements zu bringen und ist insofern

435 Reichold ZPO § 938 Rdnr. 3.

436 Vgl. OLG Düsseldorf NJW-RR 1996, 123 (124); OLG Köln NJW-RR 1995, 546 (547).

kein Selbstzweck. Allein zugunsten des betroffenen Schwerbehinderten soll der Eintritt in das Verfahren erwirkt werden. Dabei hat der Gesetzgeber ein rasches Handeln als unerlässliche Voraussetzung für den Erfolg des betrieblichen Eingliederungsmanagements angesehen. Er hat, um die Effektivität zu steigern, den Initiativzeitpunkt von drei Monaten auf sechs Wochen vorverlagert. Erachtet der Gesetzgeber also einen Zeitpunkt von drei Monaten Arbeitsunfähigkeit als zu spät für ein präventives Handeln, so kann dem Gesetzgeberwillen schlechterdings dadurch entsprochen werden, dass eine Handlungspflicht möglicherweise erst nach Jahren einsetzt. Dem *Präventions*gedanken würde bei Versagen der Möglichkeit einer schnellen Durchsetzung der Boden entzogen. § 84 Abs. 2 würde sinnentleert, könnte es ein unwilliger Arbeitgeber darauf anlegen, erst einen jahrelangen Rechtsstreit durch alle Instanzen zu durchlaufen, bevor er seiner Rechtspflicht nachkommt. Unterstellt der Gesetzgeber eine abstrakte Gefahr für den Bestand des Arbeitsverhältnisses bei einer Arbeitsunfähigkeit von bereits mehr als sechs Wochen und verpflichtet er den Arbeitgeber verbindlich zu frühzeitigem Handeln zur „Gefahrenabwehr" hinsichtlich einer gesundheitlichen Verschlechterung mit allen drohenden Konsequenzen arbeitsrechtlicher Art für den Betroffenen, so kann in Abgrenzung zum nur rehabilitativen Handeln dem präventiven Zweck nur dann ausreichend Rechnung getragen werden, wenn eilige Pflichten auch rasch durchgesetzt werden können. Ein nicht wiedergutzumachender Schaden liegt also vor.

Betrachtet man vergleichend dazu die dem Arbeitgeber drohenden Nachteile für den Fall, dass eine einstweilige Verfügung später aufgehoben würde, so ergibt sich nichts anderes, als die notwendige Bevorzugung des Betroffenen und seiner Interessen und mithin die der Schwerbehindertenvertretung. Dem Arbeitgeber würde die „Last" auferlegt, ein Verfahren durchgeführt zu haben, welches es rechtlich nicht bedurft hätte.

Aber ein Vergleich zwischen der Situation des Betroffenen ohne betriebliches Eingliederungsmanagement und der des Arbeitgebers mit einem rechtlich nicht gebotenen Eingliederungsmanagement ist insofern nicht zielführend, als dass sich gerade nicht prognostizieren lässt, ob sich die gesundheitliche Situation des Betroffenen ohne betriebliches Eingliederungsmanagement tatsächlich verschlechtert hätte. Denn es ist ja gerade Sinn und Zweck des betrieblichen Eingliederungsmanagements festzustellen, ob ein Aufhalten der weiteren Arbeitsunfähigkeit überhaupt möglich ist.

Aber würde man der Schwerbehindertenvertretung die Möglichkeit nehmen, ihr Initiativrecht im Wege der einstweiligen Verfügung durchzusetzen, so würde dies auch bedeuten, dass bei denjenigen, bei denen das Verfahren erfolgsversprechend hätte durchgeführt werden können, ein präventives Handeln von vornherein ausgeschlossen wäre. Normiert der Gesetzgeber ein ergebnisoffenes „Erörterungsverfahren“ und sieht er die abstrakte Gefahr eines krankheitsbedingten Arbeitsplatzverlustes wegen möglicher Verschlechterung des Gesundheitszustandes oder der Chronifizierung, so kann auf Seiten des Betroffenen nicht untersucht werden, ob er ohne ein solches Verfahren eben diese Nachteile erlitten hätte. Der Nachteil, den der Betroffene erleiden würde, wäre also nicht der einer Verschlechterung, sondern der, nicht in den Genuss eines Verfahrens gekommen zu sein, welches diese Verschlechterung möglicherweise hätte dadurch verhindern können, dass Handlungsmöglichkeiten erörtert und erkannt und später in einer gesonderten personellen Maßnahme hätten durchgeführt werden können.

Man würde den Betroffenen also um die potentielle *Möglichkeit* der Hilfe bringen und dies endgültig.

Dieser drohende Nachteil steht in keinem Verhältnis zu dem dem Arbeitgeber drohenden einer „unnützen“ Aufwendung von Zeit und Kosten. Der Gesetzgeber bürdet dem Arbeitgeber diesen Nachteil nämlich ohnehin ungeachtet etwaiger Erfolgsaussichten auf, denn das Verfahren ist ergebnisoffen. Auch wenn also ein Verfahren durchgeführt wird, welches rechtlich erforderlich war, so bedeutet dies noch nicht, dass der Arbeitgeber Zeit und Kosten wirtschaftlich sinnvoll aufgewendet hätte. Denn es kann sich stets ergeben, dass eine Handlungsmöglichkeit gerade nicht besteht. Während dem Arbeitgeber also stets potentiell „unnützer“ Zeit- und Kostenaufwand droht, bedeutet das betriebliche Eingliederungsmanagement für den Betroffenen stets eine Möglichkeit der Hilfestellung. Für den betroffenen Arbeitnehmer geht es also bei dem Verfahren um weitaus mehr schützenswerte Interessen als für den Arbeitgeber.

Die Schwerbehindertenvertretung kann also beantragen,

den Arbeitgeber zu verpflichten, zugunsten des Beschäftigten X ein Verfahren im Sinne des § 84 Abs. 2 SGB IX durchzuführen.

B. Mitwirkung der Interessenvertretungen

Nach § 84 Abs. 2 klärt der Arbeitgeber (auch) mit den Interessenvertretungen im Sinne des § 93 die Möglichkeiten präventiven Handelns. Zu beteiligen sind demnach auch – jeweils im Rahmen ihrer Zuständigkeit hinsichtlich der Person des Betroffenen – Betriebs-, Personal-, Richter- und Staatsanwalts- und Präsidialrat.

Zwar stellt auch der Präsidialrat eine Interessenvertretung dar, § 49 DRiG. Dieser ist jedoch nur zu beteiligen, wenn es um die Ernennung eines Richters geht, § 49 Nr. 2 DRiG. Dies ist jedoch nicht Gegenstand des betrieblichen Eingliederungsmanagements, so dass die Rechte des Präsidialrats im Folgenden außer Betracht bleiben können.

Ist ein schwerbehinderter Mensch von der Arbeitsunfähigkeit betroffen, so sind die Interessenvertretungen neben der Schwerbehindertenvertretung, in allen übrigen Fällen ausschließlich die Interessenvertretungen, in das Klärungsverfahren einzubeziehen, § 84 Abs. 2 S. 1.

I. Unterrichtungsrecht

Auch den Interessenvertretungen steht dabei ein Recht auf umfassende und rechtzeitige Unterrichtung gegen den Arbeitgeber zu.

Dieses Recht folgt indes nicht schon aus § 93, wonach den Interessenvertretungen die Aufgabe zukommt, die Eingliederung schwerbehinderter und anderer schutzbedürftiger Menschen zu fördern. Der dort niedergelegte Schutzauftrag, der die Implizierung eines Unterrichtungsrechts im Rahmen aktiver Teilhabe am betrieblichen Geschehen nahe legt, stellt lediglich klar, dass diese Aufgabe nicht nur der Schwerbehindertenvertretung zukommt. § 93 wiederholt lediglich diejenige Aufgabe, die den Interessenvertretungen[437] schon aus den für sie besonders ausgestalteten Regelungen außerhalb des SGB IX zufällt.[438]

1. Betriebsrat

Für den Betriebsrat folgt ein solches Unterrichtungsrecht vielmehr aus § 80 Abs. 2 S. 1 i.V.m. Abs. 1 Nr. 1 BetrVG. Danach ist der Betriebsrat zur Durchführung seiner Aufgaben vom Arbeitgeber rechtzeitig und umfassend zu unterrichten. Zu diesen Aufgaben gehört nach § 80 Abs. 1 Nr. 1 BetrVG darüber zu wachen, dass die zugunsten der Arbeitnehmer geltenden Gesetze durchgeführt werden. Zu diesen Gesetzen gehören alle sich potentiell begünstigend auswirkende Rechtsnormen[439], gerade auch das SGB IX[440] und mithin auch die Klärung nach § 84 Abs. 2. § 80 Abs. 2 BetrVG stellt dabei spiegelbildlich zur Verpflichtung des Arbeitgebers eine Anspruchsgrundlage für den Betriebsrat dar.[441]

Darüber hinaus ergibt sich dieses Unterrichtungsrecht auch aus § 80 Abs. 2 S. 1 i.V.m. Abs. 1 Nr. 4 BetrVG. Die hiernach zu erfüllende Aufgabe, die ein Unterrichtungsrecht ausdrücklich einräumt, ist die Förderung der Eingliederung

---

437 Mit Ausnahme des Präsidialrates.

438 Müller-Wenner u.a./Müller-Wenner § 93 Rdnr. 6; Neumann u.a. SGB IX/Pahlen § 93 Rdnr. 8; LPK-SGB IX/Düwell § 93 Rdnr. 3,4.

439 DKK/Buschmann § 80 BetrVG Rdnr. 6.

440 Fitting § 80 BetrVG Rdnr. 6; Richardi u.a. BetrVG/Thüsing § 80 BetrVG Rdnr. 6.

441 BAG AP Nr. 19 zu § 80 BetrVG 1972 Bl. 951; BAG AP Nr. 56 zu § 80 BetrVG 1972 Bl. 1062; HK-BetrVG/Kohte § 80 Rdnr. 69.

schwerbehinderter und anderer schutzbedürftiger Personen. Zu diesen schutzbedürftigen Personen können, neben den ausdrücklich genannten Schwerbehinderten, auch diejenigen nichtbehinderten Beschäftigten gezählt werden, die unter einer länger als sechs Wochen dauernden Arbeitsunfähigkeit leiden. Denn die besondere Schutzbedürftigkeit dieses Personenkreises folgt schon daraus, dass es der Gesetzgeber als abstrakt arbeitsplatzgefährdend ansieht, wenn die sachlichen Voraussetzungen des § 84 Abs. 2 erfüllt sind. Aus diesem Grunde wurde die Norm geschaffen. Dieser Schutzauftrag umfasst dabei die Unterbringung der genannten Personen im Betrieb und die Zuweisung einer ihren Fähigkeiten entsprechenden Beschäftigung.[442] Um genau diese Belange geht es auch im Verfahren betrieblichen Eingliederungsmanagements – es sollen die Möglichkeiten eruiert werden, die bestehen, um dem Betroffenen eine weitergehende und leidensgerechte Tätigkeit im Betrieb ermöglichen, um eine krankheitsbedingte Kündigung zu vermeiden. Dabei hat der Betriebsrat mit dem Arbeitgeber über die Angelegenheiten dieses Schutzauftrages aktiv zu verhandeln.[443]

Zuletzt folgt auch für den Betriebsrat ein Unterrichtungsrecht aus § 84 Abs. 2 S. 6. Diesbezüglich kann auf die obigen Darstellungen für die Schwerbehindertenvertretung verwiesen werden; beiden Vertretungen werden im Rahmen der Norm die gleichen Rechte eingeräumt.

2. Personalrat

Für den Personalrat als Interessenvertretung der Beschäftigten im öffentlichen Dienst, § 12 BPersVG[444], folgt das Unterrichtungsrecht aus dem Personalvertretungsrecht. Dabei gelten für die Personalräte – je nach Träger der Verwaltung, für die der Betroffene tätig ist – das BPersVG oder das jeweilige LPersVG[445]. Inhaltlich sind die Regelungen auf Bundes- und Landesebene weitestgehend deckungsgleich, weshalb hier allein auf das BPersVG Bezug genommen wird.

Ebenso wie der Betriebsrat hat auch der Personalrat die Aufgabe, darüber zu wachen, dass die zugunsten der Beschäftigten geltenden Gesetz durchgeführt werden, § 68 Abs. 1 Nr. 2 BPersVG. Das dem Personalrat zustehende Unterrichtungsrecht folgt aus § 68 Abs. 2 S. 1 i.V.m. Abs. 1 Nr. 2 BPersVG.

Auf Landesebene wird dies teilweise nicht gleichlautend normiert. Es ist anstelle der im BPersVG gewählten Formulierung hier von der Pflicht des Arbeitgebers zur Vorlage von Unterlagen über die im Aufgabenbereich des Personalra-

442 Fitting a.a.O. Rdnr. 28.
443 DKK./Buschmann a.a.O. Rdnr. 42; Fitting a.a.O.; Richardi u.a. BetrVG/Thüsing a.a.O. Rdnr. 37.
444 Bundespersonalvertretungsgesetz.
445 Landespersonalvertretungsgesetz.

tes liegenden Angelegenheiten die Rede[446]. Dies unterscheidet sich jedoch vom BPersVG allein durch den Aspekt der Schriftlichkeit der Unterrichtung, ändert jedoch nichts am Vorliegen eines Unterrichtungsrechts selbst.

Zudem ergibt sich ein Unterrichtungsrecht des Personalrates aus § 68 Abs. 2 S. 1 i.V.m. Abs. 1 Nr. 4 BPersVG, nach welchem auch dem Personalrat die Aufgabe der Eingliederung schwerbehinderter und sonstiger schutzbedürftiger Personen obliegt. Insoweit kann zur Vermeidung von Wiederholungen auf die obigen Ausführungen verwiesen werden. Hinsichtlich des auch dem Personalrat nach § 84 Abs. 2 S. 6 zustehenden Unterrichtungsrecht aus dem Recht, Klärung zu verlangen, wird auf die schon zu den Rechten der Schwerbehindertenvertretung dargestellten Ausführungen, die entsprechend gelten, Bezug genommen.

3. Interessenvertretungen im Übrigen

Vergleichbar gestaltet sich die Rechtslage bei den übrigen Interessenvertretungen im Sinne des § 93:

a. Richterrat

Der Richterrat ist die für Richter zuständige Interessenvertretung in sozialen Angelegenheiten, § 49 Nr. 1 DRiG[447]. Je nach dem den Betroffenen beschäftigenden Gericht gilt auch hier entweder das Richtergesetz auf Bundes-[448] oder das auf Landesebene[449], beiden sind jedoch weitestgehend inhaltsgleich[450].

Für die Rechte des Richterrates wird durch § 52 DRiG auf die Geltung des BPersVG verwiesen. Das Unterrichtungsrecht des Richterrates folgt demnach aus § 52 DRiG i.V.m. § 68 Abs. 2 S. 1, Abs. 1 Nr. 2 und 4 BPersVG. Hinsichtlich des sich auch für den Richterrat zusätzlich aus § 84 Abs. 2 S. 6 ergebenden Unterrichtungsrechts wird auf die entsprechende Geltung obiger Ausführungen verwiesen.

---

446 So in: Bremen § 54 Abs. 3 BremPersVG und Rheinland-Pfalz § 67 Abs. 2 PersVG-Rheinl-Pf.

447 Deutsches Richtergesetz.

448 DRiG.

449 LRiG – Landesrichtergesetz.

450 Daher wird auch hier auf die Bundesebene Bezug genommen und Abweichungen auf Landesebene, soweit sie bestehen, hervorgehoben.

b. Staatsanwaltsrat

Der Staatsanwaltsrat ist die für die Staatsanwälte zuständige besondere Interessenvertretung. Nach § 95 Abs. 1 2. HS BPersVG sind die Länder ermächtigt, für Staatsanwälte eine besondere, von den übrigen landesgesetzlichen Regelungen abweichende Regelungen vorzusehen.

Von dieser rahmenrechtlichen Ermächtigung haben lediglich die Länder Bremen und Hamburg keinen Gebrauch gemacht. In Ihren LPersVGen existiert kein besonderer Staatsanwaltsrat. In Hamburg normiert § 6 Abs. 1 Nr. 11 LPersVG-HH[451], dass die Staatsanwaltschaft bei dem OLG mit der am LG eine gemeinsame Dienststelle bildet. Das heißt, dass in Hamburg die Staatsanwälte zusammen mit den übrigen Beschäftigten des Gerichts einen gemeinsamen Personalrat wählen. Die Rechte der Interessenvertretung für die Staatsanwälte richtet sich demnach nach dem LPersVG-HH. In Bremen wird dieses Ergebnis der Geltung des BremPersVG dadurch erreicht, dass hinsichtlich der Staatsanwälte gar keine Regelungen existieren. In Bremen gilt daher ebenfalls das LPersVG für Staatsanwälte uneingeschränkt. Auch in denjenigen Bundesländern, die, anders als Bremen und Hamburg, besondere Staatsanwaltsräte vorsehen, richten sich deren Rechte nach den allgemeinen Regelungen des jeweiligen LPersVG. Dies wird auf zweierlei Weise erreicht. In manchen Bundesländern wird ausdrücklich angeordnet, dass für Staatsanwaltsräte die Regelungen des LPersVG gelten[452]. Andere Bundesländer normieren die Rechtsstellung der Staatsanwaltsräte im jeweiligen LRiG, welches seinerseits auf die Geltung des LPersVG verweist[453].

Letztlich entsprechen also in allen Bundesländern die Rechte des Staatsanwaltsrates (so er besteht) denen des Personalrates. Zur Vermeidung von Wiederholungen kann demnach auf die Ausführungen zum Personalrat verwiesen werden.

---

451 Landespersonalvertretungsgesetz Hamburg.

452 So in: Berlin § 5 Abs. 2 Nr. 3 LPersVG-Berlin; Niedersachen §§ 85,111 Abs. 1, 113 LPersVG-Nieders.; NRW §§ 96,97 PersVG-NRW sowie Saarland §§ 100,101 LPersVG-Saarland.

453 So in: Baden-Württemberg §§ 4 Abs. 1 LPersVG i.V.m. 88,89 LRiG; Bayern Art. 84,86 a LPersVG i.V.m. 46–55 LRiG; Brandenburg §§ 4 Abs. 1 S. 2 LPersVG i.V.m. 93,94 LRiG; Hessen §§ 3 Abs. 1 S. 2 LPersVG i.V.m. 78 a LRiG; Mecklenburg-Vorpommern §§ 91 LPersVG i.V.m. 54,55 LRiG; Rheinland-Pfalz §§ 4 Abs. 1 S. 2 LPersVG i.V.m. 73,74 LRiG; Sachsen § 4 Abs. 1 S. 2 LPersVG i.V.m. 54,55 LRiG; Sachsen-Anhalt §§ 4 Abs. 1 S. 2 LPersVG i.V.m. 78–80 LRiG; Schleswig-Holstein §§ 4 Abs. 1 S. 1 Mitbestimmungsgesetz i.V.m. 53–55 LRiG sowie Thüringen §§ 4 Abs. 1 S. 2 LPersVG i.V.m. 83,84 LRiG.

II. Anhörungsrecht

Eine, dem für die Schwerbehindertenvertretung geltenden § 95 entsprechende, ausdrückliche Regelung eines Anhörungsrechts existiert weder im BetrVG, noch im BPersVG oder DRiG. Das Anhörungsrecht der Interessenvertretungen ergibt sich jedoch aus Sinn und Zweck der bereits ein Unterrichtungsrecht einräumenden Regelungen:

1. Betriebsrat

Für den Betriebsrat konstatiert § 80 Abs. 1 Nr. 4 BetrVG das Recht, vom Arbeitgeber angehört zu werden. Wie dargestellt, folgt aus dem Auftrag der Förderung der Eingliederung schutzbedürftiger Personen im Betrieb die Aufgabe des Betriebsrates, mit dem Arbeitgeber über diejenigen Angelegenheiten, die diesen Schutzauftrag berühren, zu verhandeln, wobei es insbesondere um die Frage einer den Fähigkeiten des Betroffenen entsprechenden Tätigkeit im Betrieb geht, welche gerade Inhalt des betrieblichen Eingliederungsmanagements ist. Aus dem Auftrag des Betriebsrates, aktiv tätig zu werden und mit dem Arbeitgeber zu verhandeln, folgt also notwendigerweise auch das Recht, von diesem angehört zu werden und damit die arbeitgeberseitige Pflicht, sich mit den Anmerkungen des Betriebsrates im Rahmen dieser Verhandlungen auseinander zu setzen. Nur so kann die erstrebte Verhandlung überhaupt stattfinden.

Zudem folgt auch aus § 84 Abs. 2 S. 6 dieses Anhörungsrecht. Denn kann der Betriebsrat die Klärung, also die Erörterung verlangen, so berechtigt ihn dies auch dazu, vom Arbeitgeber im Rahmen dieser Erörterung angehört zu werden.

2. Personalrat

Für den Personalrat ist der gleiche Schutzauftrag zur Eingliederungsförderung in § 68 Abs. 1 Nr. 4 BPersVG geregelt. Da er inhaltlich mit dem des Betriebsrates aus § 80 Abs. 1 Nr. 4 BetrVG übereinstimmt, ergibt sich aus § 68 Abs. 1 Nr. 4 BPersVG für den Personalrat das Anhörungsrecht im Rahmen betrieblichen Eingliederungsmanagements. Angesichts der Geltung des § 84 Abs. 2 S. 6 auch für den Personalrat, bildet auch diese Norm hier eine weitere Rechtsgrundlage eines Anhörungsrechts.

3. Interessenvertretungen im Übrigen

Aufgrund der Verweisungen auf das BPersVG und LPersVG für Richter- und Staatsanwaltsräte gelten die Ausführungen zum Personalrat für diese entsprechend.

III. Überwachungsrecht

Auch hinsichtlich des Überwachungsrecht divergieren die Rechte der Interessenvertretungen nicht gegenüber denen der Schwerbehindertenvertretung.

Der dem § 95 Abs. 1 Nr. 1 gleichlautende Auftrag, die Durchführung der zugunsten der Beschäftigten geltenden Gesetze (und mithin die des § 84 Abs. 2) zu überwachen, und mithin das Beanstandungsrecht und das Recht auf Abhilfe zu drängen, finden sich für den Betriebsrat in § 80 Abs. 1 Nr. 1 BetrVG. Für den Personalrat unmittelbar und für Richter- und Staatsanwaltsrat über die genannten Verweisungen folgt dieses aus § 68 Abs. 1 Nr. 1 BPersVG. Zudem ist dieses Überwachungsrecht gleichlautend in § 84 Abs. 2 S. 7 geregelt, was eine weitere Rechtsgrundlage des Beanstandungsrechts darstellt.

IV. Initiativrecht

Das Recht, initiativ die Klärung zu verlangen, folgt auch für die Interessenvertretungen aus § 84 Abs. 2 S. 6. Insoweit kann auf die dortigen Ausführungen verwiesen werden.

V. Gerichtliche Sicherung der Mitwirkungsrechte

Geht der Arbeitgeber bzw. Dienstherr irrig davon aus, dem Betriebsrat bzw. der Interessenvertretung stehe ein Mitwirkungsrecht nicht zu, so kann für diese die Notwendigkeit bestehen, ihre Rechte gerichtlich zu sichern. Dies kann indes nur für das Unterrichtungs-, Anhörungs- und Initiativrecht gelten, da das Überwachungsrecht auch hier nur ein Recht zur Beanstandung gewährt. Wie schon bei der Schwerbehindertenvertretung kommt auch hier aufgrund der Dringlichkeit nur die Beantragung einer einstweiligen Verfügung in Betracht.

1. Unterrichtungs- und Anhörungsrecht

Zunächst können Betriebsrat und die Interessenvertretungen das Unterrichtungs- und Anhörungsrecht gerichtlich sichern.

a. Betriebsrat

Der für die erfolgreiche Beantragung einer einstweiligen Verfügung erforderliche Verfügungsanspruch folgt – wie dargelegt – aus § 80 Abs.2 BetrVG sowie § 84 Abs. 2 S. 6. Demnach kann der Betriebsrat einen entsprechenden Leistungsantrag auf Unterrichtung und Anhörung stellen.[454]

Der darüber hinaus glaubhaft zu machende Verfügungsanspruch folgt erneut aus der wegen der gesetzlich in § 84 Abs. 2 vorgesehenen Initiative im Rahmen des betrieblichen Eingliederungsmanagements nach sechswöchiger Arbeitsunfähigkeit aus der gebotenen Kurzfristigkeit der vorzunehmenden Arbeitgeberhandlung und der ohne die Wahrung der Beteiligungsrechte eintretenden individualrechtlichen Wirksamkeit der Maßnahme. Das einmal zugunsten des Betroffenen durchgeführte betriebliche Eingliederungsmanagement kann nicht nachgeholt werden, so dass der Betriebsrat seiner Rechte durch Zeitablauf verlustig geht. Eine nachträgliche Feststellung, dass dem Betriebsrat ein Unterrichtungs- und Anhörungsrecht zugestanden hat, ist mangels Zulässigkeit eines solchen Antrags nicht möglich, denn ein so lautender (dann) Beschluss könnte keine Rechtswirkungen für die Beteiligten mehr entfalten[455].

Ist also eine nachträgliche Feststellung unzulässig und ein Beschlussverfahren zu langwierig, kann der Betriebsrat beim zuständigen Arbeitsgericht beantragen,

> *den Arbeitgeber zu verpflichten, ihn über die dem Arbeitgeber zur Verfügung stehenden Fehlzeiten und übrigen Daten des Betroffenen X mit dem Ziel der Durchführung eines betrieblichen Eingliederungsmanagements zu unterrichten und anzuhören.*

Fraglich ist, wie der Antrag lauten muss, wenn der Arbeitgeber mit dem betrieblichen Eingliederungsmanagement noch nicht begonnen hat. Denn dann liegt noch keine Zustimmung des Betroffenen zum Klärungsverfahren vor, die sich auch darauf beziehen würde, dass die personenbezogenen Daten, über die der Arbeitgeber verfügt, an den Betriebsrat weitergegeben werden dürfen. Die Frage lautet also, ob der Arbeitgeber auch ohne eine solche Zustimmung des Betroffenen Daten an den Betriebsrat weitergeben darf. Die Daten, über die der Arbeitgeber verfügt, sind regelmäßig wegen des beschränkten Inhalts von Arbeitsunfä-

454 HK-BetrVG/Kohte § 80 Rdnr. 69.
455 BAG AP Nr. 19 zu § 80 BetrVG 1972 Bl. 949 R.

higkeitsbescheinigungen diejenigen über das Vorliegen einer Arbeitsunfähigkeit und deren bisherige sowie voraussichtlich weitere Dauer. Stehen diese Daten also unter Datenschutz im Sinne eines Einwilligungsvorbehaltes? Kann sich der Arbeitgeber auf die Nichterteilung der Zustimmung zurückziehen mit der Konsequenz, dass bereits im Antrag auf Erlass einer einstweiligen Verfügung dem Zustimmungsvorbehalt Rechnung getragen werden müsste, etwa, indem diese eingeholt und dem Gericht im Rahmen der Beibringung sämtlicher anspruchsbegründenden Tatsachen vorgelegt wird?

Die vorliegende Situation unterscheidet sich dabei nicht von derjenigen im Falle einer Kündigung des Arbeitnehmers. Gemäß § 102 Abs. 1 S. 1, 2 BetrVG ist der Betriebsrat vor jeder Kündigung anzuhören; der Arbeitgeber hat ihm die Gründe für die Kündigung mitzuteilen. Bei einer krankheitsbedingten Kündigung sind diese Gründe die bisher vorliegende Arbeitsunfähigkeit und die nicht zu erwartende Genesung (negative Gesundheitsprognose) für die Zukunft aufgrund des bisherigen Krankheitsverlaufs. Nach § 102 Abs. 2 S. 5 BetrVG gilt § 99 Abs. 1 S. 3 BetrVG entsprechend. Danach hat der Betriebsrat über die ihm im Rahmen personeller Maßnahmen bekannt gewordenen persönlichen Verhältnisse und Angelegenheiten des Arbeitnehmers, die einer vertraulichen Behandlung bedürfen, Stillschweigen zu wahren. Diese Norm ergänzt die Geheimhaltungspflicht der Betriebsratsmitglieder für Geschäfts- und Betriebsgeheimnisse nach § 79 BetrVG für den Bereich personenbezogener Informationen. Wird dem Arbeitgeber also die Pflicht auferlegt, den Betriebsrat über die persönlichen Daten zu unterrichten – ohne gesetzlichen Zustimmungsvorbehalt – und sind die Betriebsratsmitglieder zur Verschwiegenheit verpflichtet, so ist dadurch gewährleistet, dass der Betriebsrat seine Aufgaben wahrnehmen kann, ohne dass die Daten des Betroffenen den Betrieb „verlassen".

Würde man also im Fall des betrieblichen Eingliederungsmanagements eine Zustimmung fordern, so würde dies bedeuten, dass der Arbeitgeber seiner Pflicht nur mit Zustimmung des Betroffenen nachkommen könnte. Bei § 84 Abs. 2 ist dies zwar grundsätzlich durch die Normierung des Zustimmungserfordernisses so vorgesehen; diese bezieht sich jedoch allein auf die Durchführung des Verfahrens zugunsten des Betroffenen überhaupt, also im Verhältnis Arbeitgeber-Arbeitnehmer und diesen begünstigenden Maßnahmen. Die Unterrichtung und Anhörung des Betriebsrats jedoch findet außerhalb dieses Verhältnisses statt. Auf eine Kündigung übertragen würde die Abhängigkeit einer Datenweitergabe von einer Zustimmung des betroffenen Arbeitnehmers bedeuten, dass der Arbeitgeber vor Unterrichtung und Anhörung die Zustimmung des Betroffenen einholen müsste. Würde der Betroffene diese verweigern, so könnte keine Unterrichtung und Anhörung stattfinden, was auch bedeuten würde, dass der Arbeitgeber keine wirksamen Kündigungen aussprechen könnte, denn eine ohne Anhörung ausgesprochene Kündigung ist gem. § 102 Abs. 1 S. 3 BetrVG unwirksam.

Es kann also der Betriebsrat nur als Nicht-Dritter im Sinne des BDSG angesehen werden und auch außerhalb des BDSG der betriebsinterne Datenfluss zwischen Arbeitgeber und Betriebsrat ein freier sein.

Der Unterrichtungs- und Anhörungsanspruch ist also nicht von der Zustimmung des Betroffenen zur Datenweitergabe abhängig, so dass es bei dem eingangs formulierten Antrag auf unbedingte Verpflichtung bleibt.

b. Personalrat

Anders stellt sich hinsichtlich des Antragsinhalts die Rechtslage dar, will der Personalrat seine Unterrichtungs- und Anhörungsrechte gerichtlich sichern. Rechtsgrundlage sind hier die §§ 68 Abs. 2 S. 1 iVm. Abs. 1 Nr. 2 bzw. 4 BPersVG sowie § 84 Abs. 2 S. 6.

aa. § 68 Abs. 2, 1 BPersVG

Zunächst ist auf die Sicherung der Rechts aus § 68 Abs. 2,1 BPersVG einzugehen.

Gemäß § 83 Abs. 1 Nr. 3 BPersVG entscheiden die Verwaltungsgerichte über die Rechtsstellung der Personalvertretungen. Dabei gelten für das Verfahren gemäß § 83 Abs. 2 BPersVG die Vorschriften des ArbGG über das Beschlussverfahren entsprechend. Dies berechtigt die Personalvertretungen, den Weg über eine einstweilige Verfügung gemäß §§ 83 Abs. 1 Nr. 3, Abs. 2 BPersVG iVm. 2 a Abs. 1 Nr. 3, 80 Abs. 1, 2, 48 Abs. 1, 85 Abs. 2 ArbGG iVm 935, 938 Abs. 3 ZPO zu beschreiten, denn eine Ausnahme von § 85 Abs. 2 ArbGG (Zulässigkeit einstweiliger Verfügungen) findet sich in der Verweisung nicht.

(1) Zuständigkeit statt Anspruch

Hinsichtlich der Frage, wie ein solcher Antrag zu formulieren sein kann, ist eine Orientierung am (fiktiven) Hauptsacheverfahren geboten. Dabei wird es im Rahmen des BPersVG den Personalvertretungen – anders als dem Betriebsrat – bei den Mitwirkungsrechten kein Anspruch eingeräumt. Die Beteiligungsrechte sind vielmehr in der Weise ausgestaltet, dass den Personalvertretungen Zuständigkeiten und den Dienstherren Handlungspflichten zuweist. Dies jedoch nicht in Form von Anspruch und Verbindlichkeit.[456]

---

456 VGH Baden-Württemberg PersV 1985, 331 (332); Dass. PersV 1985, 332 (333).

Daher können von den Verwaltungsgerichten in Beteiligungsangelegenheiten nach dem BPersVG nur feststellende Entscheidungen getroffen werden.[457]

In der Hauptsache wäre also bei der Geltendmachung von Rechten aus dem BPersVG die Erhebung einer Feststellungsklage im Beschlussverfahren geboten.

Zwar billigt das BVerwG dem Personalrat – anders als im Hauptsacheverfahren – bei der einstweiligen Verfügung die Möglichkeit zu, eine einstweilige Verfügung zu erhalten, die den „Ausspruch verfahrensrechtlichen Inhalts in dem Sinne" enthält, „dass er sich nur auf Verfahrenshandlungen bezieht" und zieht dabei in Betracht, dass „der Dienststellenleiter (...) verpflichtet wird, das Beteiligungsverfahren einzuleiten"[458]. Damit gewährt das BVerwG die Möglichkeit einer verpflichtenden einstweiligen Verfügung und damit eines Leistungsantrags gleichsam „durch die Hintertür".

So erstrebenswert es auch sein mag, dem Personalrat umfangreiche verfahrensrechtliche Möglichkeiten zuzubilligen und insofern dem Betriebsrat gleichzustellen, so wenig überzeugend ist jedoch diese Ansicht des BVerwG. Zum Einen lässt sie es offen, an welche Voraussetzungen eine solche Verpflichtung und damit ein „verfahrensrechtlicher Anspruch" geknüpft sein soll. Zum Anderen ist schon die Inkonsequenz Anlass genug, von der Ansicht Abstand zu nehmen. Denn das BVerwG billigt diese Möglichkeit nur für das Verfahren der einstweiligen Verfügung, nicht aber für das Hauptsacheverfahren. Es kann nicht richtig sein, dem Personalrat im Beschlussverfahren aufgrund dessen Charakters als, so das BVerwG, „objektives Verfahren"[459] die Möglichkeiten von Leistungs- bzw. Verpflichtungsantrag in personalvertretungsrechtlichen Angelegenheiten zu versagen, andererseits aber einen solchen Tenor in einer einstweiligen Verfügung zuzulassen.

Es kann im einstweiligen Verfügungsverfahren keine anderen Anträge geben, als im Hauptsacheverfahren. Denn der Erlass einer einstweiligen Verfügung findet im Beschlussverfahren statt, seine Zulässigkeit ist systematisch und inhaltlich im Abschnitt des Beschlussverfahrens in § 85 Abs. 2 ArbGG geregelt. § 81 ArbGG, der den Antrag behandelt, weist keine Abweichungen für das Verfahren einstweiliger Verfügung auf. Zudem ist auch im Verfahren auf Erlass einer einstweiligen Verfügung ein (Verfügungs-)Anspruch erforderlich, und zwar ein materiell-rechtlicher. Gewährt das BPersVG dem Personalrat keinen solchen, so kann dies nicht durch die gerichtliche Einräumung eines „verfahrensrechtlichen" Anspruchs umgangen werden. Entweder, das BPersVG gewährt einen Anspruch oder nicht und entweder das Verwaltungsgericht ist nur für feststellende Ent-

---

457 Dass. a.a.O.
458 BVerwG PersV 1991, 29 (30).
459 BVerwG a.a.O.

scheidungen in personalvertretungsrechtlichen Angelegenheiten zuständig, oder nicht. Eilbedürftigkeit vermag die materielle Rechtslage zwischen den Parteien nicht zu ändern.

Da § 68 Abs. 2 BPersVG dem Personalrat keinen materiellen Anspruch gegen den Dienstherren einräumt, sondern nur Zuständigkeiten und dem Dienstherren nur eine Verpflichtung auferlegt, kann sich der zulässige Antrag auch nur auf die Feststellung der Verpflichtung beziehen.

(2) Einstweilige Feststellungsverfügung?

Ob jedoch ein Antrag auf Erlass einer feststellenden einstweiligen Verfügung überhaupt zulässig sein kann, ist umstritten. Die Beurteilung dieser Frage richtet sich aufgrund der Verweisung nach den Grundsätzen der ZPO.

Die Ansichten reichen hier von der generellen Ablehnung der Zulässigkeit einer Feststellungsverfügung[460] über die Zulassung einer solchen nur unter Einschränkungen[461] bis hin zur Bejahung einer Zulässigkeit[462].

Jedenfalls der Ansicht, dass eine Feststellungsverfügung generell abzulehnen sei, kann nicht beigepflichtet werden. Die hierfür angeführten Argumente können nicht überzeugen. So wird angeführt, eine feststellende einstweilige Verfügung nehme entgegen Sinn und Zweck der §§ 916 ff ZPO die Entscheidung in der Hauptsache vorweg.[463] Ungeachtet der Behauptung von Teilen der Gegenansicht, der Grundsatz des Verbotes des Hauptsachenvorwegnahme sei ohnehin nicht haltbar[464], deren Berechtigung dahinstehen kann, ist dem Argument der Hauptsachenvorwegnahme insofern zuzustimmen, als dass tatsächlich der Antragsteller im Antrag nichts anderes beantragen kann, als er in der Hauptsache begehren würde[465]. Dies hindert jedoch die Zulässigkeit insofern nicht, als dass dies auch bei der allgemein anerkannten Leistungsverfügung unschädlich ist[466], wenn dem Antragsteller bei einer Verweisung auf die Hauptsache unzumutbare Nachteile entstünden. Insofern unterscheidet sich die Feststellungsverfügung nicht von jeder anderen Leistungsverfügung. Hinzu kommt, dass eine bei vollstreckbaren

---

460 Bayerischer VGH PersV 1985, 335 (336); Dütz BB 1980, 533 (534); a.A. jedoch ders. noch zuvor in DB 1076, 1428 (1432).

461 Dannhäuser PersV 1991, 193 (203); Kohler ZZP 103 (1990), 184 (207); Vogg NJW 1993, 1357 (1363); Semler BB 1979, 1533 (1535); OVG Bremen PersV 1987, 108 (109); Dütz DB 1976, 1428 (1432).

462 So wohl Grunsky JuS 1976, 277 (284), andererseits jedoch enge Grenzen fordernd S. 285.

463 OVG Bremen PersV 1987, 108 (108); Bayerischer VGH PersV 1985, 335 (336).

464 Vogg NJW 1993, 1357 (1364).

465 So auch Bayerischer VGH a.a.O.

466 So auch Grunsky JuS 1976, 277 (284); Kohler ZZP 103 (1990), 184 (186).

einstweiligen Verfügungen „tatsächliche“ Vorwegnahme der Hauptsache durch eine Befriedigung per Vollstreckung gerade gesetzlich möglich und daher nicht per se anzunehmen ist. Denn durch die Vollstreckung und die grundsätzliche Verweisung auf Schadensersatz nach § 945 ZPO (die in Arbeitssachen nach § 85 Abs. 2 S. 2 ArbGG nicht möglich ist) wird ja die Befriedigung gerade gesetzlich vorgesehen. Dies steht also auch sonst nicht im Widerspruch zur Vorläufigkeit der Maßnahme.[467] Diese ausnahmsweise tatsächliche Vorwegnahme der Hauptsache ist auch deshalb unausweichlich, weil es sich auch beim Verfahren einstweiliger Verfügung um ein Erkenntnisverfahren handelt, welches nicht ohne Rücksicht auf die materielle Rechtslage stattfinden kann.[468]

Entscheidend muss die Frage danach sein, ob durch den Erlass einer Feststellungsverfügung die Abwehr drohender Gefahren für den Antragsteller möglich ist.[469] Hier setzen auch die Gegner der Feststellungsverfügung an. Sie sehen den Zweck der einstweiligen Verfügung unterlaufen, da es sich bei ihr grundsätzlich um eine vollstreckbare Anordnung handelt und diese systematisch im Zusammenhang mit dem Recht der Zwangsvollstreckung geregelt ist. Mit Vollstreckbarkeit und Zwangsvollstreckung „vertrage“ sich eine Verfügung jedoch nicht, die sich in einer bloßen Feststellung erschöpfe[470]; eine einstweilige Verfügung in Gestalt einer Feststellung sei daher „ein Widerspruch in sich“[471].

Die fehlende Vollstreckbarkeit ist indes nicht geeignet, die Unzulässigkeit einer Feststellungsverfügung herzuleiten.[472] Dies wäre allenfalls dann der Fall, wenn die fehlende Vollstreckbarkeit der völligen Wirkungslosigkeit gleichzusetzen wäre. Dies ist aber gerade nicht (immer) gegeben. Eine Feststellung ist durchaus geeignet – wie eine Regelungsverfügung, die gesetzlich vorgesehen ist, § 940 ZPO – Rechtsfrieden zu schaffen und den Parteien die Einschätzung und Einhaltung des ihnen zugewiesenen Verhaltensrahmen zu ermöglichen[473]. Dies gilt jedenfalls dann, wenn der Antragsgegner den Inhalt der einstweiligen Verfügung befolgen wird.[474] Denn dann besteht die gleiche Wirkung wie bei einer Vollstreckbarkeit der Entscheidung. Und dann ist die einstweilige Verfügung auch geeignet, drohende Gefahren vom Antragsteller abzuwenden. Liegt also das

467 Vgl. Vogg NJW 1993, 1357 (1364).
468 So auch Vogg a.a.O.
469 So auch Kohler a.a.O.
470 OVG Bremen PersV 1987, 108 (108).
471 Bayerischer VGH PersV 1985, 335 (336).
472 So auch Kohler ZZP 130 (1990), 184 (190).
473 So auch Kohler a.a.O. S. 201; Dannhäuser PersV 1991, 193 (204).
474 Dan Zulässigkeit auch nach Semler BB 1979, 1533 (1535); Vogg NJW 1993, 1357 (1365).

„interimistische Klärungsinteresse“[475] auf beiden Seiten, so kann das Argument fehlender Vollstreckbarkeit nicht mehr verfangen.

Gleiches gilt für das Argument, eine Feststellungsverfügung sei nicht „notwendig“, weil das Bestehen eines Rechts per Gesetz feststehe und das Risiko einer Fehleinschätzung und die Rechtsausübung auf eigene Gefahr dem Berechtigten nicht abgenommen werden könne[476] zulasten einer Umverteilung der Aufgabenzuweisung zwischen Judikative und Anwaltschaft (Rechtsberatung)[477]. Dies überzeugt nicht. Zum Einen wäre die Konsequenz dieser Ansicht (gerichtlichen Schutz dort zu versagen, wo das Recht gesetzlich feststeht), dass es auch in der Hauptsache generell keine Feststellungsklagen geben dürfe und darüber hinaus, dass es überhaupt der Judikative nicht bedürfe, weil die Rechte ja ohnehin feststehen. Es geht aber bei der Inanspruchnahme gerichtlicher Hilfe nicht darum, Rechte zu schaffen. Diese sind Voraussetzung für die erfolgreiche Inanspruchnahme gerichtlicher Hilfe. Es geht darum, dem bestehenden Recht Geltung zu verschaffen. Dies kann durch Vollstreckung oder aber dadurch geschehen, dass der Unterliegende sich der gerichtlichen Entscheidung freiwillig beugt. Auch findet bei einer feststellenden einstweiligen Verfügung eine „Rechtsberatung“ durch die Gerichte ebenso wenig statt, wie bei einer Feststellungsklage und deren Urteilstenor. Um eine Rechtsberatung kann es dabei auch insoweit hier nicht gehen, als dass eine solche „Risikoabnahme“ doch nur dann gegeben sein kann, wenn der Antragsteller die Möglichkeit hat, einfach selbst das zu tun, was er vom Gericht angeordnet haben möchte. Die Interessenvertretung kann aber gerade dies nicht tun, wenn es um die Wahrung ihrer Beteiligungsrechte geht. Sie ist darauf angewiesen, dass sie vom Dienstherren in Erfüllung einer feststellenden Entscheidung angehört und unterrichtet wird.

Jedenfalls also, wenn die Feststellungsverfügung Wirkung dadurch entfalten kann, dass der Antragsgegner sich ihrem Inhalt freiwillig fügt, muss eine solche zulässig sein.

So verhält es sich hier. Antragsgegner ist die Behörde, bei der der Personalrat besteht. Als staatliche Stelle wird sie die gerichtliche Feststellung so befolgen, als wäre sie im Tenor verpflichtet worden, zu unterrichten und anzuhören.

Der Personalrat kann also beantragen, eine einstweilige Verfügung mit dem Inhalt zu erlassen,

> *festzustellen, dass (die Behörde) verpflichtet ist, sie über der ihr zur Verfügung stehenden Fehlzeiten und übrigen Daten des Beschäftigten X mit dem Ziel der Durch-*

---

475 Kohler a.a.O.

476 Dütz BB 1980, 533 (534); ders. DB 1976, 1428 (1431); Kohler a.a.O. S. 194 f.

477 Kohler a.a.O.

führung eines betrieblichen Eingliederungsmanagements zu unterrichten und anzuhören.

Die grundsätzliche Subsidiarität eines Feststellungsantrags gegenüber einem Leistungsantrag als Argument gegen eine Feststellungsverfügung ist hier mangels Möglichkeit eines Leistungsantrags ohne Bedeutung.

Der Verfügungsgrund folgt auch hier aus dem ansonsten unabwendbaren Verlust der Beteiligungsrechte. Da das BPersVG eine Unwirksamkeit einer ohne Beteiligung vorgenommenen Maßnahme nur für die Kündigung vorsieht (§79 Abs. 4, 108 Abs. 2 BPersVG), folgt hieraus, dass dies bei den übrigen Maßnahmen nicht der Fall ist[478] und die individualrechtliche Wirksamkeit folglich ebenso wie bei der Schwerbehindertenvertretung zur Schaffung vollendeter und nicht rückgängig zu machender Tatsachen führt.

bb. § 84 Abs. 2 S. 6 SGB IX

Gleiches gilt für die Rechtsgrundlage des § 84 Abs. 2 S. 6. Auch bezüglich dieser Norm kann der Personalrat den oben genannten Feststellungsantrag auf Erlass einer einstweiligen Verfügung stellen.

Anders als im Rahmen des BPersVG handelt es sich bei § 84 Abs. 2 S. 6 zwar um einen „echten" Anspruch und insoweit erschiene es zumindest denkbar, dass der Personalrat einen Leistungsantrag stellt.

Das BVerwG würde dies aber wohl ablehnen, da es der Ansicht ist, dass es bei dem personalvertretungsrechtlichen Beschlussverfahren „in aller Regel" nicht um die Durchsetzung von Ansprüchen oder die Feststellung des Bestehen oder Nichtbestehens von Rechtsverhältnissen gehe, sondern um die Klärung und Feststellung von Zuständigkeiten[479]. Zur Begründung wird die Zuständigkeitsnorm des § 83 Abs. 1 Nr. 3 BPersVG (entscheiden „*über* die Rechtsstellung") herangezogen. Aus dem Wortlaut „über" folge die ausschließliche Zulässigkeit einer Feststellung. Dies kann aber nur vor dem Hintergrund fehlender materiell-rechtlicher Ansprüche so gelesen werden. Der Wortlaut lässt bei Zugrundelegung eines materiell-rechtlichen Anspruchs aus § 84 Abs. 2 S. 6 auch eine andere Interpretation zu.

Ob neben dem Feststellungsantrag auch ein Leistungsantrag möglich erscheint und ob letzterer dem feststellenden alsdann vorrangig wäre, kann dahinstehen, da für das Beteiligungsrecht aus § 68 BPersVG jedenfalls ein feststellender Antrag zulässig ist. Wird das Recht auf zwei unterschiedliche Rechtsgrundlagen gestützt und ist jedenfalls eine Antragsart dabei zulässig, so kommt ohnehin

478 So auch VGH Baden-Württemberg PersV 1985, 332 (334).

479 BVerwGE 49, 259 (264); so auch Ilbertz/Widmaier § 83 Rdnr. 24.

nur in Betracht, den Feststellungsantrag zu wählen. Dem Personalrat ist angesichts der freiwilligen Befolgung einer feststellenden Entscheidung damit ebenso gedient, wie mit einer verpflichtenden. Der Personalrat sollte daher in jedem Fall einen Feststellungsantrag stellen.

c. Interessenvertretungen im Übrigen

Für Richter- und Staatsanwaltsrat gelten die Ausführungen zu den Rechten des Personalrates angesichts der Verweisungen in das Personalvertretungsrecht entsprechend.

2. Initiativrecht

Die Interessenvertretungen können auch ihr Recht aus § 84 Abs. 2 S. 6, Klärung zu verlangen, gerichtlich geltend machen. Der Betriebsrat kann dabei wie die Schwerbehindertenvertretung beantragen,

> *den Arbeitgeber zu verpflichten, zugunsten des Beschäftigten X unter der Voraussetzung, dass dieser dem Verfahren zustimmt, ein Verfahren gemäß § 84 Abs. 2 SGB IX einzuleiten.*

Demgegenüber muss der Personalrat sowie der Richter- und Staatsanwaltsrat beantragen,

> *(die Behörde) zu verpflichten, zugunsten des Beschäftigten X unter der Voraussetzung, dass dieser dem Verfahren zustimmt, ein Verfahren gemäß § 84 Abs. 2 SGB IX einzuleiten.*

C. Konkurrenzen der Mitwirkungsrechte

Die soeben erörterten Mitwirkungsrechte der Schwerbehindertenvertretung und der Interessenvertretungen im Sinne des § 93 stützen sich auf unterschiedliche Rechtsgrundlagen, nämlich auf Normen des BetrVG, des BPersVG und solche des SGB IX.

Ein Konkurrenzverhältnis im Sinne einer Spezialität besteht indes zwischen den einzelnen Rechtsgrundlagen nicht. Alle Rechtsgrundlagen stehen vielmehr selbständig nebeneinander. Denn allgemeine Aufgabenzuweisungen sind in der Gewährung von Rechten unabhängig vom Bestehen speziell ausgebildeter Beteiligungsrechte für bestimmte Aufgaben.[480] Während es sich bei den Regelungen des BetrVG, BPersVG und DRiG um allgemeine Aufgabenzuweisungen handelt, regelt § 84 Abs. 2 die Beteiligung speziell für das betriebliche Eingliederungsmanagement.

Dies gilt auch für das Überwachungsrecht nach § 84 Abs. 2 S. 7. Zwar fand die Regelung erst nach der Einbringung des Gesetzesentwurfes durch die Beschlussempfehlung und Bericht des Ausschusses für Gesundheit und Soziale Sicherung[481] Eingang in das Gesetz. Und es wurde zur Begründung dieser Regelung angeführt, das Bestehen eines Mitwirkungsrechts solle durch die „erneute Festschreibung bestehender Funktionen stärker in das Bewusstsein der betrieblichen Parteien gerufen werden und so Eingang in die betriebliche Praxis finden“[482]. Die Regelung erschöpft sich indes nicht in einer reinen Klarstellung. Während sich die Überwachungsrechte aus § 93 und BetrVG und BPersVG auf die Überwachung aller zugunsten der Beschäftigten geltenden Gesetze bezieht, regelt § 84 Abs. 2 S. 7 dieses Recht als spezielle Ausprägung der allgemeinen Aufgabenzuweisung.

Es bleibt daher bei dem oben angeführten Grundsatz eines selbständigen Nebeneinanders von allgemeinen Aufgabenzuweisungen und speziell ausgeprägten Beteiligungsrechten. Die Schwerbehindertenvertretung und die Interessenvertretungen haben demnach die Wahl, auf welche Rechtsgrundlage sie ihr Recht auf Unterrichtung, Anhörung, Beanstandung oder initiatives Tätigwerden stützen wollen.

D. Mitbestimmungsrechte der Interessenvertretungen

Neben den Mitwirkungsrechten beim betrieblichen Eingliederungsmanagement kommen zudem Mit*bestimmungs*rechte der Interessenvertretungen in Betracht, also solche Rechte, die es den Interessenvertretungen ermöglichen, eine Maßnahme des Arbeitgebers durch Verweigerung ihrer notwendigen Zustimmung zu verhindern und im Falle der Nichteinigung mit dem Arbeitgeber die Einigungsstelle anzurufen.

---

480 DKK/Buschmann a.a.O. Rdnr. 1; Fitting a.a.O. Rdnr. 4; Richardi u.a. BetrVG/Thüsing a.a.O. Rdnr. 1.

481 Beschlussempfehlung und Bericht des Ausschusses für Gesundheit und Soziale Sicherung vom 14.01.2004, BT-DrS. 15/2357 S. 10, 24.

482 So auch Karl Hermann Haack BT-PlPr. 15/87 vom 16.01.2004 S. 7697 (B).

I. Mitbestimmung des Betriebsrates

Zunächst ist eine mögliche Mitbestimmung des Betriebsrates zu erörtern. Eine solche kann sich nur aus § 87 Abs. 1 BetrVG ergeben.

1. Gesetzesvorbehalt

Ein Mitbestimmungsrecht des Betriebsrates kann gemäß § 87 Abs. 1 S. 1 BetrVG nur gegeben sein, „soweit eine gesetzliche Regelung nicht besteht". Es besteht somit der Vorbehalt mangelnder gesetzlicher Regelung.

a. Voraussetzungen

Diese „Sperrwirkung" kann dabei nur eine solche zwingende Regelung entfalten, die eine in sich abgeschlossene, aus sich heraus handhabbare materielle Regelung beinhaltet[483]. Denn soweit eine gesetzliche Regelung vorliegt, die den Arbeitgeber verbindlich zu einem bestimmten Handeln verpflichtet, liegt zum Einen kein ausfüllungsbedürftiger Tatbestand vor, über den der Arbeitgeber mit dem Betriebsrat eine Einigung erzielen könnte. Es bedarf folglich, um ein Mitbestimmungsrecht zu eröffnen, entweder gar keiner gesetzlichen Regelung oder aber eines trotz Bestehens einer gesetzlichen Regelung verbliebenen Regelungs- und Entscheidungsspielraums des Arbeitgebers[484]. Zum Anderen ist bei Vorliegen einer solchen gesetzlichen Regelung auch deshalb kein Raum mehr für eine Mitbestimmung, weil dann davon auszugehen ist, dass den berechtigten Interessen der Arbeitnehmer bereits durch Gesetz Genüge getan wurde und mithin auch dem Zweck des Mitbestimmungsrechts ausreichend Rechnung getragen wurde[485]. Es bedarf also einer Regelung, die dem Arbeitgeber einen Entscheidungsspielraum belässt, um ein Mitbestimmungsrecht zu eröffnen.

---

483 Allgemeine Ansicht; BAG AP Nr. 5 zu § 87 BetrVG 1972 – Tarifvorrang; DKK/Klebe § 87 Rdnr. 25; Weber u.a. Handbuch S. 468; GK-BetrVG/Wiese § 87 Rdnr. 58.

484 Allgemeine Ansicht; DKK/Klebe a.a.O.; Fitting u.a. § 87 BetrVG Rdnr. 29; GK-BetrVG/Wiese a.a.O. Rdnr. 69; Weber u.a. Handbuch S. 469; Löwisch/Kaiser § 87 BetrVG Rdnr. 7.

485 BAG AP Nr. 52 zu § 87 BetrVG 1972 – Lohngestaltung Bl. 1549; DKK/Klebe a.a.O. Rdnr. 25; GK-BetrVG/Wiese a.a.O. Rdnr. 56; Löwisch/Kaiser a.a.O. Rdnr. 34; Fitting u.a. a.a.O. Rdnr. 28.

b. Sperrwirkung des § 84 Abs. 2?

Eine gesetzliche Regelung an sich besteht hinsichtlich des betrieblichen Eingliederungsmanagements mit § 84 Abs. 2.

Untersucht man folglich die sich aus § 84 Abs. 2 möglicherweise ergebende Sperrwirkung, so ist zu beachten, dass Gegenstand einer potentiellen Mitbestimmung jedenfalls nicht die Klärung an sich, also das „Ob" der Klärung sein kann. Hierzu ist der Arbeitgeber, ohne weiter Einfluss darauf nehmen zu können, gesetzlich verpflichtet. Die Anordnung, *dass* der Arbeitgeber „klärt" stellt eine aus sich heraus handhabbare und abgeschlossene, unmissverständliche Regelung dar. Für ein Mitbestimmungsrecht bleibt insoweit kein Raum. Gegenstand einer möglichen Mitbestimmung kann also nur das „Wie" der vorzunehmenden Klärung sein, also die inhaltliche und organisatorische Ausgestaltung der Erörterung.

Hier regelt § 84 Abs. 2 den äußeren Verfahrensablauf, indem die Beteiligung der Schwerbehinderten- und Interessenvertretung sowie des Betroffenen und die Möglichkeiten der Hinzuziehung von Betriebsarzt und Datenhinweis normiert sind. Eine Regelung hinsichtlich des „Wie" existiert also.

Sie ist auch nicht geeignet, die ein Mitbestimmungsrecht ausschließende Sperrwirkung zu entfalten. Denn § 84 Abs. 2 stellt keine aus sich heraus handhabbare abgeschlossene Regelung dar. Denn über die gesetzliche Regelung hinaus sind Aspekte ungeregelt, denen sich die am betrieblichen Eingliederungsmanagement Beteiligten selbständig und gestaltend stellen müssen: Die Beteiligung und das Ziel betrieblichen Eingliederungsmanagements sind zwar normiert; nicht jedoch, auf welchem konkreten Weg im Einzelfall dieses Ziel zu erreichen sein soll. Die notwendigerweise bei der Klärung selbst zu berücksichtigenden Fragestellungen und Aspekte bleiben auch nach der Lektüre des § 84 Abs. 2 offen. So stellt sich für die betrieblichen Parteien die Frage, wie das betriebliche Eingliederungsmanagement grundsätzlich im konkreten Betrieb umzusetzen sein kann. Geregelt werden muss dabei die inhaltliche und organisatorische Ausgestaltung des Verfahrens, also wer als Führungskraft wo und in welchem zeitlichen Rahmen das Gespräch mit dem Betroffenen führt und wer den Inhalt anschließend in welcher Weise und in welchem Umfang dokumentiert, wer über den Gesprächsinhalt informiert wird und unter welchen Voraussetzungen Externe an dem Gespräch zu beteiligen sind, wie das Verfahren grundsätzlich inhaltlich ablaufen soll, also welche Fragen gestellt werden müssen, um sämtliche erforderlichen Informationen erhalten zu können (Erörterung der Krankheitsursache, bei wiederholter Erkrankung des möglichen Ursachenzusammenhangs zwischen den Erkrankungen, der mögliche Kausalität zwischen Erkrankung und Arbeitsplatz/-umfeld, der medizinische Diagnose, der Prognose hinsichtlich der Heilungschancen und nicht zuletzt der Frage nach der konkreten Ausgestaltung der Zukunft des Betroffenen im Betrieb). Weiter ist ungeregelt, von wem als Führungskraft wie das Verfahren eingeleitet werden soll (etwa durch Weitergabe eines zu entwerfenden Merk- bzw. Informationsblattes an den jeweils Betroffenen), wie der erforderliche Datenhinweis erteilt werden soll und in welcher Weise die Zustimmung des Betroffenen eingeholt werden soll[486]. All diese Aspekte behandelt § 84 Abs. 2 nicht, sondern belässt dem Arbeitgeber diesbezüglich den erforderlichen Regelungsspielraum, um eine den individuellen betrieblichen Bedürfnissen entsprechende Vorgehensweise zu ermöglichen. Eine Sperrwirkung liegt nicht vor.

Dennoch wird von Teilen der Literatur vertreten, ein Mitbestimmungsrecht des Betriebsrates könne aufgrund des Gesetzesvorbehaltes nicht bestehen. Unabhängig von der nicht abschließenden Regelung des „Wie" betrieblichen Eingliederungsmanagements, also des genauen Ablaufs, sehen sie durch § 84 Abs. 2 eine Sperrwirkung gegenüber § 87 Abs. 1 BetrVG schon deshalb gegeben, weil § 84 Abs. 2 die Beteiligungsrechte der Interessenvertretungen abschließend regele[487]. Seien also keine Mitbestimmungsrechte in § 84 Abs. 2 geregelt, sondern nur Mitwirkungsrechte, so könnten auch keine Mitbestimmungsrechte aus den allgemeinen Normen herangezogen werden. Dies sperre § 84 Abs. 2 durch seine „Nichtregelung" von Mitbestimmungsrechten.

Diese Ansicht ist jedoch abzulehnen. Denn der Gesetzesvorbehalt des § 87 Abs. 1 BetrVG würde selbst dann nicht greifen, wenn § 84 Abs. 2 tatsächlich abschließender Natur hinsichtlich der Beteiligungsrechte wäre. Denn der Gesetzesvorbehalt erfordert, wie soeben dargestellt, eine gesetzlich aus sich heraus handhabbare materiell-rechtliche und zwingende Regelung durch eine Norm. Diesen Anforderungen wird § 84 Abs. 2 zum Einen deshalb nicht gerecht, weil gerade nicht alle sich im Zusammenhang mit dem betrieblichen Eingliederungsmanagement stellenden Fragen beantwortet sind. Zum Anderen bezieht sich der Gesetzesvorbehalt nicht auf das Vorhandensein einer Regelung der Mitbestimmungsrechte, sondern das, was abschließend geregelt sein muss, ist die *Angelegenheit*, für die das Mitbestimmungsrecht in Betracht kommt[488]. Selbst wenn also die Regelung der Beteiligungsrechte abschließender Natur wäre, so würde dies eine Frage der Konkurrenzen im Sinne einer Spezialität, nicht aber eine solche des Gesetzesvorbehaltes darstellen.

Aber auch die Frage der Spezialität stellt sich tatsächlich nicht. Denn § 84 Abs. 2 ist gerade nicht so zu verstehen, dass dem Betriebsrat keine Mitbestimmungsrechte zustehen sollen, weil sie in der Norm des § 84 Abs. 2 selbst nicht

486 Vgl. hierzu auch die Ausführungen für Krankengespräche des VG Baden-Württemberg PersV 2000, 528 (535).

487 Namendorf/Natzel DB 2005, 1794 (1795); Balders/Lepping NZA 2005, 854 (856); Seel br 2006, 30 (34).

488 Vgl. BAG AP Nr. 52 zu § 87 BetrVG 1972 – Lohngestaltung Bl. 1548 f.

ausdrücklich eingeräumt wurden. Vielmehr ging der Gesetzgeber bei Novellierung des § 84 Abs. 2 von einem Rückgriff auf das BetrVG für die Rechte des Betriebsrates aus. Dies folgt schon daraus, dass die geforderte Ausweitung der Rechte der Schwerbehindertenvertretung von reinen Mitwirkungs- hin zu Mitbestimmungsrechten (auch) mit dem Argument abgelehnt wurde, man wolle keinen „Nebenbetriebsrat“[489]. Der Gesetzgeber ging also davon aus, dass dem Betriebsrat Mitbestimmungsrechte zustehen würden und wollte allein vermeiden, dass auch die Schwerbehindertenvertretung in diesen Status erhoben wird. Der Gesetzgeber hat also damit gerade nicht gewollt, dass Mitbestimmungsrechte des Betriebsrates ausgeschlossen sind, sondern diese gerade vorausgesetzt.

Die Tatsache, dass ausdrücklich keine Mitbestimmungsrechte in § 84 Abs. 2 selbst geregelt sind, hindert das Vorliegen solcher jedoch nicht. Zwar ist § 84 Abs. 2 auf Kooperation zum Wohle des Beschäftigten angelegt und könnte deshalb angenommen werden, dass Entscheidungen ohne erzwingbare Mitbestimmung erreicht werden.

Die Festlegung eines gemeinsamen verbindlichen Ziels bedeutet jedoch noch nicht, dass auch Einigkeit darüber herrscht, wie dieses am Besten zu erreichen wäre. Genauso wenig, wie im Rahmen des § 2 Abs. 1 BetrVG (Gebot der vertrauensvollen Zusammenarbeit) hindert das Kooperationsgebot des § 84 Abs. 2 die Erforderlichkeit der Lösung von Interessenskonflikten nicht.

Zudem folgt auch aus der Gesamtinteressenlage im Rahmen des betrieblichen Eingliederungsmanagements, dass ein Mitbestimmungsrecht des Betriebsrates im Rahmen des betrieblichen Eingliederungsmanagements trotz Fehlens einer Normierung in § 84 Abs. 2 nicht ausgeschlossen sein soll. Denn diese entspricht dem Zweck des § 87 BetrVG und seiner Schutzrichtung: „Durch die notwendige Mitbestimmung sollen in den Angelegenheiten des § 87 Abs. 1 Nr. 1–13 wegen der sozialen Abhängigkeit der Arbeitnehmer und auch im Hinblick auf den Teilhabegedanken die individualrechtlich einseitigen Gestaltungsmöglichkeiten des Arbeitgebers zurückgedrängt und durch kollektive ersetzt werden“[490].

Dabei muss notwendigerweise zunächst einmal unterstellt werden, dass – was noch zu untersuchen ist – ein oder mehrere Mitbestimmungstatbestände des § 87 Abs. 1 BetrVG tatbestandlich erfüllt sind. Der Zweck der Wahrung des Teilhabegedankens und die Tatsache, dass der sozialen Abhängigkeit des Betroffenen Rechnung getragen werden soll, würde durch die Annahme einer Sperrwirkung des § 84 Abs. 2 unterlaufen. Denn der Einleitungssatz des § 87 Abs. 1 BetrVG, der einen Ausschluss von Mitbestimmungsrechten ermöglicht, erklärt sich vor allem damit, dass auf einen gewollten Arbeitnehmerschutz durch § 87 BetrVG nur

489 Daniel Bahr (FDP) in: BT-PlPr. 15/78 S. 7685 (A) vom 12.01.2004
490 GK-BetrVG/Wiese § 87 Rdnr. 56.

deshalb verzichtet werden kann, weil dieser durch ein (anderes) Gesetz bereits gewährleistet ist. Würde man § 84 Abs. 2 diese Sperrwirkung zuerkennen, so würde jedoch gerade das Gegenteil hiervon erreicht. Der Schutz des Arbeitnehmers würde nach § 87 BetrVG entfallen, ohne durch § 84 Abs. 2 eine Kompensation zu erreichen. Bei unterstellter Einschlägigkeit eines Mitbestimmungstatbestandes des § 87 Abs. 1 BetrVG will das Gesetz aber gerade einen Schutz und geht vom anderweitigen Vorhandensein eines solchen aus.

Dass dieser auch notwendig ist, zeigt sich, wenn man auf die o.g. Ziele des § 87 Abs. 1 BetrVG zurückkommt: Gewährleistung des Teilhabegedankens und Schutz wegen sozialer Abhängigkeit. Gerade diesen beiden Aspekten kommt im Rahmen des betrieblichen Eingliederungsmanagements besondere Bedeutung zu: Der Teilhabegedanke aus § 1 SGB IX, der für das gesamte SGB IX gilt, wird durch das Zustimmungserfordernis und das Ziel des § 84 Abs. 2, den Arbeitnehmer in den Betrieb (wieder-) einzugliedern zum Ausdruck gebracht. Der Betroffene soll letztlich möglichst einen angemessenen und damit leidensgerechten Arbeitsplatz im Betrieb erhalten und vor einer Ausgrenzung mit den individualrechtlichen Folgen geschützt werden. Dabei soll er nicht nur am betrieblichen Geschehen weiter teilhaben können, sondern auch am Verfahren seiner eigenen Eingliederung. Es soll gerade nicht einseitig im Wege des Direktionsrechts über seinen Kopf hinweg entscheiden werden; einseitige Gestaltung durch den Arbeitgeber wird also nach dem Teilhabegedanken des § 84 Abs. 2 zurückgedrängt. Dies entspricht dem Zweck eines Mitbestimmungsrechts.

Ferner bedarf es auch und gerade beim betrieblichen Eingliederungsmanagement des Schutzes des Arbeitnehmers wegen seiner sozialen Abhängigkeit. Dies kommt beim betrieblichen Eingliederungsmanagement ganz besonders zum Tragen, denn der Arbeitnehmer muss gemäß § 84 Abs. 2 sowohl dem betrieblichen Eingliederungsmanagement an sich, als auch jeder einzelnen Phase des Verfahrens zustimmen und sich dabei bezüglich seiner vor allem medizinischen Daten dem Arbeitgeber offenbaren, will er alles Erdenkliche tun, um die Erfolgschancen des Verfahrens zu steigern. Er geht dabei das enorme Risiko ein, dass sich im Verlauf des Verfahrens herausstellt, dass seine Krankheit, deren Ursache er dem Arbeitgeber mitteilte, eine Weiterbeschäftigung im Betrieb nicht zulässt. So könnte am Ende des betrieblichen Eingliederungsmanagements die Erkenntnis stehen, dass personelle Einzelmaßnahmen zum Erhalt des Arbeitsplatzes nicht möglich sind und damit letztlich nur eine krankheitsbedingte Kündigung in Betracht kommt. Eine Kündigung hat enorme soziale und finanzielle Folgen für den Betroffenen und seine Familie. Entscheidet sich der Betroffene also für ein betriebliches Eingliederungsmanagement, stimmt diesem zu und offenbart sich vollumfänglich (so, wie es das Gesetz als Idealfall ansieht), so muss dabei gewährleistet sein, dass im Rahmen des Verfahrens einseitige Gestaltungsmöglichkeiten weitestgehend zurückgedrängt werden und ein Schutz des Arbeitnehmers gewahrt bleibt. Hierfür bedarf es eines Mitbestimmungsrechts des Betriebsrates notwendigerweise.

Die mangelnde Gewährleistung der Schutzbedürftigkeit des Betroffenen ohne Mitbestimmung des Betriebsrates wird auch nicht durch das Zustimmungsbedürfnis aufgewogen. Zwar könnte an zunächst annehmen, dass es ja der freien Entscheidung eines selbstbestimmten Arbeitnehmers obliegt, dem betrieblichen Eingliederungsmanagement seine Zustimmung zu erteilen. Er könnte durch Verweigerung der Zustimmung die Situation vermeiden, in welcher er sich dem Arbeitgeber in dem genannten Maße anvertrauen muss, um den Erfolg des betrieblichen Eingliederungsmanagements zu ermöglichen. Eine Verweigerung der Zustimmung und der Weitergabe von Daten über seinen Gesundheitszustand hätte auch keine unmittelbar nachteiligen Folgen für ihn. Denn es besteht gerade keine Pflicht zur Offenbarung von persönlichen Daten. Verweigert der Betroffene seine Zustimmung zu dem Verfahren und findet dieses deshalb nicht statt, so kann ihm „wegen der Weigerung" nicht gekündigt werden[491].

Der Betroffene hat jedoch die sich aus der Weigerung mittelbar ergebenden Konsequenzen zu tragen[492] und unterliegt deshalb einem faktischen Druck und bedarf des besonderen Schutzes. Welche mittelbaren Konsequenzen dies konkret sein werden, wird noch zu erörtern sein. Fest steht, dass ohne die Durchführung eines betrieblichen Eingliederungsmanagements zum Erhalt des Arbeitsplatzes die faktische Möglichkeit besteht, dass „aufgrund der Krankheit", der nicht entgegengewirkt wurde, eine Kündigung ausgesprochen wird. Diese Möglichkeit bestünde zwar theoretisch auch mit Durchführung des betrieblichen Eingliederungsmanagements, so dass eine Kausalität zwischen Weigerung und Kündigung nicht hergestellt werden kann. Die Situation übt jedoch auf den Betroffenen einen faktischen Zwang aus, wenn er das vom Arbeitgeber gemachte Angebot, Versuche zu unternehmen, seinen Arbeitsplatz zu „retten", ablehnt. Dem Angebot wird sich wohl kaum ein Arbeitnehmer entziehen können, will er nicht den Eindruck erwecken, am Fortbestand seines Arbeitsverhältnisses kein Interesse zu haben.

§ 84 Abs. 2 kann seinem Inhalt und dem Zweck des § 87 BetrVG nach keine Sperrwirkung entfalten, denn der Betroffene bedarf des Schutzes, welcher anderweitig außerhalb des § 87 BetrVG mangels ausreichender Regelung in § 84 Abs. 2 nicht gewährleistet ist.

491 Vgl. Budde DB 1985,1529 (1539); Raab NZA 1993, 193 (197).
492 Dies. a.a.O.

2. *Kollektivtatbestand*

Weitere Voraussetzung für ein Mitbestimmungsrecht ist das Vorliegen eines Kollektivtatbestandes. Es muss sich nach st. Rspr. und h.L. um eine Angelegenheit handeln, die in Abgrenzung zur Individualmaßnahme die kollektiven Interessen der Arbeitnehmer des Betriebes berührt.[493]

Zwar wird dem von Teilen der Literatur entgegengehalten, es könne eine solche Voraussetzung nicht generell aufgestellt werden, sondern es müsse für jeden Mitbestimmungstatbestand gesondert festgestellt werden, ob dieser nicht ggf. auch für nur individuelle Arbeitgebermaßnahmen ein Mitbestimmungsrecht einräume. Dies zeige sich schon am Individualbezug der Nrn. 5 und 9 des § 87 Abs. 1 BetrVG.[494]

Vorliegend kann jedoch eine Entscheidung zwischen der grundsätzlichen und der einzelfallabhängigen Erforderlichkeit eines Kollektivbezuges dahinstehen. Denn auch nach der letztgenannten Ansicht wird jedenfalls für die hier in Betracht kommenden Mitbestimmungstatbestände ein solcher Kollektivbezug vorausgesetzt. Einschlägig sind vorliegend die Mitbestimmungstatbestände des § 87 Abs. 1 Nr. 1 und 7 BetrVG, also der Fragen der Ordnung des Betriebs und der Regelungen des Gesundheitsschutzes. Hier wird von der Literaturansicht aus dem Wortlaut der „Ordnung" bzw. „Regelung" auf dieses Erfordernis geschlossen.[495]

a. *Sachliches Moment*

Der so jedenfalls erforderliche kollektive Bezug ist bei der Klärung im Sinne des § 84 Abs. 2 gegeben. Zwar tritt der Arbeitgeber jedem Betroffenen mit dem Ansinnen der Klärung gesondert gegenüber und führt Einzelgespräche. Aus diesem Grund wird auch teilweise angenommen, das betriebliche Eingliederungsmanagement weise ausschließlich Individualbezug auf, da es um die Sicherung des jeweils einzelnen Arbeitsplatzes gehe[496]. Daraus wird gefolgert, ein Kollektivtatbestand könne nicht gegeben sind, da ein solcher nur dann vorliegt, wenn es sich

---

493 BAG GS AP Nr. 52 zu § 87 BetrVG 1972 – Lohngestaltung Bl. 1551 R; BAG AP Nr. 12 zu § 87 BetrVG 1972 – Lohngestaltung Bl. 3; BAG AP Nr. 15 zu § 87 BetrVG 1972 – Lohngestaltung Bl. 4 R; GK-BetrVG/Wiese § 87 Rdnr. 19,25; Dörner u.a./Wildschütz S. 2125; Weber u.a. Handbuch S. 470; Löwisch/Kaiser § 87 Rdnr. 2.

494 DKK/Klebe § 87 Rdnr. 16; Richardi u.a. BetrVG/ders. § 87 Rdnr. 21 ff; Fitting u.a. § 87 Rdnr. 14; Raab NZA 1993, 193 (195); Ders. ZfA 2001, 31 (39,45f).

495 DKK/Klebe a.a.O. Rdnr. 185; Richardi u.a. BetrVG/Ders. a.a.O. Rdnr. 555; Fitting a.a.O. Rdnr. 67.

496 Namendorf/Natzel FA 2005, 162 (163).

um eine generelle Maßnahme handelt, die sich abstrakt auf den Betrieb bezieht[497] und die generelle Arbeitsbedingungen regelt[498], so dass die kollektiven Interessen der Arbeitnehmer betroffen sind[499].

Diese Ansicht stellt jedoch auf den falschen Regelungsgegenstand ab und lehnt das Vorliegen eines Kollektivtatbestandes ab. Dabei trifft es zwar zu, dass dem Betriebsrat bei der Führung der Einzelgespräche selbst ein Mitbestimmungsrecht insofern nicht zustehen kann, als dass es sich hierbei tatsächlich um solche Maßnahmen handelt, die allein auf die konkreten Umstände des einzelnen Betroffenen bezogen sind und keinerlei Bezug zu den kollektiven Interessen der übrigen Arbeitnehmer dadurch aufweisen kann, dass von Gesprächsinhalt an sich alle potentiell gleichermaßen betroffen wären. Dies bedeutet jedoch nicht, dass ein Mitbestimmungsrecht des Betriebsrates generell ausscheiden muss. Denn es geht, wie schon im Rahmen des Gesetzesvorbehaltes ausgeführt, bei der Frage nach einem Mitbestimmungsrecht gerade nicht um ein Zustimmungserfordernis des Betriebsrates im Rahmen der *Einzelgespräche*. Der von der Gegenansicht angenommene Regelungsgegenstand ist deshalb falsch, weil tatsächlich dieser darin besteht, festzulegen, nach welchen inhaltlichen und organisatorischen Bedingungen die Gespräche überhaupt durchgeführt werden sollen[500]. Es geht also um die Aufstellung allgemeiner und grundsätzlicher „Spielregeln" der Klärungsgespräche. Deren *Umsetzung* findet einzelfallbezogen statt, die grundsätzliche *Festlegung* des inhaltlichen und organisatorischen Ablaufs oben genannten Inhalts jedoch stellt sich als kollektive Maßnahme dar.

b. Personelles Moment

Dabei schadet es nicht, dass grundsätzlich nicht alle im Betrieb beschäftigten Arbeitnehmer von einem betrieblichen Eingliederungsmanagement tatsächlich betroffen sind, sondern eben nur diejenigen, bei denen sich eine Arbeitsunfähigkeit von mehr als sechs Wochen innerhalb der vergangenen 12 Monate eingestellt hat. Denn nachdem das BAG seine Rechtsprechung vom quantitativen Kollektiv aufgegeben hat[501] ist gerade nicht (mehr) maßgeblich, ob eine größere, im Verhält-

---

497 Fitting u.a. § 87 Rdnr. 16.
498 Löwisch/Kaiser § 87 Rdnr. 2.
499 BAG GS AP Nr. 52 zu § 87 BetrVG 1972 – Lohngestaltung Bl. 1551 R; BAG AP Nr. 12 zu § 87 BetrVG 1972 – Lohngestaltung Bl. 3; BAG AP Nr. 15 zu § 87 BetrVG 1972 – Lohngestaltung Bl. 4 R; GK-BetrVG/Wiese § 87 Rdnr. 19,25; Dörner u.a./Wildschütz S. 2125; Weber u.a. Handbuch S. 470; Löwisch/Kaiser § 87 Rdnr. 2.
500 So auch DKK/Klebe § 87 Rdnr. 51.
501 BAG GS in BAGE 69,134 (162).

nis zur Gesamtbelegschaft nicht nur unerhebliche Zahl von Arbeitnehmern von der Maßnahme betroffen ist[502]. Vielmehr ist entscheidend die objektiv zu beurteilende Art der Maßnahme selbst und ob die Maßnahme selbst potentiell kollektiver Natur ist. Die Zahl der Betroffenen stellt lediglich ein Indiz für das Vorliegen eines Kollektivtatbestandes dar[503]. So reicht es für eine kollektiven Bezug auch schon aus, wenn nur ein Teil der Belegschaft betroffen ist[504] oder auch nur ein einzelner bestimmter Arbeitsplatz[505]. Denn nicht entscheidend ist, ob es sich um eine Einzel*maßnahme*, sondern um einen Einzel*fall* handelt. Auch mehrere einzelne Maßnahmen stellen dann einen kollektiven Tatbestand dar, wenn sie zueinander in einem inneren Zusammenhang stehen[506] und somit die Betroffenen *aus betrieblichen Gründen* in einer Gruppe zusammengefasst werden können[507].

Bei dem personellen Moment scheidet ein Kollektivtatbestand nur dann aus, wenn es sich um Einzelfälle handelt, im Rahmen derer es um die konkrete Gestaltung nur eines bestimmten Arbeitsverhältnisses geht, wobei allein den konkreten, nur sie betreffenden Umständen, individuellen Bedürfnissen und Wünschen des Einzelnen Rechnung getragen wird und diese die Regelung inhaltlich veranlassen oder bestimmen.[508] Die Kontrollfrage, die es daher bei der Überprüfung des Kollektivtatbestandes aufzuwerfen gilt, lautet also: Würde sich bei Austausch des Arbeitnehmers etwas am Anlass oder am Inhalt der Regelung ändern[509] oder handelt es sich um ein allgemein auftretendes „Phänomen“[510], welches einer Regelung bedarf?

Diese Frage kann bei der Regelung der organisatorischen und inhaltlichen Ausgestaltung von Klärungsverfahren überhaupt nur mit der Bejahung eines Kollektivtatbestandes beantwortet werden. Die Festlegung, welche Führungsperson generell in welcher Weise ein Gespräch führt, wie dieses grundsätzlich organisatorisch ausgestaltet sein soll in seinem Ablauf und Inhalt etc. erfolgt nicht in Ansehung einer bestimmten Person. Es kommt dabei nicht darauf an, ob es um den erkrankten Beschäftigten X oder Y geht, denn es soll ein allgemeines Verfahren festgelegt werden, welches alsdann auf alle Betroffenen angewendet und bei allen

---

502 So noch BAG AP Nr. 5 zu § 56 BetrVG 1972 – Entlohnung.
503 BAG GS in BAGE 69,134 (162); Raab ZfA 2001, 31 (41); Fitting u.a. § 87 Rdnr. 16.
504 BAG AP Nr. 4 zu § 56 BetrVG 1952 – Entlohnung Bl. 612.
505 GK-BetrVG/Wiese § 87 Rdnr. 16 m.w.N.
506 BAG GS AP Nr. 52 zu § 87 BetrVG 1972 – Lohngestaltung Bl. 1552 f.
507 BAG AP Nr. 4 zu § 56 BetrVG 1952 – Entlohnung Bl. 612.
508 BAG a.a.O.; BAGE 41,200 (204); Dörner u.a. /Wildschütz S. 2125; Fitting u.a. § 87 Rdnr. 67 „arbeitsplatzbezogene Einzelanweisungen“; Weber u.a. Handbuch S. 471.
509 DKK/Klebe § 87 Rdnr. 16; Raab NZA 1993, 193 (196); Richardi u.a. BetrVG/ders. § 87 Rdnr. 29.
510 BAGE 41, 200 (205).

Einzelgesprächen umgesetzt werden soll. Diesem allgemeinen Rahmen sehen sich im Fall des Eintretens der Arbeitsunfähigkeit potentiell alle Beschäftigten gegenübergestellt. Individuelle Belange werden bei der konkreten Klärung im Einzelfall selbstredend berücksichtigt, denn dazu dient ja das Verfahren. Erneut: die *Umsetzung im Einzelfall* ist aber gerade *nicht* Regelungsgegenstand, sondern die generellen „Spielregeln“.

c. Formalisierung des Verfahrens als Kriterium

An diesem Ergebnis vermag auch die Ansicht einiger Vertreter in der Literatur nichts zu ändern, die in unterschiedlicher Weise auf das Vorliegen einer Formalisierung abstellen wollen.

aa. Formalisierung von vorgeschaltetem Verfahren

So wird zum Einen angeführt, ein Kollektivtatbestand könne nur dann vorliegen, wenn dem betrieblichen Eingliederungsmanagement ein „formalisiertes Verfahren vorangeht oder dieses begleitet“, was zum Beispiel bei der Vorprüfung oder der Einschaltung von Betriebsrat oder Betroffenem denkbar sei[511]. Dieser Ansatz kann schon deshalb nicht überzeugen, weil eine Formalisierung eines vorangehenden oder begleitenden Verfahrens allenfalls bedeuten könnte, dass eben dieses vorangehende bzw. begleitende Verfahren selbst mitbestimmungspflichtig wäre. Über die Mitbestimmungspflichtigkeit des – auch nach dieser Ansicht – selbständigen betrieblichen Eingliederungsmanagements sagt dies indes nichts aus. Zudem kann auch ein Abstellen auf die Formalisierung der Hinzuziehung des Betroffenen deshalb nicht verfangen, weil dies gar nicht zur Disposition des Arbeitgebers steht. Er hat diesbezüglich keinen Regelungsspielraum, ob dies erfolgen soll. Auch verbleibt ihm kein solcher bei der Frage, wie dies erfolgen soll. Er kann eine auf seinen Betrieb zugeschnittene Lösung nur hinsichtlich der Frage gestalten, nach welchem Verfahren eine Hinzuziehung des Betroffenen erfolgen soll; so z.B., ob ein Herantreten an den Arbeitnehmer durch Überreichen eines Merk- und Informationsblattes geschehen soll, in welchem die Grundzüge betrieblichen Eingliederungsmanagements erläutert werden. Diese Handlung kann indes nicht ein dem betrieblichen Eingliederungsmanagement vorgeschaltetes oder dieses begleitendes Verfahren darstellen, da es bereits Teil des betrieblichen Eingliederungsmanagements selbst ist.

Es gibt kein der Klärung vorgeschaltetes oder dieses begleitendes Verfahren.

511 Namendorf/Natzel DB 2005,1794 (1795).

Dies ergibt sich schon aus dem Wortlaut, nachdem der Arbeitgeber mit Zustimmung des Betroffenen die Möglichkeiten der Prävention klärt. Daraus folgt zwar, dass eine Klärung nur mit Zustimmung des Betroffenen erfolgt. Man wird jedoch nicht annehmen können, dass in dem Fall, in dem der Betroffene seine Zustimmung versagt, dem Arbeitgeber vorgeworfen werden kann, er habe ein betriebliches Eingliederungsmanagement nicht versucht und weiter, dass der Betriebsrat im Rahmen seines Initiativrechts an den Arbeitgeber immer wieder (auch gerichtlich) herantreten kann mit dem Ansinnen, ein Eingliederungsmanagement nunmehr durchzuführen. Dies wäre aber die Konsequenz aus der Trennung von betrieblichem Eingliederungsmanagement und Einbeziehung des Betroffenen.

bb. Formalisierung des Verfahrens selbst

Zum Anderen wird hinsichtlich des „Formalisierungsansatzes" darauf abgestellt, ob das betriebliche Eingliederungsmanagement selbst formalisiert durchgeführt werde.[512] Dieser Ansatz gleicht zwar den Fehler der Trennung einer Angelegenheit in zwei Verfahren aus, kann aber deshalb nicht überzeugen, weil es nicht entscheidend sein kann, wie der Arbeitgeber das betriebliche Eingliederungsmanagement konkret durchführt oder durchzuführen beabsichtigt[513]. Denn dann läge es in der Hand des Arbeitgebers, dem Betriebsrat potentielle Mitbestimmungsrechte dadurch zu entziehen, dass er jedem Betroffenen gegenüber die Maßnahme mit einigen Abweichungen durchführt. Er könnte mithin auf individualrechtlicher Ebene Mitbestimmungsrechte umgehen, obwohl er gerade Sinn und Zweck eines Mitbestimmungsrecht ist, bei potentieller Betroffenheit des Kollektivs individualrechtliche Maßnahmen zugunsten kollektiver zurückzudrängen. Es kommt nicht auf die in der Hand des Arbeitgebers liegende konkrete Art und Weise der Durchführung, sondern allein auf die Art und Weise der Maßnahme selbst und dessen kollektiven Bezug an. Die äußere Form ist unerheblich.[514] Ein Kollektivtatbestand liegt auch dann vor, wenn der Arbeitgeber das betriebliche Eingliederungsmanagement nicht „formell" standardisieren will. Denn auch dann ist jeder Beschäftigte, der länger als sechs Wochen arbeitsunfähig erkrankt ist, einem betrieblichen Eingliederungsmanagement ausgesetzt, dessen inhaltliche Ausgestaltung und Organisation ihn betrifft.

---

512 Balders/Lepping NZA 2005, 854 (857); ähnlich für Krankengespräche und deren Mitbestimmungspflichtigkeit BAG NZA 1995, 857 (858).

513 So auch für die grundsätzliche Frage der Beurteilung des Kollektivtatbestandes GK-BetrVG/Wiese § 87 Rdnr. 23; Fitting u.a. § 87 Rdnr. 19.

514 GK-BetrVG/Wiese § 87 Rdnr. 23; Fitting u.a. § 87 Rdnr. 19.

Darüber hinaus kann es auch ein nichtformalisiertes Verfahren gar nicht geben, denn die dem Arbeitgeber verbliebenen Regelungsspielräume sind angesichts der gesetzlichen Vorgaben nicht so groß, dass er jedem Betroffenen gegenüber ein voneinander grundsätzlich abweichendes Verfahren durchführen könnte. Die oben dargelegten Regelungsfragen stellen sich bei jedem Betroffenen in gleicher Weise und können nicht von Fall zu Fall grundsätzlich unterschiedlich beurteilt werden. In jedem Falle werden alle Verfahren sich durch ein gemeinsames Grundkonzept auszeichnen; der Arbeitgeber wird und kann nicht bei jedem Betroffenen „das Rad neu erfinden", ohne gewisse Übereinstimmungen in den Verfahren aufzuweisen.

cc. Regelungsanlass als Kriterium

Auch diejenige Ansicht, die einen reinen Individualbezug dadurch herzuleiten versucht, dass sie dogmatisch an den Regelungsanlass anknüpft, kann nicht durchdringen. Der vermeintliche Individualbezug des Regelungsanlasses soll sich, so diese Ansicht, daraus ergeben, dass Auslöser für die Klärungsgespräche die *individuellen Fehlzeiten* des einzelnen Arbeitnehmers sein sollen, denn allein deshalb erfolge die „Ladung" des von Krankheit Betroffenen.[515] Die individuellen Fehlzeiten jedoch sind weder Anlass für das konkrete Einzelgespräch noch für den hier maßgeblichen und insoweit von dieser Ansicht verkannten Regelungsgegenstand der organisatorischen Ausgestaltung. Dass es bei der grundsätzlichen organisatorischen und inhaltlichen Ausgestaltung nicht auf die Individualität des Einzelnen ankommt, wurde bereits dargelegt. Die Tatsache, dass ein bestimmter Arbeitnehmer eine Arbeitsunfähigkeit von mehr als sechs Wochen aufweist führt allein dazu, dass der Arbeitgeber *an ihn* mit dem Ansinnen der Klärung herantritt, nicht aber dazu, dass sich *überhaupt* ein Bedürfnis ergibt, Grundsätze der Gesprächsführung und -ausgestaltung festzulegen.

Zuletzt kann angesichts dieses Regelungsgegenstandes auch nicht eingewandt werden, es komme für die Beurteilung der Mitbestimmungspflichtigkeit darauf an, ob die beabsichtigte Maßnahme der Vorbereitung einer personellen Einzelmaßnahme diene und weiter, dass wenn dem Betriebsrat schon für die beabsichtigte Einzelmaßnahme kein Mitbestimmungsrecht zustehe, dies per argumentum a maiore ad minus erst recht für deren Vorbereitungshandlung gelten müsse.[516] Denn auf den subjektiven Regelungszweck des Arbeitgebers kommt es gar nicht

515 Hunold BB 1995,1189 (1191) für Krankengespräche.
516 LAG Baden-Württemberg NZA 1992, 184 (185); Raab NZA 1993, 193 (202).

an.[517] Ferner kann auch nicht auf hypothetische Konsequenzen abgestellt werden, sondern muss die Maßnahme selbst maßgeblich sein. Beim betrieblichen Eingliederungsmanagement kann dieser Ansatz aber ohnehin nicht greifen, da erstens weder konkrete Maßnahmen vorbereitet werden, denn dies würde voraussetzen, dass solche bereits avisiert sind, während jedoch beim betrieblichen Eingliederungsmanagement gerade erst die Möglichkeiten überhaupt erörtert werden sollen. Und zweitens der Regelungsgegenstand im hier verstandenen Sinne gar nicht der Vorbereitung dienen kann, ist er doch organisatorischer Art losgelöst vom Bedürfnis des Einzelnen, einen leidensgerechten Arbeitsplatz zu erlangen.

Die organisatorische und inhaltliche Ausgestaltung als maßgeblicher Regelungsgegenstand weist daher eindeutig den erforderlichen kollektiven Bezug auf. Die Umsetzung im Einzelfall, also das Einzelgespräch, muss dagegen aus dem Bereich möglicher Mitbestimmung ausscheiden.

Ein Kollektivtatbestand ist damit gegeben und die Möglichkeit eines Mitbestimmungsrechts eröffnet.

3. Die einzelnen Mitbestimmungstatbestände

Auch die Voraussetzungen der einzelnen Mitbestimmungstatbestände sind beim betrieblichen Eingliederungsmanagement erfüllt. Dem Betriebsrat stehen Mitbestimmungsrechte nach § 87 Abs. 1 Nr. 1 und 7 BetrVG zu, wenn es darum geht, das Verfahren inhaltlich und organisatorisch auszugestalten:[518]

a. § 87 Abs. 1 Nr. 1 BetrVG – Ordnung des Betriebes

Nach § 87 Abs. 1 Nr. 1 BetrVG hat der Betriebsrat mitzubestimmen bei Fragen der Ordnung des Betriebes und des Verhaltens der Arbeitnehmer im Betrieb.

aa. Ordnungs- und Arbeitsverhalten

Dabei handelt es sich bei der „Ordnung des Betriebs" und dem „Verhalten der Arbeitnehmer im Betrieb" nicht um zwei selbständig nebeneinander stehende Tatbestände, sondern um solche, die aufeinander bezogen und voneinander nicht trennbar sind. Sie erfassen nur Regelungen über das Verhalten der Arbeitnehmer, soweit die betriebliche Ordnung davon berührt wird, also nur ein Verhalten in

---

517 BAG AP Nr. 38 zu § 87 BetrVG 1972 – Ordnung des Betriebes Bl. 1878 R f; GK-BetrVG/Wiese § 87 Rdnr. 199; Fitting u.a. § 87 Rdnr. 68; Richardi u.a. BetrVG/ders. § 87 Rdnr. 181; Wlotzke/Preis/Bender § 87 Rdnr. 37.

518 So auch Zorn br 2006, 42 (45); Deinert JR 2007, 177 (179).

Bezug auf die betriebliche Ordnung des Betriebes[519]. Es ist zwischen dem mitbestimmungsfreien *„Arbeitsverhalten"* und dem mitbestimmungspflichtigen, weil auf den Gesamtorganismus Betrieb bezogenen *„Ordnungsverhalten"* zu differenzieren.[520]

Zwar belegt die Verknüpfung beider Begriffe durch das Wort „und" nicht zwingend, dass eine solche Beziehung besteht; denn nicht nur durch ein „oder" sondern gleichfalls durch ein „und" kann eine Aufzählung selbständiger Tatbestände zum Ausdruck kommen[521]. Es könnten also sowohl zwei unterschiedliche Sachverhalte, als auch zwei verschiedene Komponenten desselben Sachverhalts gemeint sein.[522] Der Wortlaut legt jedoch zumindest nahe, dass „betriebliche Ordnung" und „Verhalten der Arbeitnehmer im Betrieb" nicht unabhängig nebeneinander stehen[523] und eine Wechselbezüglichkeit besteht.

Dieser kann auch nicht entgegengesetzt werden, dass weder der Begriff des „Verhaltens" noch der des „im Betrieb" geeignet seien, die Interpretation auf die betriebliche Gemeinschaft oder betriebliche Organisation zu beschränken[524]. Die beiden Begriffe mögen einzeln ein solches Verständnis nicht erzwingen, gemeinsam jedoch können sie nur so verstanden werden, dass ein „Verhalten der Arbeitnehmer im Betrieb" auf das Kollektiv und darauf bezogen ist, dass dem Arbeit-

---

519 St. Rspr.: BAGE 35,150 (155); 50, 330 (335); 9, 238 (241); BAG AP Nr. 2 zu § 87 BetrVG 1972 – Ordnung des Betriebs Bl. 829 R; Nr. 3 zu § 87 BetrVG 1972 – Ordnung des Betriebs Bl. 476; NZA 1992, 184 (185); DB 1999, 2218 (2218); DB 1984, 2097 (2097); DB 1991, 1834 (1834); NZA 1997, 1062 (1063); NZA 1995, 857 (858); Zustimmend die h.L.: Fitting u.a. a.a.O. Rdnr. 63; Richardi u.a. BetrVG/ders. a.a.O. Rdnr. 19; Dörner u.a./Wildschütz S. 2132; Weber u.a. Handbuch S 48; Raab NZA 1993, 193 (199); Schneider/Zinke AiB 2000, 4 (5); Löwisch/Kaiser a.a.O. Rdnr. 49; GK-BetrVG/Wiese a.a.O. Rdnr. 176; Düwell/Kohte § 87 Rdnr. 30; Etzel a.a.O. Rdnr. 509; SWS a.a.O. Rdnr. 43; HSG a.a.O. Rdnr. 99; wohl auch Hunold BB 1995, 1189 (1190f); Weiss Anm. zu BAG EzA Nr. 7 zu § 87 BetrVG 1972 – betriebliche Ordnung Bl. 798 R.

520 St. Rspr.: BAGE 35,150 (155); 50, 330 (335); 9, 238 (241); BAG AP Nr. 2 zu § 87 BetrVG 1972 – Ordnung des Betriebs Bl. 829 R; Nr. 3 zu § 87 BetrVG 1972 – Ordnung des Betriebs Bl. 476; NZA 1992, 184 (185); DB 1999, 2218 (2218); DB 1984, 2097 (2097); DB 1991, 1834 (1834); NZA 1997, 1062 (1063); NZA 1995, 857 (858); Zustimmend die h.L.: Fitting u.a. a.a.O. Rdnr. 64; Richardi u.a. BetrVG/ders. a.a.O. Rdnr. 19; Dörner u.a./Wildschütz S. 2132; Weber u.a. Handbuch S 48; Raab NZA 1993, 193 (199); Löwisch/Kaiser a.a.O. Rdnr. 49; GK-BetrVG/Wiese a.a.O. Rdnr. 176; Düwell/Kohte § 87 Rdnr. 30; Etzel a.a.O. Rdnr. 509; SWS a.a.O. Rdnr. 43; HSG a.a.O. Rdnr. 99; Weiss Anm. zu BAG EzA Nr. 7 zu § 87 BetrVG 1972 – betriebliche Ordnung Bl. 798 R.

521 Vgl. Pfarr Anm. zu AP Nr. 2 zu § 87 BetrVG 1972-betriebliche Ordnung Bl. 831.

522 GK-BetrVG/Wiese § 87 Rdnr. 172.

523 Raab NZA 1993, 193 (199).

524 So aber Pfarr a.a.O. Bl. 831 R; DKK/Klebe § 87 Rdnr. 44.

nehmer eine Möglichkeit der (Mit-)Gestaltung des fremden Organisations- und Herrschaftsumfeldes eingeräumt wird, in welches er sich täglich begibt, sich ihr unterwirft und einen Großteil seiner Lebenszeit darin verbringt[525].

Dann kann sich dieses Mitgestaltungsrecht jedoch nicht auf jegliches Verhalten der Arbeitnehmer überhaupt beziehen. Denn „Verhalten im Betrieb" ist nicht als Gegenstück zum „Verhalten in der Privatsphäre" zu verstehen[526]. Einer solchen Abgrenzung zur Privatsphäre bedarf es innerhalb des BetrVG schon deshalb nicht, weil das Verhalten des Arbeitnehmers in seiner Privatsphäre ohnehin der Regelungsbefugnis der Betriebsparteien und dem Einfluss des Arbeitgebers entzogen ist. Wäre diese Abgrenzung richtig und wäre damit jegliches Verhalten im Betrieb erfasst, so hätte es des Zusatzes „im Betrieb" auch nicht bedurft. Die Nennung beider Tatbestände innerhalb einer Norm bei beiderseitigem Erfassen von Arbeitnehmerverhalten lässt nur den Schluss auf betrieblich relevantes Verhalten zu. Diese Relevanz kann mithin nur im Zusammenhang mit einem geordneten Miteinander der Belegschaft vorliegen.

Ein anderes, extensives Verständnis, das jegliches Verhalten unter Nr. 1 subsumiert, führte zudem dazu, dass auch das Arbeits- und Leistungsverhalten des Arbeitnehmers im Verhältnis Arbeitgeber/Arbeitnehmer der Mitbestimmungspflicht unterliegen würde. Maßnahmen die zum Gegenstand haben, ob, wann und wie die vertraglich geschuldete Leistung erbracht werden soll und wie ihre Erbringung gesichert werden kann, unterliegen dem Direktionsrecht des Arbeitgebers. Er konkretisiert die sich aus dem Arbeitsvertrag für den Betroffenen ergebenden Leistungspflichten und fordert damit nur das ein, was ihm als Gläubiger schuldrechtlich (ohnehin) zusteht[527]. Es ist jedoch nicht Aufgabe des Betriebsrates, anstelle des Arbeitnehmers, die Durchführung von Pflichten zu beeinflussen, welchen er sich im Wege der Vertragsfreiheit individualrechtlich unterworfen hat. Der Arbeitnehmer soll nicht durch den Betriebsrat bevormundet werden; der Betriebsrat soll nach § 87 BetrVG dann mit Rechten ausgestattet sein, wenn es um Belange geht, die über das Individualarbeitsrecht hinaus gehen und die Belegschaft als Solche betreffen. Er schreitet im Verhältnis Über-/Unterordnung ein, nicht aber im Verhältnis Gläubiger/Schuldner. Denn nur so wird er dem Ziel[528] des Mitbestimmungsrechts gerecht, dem Sozialstaatsprinzip im Betrieb Geltung zu verschaffen.

Die einhellige Grundthese, dass ein Mitbestimmungsrecht in sozialen Angelegenheiten dazu dienen soll, dieses Direktionsrecht des Arbeitgebers zu be-

---

525 Vgl. Richardi § 87 Rdnr. 177.

526 So aber Pfarr a.a.O.; DKK/Klebe a.a.O.

527 Wiese/Starck Anm. zu AP Nr. 2 zu § 87 BetrVG 1972–Arbeitssicherheit.

528 DKK/Klebe a.a.O. Rdnr. 20 mit Verweis auf die die BAG-Rspr. bestätigende Entscheidung des BVerfG BB 1986, 593 (593).

schränken[529], darf also nicht dazu führen, dass die Ausübung dieses Rechts auch auf der Ebene des einzelnen Arbeitnehmers/Arbeitgeber eingeschränkt wird[530]. Dies wird jedoch teilweise mit dem Argument vertreten, § 87 BetrVG sei mit „soziale Angelegenheiten" überschrieben[531] und meine deshalb die Arbeitsbedingungen im weitesten Sinne[532]. Dies kann nicht überzeugen. Aus der Titulierung der Norm mit „soziale Angelegenheiten" kann lediglich geschlossen werden, dass alle innerhalb der Norm genannten Angelegenheiten sozialer Natur sind. Nicht aber umgekehrt, dass ein Mitbestimmungsrecht in allen irgendwie sozial anmutenden Angelegenheiten besteht und zwar auch dann, wenn der Wortlaut des Mitbestimmungstatbestandes nicht greift. Im Gegenteil folgt aus der abschließenden Aufzählung in § 87 BetrVG doch gerade, dass die Mitbestimmung auf die in der Norm enumerierten sozialen Angelegenheiten *beschränkt* sein soll. § 87 nennt also nur einen Ausschnitt sozialer Angelegenheiten und erklärt nur diese für mitbestimmungspflichtig.[533] Das BetrVG will also einen lückenlosen „Schutz" des Arbeitnehmers vor dem Direktionsrecht seines Arbeitgebers gar nicht erreichen.[534]

Aber auch systematisch und teleologisch kann eine Ausweitung des Verständnisses auf Arbeits- und Leistungsverhalten nicht überzeugen: Denn dies würde letztlich bedeuten, dass alle Maßnahmen des Arbeitgebers, die in irgendeiner Weise das Verhalten der Arbeitnehmer überhaupt regeln oder dieses zu beeinflussen geeignet sind, mitbestimmungspflichtig wären[535]. Es ist jedoch kaum ein Bereich im Arbeitsleben denkbar, in dem dies dann nicht der Fall wäre[536]. Damit würde § 87 Abs. 1 Nr. 1 zu einem konturenlosen Auffangtatbestand[537]. Der Anwendungsbereich der Nr. 1 wäre immer dort eröffnet, wo das Gesetz durch Normierung anderer Mitbestimmungstatbestände eigentlich auf andere Art und Weise ein Mitbestimmungsrecht einräumen will. Andere Mitbestimmungstatbestände würden obsolet.

Deutlich wird dies an § 87 Abs. 1 Nr. 6. Danach hat der Betriebsrat mitzubestimmen bei „Einführung und Anwendung von technischen Einrichtungen, die dazu bestimmt sind, das Verhalten oder die Leistung der Arbeitnehmer zu über-

---

529 Vgl. nur BAG BB 1992, 1418 (1424); Pfarr a.a.O. Bl. 832 R.

530 So aber Pfarr a.a.O.

531 Pfarr a.a.O. Bl. 831 R; DKK/Klebe § 87 Rdnr. 44.

532 Pfarr a.a.O. DKK/Klebe a.a.O.

533 So auch Raab NZA 1993, 193 (200).

534 Vgl. Raab NZA 1993, 193 (200) mit Verweis auf §§ 95 III 1, 99 I 1 BetrVG–Möglichkeit der mitbestimmungsfreien Versetzung.

535 Vgl. Raab NZA 1993, 193 (199).

536 Ders. a.a.O.

537 Ders. a.a.O.

wachen“: Würde Nr. 1 also bereits jegliche Einflussnahme(möglichkeit) auf Ordnungs- *und* Arbeitsverhalten erfassen, so wäre eine Überwachung des Arbeitsverhaltens durch technische Einrichtungen stets schon nach Nr. 1 mitbestimmungspflichtig. Denn eine solche Überwachung des Arbeitsverhaltens, also der Leistungserbringung durch den Arbeitnehmer, ist immer geeignet, das Verhalten der Arbeitnehmer zu beeinflussen. Die Geeignetheit zur Verhaltensbeeinflussung ist im Rahmen der Nr. 1 bereits ausreichend[538], was auch von den Vertretern des weiten Verständnisses so gesehen wird[539]. Die mit technischen Einrichtungen durchgeführte Überwachung kann eine unnatürliche Verhaltenssteuerung des Arbeitnehmers bewirken[540]; ein Arbeitnehmer, der – um das „Paradebeispiel“[541] der Videoüberwachung zu nennen – bei der Erfüllung seiner Arbeitspflicht überwacht wird, wird sich zumindest unbeabsichtigt anders verhalten, als dies ohne Kamera der Fall wäre.

Schon dadurch, dass nach einhelliger Auffassung eine faktische Verhaltensbeeinflussung im Rahmen der Nr. 1 ausreicht, wird auch das Argument der Gegenansicht entkräftet, es seien auch Maßnahmen denkbar, bei denen durch technische Kontrolleinrichtungen eine Überwachung stattfinde, ohne dass es zu einer Verhaltensreglementierung käme[542]. Dies ist nach dem Gesagten gerade nicht der Fall.

Es ist also keine Fallgestaltung denkbar, in der der unter Nr. 6 fallende Sachverhalt nicht schon unter Nr. 1 zu subsumieren wäre. Nr. 1 würde damit der eigenständige Regelungsbereich genommen. Nr. 1 kann daher nur so verstanden werden, dass eine Identität mit dem der Nr. 6 nicht gegeben ist.

Dies rechtfertigt indes nicht die Begründung der Eigenschaft des § 87 Abs. 1 Nr. 6 gegenüber Nr. 1 als lex specialis für Überwachung mittels *technischer* Überwachung. Denn die hier vertretene Ansicht, das Arbeitsverhalten falle nicht unter den Anwendungsbereich der Nr. 1, entspricht st. Rspr. seit Existenz des § 87 Abs. 1 Nr. 1 BetrVG. Nr. 6 wurde zeitlich nach Nr. 1 in das BetrVG eingefügt. Dem Gesetzgeber war also die in der Rechtsprechung vertretene Auffassung bei Schaffung der Nr. 1 bekannt. Nur unter Zugrundelegung dieser Rechtsprechung macht(e) es Sinn, Nr. 6 überhaupt zu konstruieren. Denn nur dann bestand (wegen der Lücke im Anwendungsbereich der Nr. 1) ein Bedürfnis des Schutzes der Arbeitnehmer während der Erbringung der Arbeitsleistung. Die Schaffung eines Tatbestandes, der separat und ausdrücklich nur für technische Einrichtungen

538 BAGE 35,150 (155).
539 Pfarr a.a.O. Bl. 833; DKK/Klebe a.a.O. Rdnr. 46; Weiss Anm. zu EzA Nr. 8 zu § 87 BetrVG 1972–betriebliche Ordnung Bl. 55.
540 Wlotzke/Preis/Bender § 87 Rdnr. 112.
541 Ders. a.a.O.
542 Weiss a.a.O. Bl. 54; DKK/Klebe a.a.O. Rdnr. 45.

dasjenige konstatiert, was bereits für alle (also auch für technische) Einrichtungen von Nr. 1 erfasst ist, erscheint wenig sinnvoll. Nr. 1 und Nr. 6 können also in ihrem Anwendungsbereich nicht identisch sein. Dem Betriebsrat soll nicht durch generalklauselartige Sammeltatbestände ein Mitbestimmungsrecht eingeräumt werden; § 87 BetrVG nennt vielmehr fest umrissene Einzeltatbestände[543]. Dieser Tatsache kann nur durch eine restriktive Auslegung des § 87 Abs. 1 Nr. 1 Rechnung getragen werden. Schon wegen des Verhältnisses von Nr. 6 zu Nr. 1 kann also von Nr. 1 nicht mehr als das Ordnungsverhalten gemeint sein.

Dies zeigt auch ein Wortlautvergleich zwischen Nr. 1 und Nr. 6: Während Nr. 1 nur das „Verhalten der Arbeitnehmer im Betrieb" nennt, räumt Nr. 6 ein Mitbestimmungsrecht bzgl. „Verhalten *und* Leistung der Arbeitnehmer" ein[544]. Wenn nun in einem Tatbestand neben dem Verhalten auch die Leistung als mitbestimmungspflichtige Komponente genannt wird, in dem anderen Tatbestand aber nicht, so kann man nicht annehmen, dass beide Tatbestände inhaltlich das Gleiche meinen. Dies insbesondere dann nicht, wenn man, wie die Gegenansicht, eine ganzheitliche Betrachtung des § 87 BetrVG fordert[545]. Hier sei nochmals auf die historische Reihenfolge der Schaffung beider Tatbestände verwiesen. Fügt der Gesetzgeber in eine zeitlich neuere Norm den Zusatz der „Leistung" ein, so lässt dies doch den Rückschluss darauf zu, dass er davon ausgegangen ist, die Leistung an sich sei gerade noch nicht von einem anderen Mitbestimmungstatbestand erfasst, er also eine Lücke schließen und die bisherigen Rechtsgrundsätze fortschreiben wollte[546]. Hätte er an der ihm bekannten Rechtsprechung etwas ändern wollen[547], so hätte er Nr. 1modifiziert, nicht aber Nr. 6 neu geschaffen.

Auch wenn die von der Gegenansicht angeführte Kritik, es sei nicht haltbar, an jahrzehntealten Gesetzgebungsmotiven für die heutige Auslegung festzuhalten, da sich der Regelungszweck seit dem BetrVG 1952, in welchem der Mitbestimmungstatbestand der heutigen Nr. 1 bereits auftauchte, geändert habe[548], berechtigt erscheint; die historische Entwicklung indiziert doch zumindest trotz geänderter Zielrichtung ein enges Verständnis[549].

543 HSWG/Worzalla § 87 Rdnr. 98.
544 So auch Hunold DB 1982 Beilage Nr. 18 S. 8.
545 Weiss a.a.O. Bl.55.
546 Richardi u.a. BetrVG/ders. a.a.O.: Rdnr. 475 mVa BAGE 27, 256 (259); Moll DB 1982, 1722 (1722).
547 So auch arg. BAG AP Nr. 8 zu § 87 BetrVG 1972–Ordnung des Betriebs Bl. 244 R.
548 DKK/Klebe § 87 Rdnr. 44; Pfarr a.a.O. Bl. 832; Weiss a.a.O. Bl. 54.
549 Vgl. Raab a.a.O. S. 199; BAG AP Nr. 8 zu § 87 BetrVG 1972–Odnung des Betriebs Bl. 244 R.

Der Begriff des „Verhaltens“ erfasst also gerade nicht per se „Leistungs- und Arbeitsverhalten“ mit. Während „Verhalten“ jedes individuell steuerbare Tun und Unterlassen erfasst, soweit es für das Arbeitsverhältnis erheblich sein kann[550], ist unter „Leistung“ die vom Arbeitnehmer in Erfüllung seiner vertraglichen Pflicht erbrachte Arbeit zu verstehen[551].

Verhalten im Sinne der Nr. 6 ist also nicht gleich Arbeitsverhalten.

Dann leuchtet es aber nicht ein, dass dies im Rahmen der Nummer 1 angesichts der historischen Entwicklung anders sein soll. Nr. 1 ist auf ein Verhalten bestimmter Art beschränkt[552], nämlich auf ein Verhalten in Bezug auf die betriebliche Ordnung.

Die Gegenansicht ist ungeachtet dessen auch deshalb abzulehnen, weil sie teilweise in sich nicht konsequent erscheint. So wird einerseits vertreten, eine Beeinflussung des Arbeits- und Leistungsverhaltens werde von Nr. 1 erfasst, andererseits angeführt, nichttechnische Kontrolleinrichtungen entfalteten die gleiche Wirkung wie technische, so dass der Anwendungsbereich der Nr. 6 insoweit zu eng sei[553]. Es wird also eine Ausweitung des Anwendungsbereich des Nr. 6 auf nichttechnische Überwachung gefordert. Wenn aber doch nach dieser Auffassung die Beeinflussung des Arbeitsverhaltens schon unter Nr. 1 fallen soll, warum sollte dann der Anwendungsbereich der Nr. 6 ausgeweitet werden?

In diesem Zusammenhang wird weiter ausgeführt, der Persönlichkeitsschutz des Arbeitnehmers, dem in Nr. 6 Rechnung getragen werde, habe auch Auswirkungen auf das Verständnis der Nr. 1. Denn die Tatbestände des § 87 BetrVG seien nicht zufällig und zusammenhanglos aufgestellt, sondern würden durch eine Grundlinie zusammengehalten.[554] An Nr. 6 zeige sich, dass diese im Persönlichkeitsschutz zu erblicken sei, so dass dieser auch bei Nr. 1 eine Rolle spielen müsse. Wenn also die Kontrolle durch technische Einrichtungen mitbestimmungspflichtig sei, warum – so wird gefragt – sollte dies nicht auch für die Kontrolle durch Verhaltensregelungen gelten?[555] Dem wird zu Recht entgegnet: Weil das Gesetz eine Mitbestimmung eben nur bei technischen Überwachungseinrichtungen vorsieht.[556]

Zudem kann der Zweck des Mitbestimmungsrechts, das Direktionsrecht zu beschränken und (im Rahmen der Nr. 6) das Persönlichkeitsrecht zu wahren,

---

550 BAG AP Nr. 14 zu § 87 BetrVG 1972–Überwachung PAISY Bl. 1396 f; Wlotzke/Preis/Bender a.a.O.
551 BAG AP Nr. 12 zu § 87 BetrVG 1972–Überwachung; Wlotzke/Preis/Bender a.a.O.
552 GK-BetrVG/Wiese a.a.O. Rdnr. 53.
553 Weiss Anm. zu EzA Nr. 7 zu § 87 BetrVG–betriebliche Ordnung Bl. 54.
554 Ders. a.a.O. Bl. 55.
555 Ders. a.a.O.
556 Raab NZA 1993, 193 (201 dort Fn. 67).

nicht dazu führen, den Inhalt der in § 87 Abs. 1 genannten Mitbestimmungsrechte zu verabsolutieren[557]. Gerade das Argument, der Gesetzgeber habe bei der Schaffung der einzelnen Mitbestimmungstatbestände die jeweils anderen im Auge gehabt, belegt, dass deren Inhalt gerade nicht deckungsgleich sein kann.

Als Verhalten im Sinne des § 87 Abs. 1 Nr. 1 kann damit nur ein Verhalten in Bezug auf die betriebliche Ordnung verstanden werden.

bb. Maßgebliches Verhalten

Nachdem die an den Mitbestimmungstatbestand zu stellenden tatbestandlichen Anforderungen feststehen, muss zunächst festgelegt werden, welches das im Rahmen des § 87 Abs. 1 Nr. 1 BetrVG maßgebliche Ordnungsverhalten beim betrieblichen Eingliederungsmanagement ist.

Teilweise wird hier angenommen, es sei auf das sog. „Krankheitsverhalten" abzustellen[558]. Mit dem betrieblichen Eingliederungsmanagement solle auf den Gesundheitszustand des Betroffenen eingewirkt werden. Daraus sei zu folgern, dass das dem Arbeitnehmer abverlangte „Verhalten" das der Genesung sei und sodann zutreffend behauptet, dass Verhalten Willentlichkeit voraussetze, der Betroffene aber gerade keinen Einfluss auf seine Krankheit habe. Es liege somit gar kein Verhalten der Arbeitnehmer vor.[559] Krankheit sei ein in der Person des Betroffenen liegender Grund, nicht aber ein verhaltensbedingter Umstand.[560]

Die Annahme, es sei das „Krankheitsverhalten" maßgeblich, folgt aus einer Anlehnung an die *sog. Kranken(rückkehr)gespräche* im Betrieb. Bei dieser gesetzlich nicht geregelten Arbeitgebermaßnahme handelt es sich um durch häufige oder längere Fehlzeiten ausgelöste Gespräche zwischen Arbeitgeber und Arbeitnehmer über eben diese und darüber, ob und in welchem Umfang beim Betroffenen in Zukunft mit Ausfallzeiten zu rechnen ist.[561] Einheitliche Zielsetzungen und Motivationen des handelnden Arbeitgebers kann es dabei schon mangels einer gesetzlicher Normierung nicht geben. So fanden Krankengespräche bislang etwa deshalb statt, um Ursachen für in bestimmten Betriebsteilen im Vergleich zu anderen deutlich erhöhte Fehlzeiten aufzudecken und zu untersuchen, ob arbeitsplatzspezifische Einflüsse vorliegen und wie diesen ggf. abgeholfen werden

557 Vgl. Raab NZA 1993, 193 (201).
558 Namendorf/Natzel DB 2005, 1794 (1795); Balders/Lepping NZA 2005, 854 (856).
559 Dies. a.a.O.
560 So auch Ehler BB 1992, 1926 (1926) für Krankengespräche mit dem Betroffenen.
561 Vgl. Ehler a.a.O.

kann.[562] In anderen Fällen sah sich der Arbeitgeber veranlasst, durch die Gespräche zu prüfen, ob der Arbeitnehmer aus gesundheitlichen Gründen weiterhin in der Lage sei, seinen arbeitsvertraglichen Pflichten nachzukommen[563] oder zu untersuchen, warum dies in der Vergangenheit nicht der Fall war[564].

Gemeinsam ist jedoch all diesen Fällen, dass den Arbeitgebern – ob mit Recht oder nicht, kann hier dahinstehen – unterstellt wurde, sie führten diese Gespräche (auch) deshalb durch, um das Krankheitsverhalten der Arbeitnehmer zu beeinflussen, also das „Krankfeiern" als Störfaktor im Betrieb zurückzudrängen und damit disziplinierende Wirkung auf den Betroffenen und den Rest der Belegschaft auszuüben[565].

Damit wird indes zugleich unterstellt, dass ein solcher Missbrauch von Krankschreibungen tatsächlich im Betrieb vorliegt, denn es kann nur dann ein Krankheitsverhalten überhaupt beeinflusst werden, wenn eine reale Erkrankung gerade nicht vorliegt.

Dass ein solches Abstellen auf das Krankheitsverhalten nicht vom Krankengespräch auf das betriebliche Eingliederungsmanagement übertragen werden kann (die tatsächliche generalpräventive Wirkung einmal unterstellt), zeigt sich schon daran, dass es – anders als dies möglicherweise bei Krankengesprächen der Fall gewesen sein mag – beim betrieblichen Eingliederungsmanagement gar nicht auf eine Beseitigung etwaigen „Krank*feierns*" abgezielt werden kann, mögen auch die Ähnlichkeiten zwischen beiden Instrumenten auf den ersten Blick erheblich sein. Denn es ist davon auszugehen, dass der von mehr als sechs Wochen Arbeitsunfähigkeit Betroffene tatsächlich erkrankt ist. Dies folgt aus § 84 Abs. 2, der ja eine abstrakte Gefährdung impliziert und darüber hinaus davon ausgeht, dass angesichts der möglichen Hinzuziehung sämtlicher einschlägiger Stellen Handlungsbedarf hinsichtlich des Gesundheitszustandes tatsächlich besteht. Andernfalls hätte die Erörterung so, wie sie § 84 Abs. 2 vorsieht, gar keinen Sinn. Die Möglichkeit, dass *verhaltensbedingte* Gründe zu einer „Ansammlung" dieser Fehlzeiten geführt haben, zieht das Gesetz gar nicht in Betracht. Es mag sich als Nebeneffekt darstellen, dass mancher Arbeitnehmer vom Krankfeiern abgehalten wird, weil er sich bei Erreichen der „Sechs-Wochen-Grenze" dem Verfahren betrieblichen Eingliederungsmanagements gegenübergestellt sieht. Diesen abschre-

---

562 So bei BAG NZA 1995, 857; LAG Hamburg LAGE Nr. 8 zu § 87 BetrVG 1972 – betriebliche Ordnung; Arbeitsgericht Hamburg AiB 1991, 92; LAG Baden-Württemberg LAGE Nr. 9 zu § 87 BetrVG 1972 – betriebliche Ordnung.

563 So auch Arbeitsgericht Hamburg AiB 1991, 92.

564 LAG Hamm BB 1986, 1359.

565 So auch Britschgi, Krankheit und BEM S. 43; Fischer/Kiesche AiB 1997, 639 (639 f); Kreuder AiB 1995, 654 (655); Schwanck AiB 1992, 71 (74) und AiB 1990, 33 (33).

ckenden Nebeneffekt können jedoch ebenso auch andere Arbeitgebermaßnahmen haben, wie etwa eine verhaltensbedingte Kündigung gegenüber einem Kollegen oder eine Abmahnung, so dass es auf diesen Nebeneffekt nicht ankommen kann, zumal er stark untergeordneter Natur ist.

Aber nicht nur aus der fehlenden Übertragbarkeit dieses Ansatzes aus den Krankengesprächen folgt, dass ein Krankheitsverhalten beim betrieblichen Eingliederungsmanagement nicht der richtige Ansatzpunkt sein kann. Schon bei Betrachtung des oben erläuterten Regelungsgegenstandes im Rahmen des Mitbestimmungsrechts erschließt sich, dass es nicht darum geht, die „Genesung“ zu beeinflussen.

Schon deshalb, weil es hier nicht darum geht, den Betriebsrat dabei mitbestimmen zu lassen, wie der Betroffene das, was ihm abverlangt wird, später umsetzt, etwa, indem er „gesund“ wird. Die maßgebliche Frage dafür, ob den Arbeitnehmern durch die Regelung ein Verhalten abverlangt wird, muss sich nicht an dem Zweck der Durchführung der Maßnahme gegenüber dem Einzelnen und dem bei diesem vermittelten Eindruck orientieren, sondern an der Maßnahme selbst. Besteht der Regelungsgegenstand aber darin, dass Betriebsrat und Arbeitgeber den generellen Rahmen dafür festsetzen, in welcher Weise grundsätzlich Klärungsgespräche hinsichtlich der Organisation und inhaltlichen Ausgestaltung geführt werden, so ist richtigerweise danach zu fragen, welches Verhalten den Betroffenen durch *diese* Ausgestaltung abverlangt wird. Legt die von Betriebsrat und Arbeitgeber vereinbarte Regelung fest, wer als Führungskraft wo und in welchem zeitlichen Rahmen das Gespräch mit dem Betroffenen führt und wer den Inhalt anschließend in welcher Weise und in welchem Umfang dokumentiert, wer über den Gesprächsinhalt informiert wird und unter welchen Voraussetzungen Externe an dem Gespräch zu beteiligen sind, wie das Verfahren grundsätzlich inhaltlich ablaufen soll, welche Fragen gestellt werden müssen, um sämtliche erforderlichen Informationen erhalten zu können (Erörterung der Krankheitsursache, bei wiederholter Erkrankung des möglichen Ursachenzusammenhangs zwischen den Erkrankungen, der möglichen Kausalität zwischen Erkrankung und Arbeitsplatz/-umfeld, der medizinischen Diagnose, der Prognose hinsichtlich der Heilungschancen und nicht zuletzt der Frage nach der konkreten Ausgestaltung der Zukunft des Betroffenen im Betrieb), von wem als Führungskraft wie das Verfahren eingeleitet werden soll (etwa durch Weitergabe eines zu entwerfenden Merk- bzw. Informationsblattes an den jeweils Betroffenen), wie der erforderliche Datenhinweis erteilt werden soll und in welcher Weise die Zustimmung des Betroffenen eingeholt werden soll, so wird dem Betroffenen, stellt er sich diesem Verfahren, allein abverlangt *auf diese Situation zu reagieren* bzw. sich zu entscheiden, ob er auf die ihm gestellten Fragen antworten will sich durch den Betriebsarzt untersuchen lassen will, seinen behandelnden Arzt von der Schweigepflicht zu entbinden etc.

Abverlangt wird dem Betroffenen also ein Verhalten *während der Führung des Gesprächs selbst*[566]. Nicht aber ein solches in Bezug auf die Ursache des Gespräches.

Dem steht auch die von *Hunold*[567] angebrachte Kritik nicht entgegen, bei dem Mitbestimmungsrecht gehe es um ein Verhalten des *Arbeitgebers*, nicht aber um ein solches des Arbeitnehmers. Letzterem solle durch die Mitbestimmung kein „Maulkorb" erteilt werden.[568] Diese Auffassung verkennt den Unterschied zwischen Ursache und Wirkung. Ursache eines Mitbestimmungsrecht ist das (beabsichtigte) Verhalten bzw. Handeln des Arbeitgebers, auf welches der Betriebsrat Einfluss nimmt. Ein Mitbestimmungsrecht besteht indes nur dann, wenn sich das Handeln des Arbeitgeber in seiner Wirkung auf die Arbeitnehmer und deren Verhalten im Sinne des § 87 Abs. 1 Nr. 1 BetrVG erstreckt. Angesichts des eindeutigen Wortlautes „Verhalten der *Arbeitnehmer* im Betrieb" kann dies also nicht überzeugen. Maßgeblich ist also das Verhalten während der Führung des Gespräches bzw. Verfahrens selbst.

cc. Verhalten i.S.d. § 87 Abs. 1 Nr. 1 BetrVG

Dieses Gesprächsverhalten ist auch ein solches im Sinne des § 87 Abs. 1 Nr. 1 BetrVG, denn es betrifft nicht das Arbeitsverhalten der Arbeitnehmer.

Den Arbeitnehmern wird nicht ein Verhalten abverlangt, welches sich unmittelbar auf die Erbringung der vertraglich geschuldeten Arbeitsleistung bezieht und dabei zu beachten wäre. Mit der Konkretisierung und Abforderung der Leistungspflicht des Beschäftigten, die maßgeblich ist[569], hat die Aufforderung, zu den festgelegten Fragen beim betrieblichen Eingliederungsmanagement Stellung zu nehmen und bei der Klärung mitzuwirken, nichts gemein[570].

Es werden weder *Arbeits*anweisungen gegeben, inwieweit der Betroffene in welcher Weise seine Arbeit auszuführen hätte, noch ist das Abverlangte in sonstiger Weise Gegenstand der Hauptleistungspflicht.

---

566 So auch für Krankengespräche BAG NZA 1995, 857 (858); VG Frankfurt a.M. PersV 2002, 237 (238); Raab NZA 1993, 193 (197).

567 Hunold BB 1995, 1189 ff.

568 Ders. a.a.O.

569 BAG AP Nr. 38 zu § 78 BetrVG 1972 – betriebliche Ordnung Bl. 1887 R.

570 So i.E. für die Krankengespräche auch BAG NZA 1995, 857 (858).

Zwar soll die Klärung auch die Gründe für die Nichterbringung der geschuldeten Leistung und damit die der Leistungsstörung aufdecken[571]. Diesen Zweck verfolgt indes die Klärung an sich, nicht aber der hier maßgebliche Regelungsgegenstand der Festlegung eines grundsätzlichen Rahmens organisatorischer und inhaltlicher Ausgestaltung.

Mit den Gründen der vorhandenen Störung im arbeitsrechtlichen Austauschverhältnis hat z.B. die Festlegung, wer das Gespräch führt und welche Informationen grundsätzlich benötigt werden, um eine Klärung überhaupt sinnvoll durchführen zu können sowie eine Festlegung der Richtlinien, unter welchen Umständen Externe zu beteiligen oder wie die datenmäßige Niederlegung des Verfahrens erfolgen soll, nichts zu tun.

Die Organisation ist von der Durchführung und der damit erfolgenden Umsetzung der zuvor festgelegten organisatorischen Rahmenbedingungen zu trennen. Das Gesprächsverhalten ist somit kein Arbeitsverhalten und damit von § 87 Abs. 1 Nr. 1 BetrVG erfasst.

Ein Mitbestimmungsrecht des Betriebsrates bezüglich der inhaltlichen Ausgestaltung und Organisation ist daher gegeben.[572]

b. § 87 Abs. 1 Nr. 7 BetrVG – Gesundheitsschutz

Dem Betriebsrat steht zudem ein Mitbestimmungsrecht aus § 87 Abs. 1 Nr. 7 BetrVG zu.[573] Danach hat der Betriebsrat mitzubestimmen bei Regelungen über den Gesundheitsschutz im Rahmen der gesetzlichen Vorschriften.

Dieser Mitbestimmungstatbestand setzt schon seinem Wortlaut nach voraus, dass eine gesetzliche Vorschrift des Gesundheitsschutzes existiert, die dem Arbeitgeber eine Handlungspflicht auferlegt und welche ihm einen Entscheidungsspielraum belässt, wie er die gesetzlichen Vorgaben in seinem konkreten Betrieb umsetzen, ausfüllen, realisieren will. Bei der Ausfüllung dieses Regelungsspielraums hat der Betriebsrat das Mitbestimmungsrecht inne.[574] Der Begriff der „Re-

571 So zur Begründung des Arbeitsverhaltens LAG Hamm BB 1986, 1359 (1360); LAG Frankfurt a.M. NZA 1993, 237 (237); Raab NZA 1993, 193 (202).

572 In diesem Sinne auch wohl Arbeitsgericht Dortmund 5 BV 48/05.

573 So auch DKZ/Deinert § 84 Rdnr. 23.

574 St. Rspr. BAG Beschlüsse vom 8.6.2004 1 ABR 13/03 Rdnr. 41 und 1 ABR 4/03 Rdnr. 32; BAG NZA 1998, 441 (444); BAG BB 1982, 493 (493); BAG BB 1999, 55 (55) und 100, 173 (180); BAG SAE 1997, 77 (82); h.L: DKK/Klebe § 87 Rdnr. 168,176; HSWG/Worzalla § 87 Rdnr. 342; Löwisch/Kaiser § 87 Rdnr. 114; Weber u.a. Handbuch S. 492; Etzel Rdnr. K-BetrVG/Wiese § 87 Rdnr. 586,591; SWS § 87 Rdnr. 123; Richardi u.a. BetrVG/ders. § 87 Rdnr. 534,540 (549); Wlotzke/Preis/Bender § 87 Rdnr. 141; Kittner/Pieper PR 2005, 339 (341); Siemes NZA 1998, 232 (232); Merten/Klein DB 1998, 673 (673).

gelung“ in § 87 Abs. 1 Nr. 7 BetrVG ist dabei gleichzusetzen mit dem oben bereits erörterten und bejahten Erfordernis eines Kollektivtatbestandes.[575]

aa. Regelungsspielraum

Das Vorliegen eines Regelungsspielraums ergibt sich bereits aus dem Fehlen einer aus sich heraus handhabbaren gesetzlichen Regelung, so dass auf die Ausführungen zum Gesetzesvorbehalt verwiesen werden kann.

bb. Ausfüllungsbedürfnis

§ 84 Abs. 2 stellt auch eine ausfüllungsbedürftige Rahmenregelung im Sinne der Vorschrift dar, denn zum Einen legt sie dem Arbeitgeber eine Handlungspflicht auf, bei Vorliegen der sachlichen und persönlichen Voraussetzungen des § 84 Abs. 2 eine Klärung durchzuführen und gibt nicht vor, wie dies konkret inhaltlich und organisatorisch zu geschehen hat.

cc. Öffentlich-rechtliche Pflicht des Arbeitgebers

Die weitere Voraussetzung, dass die Handlungspflicht aufgrund des Zusammenhangs im Wortlaut mit der Nennung der Unfallverhütungsvorschriften eine solche öffentlich-rechtlicher Natur[576] sein muss, ist ebenfalls gegeben. Zwar wird auch die Ansicht vertreten, das Bestehen einer sich aus der privatrechtlichen Fürsorgepflicht herleitenden Handlungspflicht erfülle gleichfalls die Anforderungen an die Rahmenvorschrift[577] und reiche somit aus. Darauf kommt es jedoch vorliegend nicht an, denn es liegt jedenfalls eine Rahmenvorschrift öffentlich-rechtlicher Natur vor:

Dass § 84 Abs. 2 dem Arbeitgeber eine öffentlich-rechtliche und nicht, weil aus dem Arbeitsverhältnis stammende, privatrechtliche Pflicht auferlegt[578], folgt

---

575 Wlotzke FS Wissmann S. 433; HSWG/Worzalla § 87 Rdnr. 336; Wlotzke/Preis/Bender § 87 Rdnr. 143; Richardi u.a. BetrVG/Ders. § 87 Rdnr. 558; Fitting u.a. § 87 Rdnr. 286.

576 BAGE 44, 285 (297) und 100, 173 (180); BAG BB 1982, 493 (493); BAG BB 1992, 55 (55); BAG SAE 1985, 225 (235) mit zustimmender Anm. a.a.O. Heinze S. 426; MünchArbRHdBuch/Matthes § 343 Rdnr. 13 f sowie dort Wlotzke § 206 Rdnr. 1; Staudinger/Oetker § 618 BGB Rdnr. 197; Wlotzke in FS Wissmann S. 426, 428; Siemes NZA 1998, 232 (232); Löwisch/Kaiser § 87 Rdnr. 114; SWS § 87 Rdnr. 123; Richardi u.a. BetrVG/ders. § 87 Rdnr. 534; GK-BetrVG/Wiese § 87 Rdnr. 591; Ehler BB 1992, 1926 (1927).

577 HSWG/Worzalla § 87 Rdnr. 342, 344.

578 So auch ohne Begründung Balders/Lepping NZA 2005, 854 (857).

schon aus der Formulierung der Norm. Zwar legt der Wortlaut nicht fest, wem gegenüber der Arbeitgeber zur Durchführung des betrieblichen Eingliederungsmanagements verpflichtet ist. Die Regelung ist jedoch als Pflicht des Arbeitgebers, nicht aber als Recht des Arbeitnehmers im Sinne eines Anspruchs ausgestaltet. Zudem muss der Arbeitnehmer dem betrieblichen Eingliederungsmanagement „zustimmen", hat jedoch gerade nicht das Recht, den Arbeitgeber hierzu „aufzufordern" oder zu „verlangen". Ähnlich der Beschäftigungspflicht aus § 71 SGB IX wird nur der Arbeitgeber verpflichtet.

Auch die gesetzgeberischen Motive und die daraus resultierende Ausgestaltung der Norm als Instrument der Früherkennung von Beeinträchtigungen und der Prävention (und die entsprechende Überschrift der Norm)[579] mit dem von der Bundesregierung angegebenen Zweck, gesellschaftliche Kosten langer Arbeitsunfähigkeit zu verringern, zeugen von der öffentlich-rechtlichen Natur der Vorschrift. Die dem Gesetzgeber obliegenden Maßnahmen zur Beseitigung und Vermeidung von Arbeitsunfähigkeit, Behinderung und Arbeitsplatzverlust stellen eine (teilweise) Abwälzung der Gesundheits- und Behindertenpolitik auf den Arbeitgeber und dessen „Indienstnahme" hierfür dar.[580] Auch die Tatsache, dass Prämien und Boni von Rehabilitationsträgern und Integrationsämtern, also von Stellen außerhalb des Betriebes, zu erlangen sind (§ 84 Abs. 3), weist auf einen den individualrechtlichen Bereich überschreitende Rechtscharakter deutlich hin.[581]

Dagegen kann nicht angenommen werden, die Norm weise sowohl privatrechtlichen, als auch öffentlich-rechtlichen Charakter auf.[582] Möglicherweise entstehen durch die Qualität der Norm als öffentlich-rechtliche und eine gegebenenfalls erfolgende Transformation ins Privatrecht auch zivilrechtliche Folgen, was noch zu untersuchen bleibt. Dies ist ändert jedoch nichts am ursprünglich öffentlich-rechtlichen Charakter der Vorschrift an sich.

Dass § 84 Abs. 2 dabei sanktionslos im Sinne von nicht straf- und bußgeldbewährt ist und die Einhaltung der Verpflichtung nicht von staatlicher Stelle, sondern allein von den betrieblichen Parteien überwacht wird, unterscheidet die Norm zwar von Normen öffentlich-rechtlichen Arbeitsschutzrechts, ändert

579 Klaesberg, Folgen fehlenden BEM S. 2.

580 Vgl. auch Gagel Diskussionsbeitrag 4–2004 S. 3 und daran anknüpfend Klaesberg, Folgen fehlenden BEM S. 2 sowie Britschgi AiB 2005, 284 (285).

581 Ebenso Neumann u.a. SGB IX § 84 Rdnr. 14 und 2005 § 84 Rdnr. 16.

582 So aber Klaesberg a.a.O.

aber nichts daran, dass es sich nicht um eine Norm des privatrechtlichen Arbeitsschutzes handelt.[583]

Denn für die Einordnung als privat- oder öffentlich-rechtlich kann nicht maßgeblich sein, ob der Staat die Nichteinhaltung von Pflichten sanktioniert. Dies zum Einen deshalb, weil der Staat die eigentlich ihm obliegenden Aufgaben im Rahmen beschäftigungspolitischen Handelns auf die Arbeitgeber teilweise abgewälzt und sich so eines Teils seiner Verantwortung entledigt hat. Denn es war das erklärte Motiv des Gesetzgebers, durch Schaffung des § 84 Abs. 2 Einfluss auf die desolate Situation der Sozialkassen zu nehmen und die Arbeitslosigkeit (schwer-)behinderter und nicht behinderter Menschen zu verringern. Maßnahmen, die diese Ziele fördern können, wurden auf die betriebliche Ebene verlagert und der Arbeitgeber insoweit für staatliche Aufgaben „in Dienst genommen". Dass für die Einhaltung der Pflicht die Möglichkeiten präventiven Handelns keine staatliche Überwachungsstelle vorgesehen ist, schadet auch zum Anderen deshalb nicht, weil der Staat zwar die Nichterfüllung nicht sanktioniert, aber sehr wohl die Erfüllung prämiert. Er hat sich also seines Einflusses auf die Pflichterfüllung nicht gänzlich entledigt, sondern behält Steuerungsmöglichkeiten gegenüber den Arbeitgebern. Die Prämierung bezieht sich dabei zwar nicht unmittelbar auf die Erfüllung der Klärungspflicht, denn die Prämien werden nicht für die erfolgte Klärung, sondern dafür gezahlt, dass am Ende einer Klärung auch tatsächlich Durchführungsmaßnahmen ergriffen werden. Aus Sicht des Verpflichteten macht dies jedoch keinen Unterschied. Das mit der Prämienregelung des § 84 Abs. 3 bezweckte Anreizsystem erfüllt seinen Zweck gleichwohl, denn der Arbeitgeber wird schon im Rahmen der Klärung bestrebt sein, tatsächlich Möglichkeiten präventiven Handelns aufzuzeigen und zu erörtern, damit er diese im Anschluss umsetzen und hierfür prämiert werden kann. Der finanzielle Anreiz wirkt also schon in die Klärung hinein. Darüber hinaus kann der Staat auch – als Ausgleich zur fehlenden Sanktionierung – nicht schon die Klärung an sich prämieren, denn die Erfüllung einer Verbindlichkeit stellt eine Selbstverständlichkeit dar. Zudem ist dem Staat und seinen beschäftigungspolitischen Zielen mit der Klärung allein ja auch noch nicht geholfen. Denn Einfluss auf die Arbeitslosigkeit und Situation der Sozialkassen vermag nur eine sich der Klärung anschließende beschäftigungserhaltende Einzelmaßnahme auszulösen. Erst wenn der gewollte beschäftigungspolitische Zweck also „erreicht" ist, kann der Staat dies prämieren. Einen Widerspruch zu dem im Übrigen üblichen Verfahren staatlicher Überwachung stellt die Sanktionslosigkeit also nicht dar.

---

583 Zu den Parallelen des § 84 Abs. 2 im Verhältnis zum Arbeitsschutzrecht wurde bereits ausgeführt wird im weiteren Verlauf der Arbeit noch weiter Stellung genommen.

Dies auch deshalb nicht, weil eine staatliche Überwachung in der aus dem öffentlich-rechtlichen Arbeitsschutzrecht bekannten Art und Weise beim betrieblichen Eingliederungsmanagement gar nicht möglich ist: Vergleichend sei hier die Pflicht des Arbeitgebers angeführt, bei Arbeiten mit gesundheitsgefährdenden Stoffen am Arbeitsplatz entsprechende Ablüftungssysteme zu installieren, die giftige Dämpfe und Ähnliches absaugen und die Luft von gesundheitsschädigenden Stoffen frei halten. Hier kann gesetzlich bzw. durch Unfallverhütungsvorschriften der Berufsgenossenschaften normiert werden, dass alle Arbeitgeber der chemischen Industrie diese Schutzvorkehrungen zu treffen haben. Die Überwachung durch den Staat kann sich dann in der Weise vollziehen, dass der Betrieb aufgesucht und das Vorhandensein solcher Systeme kontrolliert und bei Fehlen mit Bußgeld bestraft wird. Beim betrieblichen Eingliederungsmanagement wäre eine Kontrolle, ob der Arbeitgeber seine Pflicht zur Klärung erfüllt aber nicht praktikabel. Denn überwacht werden müsste, ob der Arbeitgeber bei jedem einzelnen Beschäftigten, der länger als sechs Woche arbeitsunfähig erkrankt war, das Verfahren nach § 84 Abs. 2 eingeleitet hat und auch durchführt. Dies kann sinnvollerweise aber nur im Betrieb selbst und vor Ort kontrolliert werden. Da regelmäßige Kontrollen (zum Beispiel halbjährlich) angesichts der Einzelfallbezogenheit des Klärungsverfahrens und dessen Anlass im konkreten Fall nicht zielführend wären, müsste der Arbeitgeber – und zwar jeder, gleich welcher Größe und welcher Branche –, um dem Staat eine Kontrolle zu ermöglichen, jeden Beschäftigten melden, der die maßgebliche Arbeitsunfähigkeit aufweist, damit alsdann die staatliche Behörde hierauf reagierend den Betrieb aufsuchen und die Vornahme eines betrieblichen Eingliederungsmanagements kontrollieren könnte. Dieses Verfahren würde einen enormen zeitlichen und finanziellen Aufwand bedeuten, der in keinem Verhältnis zum angestrebten Ziel der Kostenminimierung stünde. Es erscheint daher nur sinnvoll, dass der Staat auf eine (eigene) Kontrolle verzichtet hat und dies den Interessenvertretungen und der Schwerbehindertenvertretung auferlegt hat, die sich vor Ort jedem einzelnen Beschäftigten und dessen Angelegenheiten ohnehin widmen. Das Fehlen dieser unmittelbaren staatlichen Kontrolle wirkt sich also auf die Rechtsnatur des § 84 Abs. 2 als öffentlich-rechtliche Norm nicht aus.

dd. Norm des Gesundheitsschutzes

Diese somit öffentlich-rechtliche Norm ist zudem eine solche des Gesundheitsschutzes[584], wie dies § 87 Abs. 1 Nr. 7 BetrVG für die Qualität als Rahmenvorschrift erfordert.

(1) Zweck

Dass das Verfahren nach § 84 Abs. 2 den Zweck des Gesundheitsschutzes im Rahmen des weit zu verstehenden Gesundheitsbegriffes verfolgt, wurde bereits im Zusammenhang mit der Vergleichbarkeit zum ArbSchG und dessen Zielsetzung dargelegt.

(2) Dem Gesundheitsschutz dienen

Darüber hinaus muss das betriebliche Eingliederungsmanagement dem Gesundheitsschutz auch tatsächlich „dienen".

(a) Unmittelbares Dienen

Ein Dienen im unmittelbaren Sinne liegt erst dann vor, wenn durch die Umsetzung der in der Rahmenvorschrift enthaltenen Handlungspflicht selbst die Arbeit zur Verhütung von Gefährdungen für Leib und Leben gestaltet wird.[585] Das ist hier nicht gegeben. Die Umsetzung der Pflicht zur Klärung selbst wirkt sich noch nicht auf die konkreten Arbeitsbedingungen aus. Gestaltend in diesem Sinne wirken erst die Maßnahmen, die möglicherweise im Anschluss an die Klärung durchgeführt werden. Diese sind jedoch gerade nicht mehr Gegenstand der Rahmenvorschrift des § 84 Abs. 2.

(b) Mittelbares Dienen

§ 84 Abs. 2 dient jedoch dem Gesundheitsschutz mittelbar.

584 So auch ohne Begründung Britschgi, Krankheit und BEM S. 33; Dies. AiB 2005, 284 (287); von Steinau-Steinrück/Hagemeister NJW spezial 3/2005 S. 129 (129); Gaul/Süßbrich/Kulejewski ArbRB 2004, 308 (319). Anderer Ansicht ohne Begründung: HK-SGB IX § 84 Rdnr. 30 mVa Balders/Lepping NZA 2005, 854.

585 BAG Beschlüsse vom 8.4.2006 1 ABR 13/03 Rdnr. 43 sowie 1 ABR 4/03 Rdnr. 34.

(aa) Ausreichen mittelbaren Dienens

Dies ist für die Einordnung als Rahmenvorschrift im Sinne des § 87 Abs. 1 BetrVG ausreichend. Denn eine Rahmenvorschrift liegt – entgegen einiger Stimmen in der Literatur – auch dann vor, wenn die Erfüllung der auferlegten Pflicht den Gesundheitsmaßnahmen im o.g. Sinne vorgelagert sind oder durch diese selbst unmittelbar wirkende Gesundheitsmaßnahmen lediglich vorbereitet werden.[586]Ausreichend ist also, dass die Rahmenvorschrift dem Gesundheitsschutz mittelbar dient, weil sie Schutzpflichten des Arbeitgebers gegenüber den Beschäftigten betrifft, die auf den Gesundheitsschutz gerichtet sind.[587]

Soweit von Stimmen in der Literatur das Ausreichen eines nur mittelbaren Dienens verneint wird, kann dem nicht gefolgt werden. Denn Vertreter der Gegenansicht legen ein unzutreffendes Verständnis vom Arbeits- im Verhältnis zum Gesundheitsschutz zugrunde. So wird zur Begründung der Auffassung, § 87 Abs. 2 erfasse nur sog. Sachvorschriften[588], also solche, die selbst schon die Arbeitsbedingungen zugunsten des Gesundheitsschutzes gestalten, insbesondere ein Vergleich zu § 89 BetrVG herangezogen. Nach § 89 Abs. 1 S. 1 BetrVG hat sich der Betriebsrat für die Durchführung der Vorschriften über den Arbeitsschutz einzusetzen und nach § 89 Abs. 1 S. 2 BetrVG die zuständigen Stellen bei der Bekämpfung von Unfall- und Gesundheitsgefahren zu unterstützen. Aus dieser als Zuständigkeitsnorm einzuordnenden Regelung wird gefolgert, dass vergleichend zu § 87 Abs. 1 Nr. 7 BetrVG notwendigerweise die Begriffe des Arbeitsschutzes (§89 BetrVG) und des Gesundheitsschutzes (§87 BetrVG) inhaltlich voneinander abweichen und der des Arbeitsschutzes weiter zu verstehen sei, als der des Gesundheitsschutzes.[589]

Dem ist nicht zuzustimmen. Arbeits- und Gesundheitsschutz sind vielmehr begrifflich gleich zu behandeln[590], denn materieller Arbeitsschutz ist nichts anderes als Schutz der Gesundheit[591], so dass gerade nicht angenommen werden kann,

---

586 BAG a.a.O.; BAG NZA 1998, 442 (444); BAGE 100, 173 (180); Hessisches LAG AuR 2003, 437 (437) – Ls.; Arbeitsgericht Mannheim BB 1998, 1795 (1796); LAG Niedersachsen AuR 2003, 238 (238) – Ls.; DKK/Klebe § 87 Rdnr. 185; Wlotzke/Preis/Bender § 87 Rdnr. 148; Kittner/Pieper PR 2005, 339 (343); Siemes NZA 1998, 232 (235); Habich AiB 2000, 631 (631); wohl auch Raab NZA 1993, 193 (197).

587 Wlotzke FS Wissmann S. 430.

588 Merten/Klein DB 1998, 673 (673,675); Löwisch/Neumann SAE 1997, 85 (87); Löwisch/Kaiser § 87 Rdnr. 120; GK-BetrVG/Wiese § 87 Rdnr. 593 (a.A. jedoch Rdnr. 609); HSWG/Worzalla § 87 Rdnr. 338; SWS § 87 Rdnr. 121 lit. f.

589 Merten/Klein a.a.O. S. 673.

590 So auch Kittner FS Däubler S. 695; Wlotzke FS Wissmann S. 431.

591 So auch Wlotzke FS Wissmann a.a.O.; Ders. MünchHdB ArbR § 206 Rdnr. 9.

§ 87 Abs. 1 Nr. 7 BetrVG erfasse „nicht schlechthin alle Regelungen des Arbeitsschutzes“.[592]

Dies aus folgenden Gründen: § 87 Abs. 1 Nr. 7 BetrVG ist von seinem Wortlaut her weit gefasst. So wird ein Mitbestimmungsrecht bei Regelungen „über den Gesundheitsschutz“ eingeräumt. Nicht nur der Gesundheitsbegriff selbst, sondern auch der Tatbestand im Übrigen ist daher extensiv zu verstehen. Dies wird an der Formulierung „über“ deutlich. Ein finales Element ist dem gerade nicht zu entnehmen, sondern es reicht aus, dass die Rahmenvorschrift sich überhaupt über den Gesundheitsschutz verhält.[593]

Dabei sind diejenigen Regelungen, die dem Gesundheitsschutz dienen (in welcher Weise und Intensität auch immer) auch solche des Arbeitsschutzes. Denn das Arbeitsschutzrecht lässt sich in den technischen, den sozialen und den medizinischen Arbeitsschutz untergliedern.[594] Während der technische Arbeitsschutz auf die Gestaltung der Arbeitsstätte abzielt und auch produktbezogenen Gefahren entgegenwirken soll, richtet sich der soziale Arbeitsschutz mit teilweisen Überschneidungen zum technischen eher auf die Beschäftigten selbst und ein Unterlassen deren Beschäftigung unter bestimmten Voraussetzungen (Arbeitszeitgesetz u.a.). Ziel des medizinischen Arbeitsschutzes ist es, arbeitsbedingte Gesundheitsschäden zu verhüten, eingetretene zu verringern und einem geschädigten oder erkrankten Beschäftigten die Wiedereingliederung in die Arbeit zu erleichtern.[595]

Gerade unter dieses letztgenannte Verständnis, also unter den medizinischen Arbeitsschutz, muss das betriebliche Eingliederungsmanagement subsumiert werden, deckt sich doch der Wortlaut und Zweck des § 84 Abs. 2 weitestgehend mit der genannten Definition.

Es kann also nur geboten sein, diese dem Gesundheitsschutz mittelbar dienende Norm (und damit alle mittelbaren Normen) als Bestandteil des Arbeitsschutzes und des Gesundheitsschutzes zu sehen. Dies bedingt, dass ein so verstandener Gesundheitsschutz in jedem Falle mit dem Arbeitsschutz gleichzusetzen ist und sein muss.

Die Beantwortung der Frage, welche weiteren, über den Gesundheitsschutz hinausgehenden Aspekte der Arbeitsschutz erfassen soll, bleibt die Gegenansicht schuldig. Denn auch diejenigen Normen, die über die körperliche Gesundheit hinaus den Schutz des Persönlichkeitsrechts des Betroffenen erreichen wollen (§ 2 Abs. 1 ArbSchG, menschengerechte Gestaltung der Arbeit[596]), zielen letztlich auf den Erhalt der psychischen Integrität und damit auf den der Gesundheit

---

592 So aber Merten/Klein a.a.O.

593 So auch Arbeitsgericht Hamburg AuA 1999, 36 (37) und AuR 1999, 115 (116).

594 Müller-Petzer S. 37 f.

595 Müller-Petzer a.a.O. m.w.N.

596 Vgl. dazu Fitting § 87 Rdnr. 293

selbst ab. Auch deshalb ist unter öffentlich-rechtlichem Arbeitsschutzrecht die Gesamtheit derjenigen Normen zu verstehen, die eine Pflicht des Arbeitgebers gegenüber dem Staat begründen, damit die Sicherheit und der Gesundheitsschutz der Arbeitnehmer bei der Arbeit gewährleistet ist.[597]

Ferner können Gesundheitsschutz im Sinne des § 87 Abs. 1 Nr. 7 BetrVG und vorgelagerte Maßnahmen nicht künstlich voneinander getrennt werden[598], denn vorbereitende und vorgelagerte Maßnahmen sind zentrales Element des Gesundheitsschutzes[599] und ausschlaggebend und Grundlage für spätere Maßnahmen des Gesundheitsschutzes, deren Beurteilung und Gewichtung[600]. Ohne beispielsweise die Gefährdungsanalyse (§ 5 ArbSchG)[601] oder Klärung der Ursachen und Handlungsmöglichkeiten im präventiven Sinne (§84 Abs. 2) können gefahrbeseitigende Maßnahmen gar nicht ergriffen werden; sie ermöglichen erst den Gesundheitsschutz. Eine Trennung „würde dem unteilbaren Zweck der Intensivierung des Arbeitsschutzes zuwiderlaufen“[602].

Zuletzt kann auch die historische Entwicklung dieses Ergebnis nur bestätigen, wurde doch § 87 BetrVG zeitlich nach § 89 BetrVG gesetzlich normiert. Die spätere Einführung eines Mitbestimmungsrechts hat daher keinen Einfluss auf das Verständnis des schon zuvor bestehenden Begriffs im Rahmen der Zuständigkeitsnorm[603]. Bei § 89 und § 87 BetrVG handelt es sich demnach um das Verhältnis einer Generalzuständigkeit zur konkreten Mitbestimmung, ohne dass diese inhaltlich divergieren würden. Ein mittelbares Dienen reicht demnach durchaus aus.

(bb) Vorliegen mittelbaren Dienens

Um eine solche, dem Gesundheitsschutz mittelbar dienende Vorschrift handelt es sich bei § 84 Abs. 2. Denn das betriebliche Eingliederungsmanagement ist ein In-

597 ErfK/Wank § 618 BGB Rdnr. 3.

598 Wlotzke FS Wissmann S. 431; Kittner FS Däubler, der die Argumente der Gegenansicht als „juristische Erfindung“ bezeichnet.

599 BAG Beschlüsse vom 8.6.04 1 ABR 4/03 Rdnr. 34 und 1 ABR 13/03 Rdnr. 43.

600 Arbeitsgericht Mannheim BB 1998, 1795 (1796); einen Zusammenhang zwischen betrieblichem Eingliederungsmanagement und Nutzung der Dokumentation des Gefährdungsbeurteilung sieht auch Kohte ZSR 2005, 7 (17).

601 Hierzu den Tatbestand des § 87 Abs. 1 Nr. 7 BetrVG bejahend: BAG Beschluss vom 8.6.04 1 ABR 4/03 Rdnr. 34; LAG Niedersachsen AuR 2003, 238 (238) – Ls.; Hessisches LAG AuR 2003, 437 (437) – Ls.

602 Denck ZfA 1976, 447 (452).

603 Ähnlich Kittner FS Däubler S. 695.

strument des Gesundheitsschutzes[604], was schon daran deutlich wird, dass § 84 Abs. 2 eine Konkretisierung des in § 3 niedergelegten Präventionsgedankens darstellt.

Die Tatsache, dass das „eigentliche" Ziel des betrieblichen Eingliederungsmanagements die Vermeidung von Kündigungen ist und es damit in erster Linie nicht um die Gefahr *am* sondern die Gefahr *für* den Arbeitsplatz geht, schadet dabei nicht. Schutz vor gesundheitsbedingten Kündigungen ist dann nichts anderes als Schutz der Gesundheit selbst, wenn die Mittel zur Erreichung des Ziels solche sind, die den Betroffenen gesund erhalten oder genesen lassen. Dies insbesondere in Anbetracht der Tatsache, dass der Gesetzgeber mit der Formulierung der Norm auf den schon nach sechswöchiger Arbeitsunfähigkeit abstrakt bedenklichen Gesundheitszustand aufmerksam macht.

Das betriebliche Eingliederungsmanagement ist auch deshalb als dem Gesundheitsschutz mittelbar dienend anzusehen, weil es im Rahmen der Klärung gerade die Möglichkeiten erörtert, die später in Betracht kommen und auf das Arbeitsverhältnis einwirken. Denn die Klärung wird die Untersuchung von Arbeitsabläufen und -umfeld im Hinblick auf mögliche Verbesserungen sowie Untersuchungen möglicher betrieblicher Gesundheitsförderung allgemein umfassen.[605]

Daher kann gegen eine Erfassung des betrieblichen Eingliederungsmanagements auch nicht mit Erfolg eingewandt werden, es entspreche nicht Sinn und Zweck dieses Mitbestimmungsrechts, mögliche Maßnahmen von der Zustimmung des Betriebsrates abhängig zu machen, aus denen sich bei hypothetischer Betrachtung unter Berücksichtigung aller Eventualitäten zugleich Erkenntnisse bezüglich der Verhütung von Arbeitsunfällen ergeben können.[606] Denn zum Einen werden gerade nicht nur Arbeitsunfälle von der Prävention des § 87 BetrVG erfasst, wie gezeigt. Zum Anderen ist dem entgegenzuhalten, dass es auch nicht Sinn und Zweck eines weit formulierten Tatbestandes sein kann, diejenigen Maßnahmen auszuschließen, aus denen sich bei hypothetischer Betrachtung *keine* Erkenntnisse dieser Art gewinnen lassen.

Die diesem Ansatz zugrundeliegende Annahme, es sei fernliegend, dass sich aus dem betrieblichen Eingliederungsmanagement solche Maßnahmen ergeben, die einen Arbeitsplatzbezug aufweisen, ist nicht gerechtfertigt. Diese Ansicht muss sich fragen lassen, was bei einem „betrieblichen" Eingliederungsmanagement durch den Arbeitgeber und die betrieblichen Parteien näher liegt, als nach

604 Britschgi AiB 2005, 284 (287); Gaul/Süßbrich/Kulejewski ArbRB 2004, 308 (310); Faber AiB 2006, 553 (557); DKZ/Deinert § 84 Rdnr. 23; Kohte Diskussionsbeitrag 9–2006 S. 3.

605 So von Steinau-Steinrück/Hagemeister NJW spezial 3/2005, 129 (129).

606 So aber Balders/Lepping NZA 2005, 854 (856).

Handlungsmöglichkeiten im eigenen Betrieb zu suchen. Das mögliche Ergebnis, dass durch z.B. eine Arbeitsplatz- oder Arbeitszeitumgestaltung der Arbeitsunfähigkeit entgegengewirkt werden kann, stellt sich keinesfalls als bloß zufälliges „Nebenprodukt“ betrieblichen Eingliederungsmanagements dar. Zuletzt sind – erneut – Gegenstand der Mitbestimmung auch nicht die zu ergreifenden Einzelmaßnahmen, sondern die organisatorische Ausgestaltung. Diese wird sich in jedem Fall auf den Betrieb und die notwendigen Erörterungen hinsichtlich der konkreten betrieblichen Situation des Betroffenen beziehen, mögen auch spätere Maßnahmen externer Natur sein.

Auch die Ergebnisoffenheit des Klärungsverfahrens steht einem mittelbaren Dienen nicht entgegen. Denn es geht um das Verfahren selbst und dessen Geeignetheit, dem Ziel des Gesundheitsschutzes zuträglich zu sein. Zwar kann das Ergebnis auch sein, dass keine Handlungsmöglichkeit oder kein Handlungsbedarf besteht. Das bedeutet indes nicht, dass mit der Durchführung des Verfahrens nicht ein Beitrag zur Gesundheitsschutz geleistet würde. Maßgeblich ist nicht das Ergebnis, sondern der Weg hin zu diesem Ergebnis.[607]

§ 84 Abs. 2 eröffnet demnach ein Mitbestimmungsrecht nach § 87 Abs. 1 Nr. 7 BetrVG.

4. Inhalt der Mitbestimmungsrechte

Zur Ausübung seiner Mitbestimmungsrechte hat der Betriebsrat ein Initiativrecht, mit welchem er unabhängig von den Vorstellungen des Arbeitgebers Regelungen anstreben kann[608].

Da sich das Mitbestimmungsrecht auf die inhaltliche und organisatorische Ausgestaltung des Verfahrens bezieht, kommt eine Ausübung der Rechte bei folgenden beispielhaft benannten Bereichen in Betracht:

- Regeln für Krankheitsnachforschungen[609], also Fragen nach Krankheit, Ursache und eventuellem Ursachenzusammenhang zwischen mehreren Erkrankungen sowie einer persönlichen und medizinischen Prognose des Arbeitnehmers hinsichtlich seiner Heilungschance, mithin die Erstellung eines Fragenkataloges
- Ausgabe eines Merkblattes über den Ablauf des Verfahrens und die Recht des Betroffenen
- Organisation der Einholung der Zustimmung der Betroffenen, etwa Entwurf einer schriftlichen Erklärung

607 Ähnlich auch BAG NZA 1998, 441 (444)
608 DKK/Klebe § 87 BetrVG Rdnr. 48.
609 BAG BB 1995, 1188 (1189); DKK/Klebe § 87 BetrVG Rdnr. 52.

– Verwendung und Entwurf eines Formblattes zur schriftlichen Entbindung des behandelnden Arztes von der Schweigepflicht gegenüber dem Arbeitgeber und den weitere Beteiligten.

Der Betriebsrat kann dabei über sein Initiativrecht erzwingen, dass dem Betroffenen bestimmte Fragen gestellt oder nicht gestellt werden (Inhalt des abstrakten Fragenkataloges), wobei die Schranke der Mitbestimmung dort besteht, wo die Ausübung dieses Rechts dazu führt, dass dem Arbeitgeber die Durchführung eines effektiven und erfolgversprechenden Verfahrens unmöglich gemacht wird. So kann etwa die Erzwingung der Herausnahme von Fragen nach der Krankheit und deren Ursache aus dem Fragenkatalog nicht erfolgen, da ohne Kenntnis der Erkrankung und deren Ursache nicht sinnvoll nach „Gegenmaßnahmen" gesucht werden kann.

5. Gerichtliche Sicherung der Mitbestimmungsrechte

Um eine zwischen Arbeitgeber und Betriebsrat nicht zu erzielende Einigung über den Inhalt der Ausgestaltung des Klärungsverfahrens nach Inhalt und Organisation zu ersetzen, kann der Betriebsrat gemäß § 87 Abs. 2 BetrVG die Einigungsstelle anrufen, die anstelle der Parteien eine verbindliche Regelung trifft.

Wichtiger als diese Möglichkeit ist hingegen die Frage danach, welche Möglichkeiten für den Betriebsrat dann bestehen, wenn der Arbeitgeber das betriebliche Eingliederungsmanagement einleitet, ohne mit dem Betriebsrat zuvor eine Einigung über organisatorische und inhaltliche Ausgestaltung des Verfahrens versucht zu haben, sich der Arbeitgeber also über die Mitbestimmungsrechte des Betriebsrates hinwegsetzt. Hier stehen dem Betriebsrat folgende Ansprüche zu:

a. Unterlassungsanspruch, § 23 Abs. 3 S. 1 BetrVG

Er kann zunächst gegen den Arbeitgeber grundsätzlich einen Unterlassungsanspruch gemäß § 23 Abs. 3 S.1 BetrVG geltend machen. Danach kann der Betriebsrat bei groben Verstößen des Arbeitgebers gegen seine Verpflichtungen aus dem BetrVG beim Arbeitsgericht beantragen, dem Arbeitgeber aufzugeben, eine Handlung – also hier die Durchführung des Klärungsverfahrens ohne Mitbestimmung des Betriebsrates – zu unterlassen. Hierdurch soll – anknüpfend an einen in der Vergangenheit liegenden Verstoß – auf das künftige Verhalten des Arbeitgebers eingewirkt werden.[610] Diese Anspruchsgrundlage setzt jedoch einen groben Pflichtverstoß des Arbeitgebers voraus. Ein solcher liegt vor, wenn es sich um eine objektiv erhebliche und offensichtlich schwerwiegende Pflichtverletzung

610 GK-BetrVG/Oetker § 23 Rdnr. 122.

handelt, wobei es auf ein Verschulden nicht ankommt.[611] Zwar kann ein grober Verstoß schon bei einer einmaligen Pflichtverletzung vorliegen.[612] Ausreichend wird jedoch nicht sein, dass der Arbeitgeber überhaupt den Betriebsrat nicht in der gesetzlich vorgesehenen Form beteiligt hat. Denn die Nichtbeachtung der Beteiligungspflicht an sich erfüllt nur das Tatbestandsmerkmal der Pflichtverletzung. An deren Intensität sind jedoch weitere Anforderungen zu stellen. Diese Grobheit des Verstoßes wird daher nicht stets gegeben sein, so dass das Bestehen eines Unterlassungsanspruchs nach § 23 Abs. 3 S. 1 BetrVG vom Einzelfall abhängt.

b. Allgemeiner Unterlassungsanspruch

Sicherer für den Betriebsrat ist daher die Geltendmachung eines sog. Allgemeinen Unterlassungsanspruchs gegen den Arbeitgeber. Denn dieser ist auf alle Fälle der Missachtung des Mitbestimmungsrechts erstreckt und ohne Anforderungen an die Intensität des Verstoßes.

Das Bestehen eines solchen neben dem des § 23 Abs. 3 BetrVG ist mittlerweile anerkannt.[613] Während es der höchstrichterlichen Rechtsprechung früher noch entsprach, dass § 23 Abs. 3 BetrVG abschließender Natur sei und ein allgemeiner ungeschriebener Unterlassungsanspruch daneben mit dem Argument abgelehnt wurde, ein nicht auf einen groben Verstoß abstellender Unterlassungsanspruch würde dazu führen, das § 23 Abs. 3 BetrVG überflüssig würde[614], öffnete sich die Rechtsprechung des BAG nach und nach.

So ließ sie zunächst jedenfalls bei einem Verstoß gegen Beteiligungsrechte[615] und schließlich insgesamt[616] einen allgemeinen Unterlassungsanspruch unter Aufgabe der früheren Rechtsprechung zu.

Während das BAG und ein Teil der Lehre dabei den Unterlassungsanspruch als Ausfluss des einem gesetzlichen Dauerschuldverhältnis ähnlichen „Betriebsverhältnis“ zwischen Betriebsrat und Arbeitgeber und des hierfür geltenden Gebots vertrauensvoller Zusammenarbeit (§ 2 BetrVG) als Nebenpflicht herleiten[617], sehen andere § 87 BetrVG selbst[618], § 1004 BGB analog[619] oder § 78 S. 1

611 BAG NZA 2000, 1066 (1068); GK-BetrVG/Oetker § 23 Rdnr. 35, 168, 173.
612 GK-BetrVG/Oetker § 23 Rdnr. 36 mwN.
613 Seit BAG AP Nr. 23 zu § 23 BetrVG 1972.
614 BAG AP Nr. 2 zu § 23 BetrVG Bl. 775.
615 BAG AP Nr. 5 zu § 23 BetrVG.
616 BAG AP Nr. 23 zu § 23 BetrVG Bl. 740.
617 BAG AP Nr. 23 zu § 23 BetrVG Bl. 740 R f.; ähnlich GK-BetrVG/Oetker § 23 Rdnr. 134; DKK/Klebe § 87 Rdnr. 316.
618 Düwell/Lipke ArbGG § 85 Rdnr. 29.

BetrVG[620] als Anspruchsgrundlage. Welcher der Anspruchsgrundlagen dabei der Vorzug zu gewähren ist, kann hier dahinstehen, da jedenfalls Einigkeit dahingehend besteht, dass ein solcher allgemeiner Unterlassungsanspruch dann besteht, wenn der Arbeitgeber ohne die Zustimmung des Betriebsrates eine mitbestimmungspflichtige Angelegenheit durchführt. Voraussetzung ist dabei jedoch, dass eine Wiederholungsgefahr gegeben ist.[621] Diese erfordert eine ernstliche, sich auf Tatsachen gründende Besorgnis weiterer Eingriffe im Zeitpunkt der letzten mündlichen Verhandlung[622], wird jedoch vermutet, wenn nicht Tatsachen, an die strenge Anforderungen zu stellen sind, einen erneuten Eingriff unwahrscheinlich machen[623], so dass dieser Voraussetzung keine erheblichen Bedenken entgegengebracht werden müssen.

Den so grundsätzlich bestehenden allgemeinen Unterlassungsanspruch kann der Betriebsrat im Wege eines Antrags auf Erlass einer einstweiligen Verfügung geltend machen. Hinsichtlich der Vorzugswürdigkeit des Verfahren einstweiligen Rechtsschutzes gegenüber dem grundsätzlich einschlägigen Beschlussverfahren kann auf die obigen Ausführungen verwiesen werden.

Das Arbeitsgericht ist gemäß §§ 2 a Abs. 1 Nr. 1, Abs. 2, 80 Abs. 1, 85 Abs. 2 S. 1 ArbGG i.V.m. 87 Abs. 1 BetrVG, 935, 943 ZPO für den Erlass einer einstweiligen Verfügung zuständig. Es trifft die zur Wahrung des Mitbestimmungsrecht erforderlichen Anordnungen nach freiem Ermessen, § 938 ZPO, was jedoch weder von der Voraussetzung eines Verfügungsanspruchs[624], noch von den Erfordernissen eines hinreichend bestimmten Antrags entbindet.

Zentrales Problem in diesem Zusammenhang ist erneut der Verfügungsgrund. Ebenso wie bei der vorläufigen Aussetzung des Verfahrens wegen Missachtung der Beteiligungsrechte der Schwerbehindertenvertretung, gewährt auch eine einstweilige Verfügung, die dem Arbeitgeber ein Unterlassen aufgibt, dem Betriebsrat gleichviel, wie dies bei einem Obsiegen in der Hauptsache der Fall wäre. Die einstweilige Verfügung nimmt die Hauptsache inhaltlich vorweg, es handelt sich mithin um eine Leistungsverfügung.

Den danach erforderlichen, ohne Erlass einer einstweiligen Verfügung drohenden, nicht wiedergutzumachenden Rechtsnachteil kann man jedoch nicht

---

619 LAG Hamm DB 1981, 1336 (1338); Denck RdA 1982, 279 (284); Kümpel AiB 1983, 132 (135).

620 Richardi u.a. BetrVG/Dietz § 78 Rdnr. 15.

621 BAG NZA 2000, 1066 (1068); GK-BetrVG/Oetker § 23 Rdnr. 135.

622 BAG a.a.O.

623 BAG a.a.O.

624 So aber ErfK/Eisemann § 85 ArbGG Rdnr. 5, der jedoch übersieht, dass nur die Mittel zur Erreichung des Ziels dem Ermessen des Gerichts unterliegen, nicht jedoch das Begehren selbst.

– wie noch bei der Schwerbehindertenvertretung – in der Schaffung vollendeter Tatsachen insoweit sehen, als dass ein ohne Mitbestimmung des Betriebsrates durchgeführtes betriebliches Eingliederungsmanagement wirksam und daher nicht nachholbar wäre.

Denn dies ist gerade bei der erzwingbaren Mitbestimmung des Betriebsrates nicht der Fall. Nach der anerkannten Theorie der Wirksamkeitsvoraussetzung[625] erzeugt eine ohne Mitbestimmung des Betriebsrates vorgenommene Maßnahme gerade individualrechtlich grundsätzlich keine Rechtswirkungen.

Eine Ablehnung des Verfügungsgrundes mit dieser Argumentation würde jedoch bedeuten, dass man den Betriebsrat darauf verweisen würde, dass der Betroffene bis zur ordnungsgemäßen Beteiligung des Betriebsrates seine Rechte aus der Unwirksamkeit der Maßnahme geltend macht.

Dies kann nicht überzeugen, denn der Betriebsrat würde auf ein Tätigwerden derjenigen verwiesen, deren Rechte durch seine verletzte Beteiligung gerade gesichert werden sollen.[626] Dient das Mitbestimmungsrecht kollektiven Interessen, so kann eine Sicherstellung dieses Rechts bei kurzfristigen oder nur kurz andauernden Maßnahmen dem Betriebsrat nicht mit dem Argument verwehrt werden, die Gesamtheit der betroffenen Belegschaft könne ja ihre Rechte auf individualrechtlicher Ebene geltend machen. Ungeachtet der Tatsache, dass dies angesichts der Ängste von Arbeitnehmern davor, sich dem Arbeitgeber in dieser Weise zu widersetzen, ohnehin nicht annähernd vergleichbar effektiv wäre: im Rahmen des betrieblichen Eingliederungsmanagements stellt sich dabei ein zusätzliches Problem. Denn anders als dies bei Mitbestimmungsrechten bzgl. etwa der kollektiven Verlängerung der betriebsüblichen Arbeitszeit (§ 87 Abs. 1 Nr. 3 BetrVG) der Fall wäre, kann der Betroffene nicht bei Nichtbeteiligung des Betriebsrates seine „Leistung" verweigern unter Berufung auf die individualrechtliche Unwirksamkeit der Maßnahme. Denn für das betriebliche Eingliederungsmanagement würde eine solche Weigerung bedeuten, dass der Betroffene seine Zustimmung zum betrieblichen Eingliederungsmanagement verweigern müsste oder nur unter der Bedingung erteilen müsste, dass der Betriebsrat ordnungsgemäß beteiligt wird. Gerade dies würde jedoch bedeuten, dass auch dem Betroffenen seine Rechte genommen würden bis zur rechtskräftigen Entscheidung im Beschlussverfahren. Der Betroffene müsste also auf ein allein zu seinen Gunsten stattfindendes und auch angesichts des frühen Initiativzeitpunktes eiliges Verfahren verzichten, damit der Betriebsrat mitbestimmen kann. Dem Betroffenen läuft so angesichts seiner bestehenden Arbeitsunfähigkeit „die Zeit davon", „nur" weil die betrieblichen Parteien nicht miteinander eine generelle Rahmenregelung über den Verfahrens-

---

625 H.L. und st. Rspr., vgl. BAG AP Nr. 23 zu § 23 BetrVG 1972 Bl. 741 f.

626 So auch BAG AP Nr. 23 zu § 23 BetrVG 1972 Bl. 742.

ablauf konstituieren. Er wird sich daher eher für eine Duldung des Verfahrens ohne Zustimmung des Betriebsrates entscheiden, als dafür, „zugunsten" des Betriebsrates einem möglichen Fortgang und einer eventuellen Verschlimmerung seiner Krankheit „zuzusehen". Der Arbeitgeber hätte demnach keinen Grund, die Rechte des Betriebsrates von Anfang an zu wahren. Denn bei einer Weigerung des Betroffenen müsste kein Verfahren durchführen und bei einer Durchführung des Verfahrens ohne den Betriebsrat wäre er gleichfalls nicht zur Wahrung der Mitbestimmungsrechte verpflichtet. Es könnte demnach auf den Arbeitgeber keinerlei Druck ausgeübt werden. Der Verfügungsgrund ist damit angesichts der anderweitigen Rechtlosstellung vom Betriebsrat und zu schützendem Betroffenen gegeben.

Demnach kann der Betriebsrat beim zuständigen Arbeitsgericht beantragen, dem Arbeitgeber im Wege der einstweiligen Verfügung aufzugeben,

> *eine Klärung im Sinne des § 84 Abs. 2 SGB IX solange zu unterlassen, bis über die konkrete inhaltliche und organisatorische Ausgestaltung des Verfahrens mit dem Betriebsrat eine Einigung erzielt oder eine solche durch einen Spruch der Einigungsstelle ersetzt wurde.*

Da es beim Mitbestimmungsrecht des Betriebsrates um eine kollektive Regelung für die grundsätzliche Ausgestaltung des Verfahrens überhaupt geht, kann hier – anders als bei dem Antrag der Schwerbehindertenvertretung – nicht auf ein betriebliches Eingliederungsmanagement zugunsten eines konkreten Betroffenen Bezug genommen werden. Bei den Einzelgesprächen hat der Betriebsrat gerade nicht mitzubestimmen, er legt nur gemeinsam mit dem Arbeitgeber den allgemeinen Rahmen fest.

Aufgrund der Dringlichkeit alsbaldiger Durchführung des Verfahrens betrieblichen Eingliederungsmanagements im Betrieb überhaupt, sollte darüber hinaus auch beantragt werden, dem Arbeitgeber eine Frist zur Erzielung einer Einigung zu setzen, nach deren erfolglosem Ablauf die Einigungsstelle anzurufen ist.

II. Mitbestimmung der übrigen Interessenvertretungen

Für die Mitbestimmung der übrigen Interessenvertretungen ergeben sich gegenüber denen des Betriebsrates einige Anweichungen:

1. Personalrat

Für den Personalrat kommen ebenfalls – wie beim Betriebsrat – nur diejenigen Mitbestimmungstatbestände in Betracht, die sich über die Ordnung in der (hier:)

Dienststelle und die Verhütung von Gesundheitsschädigungen verhalten, mithin § 75 Abs. 3 Nr. 15 und 11 BPersVG.

a. § 75 Abs. 3 Nr. 15 BPersVG – Ordnung in der Dienststelle

Nach § 75 Abs. 3 Nr. 15 BPersVG hat der Personalrat, soweit eine gesetzliche Regelung nicht besteht, mitzubestimmen über die „Regelung der Ordnung in der Dienststelle und des Verhaltens der Beschäftigten".

Der Mitbestimmungstatbestand ordnet daher zunächst, wie auch § 87 Abs. 1 Nr. 1 BetrVG, die Voraussetzung der Einhaltung des Gesetzesvorbehaltes an. Insoweit wird auf entsprechenden Anwendungen zu § 87 Abs. 1 Nr. 1 BetrVG verwiesen.

Der Tatbestand entspricht aber auch in seiner übrigen Ausgestaltung – sofern hier von Interesse – der des § 87 Abs. 1 Nr. 1 BetrVG: Zum Einen ist dabei im Rahmen des betrieblichen Eingliederungsmanagements auch hier nicht auf das „Krankheitsverhalten"[627], sondern auf das abverlangte Verhalten bei der Führung des Gesprächs selbst abzustellen[628]. Zum Anderen muss sich dieses ebenfalls unter das mitbestimmungspflichtige Ordnungs- in Abgrenzung zum mitbestimmungsfreien Arbeitsverhalten subsumieren lassen[629]. Auch insoweit wird zur Vermeidung von Wiederholungen auf die obigen Ausführungen zum Betriebsrat verwiesen.

Einen Unterschied weisen BetrVG und BPersVG innerhalb der Mitbestimmungstatbestände nur dort auf, wo es gilt, Einzelfälle einer Mitbestimmungspflicht unterwerfbar zu machen. Denn während solche im Rahmen des § 87 Abs. 1 Nr. 1 BetrVG durchaus unter den Begriff des „Verhaltens der Arbeitnehmer" gefasst werden können, weist § 75 Abs. 3 Nr. 15 BPersVG einen demgegenüber engeren Anwendungsbereich auf. Dieses unterschiedliche Verständnis, das sich hier nicht auszuwirken vermag, resultiert aus den unterschiedlichen Wortlauten beider Normen. Während § 87 Abs. 1 Nr. 1 BetrVG „Fragen" der betrieblichen Ordnung als mitbestimmungspflichtig konstatiert, normiert § 75 Abs. 3 Nr.15 BPersVG ein Mitbestimmungsrecht für „Regelungen" der Ordnung der Dienststelle[630].

---

627 So aber VG Potsdam für das Krankengespräch in PersV 1998, 565 (566f).
628 Ilbertz u.a. § 75 Rdnr. 179 a; VG Frankfurt a.M. PersV 2002, 237.
629 BVerwGE 67, 61 (63); VGH Baden-Württemberg PersV 2000, 529 (531); Ilbertz u.a. a.a.O. Rdnr. 179; VG Potsdam a.a.O.
630 Den engeren Anwendungsbereich so begründend auch BVerwGE 11, 238 (240) zu den a.F. beider Normen (§ 56 BetrVG 1952 bzw. § 66 BPersVG) sowie BVerwG PersV 1983, 375 (376).

Dementsprechend muss es sich bei der fraglichen Angelegenheit um eine Verhaltens“regelung“ handeln. Eine solche liegt begrifflich immer dann vor, wenn für die Ordnung in der Dienststelle oder für das Verhalten der Beschäftigten Vorschriften aufgestellt werden sollen, die von allen Beschäftigten oder jedenfalls mehreren von ihnen (z.B. mit bestimmten Aufgaben betrautes Personal) zu beachten sind.[631] Es bedarf damit einer Allgemeinverbindlichkeit im Sinne eng verstandener Kollektivität, was sich aus der Verknüpfung von „Regelung“ und „Ordnung“ bzw. „Verhalten“ ergibt.[632] Denn danach handelt es sich um einen einheitlichen Mitbestimmungstatbestand[633], der insofern nicht in zwei Elemente „auseinandergerissen“[634] werden kann und darf, als dass jede Verhaltensregelung eine bestimmte Ordnung schafft und umgekehrt jede Regelung der Ordnung in der Dienststelle ein bestimmtes Verhalten der Beschäftigten verlangt[635].

Eine allgemeinverbindliche Regelung in diesen Sinne, also eine solche, die jedenfalls einem bestimmten Teil der Beschäftigten verbindlich ein Verhalten abverlangt, ist im Falle des betrieblichen Eingliederungsmanagements gegeben. Wie bereits dargelegt ist die Angelegenheit, deren Mitbestimmungspflichtigkeit in Frage steht, die Schaffung eines grundsätzlichen inhaltlichen und organisatorischen Rahmens für die Klärung überhaupt. All diejenigen Beschäftigten, die eine Arbeitsunfähigkeit von mehr als sechs Wochen innerhalb eines Jahres aufweisen, werden mit dieser Regelung und damit den darin konstatierten Verhaltensanforderungen konfrontiert und ihnen das darin Festgelegte abverlangt.

Ebenso wie dem Betriebsrat steht also dem Personalrat aufgrund dieses allgemeinverbindlich festgelegten Ordnungsverhaltens ein Mitbestimmungsrecht bei der Ausgestaltung des Klärungsverfahrens zu.

b. § 75 Abs. 3 Nr. 11 – Verhütung von Gesundheitsgefahren

Ein Mitbestimmungsrecht steht dem Personalrat jedoch – anders als dem Betriebsrat – nicht unter dem Aspekt des Gesundheitsschutzes zu.

Zwar ist auch hier der Gesundheitsbegriff weit zu verstehen. Dies ergibt sich schon aus der Formulierung, dass neben den speziell genannten Schädigungen durch Dienst- und Arbeitsunfälle auch „sonstige Gesundheitsschädigungen“ erfasst sein sollen.

---

631 BVerwG PersV 1983, 375 (375); 1980, 421 (422); 1986, 323 (325); BVerwGE 11, 238 (240); VG Potsdam PersV 1998, 565 (566); Ilbertz u.a. § 75 Rdnr. 179 a; Ders. PersR S. 273.

632 BVerwG jeweils a.a.O.

633 BVerwGE 67, 61 (63); VGH Baden-Württemberg PersV 2000, 528 (530).

634 VGH Baden-Württemberg a.a.O.

635 BVerwGE 11, 238 (240).

Anders als bei § 87 Abs. 1 Nr. 7 BetrVG sind jedoch diesem Ziel nur mittelbar dienende Handlungen des Arbeitgebers, wie das betriebliche Eingliederungsmanagement, nicht Gegenstand dieses Mitbestimmungsrechts.

Für den Bereich der Gefährdungsbeurteilung entspricht dies der st. Rspr. des BVerwG, wenn auch der Argumentation in einigen Teilen Zweifel entgegengebracht werden müssen. So argumentiert das BVerwG für eine Beschränkung des Mitbestimmungsrechts auf lediglich diejenigen Maßnahmen, die „unmittelbar" dem Arbeits- und Gesundheitsschutz dienen zum Einen mit dem Verhältnis des § 81 BPersVG zum § 75 Abs. 3 BPersVG: Nach § 81 BPersVG stehen dem Personalrat spezielle Informations- und Anregungsrechte bei Fragen, die mit dem Arbeitsschutz in Zusammenhang stehen, zu. Diese Vorschrift entspricht inhaltlich der für den Betriebsrat geltenden Norm des § 89 BetrVG. Anders als die herrschende Lehre im BetrVG sieht das BVerwG hierin jedoch eine Beschränkung der Rechte der Interessenvertretung dergestalt, dass der Gesetzgeber eine Differenzierung zwischen der beteiligungs- aber nicht mitbestimmungspflichtigen Vorbereitungsphase (§ 81 BPersVG) und der mitbestimmungspflichtigen Entscheidungsphase (§ 75 BPersVG) beim Arbeitsschutz vornehme.[636] § 81 BPersVG ergänze das Mitbestimmungsrecht des § 75 BPersVG demnach, sei aber in seinem Regelungsbereich nicht inhaltsgleich damit.[637] Dass diese Begründung nicht überzeugen kann, wurde bereits im Rahmen des § 87 Abs. 1 Nr. 7 BetrVG dargelegt. Hier gilt nichts Anderes.

Dass nur unmittelbar dem Gesundheitsschutz dienende Maßnahmen erfasst sind, kann darüber hinaus auch nicht mit dem Argument richtlinienkonformer Auslegung widerlegt werden. Denn das Europarecht gebietet gerade keine Einräumung eines Mitbestimmungsrechts in sämtlichen Angelegenheiten, die im Zusammenhang mit dem Gesundheitsschutz stehen. Dennoch wurde vom VG Frankfurt am Main[638] angeführt, das Mitbestimmungsrecht sei in Anbetracht des Artikel 11 Abs. 1 RL 89/391/EWG[639] weit zu verstehen. Artikel 11 Abs. 1 der RL hat folgenden Wortlaut:

„Die Arbeitgeber hören die Arbeitnehmer bzw. deren Vertreter an und ermöglichen deren Beteiligung bei allen Fragen betreffend die Sicherheit und Gesundheit am Arbeitsplatz. Dies beinhaltet: die Anhörung der Arbeitnehmer, das Recht der Arbeitnehmer bzw.

636 BVerwG PersV 2003, 186(188).
637 BVerwG a.a.O.
638 PersV 2002, 237 (239).
639 EWG-Richtlinie 89/391/EWG über die Durchführung von Maßnahmen zur Verbesserung der Sicherheit und des Gesundheitsschutz es der Arbeitnehmer bei der Arbeit (Arbeitsschutzrahmenrichtlinie) vom 12. Juni 1989, ABl. Nr. L 183 vom 29. Juni 1989.

ihrer Vertreter, Vorschläge zu unterbreiten; die ausgewogene Beteiligung nach den nationalen Rechtsvorschriften bzw. Praktiken."

Nach Ansicht des VG Frankfurt am Main folgt hieraus ein umfassendes Beteiligungsgebot, das sich auf alle von der Richtlinie erfassten Bereiche bezieht, wozu nach Artikel 6 Abs. 3 lit. a RL auch die Gefährdungsbeurteilung und mithin eine nur mittelbar wirkende Maßnahme gehört[640].

Dem kann nicht gefolgt werden. Denn weder dem Wortlaut, noch im Übrigen der Richtlinie ist zu entnehmen, dass eine Beteiligung im Sinne echter Mitbestimmung gewährleistet sein soll oder gar, dass im nationalen Recht ein Verfahren der Mitbestimmung in der Vorbereitungsphase und eines in der Entscheidungsphase vorgehalten werden muss[641]. Die vorgeschriebene Beteiligung ist durch § 81 BPersVG gewährleistet. Das ArbSchG hat die Richtlinie zudem vollständig umgesetzt, so dass für eine richtlinienkonforme Auslegung kein Raum ist.

Zuletzt vermag auch das Argument nicht zu überzeugen, dass auch mittelbar dienende Normen erfasst sein müssten, weil nach der Rspr. des BVerwG § 75 BPersVG lediglich eine Generalklausel mit durch die Aufzählungen nur zurückhaltend zu verstehender Begrenzung sei[642]. Dass der Begriff des Gesundheitsschutzes weit zu verstehen ist, wird nicht in Frage gestellt. Dies bedeutet aber noch nicht zwingend, dass auch mittelbar dienende Maßnahmen der Mitbestimmung unterliegen müssen. Denn der Begriff des Gesundheitsschutzes allein vermag ein solches Recht noch nicht einzuräumen. Es ist vielmehr auch der übrige Wortlaut der Norm zu beachten, der weitere Tatbestandsmerkmale aufstellt. § 75 Abs. 3 Nr. 11 BPersVG unterscheidet sich insoweit vom Wortlaut des weiter gefassten § 87 Abs. 1 Nr. 7 BetrVG. Die Notwendigkeit, eine Finalität der Maßnahme zu fordern, zeigt sich daran, dass nach dem Wortlaut des BPersVG eine solche *„zur"* Verhütung von Gesundheitsgefahren erforderlich ist, während das BetrVG sich allein auf Maßnahmen *„über"* den Gesundheitsschutz verhält.

Darüber hinaus wird ein Ausschluss mittelbarer Maßnahmen auch durch den Begriff der „Maßnahme" selbst konstatiert. Dieser ist mit dem in § 69 BPersVG identisch[643], erfasst jedoch nur solche Handlungen, die auf eine Veränderung des bestehenden Zustandes dergestalt abzielen, dass nach der Maßnahme das Beschäftigungsverhältnis oder die Arbeitsbedingungen eine Änderung erfahren haben[644]. Bei nur dem Ziel mittelbar dienenden Maßnahmen liegt also gerade keine „Maßnahme" im Sinne des § 75 Abs. 3 Nr. 11 BPersVG vor. Dem Gesundheits-

640 VG Frankfurt am Main a.a.O.
641 So auch BVerwG PersV 2003, 186 (189).
642 VG Frankfurt am Main a.a.O. S. 239.
643 BVerwG PersV 2003, 186 (187).
644 BVerwG a.a.O.

schutz nur mittelbar dienende Regelungen unterfallen nicht dem Mitbestimmungsrecht des § 75 Abs. 3 Nr. 11 BPersVG. Der Personalrat hat ein solches nicht inne.

2. Interessenvertretungen im Übrigen

Für den Richter- und Staatsanwaltsrat gilt aufgrund der Verweisungen in das BPersVG nichts Anderes als für den Personalrat. Auch diesen steht somit ein Mitbestimmungsrecht allein aus dem Gesichtspunkt der Ordnung der Dienststelle zu.

3. Gerichtliche Sicherung der Mitbestimmungsrechte

Wie ausgeführt, kann der Personalrat (und Gleiches gilt für Staatsanwalts- und Richterrat) beim Verwaltungsgericht (jedenfalls) feststellende Entscheidungen über den Umfang von Beteiligungsrechten beantragen. Ob dem Personalrat darüber hinaus auch – wie dem Betriebsrat – ein Unterlassungsanspruch zusteht, ist umstritten, wird aber mangels einer dem § 23 Abs. 3 BetrVG entsprechenden Norm im BPersVG sowie wegen den unterschiedlichen Regelungsbereichen beider Gesetze vom BVerwG abgelehnt[645]. Gleiches gilt für einen Anspruch auf Rückgängigmachung der mitbestimmungswidrigen Maßnahme oder Nachholung der Beteiligung. Aus der entsprechenden Verpflichtung des Dienstherren folgt – erneut – kein Anspruch der Personalvertretung.

Es bleibt demnach dabei, dass auch hier ein Antrag folgenden Inhalts zu stellen ist:

> *festzustellen, dass (die Behörde) verpflichtet ist, den Personalrat/Staatsanwaltsrat/ Richterrat am Verfahren betrieblichen Eingliederungsmanagements mitbestimmen zu lassen.*

E. Beteiligung des Betroffenen

Zuletzt ist neben den Interessenvertretungen auch der Betroffene selbst am Verfahren betrieblichen Eingliederungsmanagements zu beteiligen.

645 Vgl. nur BVerwG PersV 1980, 145 (147); VGH Baden-Württemberg PersV 1985, 331 (332); Dass. PersV 1985, 333 (333); ebenso in der Literatur Ilbertz/Widmaier § 69 Rdnr. 46 a; für Feststellung BVerwG PersV 1964, 64 (64).

I. Zustimmung

Nach § 84 Abs. 2 klärt der Arbeitgeber mit Zustimmung des Betroffenen die Möglichkeiten, wie die bestehende Arbeitsunfähigkeit beseitigt, erneuter vorgebeugt und der Arbeitsplatz erhalten werden kann.

1. Erforderlichkeit der Zustimmung

Die Erteilung der Zustimmung des Betroffenen ist Voraussetzung dafür, dass eine Klärung im Sinne des § 84 Abs. 2 überhaupt erfolgt. Hierdurch wird gewährleistet, dass dieser Kenntnis erlangt davon, dass mit den zu beteiligenden Personen über ihn, seine derzeitige gesundheitliche Situation und ihn betreffende Maßnahmen gesprochen wird. Über die Kenntnis hinaus liegt es nach dem Wortlaut der Norm in der Hand des Betroffenen, ob die beabsichtigte Klärung überhaupt erfolgt. Denn es heißt in § 84 Abs. 2, dass der Arbeitgeber „mit Zustimmung des Beschäftigten" klärt, also ohne eine solche eine Klärung unterbleibt. Dies ist im Kontext zum Selbstbestimmungsrecht des § 1 auch konsequent.

2. Freiwilligkeit oder Rechtspflicht zur Zustimmung

Teilweise wird vertreten, der Betroffene sei rechtlich verpflichtet, der Durchführung des Verfahrens zuzustimmen.[646] Zwar könne diese Rechtspflicht nicht dem Wortlaut des § 84 Abs. 2 unmittelbar entnommen werden.[647] Aus der einem Arbeitnehmer obliegenden Treue- und Rücksichtnahmepflicht[648] folge aber, dass diesem eine sogenannte „Supportpflicht"[649], also eine positive Verpflichtung zum Gesundheitsengagement[650] obliege. Versage er die Zustimmung zum betrieblichen Eingliederungsmanagement, so verzögere er durch Passivität seine Genesung[651] und verletze damit seine Mitwirkungspflicht zur Schadensabwendung vom Betrieb.[652] Er sei allein dann berechtigt, nicht zum betrieblichen Eingliederungsmanagement zu erscheinen und seine Mitwirkung zu unterlassen, wenn ihm nachvollziehbare, insbesondere ärztlich nachweisbare Ausschlussgründe zur Seite stünden, wie etwa „verordnete Bettruhe, ansteckende Krankheit, Immobilität, ekelerregende Krankheit oder Unfähigkeit zum Kontakt aus psychologischen

---

646 Wetzling/Habel NZA 2007, 1129 ff.
647 Dies. a.a.O. S. 1129.
648 Dies. a.a.O. S. 1130, 1134.
649 Dies. a.a.O. S. 1132.
650 Dies. a.a.O. S. 1134.
651 Dies. a.a.O. S. 1132.
652 Dies. a.a.O. S. 1130.

Gründen".[653] Ohne Vorliegen eines Ausschlussgrundes, was der Betroffene sorgfältig zu prüfen und gegebenenfalls darzulegen habe, sei eine Mitwirkung ihm zumutbar.[654]

Aus der Mitwirkungspflicht wird demnach eine Pflicht zur Zustimmung mangels besonderer Rechtfertigungsgründe, sowie eine Pflicht zur aktiven Teilnahme und Unterstützung, insbesondere in Form der Offenbarungspflicht bezüglich der Krankheitsursache gefolgert.[655] Die Interessenvertretungen würden bei der Ausübung des Fragerechts des Arbeitgebers schon über die Einhaltung gegebener Schranken (die unbenannt bleiben) wachen.[656] Diese arbeitsvertragliche Nebenpflicht wird aus der Planungsunsicherheit bei Arbeitsunfähigkeit eines Mitarbeiters gefolgert[657] – schließlich gehe es darum, „wie Schäden und Störungen, die durch längere Fehlzeiten nahezu zwangsläufig eintreten, vom Betrieb abgehalten oder doch zumindest reduziert werden" könnten.[658] Anders könne der Arbeitgeber die ihm aus §§ 617–619 BGB obliegende Pflicht der Abwendung vermeidbarer oder unverhältnismäßiger Gesundheitsgefährdungen nicht erfüllen und seine Rechte aus § 3 EFZG u.a. nicht erkennen. Der Arbeitnehmer schulde demnach Auskunft über Krankheitsursache, Mitursächlichkeit betrieblicher Umstände, ob er unter einer ansteckenden Krankheit leide, er die Arbeitsunfähigkeit selbst verschuldet habe oder sich nicht therapiekonform verhalten habe.

Diese Auffassung ist abzulehnen.

Sie vermengt die einem Arbeitnehmer obliegenden vertraglichen Nebenpflichten in besonderen Fällen mit Einwendungen des Arbeitgebers gegen grundsätzliche Zahlungspflichten und nimmt eine zu Lasten des Arbeitnehmers unangemessene Interessenabwägung vor.

Der Literaturansicht kann dabei schon deshalb nicht gefolgt werden, weil sie den für das Verständnis der Norm maßgeblichen Zweck nicht zutreffend erkennt. Es geht beim betrieblichen Eingliederungsmanagement nicht darum, Schaden vom Betrieb abzuwenden und dem Arbeitgeber mehr Sicherheit bei der Planung seines Personaleinsatzes zu verschaffen. Auch geht es nicht darum, dem Arbeitgeber Informationen zu verschaffen, die ihn in die Lage versetzen, die Entgeltfortzahlung zu verweigern oder die Negativprognose für die Kündigung besser stellen zu können. Auch kann dem Arbeitnehmer nicht eine uneingeschränkte Offenbarungspflicht mit dem Argument auferlegt werden, die Interessenvertretun-

---

653 Dies. a.a.O. S. 1135.
654 Dies. a.a.O. S. 1135.
655 Dies. a.a.O. S. 1132 ff.
656 Dies. a.a.O. S. 1135.
657 Dies. a.a.O. S. 1131.
658 Dies. a.a.O. S. 1130.

gen würden schon über die Einhaltung der Schranken wachen, wobei Schranken nicht genannt werden.

Zweck des Verfahrens ist allein die Vermeidung krankheitsbedingten Arbeitsplatzverlustes und dessen Folgen (auch für die Sozialkassen). Dieser Zweck führte zu einer Auferlegung weiterer Pflichten für den Arbeitgeber, rechtfertigt aber nicht, unter dem Etikett des betrieblichen Eingliederungsmanagements dem Arbeitnehmer die Offenbarung sämtlicher Gesundheitsdaten aufzuerlegen. Das Recht des Arbeitnehmers auf informationelle Selbstbestimmung aus Art. 2 Abs. 1, 1 Abs. 1 GG und Art. 8 EMRK[659] kann nur dann eine Offenbarung rechtfertigen, wenn überwiegende Interessen des Arbeitgebers dies im konkreten Sachverhalt erfordern.[660] Es gibt jedoch im Rahmen der Klärung keine überwiegenden Arbeitgeberinteressen. Denn § 84 Abs. 2 dient nicht dem Arbeitgeber, sondern stellt ein Hilfsangebot an den Arbeitnehmer dar, das er annehmen oder ablehnen kann.

3. Erteilung der Zustimmung

Was die Erteilung der Zustimmung des Betroffenen im Verhältnis zu den Beteiligungsrechten der Interessenvertretungen anbelangt, so muss zeitlich und ursächlich differenziert werden:

Liegt die Zustimmung des Betroffenen nicht vor, weil er diese verweigert hat, so findet ein Verfahren nach § 84 Abs. 2 nicht statt. Der Arbeitgeber ist in diesem Falle auch nicht verpflichtet, das Verfahren durchzuführen. Dies bedeutet, dass die Interessenvertretungen kein Initiativrecht inne haben, Klärung zu verlangen.

Liegt die Zustimmung jedoch nur deshalb nicht vor, weil der Betroffene um deren Erteilung noch nicht ersucht wurde, so bestehen die Beteiligungsrechte der Interessenvertretungen fort. Denn § 84 Abs. 2 ist nicht so zu verstehen, dass von der Zustimmung des Betroffenen auch die Informationsansprüche der Interessenvertretungen abhängen würden[661]. Denn dies hätte zur Folge, dass Ansprüche aus dem BetrVG und BPersVG bzw. des SGB IX für die Schwerbehindertenvertretung in unzumutbarer Weise unterlaufen würden[662]. Die Interessenvertretungen haben einen Anspruch darauf, in allen Angelegenheiten, die in ihren Zuständigkeitsbereich fallen, vom Arbeitgeber Informationen zu erhalten. Das Bestehen dieser Ansprüche kann nicht in der Hand des Beschäftigten liegen. Dies auch

659 BVerfGE 65, 1 (42 f.) – Volkszählung; EuGH NJW 1984, 3005 (3006).
660 Preis/Greiner SAE 2004, 12 (12); Däubler BB 1989 282 (283).
661 Vgl. Britschgi AiB 2005, 284 (286).
662 So auch Dies. a.a.O.; Feldes SoSi 2004, 270 (275); Ders. br 2004, 187 (191).

deshalb, weil den Interessenvertretungen das Recht, Klärung zu verlangen aus § 84 Abs. 2 S. 6 zusteht. Es ist zwingend, dass sich dieses zeitlich auf die Phase vor Erteilung der Zustimmung bezieht, denn nur dann hat der Arbeitgeber noch kein Verfahren eingeleitet und nur dann kann eben dies von den Interessenvertretungen erzwungen werden. Ansonsten läge es allein in der Hand des Arbeitgebers, zu beurteilen, ob die Voraussetzungen für ein betriebliches Eingliederungsmanagement gegeben sind und der betroffene Beschäftigte um seine Zustimmung ersucht wird. Das Initiativrecht der Interessenvertretungen erfordert es, dass diese im Vorfeld über diejenigen Daten verfügen, die sie in die Lage versetzen, zu beurteilen, ob ein betriebliches Eingliederungsmanagement durchgeführt werden muss.

Nur, wenn die Zustimmung des Betroffenen versagt wird, scheiden also die Rechte der Interessenvertretungen aus, da dann kein Verfahren stattfindet, an welchem sie im Weiteren zu beteiligen wären.

Das Zustimmungserfordernis bezieht sich nicht nur auf den Beginn des Verfahrens an sich, sondern auch auf die einzelnen Verfahrensabschnitte. So hängt es von der Zustimmung der betroffenen Person auch ab, ob einzelne Möglichkeiten der Prävention erörtert werden. Der Grundsatz der selbstbestimmten Teilhabe erfordert, dass der Betroffene zustimmen muss, ob zum Beispiel spezielle Rehabilitationsmaßnahmen oder der Besuch von Kursen (Krankengymnastik, Raucherentwöhnungskurse etc.) auf ihre Geeignetheit hin untersucht werden. Dies kann indes nur hinsichtlich solcher in Betracht gezogener Maßnahmen gelten, die auch außerhalb des betrieblichen Eingliederungsmanagements nicht ohne Zustimmung des Beschäftigten einseitig vom Arbeitgeber angeordnet werden können. Ziehen es die am Verfahren Beteiligten dagegen grundsätzlich in Betracht, den Betroffenen auf einen (vom Inhalt und Umfang seines Arbeitsvertrages gedeckten) anderen Arbeitsplatz zu versetzen, weil dieser keine oder weniger Gefahren für die Gesundheit des Betroffenen birgt, so kann der Betroffene die Beratung hierüber nicht „verhindern", indem er seine Zustimmung versagt. Denn solche Maßnahmen, die dem Direktionsrecht des Arbeitgebers unterliegen, dürfen diesem nicht dadurch genommen werden, dass die Klärung ihrer Möglichkeit im Rahmen eines Verfahrens nach § 84 Abs. 2 erfolgt.

II. Unterrichtung und Anhörung

Nach § 84 Abs. 2 klärt der Arbeitgeber die Handlungsmöglichkeiten mit den Interessenvertretungen mit Zustimmung „und Beteiligung" der betroffenen Person.

Dem Betroffenen stehen also über das Recht der Zustimmungsverweigerung auch Beteiligungsrechte im Verfahren zu.

Die Beteiligung bezieht sich dabei notwendigerweise wie die der Interessenvertretungen auf die „Klärung“, also die Erörterung. Dies kann nur bedeuten, dass, wenn die betroffene Person hieran zu beteiligen ist, ihr ein Unterrichtungs- und Anhörungsrecht zustehen muss. Nur so kann eine aktive Teilhabe des Beschäftigten erreicht werden. Dem Betroffenen steht also das Recht zu, all diejenigen Informationen vom Arbeitgeber zu erhalten, über die er verfügt und die notwendig sind, um an der Beratung teilnehmen und ihr nicht nur folgen, sondern eigene Vorschläge unterbreiten zu können und Anregungen zu geben. Der Kenntnisstand des Betroffenen muss sich demnach mit dem des Arbeitgebers decken.

Darüber hinaus muss der Betroffene vom Arbeitgeber mit seinen Einwänden und Anregungen gehört werden und diese in die Entscheidung und weitere Beratung ernsthaft miteinbezogen werden.

III. Anspruch auf Klärung

Der Betroffene kann auch vom Arbeitgeber verlangen, dass dieser zu seinen Gunsten ein betriebliches Eingliederungsmanagement durchführt, er hat also einen durchsetzbaren Anspruch auf das Verfahren inne.

1. Anspruchsgrundlage

Dass der betroffenen Person dieser Anspruch zusteht, folgt indes nicht schon aus dem Wortlaut des § 84 Abs. 2. Denn danach wird ihm nur das Recht auf Beteiligung und das Erfordernis seiner Zustimmung eingeräumt. Das betriebliche Eingliederungsmanagement stellt insoweit zunächst ein Hilfsangebot an den Betroffenen dar.[663] Auch spricht § 84 Abs. 2 S. 6 zunächst gegen einen solchen Anspruch. Denn hier wird nur den Interessenvertretungen und der Schwerbehindertenvertretung das Recht eingeräumt, Klärung zu verlangen.

In der Literatur wird hingegen versucht, dem betroffenen Beschäftigten über einen anderen Ansatz aus § 84 Abs. 2 einen Anspruch gegen seinen Arbeitgeber einzuräumen. So wird behauptet, dass, wenn der Arbeitgeber schon überhaupt zur Klärung verpflichtet sei, er dies erst Recht gegenüber dem Beschäftigten sein müsse.[664] Dies vermag nicht zu überzeugen, übersieht diese Ansicht doch die notwendige Differenzierung zwischen öffentlich-rechtlicher und privatrechtlicher Pflicht, indem sie beide gleichstellt, ohne zu begründen, warum das Bestehen der

663 Kohte ZSR 2005, 7 (18).

664 Von Seggern PR 2005, 147 (155).

einen das der anderen bedingen soll. Aus einer Verpflichtung überhaupt, die grundsätzlich relativer Natur ist (hier gegenüber dem Staat), kann gerade ein absoluter Charakter nicht gefolgert werden.

Auch der Versuch, einen Anspruch mit dem Argument zu begründen, angesichts des Ziels betrieblichen Eingliederungsmanagements[665] sei es unzumutbar, den Betroffenen darauf zu verweisen, dass die Initiative allein vom Arbeitgeber ausgehen müsse und könne[666], muss scheitern. Denn zum Einen muss die Initiative gerade nicht allein vom Arbeitgeber ausgehen, sondern steht auch den Interessenvertretungen ein Initiativrecht zu, welches zudem gerichtlich durchsetzbar ist. Zum Anderen kann aus einer allgemeinen Gerechtigkeitserwägung, mag sie noch so berechtigt erscheinen, nicht zwingend auf das Bestehen eines materiellrechtlichen Anspruchs geschlossen werden, ohne dabei Rechtsnormen oder anerkannte Rechtgrundsätze hinzuzuziehen, die dies rechtfertigen könnten. Der Gedanke, dass es angesichts des auf den betroffenen Beschäftigten abzielenden Schutzgedankens geboten erscheint, diesem einen Anspruch einzuräumen, zeigt allein, dass dies wünschenswert wäre, vermag aber eine rechtliche Begründung hierfür nicht zu liefern.

Zuletzt kann auch die Tatsache, dass es beim betrieblichen Eingliederungsmanagement möglich erscheint, Hilfen und Leistungen von außen zu beziehen, im Zusammenhang mit der Diskussion um einen eigenen Anspruch des Beschäftigten nicht weiterhelfen[667], denn die Hilfen und Leistungen werden nicht für die Klärung, sondern für die sich daran eventuell anschließenden Durchführungsmaßnahmen gewährt.

Die genannten Argumente können also weder für noch gegen einen zivilrechtlichen Anspruch des Betroffenen gegen den Arbeitgeber sprechen.

2. *Transformation in das Privatrecht*

Dass ein Anspruch des Beschäftigten auf Durchführung des Klärungsverfahrens besteht, folgt allein aus einem von den bisherigen Stimmen zum betrieblichen Eingliederungsmanagement bislang kaum erörterten[668] Aspekt: dem allgemein anerkannten[669] *Transformationsgrundsatz.*[670] Dieser besagt, dass Normen des

---

665 Jünger, Das betriebliche Eingliederungsmanagement und seine Auswirkungen in der Praxis S. 8.
666 Britschgi, Krankheit und BEM S. 30.
667 Aus diesem Grunde die Rechte des Beschäftigten auf Erörterung einschränkend: Neumann u.a. SGB IX § 84 Rdnr.16.
668 Wohl nur aufgegriffen von Gagel Diskussionsbeitrag 4–2004 S. 4.
669 Plädierend dafür schon Herschel BArbBl.1955, 571 (578).
670 So auch bislang, soweit ersichtlich, nur DKZ/Deinert § 84 Rdnr. 26.

staatlichen Arbeitsschutzes, also solche, die dem Arbeitgeber eine dem Staat gegenüber bestehende Pflicht zum Schutze der Beschäftigten auferlegen, zugleich privatrechtliche Pflichten gegenüber dem Beschäftigten begründen, soweit sie geeignet sind, den Gegenstand einer arbeitsvertraglichen Vereinbarung zu bilden.[671]

Der Transformationsgedanke gründet sich auf § 6 JArbSchG 1960, der lautete:

„Die Pflichten, die nach diesem Gesetz und den auf Grund dieses Gesetzes erlassenen Vorschriften dem Arbeitgeber obliegen, gelten zugleich als seine Pflichten gegenüber dem Beschäftigten aus dem Arbeitsverhältnis, soweit sie geeignet sind, den Gegenstand einer arbeitsvertraglichen Vereinbarung zu bilden."

Diese Norm erstarkte alsbald zu einem allgemeinen Rechtsgedanken, der auch noch erhalten blieb, als der Gesetzgeber 1976 auf die Bestimmung – wohl deren Selbstverständlichkeit voraussetzend[672] – verzichtete. Der Entwurf eines Arbeitsgesetzbuches griff diesen Gedanken zwischenzeitlich wieder auf (§71 des Entwurfes)[673], zum Erlass eines solchen einheitlichen Arbeitsgesetzbuches kam es indes bis heute nicht. Der Transformationsgrundsatz liegt also noch heute in Rechtsprechung und Literatur begründet.

Er wird auf unterschiedliche dogmatische Grundlagen gestützt[674]. Neben dem Ansatz, öffentlich-rechtliche Arbeitsschutznormen stellten zwingendes ergänzendes Recht dar[675], wird dabei insbesondere an die arbeitgeberseitige Fürsorgepflicht angeknüpft, wobei entweder auf eine Konkretisierung des § 618 BGB oder eine solche der allgemeinen Fürsorgepflicht zurückgegriffen wird[676].

Vorzugswürdig erscheint hier, wenn auch eine Auseinandersetzung mit der dogmatischen Grundlage nicht entscheidend ist, die Rechtsgrundlage in einer Konkretisierung der § 618 BGB zu entnehmenden Fürsorgepflicht zu sehen. Denn § 84 Abs. 2 hat die Intention, Gefahren für die Gesundheit des Beschäftigten (u.a. wegen der ansonsten abstrakt drohenden krankheitsbedingten Kündi-

---

671 BAG SAE 1977, 12 (13); Däubler AiB 1985, 136 (137); Galperin BB 1963, 739 (742); Schwerdtner ZfA 1979,1 (9,19); Kort NZA 1996, 854 (854); Wlotzke FS Hilger/Stumpf S. 726,738 (740) ErfK/Wank § 618 BGB Rdnr. 4 f; Kollmer ArbSchG vor § 1 Rdnr. 44: „Bereitung zivilrechtlichen Bodens"; Müller-Petzer S. 49.

672 Müller-Petzer S. 50.

673 Schwerdtner ZfA 1979, 1 (9); Wlotzke FS Hilger/Stumpf S. 726,740; Müller-Petzer S. 50.

674 Vgl. dazu die Darstellungen von Galperin BB 1963, 739 ff.

675 Wlotzke FS Hilger/Stumpf S. 738 f.

676 Vgl. dazu BAG SAE 1977, 12 (13); Galperin BB 1963,739 (741); Wlotzke FS Hilger/Stumpf a.a.O.

gung) abzuwenden und steht daher § 618 BGB näher als der sich auf Sorgfalts-, Auskunfts-, Hinweis- und sonstigen Schutzpflichten beziehenden[677] allgemeinen Fürsorgepflicht[678].

§ 84 Abs. 2 wird also als öffentlich-rechtliche Arbeitsschutznorm in das privatrechtliche Arbeitsverhältnis transformiert, denn die Norm stellt – wie dargestellt – eine solche des Arbeitsschutzrechts dar. Dem Betroffenen steht damit ein aus der Fürsorgepflicht des Arbeitgebers resultierender vor dem Arbeitsgericht im Wege der Leistungsklage durchsetzbarer Anspruch auf eine Klärung zu.[679] Der Antrag des Betroffenen sollte demnach lauten,

> *den Arbeitgeber zu verpflichten, zugunsten des Klägers unverzüglich ein Verfahren nach § 84 Abs. 2 SGB IX durchzuführen.*

---

677 Vgl. dazu die Darstellungen von Müller-Petzer S. 51, 17 f.

678 Diese dogmatische Einordnung vermag an der Qualität als öffentlich-rechtliche Norm nichts zu ändern.

679 Hiervon differenziert zu Recht Kohte ZSR 2005, 7 (19) die Frage eines Anspruchs auf Durchführung bestimmter Maßnahmen, ohne sich jedoch zu einem Anspruch auf Klärung zu verhalten. Ohne Begründung allein wegen des Bestehens einer arbeitgeberseitigen Verpflichtung bejahend auch Gagel NZA 2004, 1359 (1361).

4. Kapitel: Folgen unterbliebenen betrieblichen Eingliederungsmanagements

Wie dargestellt handelt es sich bei der Pflicht zur Klärung nach § 84 Abs. 2 um eine Rechtspflicht des Arbeitgebers. Zu untersuchen ist nachfolgend, ob und bejahendenfalls welche Folgen es mit sich bringt, wenn der Arbeitgeber diese Rechtspflicht verletzt.

Dabei kann es keinen Unterscheid machen, ob die Verletzung dieser Pflicht darin zu sehen ist, dass der Arbeitgeber gar kein betriebliches Eingliederungsmanagement durchführt, oder ob er ein solches zwar einleitet, aber unvollständig durchführt. Denn auch bei einer unvollständigen Durchführung kann eine Klärung „im Sinne von § 84 Abs. 2“ nicht angenommen werden.[680]

Auswirkungen einer solchen Pflichtverletzung sind dabei insbesondere im Zusammenhang mit einer krankheitsbedingten Kündigung denkbar. Hier könnte sich das fehlende betriebliche Eingliederungsmanagement auf die Wirksamkeit der Kündigung auswirken. Daneben kommt das Entstehen von Schadensersatzansprüchen vor allem des Arbeitnehmers wegen Verletzung der arbeitgeberseitigen Fürsorgepflicht in Betracht. Neben den Folgen, die sich aus einer Pflichtverletzung durch den Arbeitgeber möglicherweise ergeben, wird aber auch zu untersuchen sein, welche Folgen es auf der Seite des Beschäftigten haben kann, wenn dieser seine Zustimmung zu einem betrieblichen Eingliederungsmanagement verweigert. Auch diese Verweigerung könnte Auswirkungen im Rahmen eines Kündigungsschutzprozesses nach sich ziehen.

A. Bedeutung des betrieblichen Eingliederungsmanagements für den Kündigungsschutz

Zunächst sollen die Auswirkungen eines unterlassenen betrieblichen Eingliederungsmanagements sowie der Zustimmungsverweigerung im Rahmen des Kündigungsschutzes und eines etwaigen Kündigungsschutzprozesses untersucht werden.

Dabei bleibt zunächst festzuhalten, dass der Ausspruch einer krankheitsbedingten Kündigung durch den Arbeitgeber möglich und nicht gegen das in Richt-

680 Im Folgenden ist daher aus Vereinfachungsgründen allein vom unterlassenen betrieblichen Eingliederungsmanagement die Rede.

linie 2000/78/EG normierte Diskriminierungsverbot verstößt. Denn nach der Rechtsprechung des EuGH hat sich der Gesetzgeber der Richtlinie mit dem Begriff der „Behinderung“ bewusst für einen solchen entscheiden, der sich von dem der Krankheit unterscheidet.[681] Der Schutzbereich der Richtlinie ist damit nicht schon dann eröffnet, wenn und sobald sich irgendeine Krankheit manifestiert[682], sondern durch den Begriff der Behinderung erst dann, wenn eine Einschränkung vorliegt, die insbesondere auf physische, geistige oder psychische Beeinträchtigungen zurückzuführen ist und die ein Hindernis für die Teilhabe des Betreffenden am Berufsleben bildet[683]. Das Merkmal der Krankheit ist demnach kein ausdrücklich nach der Richtlinie verpöntes Unterscheidungsmerkmal. Auch kann die Krankheit nicht als ein weiterer Grund neben denen angesehen werden, deretwegen Personen zu diskriminieren nach der Richtlinie 2000/78/EG verboten ist.[684] Auch der EG-Vertrag enthält keinerlei Bestimmungen, die eine Diskriminierung wegen Krankheit als solcher verbieten würden.[685]Der Ausspruch einer krankheitsbedingten Kündigung ist demnach für den Arbeitgeber grundsätzlich durchaus möglich und zulässig.

Zu untersuchen ist nunmehr, wie sich das unterlassene betriebliche Eingliederungsmanagement auf eine solche Kündigung auszuwirken vermag.

I. Auf Seiten des Arbeitgebers

Die Verletzung einer Rechtpflicht (zur Klärung) kann für sich allein gesehen noch nicht dazu führen, dass das Kündigungsrecht des Arbeitgebers ausgeschlossen ist. Ob es einem Vertragsteil wegen einer Pflichtverletzung verwehrt ist, ein Gestaltungsrecht auszuüben, beurteilt sich nach über die Feststellung der reinen Verletzung hinausgehenden Rechtsgrundsätzen.[686] Zunächst einmal ist also festzuhalten, welche Anforderungen überhaupt an eine krankheitsbedingte Kündigung und deren soziale Rechtfertigung und Wirksamkeit zu stellen sind, um anschließend zu erörtern, ob sich das betriebliche Eingliederungsmanagement in dieses System eingliedern lässt oder, falls dies nicht der Fall ist, in welcher Weise es sonst dogmatisch im Kündigungsschutzrecht verankert werden muss oder kann.

---

681 EuGH Urteil vom 11.07.2005 C–13/05 Rdnr. 44 – Sonia Chacon Navas ./. Eurest Colectividades SA.

682 EuGH a.a.O. Rdnr. 46.

683 EuGH a.a.O. Rdnr. 43.

684 EuGH a.a.O. Rdnr. 53.

685 EuGH a.a.O. Rdnr. 54.

686 So auch Jünger S. 17.

1. Anforderungen an Wirksamkeit krankheitsbedingter Kündigungen

Zunächst sollen die vom BAG aufgestellten Grundsätze zu den Anforderungen, die an eine krankheitsbedingte Kündigung zu stellen sind, damit diese sozial gerechtfertigt und mithin wirksam im Sinne des § 1 Abs. 1, 2 KSchG[687] ist, im Überblick dargestellt werden.

Dabei wird in den nachfolgenden Ausführungen vorausgesetzt, dass auf den fraglichen Sachverhalt der Kündigung das KSchG anwendbar ist, es sich also um einen Betrieb oder eine Verwaltung des privaten oder öffentlichen Rechts handelt (§ 23 Abs. 1 S. 1 KSchG), in welchem/r in der Regel mehr als fünf Arbeitnehmer einschließlich der zu ihrer Berufsausbildung Beschäftigten beschäftigt werden (§ 23 Abs. 1 S. 2 KSchG). Soweit eine Anwendbarkeit des KSchG nicht gegeben ist, bemisst sich die Frage der Wirksamkeit einer Kündigung nach allgemeinen Grundsätzen der Rechtsausübung, mithin (auch) nach den § 138 BGB und § 242 BGB. Diese geben einen von § 1 KSchG abweichenden weil weiter gefassten Rahmen für die Grenzen der Wirksamkeit vor, da durch § 1 KSchG die genannten Rechtsgrundsätze, insbesondere § 242 BGB, konkretisiert[688] und der Anwendungsbereich und mithin die zu ihm entwickelte Rechtsprechung damit bewusst auf bestimmte Betriebe eingeschränkt wurde. Erweist sich eine Kündigung also nach den vergleichsweise engeren Grenzen des § 1 KSchG als wirksam weil sozial gerechtfertigt, so ist sie in der Regel auch nach den allgemeinen zivilrechtlichen Grundsätzen in ihrer Wirksamkeit nicht zu beanstanden. Im Folgenden soll daher ausschließlich auf die Anforderungen im Zusammenhang mit § 1 KSchG eingegangen werden.

Wie bereits dargestellt, existieren vier Fallgruppen krankheitsbedingter Kündigung: Kündigung wegen häufiger Kurzerkrankung (1.), wegen lang andauernder Arbeitsunfähigkeit (2.), wegen dauernder Arbeitsunfähigkeit (3.) und wegen krankheitsbedingter Leistungsminderung (4.).

Das BAG hat den Prüfungsmaßstab für die Wirksamkeit krankheitsbedingter Kündigungen anhand dieser und zu diesen Fallgruppen entwickelt[689]. Gemeinsam ist allen Fallgruppen die Zugrundelegung einer dreistufigen Prüfung[690]:

Auf der 1.Stufe bedarf es einer *negativen Prognose* hinsichtlich des künftigen Gesundheitszustandes des erkrankten Arbeitnehmers. Zum Zeitpunkt des Zugangs der Kündigung müssen objektive Tatsachen vorliegen, die die Besorgnis

687 Kündigungsschutzgesetz

688 LAG Schleswig-Holstein Urt. v. 17.11.2005 4 Sa 328/05 unter II. 1, 2 der Gründe

689 Vgl. hierzu die Darstellungen und Verweise – aufgeteilt nach Fallgruppen – von Schlewing ZfA 2005, 485 (493, dort Fn. 20).

690 BAG NZA 1999, 978 (979)

weiterer Erkrankungen im bisherigen Umfang rechtfertigen[691], wobei ein Indiz hierfür in den Erkrankungen der Vergangenheit liegen kann[692].

Sodann müssen auf der 2. Stufe die zu erwartenden Auswirkungen des Gesundheitszustandes des Arbeitnehmers zu einer *erheblichen Beeinträchtigung der betrieblichen Interessen* führen[693] (Betriebsablaufstörungen oder wirtschaftliche Belastungen als Folge der Entgeltfortzahlung[694]).

Schließlich ist auf der 3. Stufe eine *Interessenabwägung* vorzunehmen. Diese muss ergeben, dass die erheblichen Beeinträchtigungen der betrieblichen Interessen zu einer billigerweise nicht mehr hinzunehmenden Belastung des Arbeitgebers führt.[695] Im Rahmen dieser Interessenabwägung[696] ist insbesondere zu untersuchen, ob der dem Kündigungsschutzrecht innewohnende und dieses beherrschende[697] Grundsatz der Verhältnismäßigkeit gewahrt wurde. So kommt eine ordentliche Kündigung nur als letztes Mittel, als *ultima-ratio*, in Betracht, wenn kein anderes, gleichgeeignetes aber milderes Mittel[698] zur Verfügung steht, um die betrieblichen Beeinträchtigungen zu beseitigen.

2. Einordnung des betrieblichen Eingliederungsmanagements

Zu untersuchen ist nunmehr, ob und bejahendenfalls auf welcher Stufe sich das betriebliche Eingliederungsmanagement in diese 3-Stufen-Prüfung einordnen lässt. Sollte eine solche Einordnung nicht möglich sein, so wäre alsdann zu untersuchen, ob § 84 Abs. 2 möglicherweise eigene Voraussetzungen im Zusammenhang mit einer Kündigung aufstellt.

a. Negativ-Prognose

Teilweise wird das betriebliche Eingliederungsmanagement im kündigungsschutzrechtlichen Kontext bereits im Rahmen der negativen Gesundheitsprognose problematisiert. So wird vertreten, die Prognose, dass künftig weitere Erkrankungen des Betroffenen im bisherigen Umfang zu besorgen sind oder eine baldige

691 St. Rspr.: BAG NZA 1989, 923 (923).
692 BAG a.a.O.
693 BAG NZA 1999, 978 (979).
694 BAG NZA 1989, 923 (923 f).
695 BAG NZA 1999, 978 (980).
696 Teilweise auch – ohne inhaltliche Auswirkungen – als eigene, 4. Stufe gesehen. So von: Gaul/Süßbrich/Kulejewski ArbRB 2004, 308 (308) sowie wohl auch Schlewing ZfA 2005, 485 (494).
697 BAG NZA 1999, 978 (981).
698 So grundsätzlich zum Inhalt des Verhältnismäßigkeitsprinzips BVerfGE 80, 137 (159–161) – Reiten im Walde.

Genesung unwahrscheinlich erscheint, sei unvollständig, wenn kein betriebliches Eingliederungsmanagement durchgeführt worden sei.[699] Mit anderen Worten: Eine Gesundheitsprognose könne erst dann (vollständig) erfolgen, wenn auch nach Durchführung des betrieblichen Eingliederungsmanagements „feststehe", dass eine Besserung des Gesundheitszustandes nicht zu erwarten sei. Denn das betriebliche Eingliederungsmanagement sei ein gesetzlich vorgesehenes Instrument, um eine umfassende und gründliche Prognoseentscheidung zu ermöglichen; ein „institutionalisiertes Verfahren für die Prognose"[700].

■ *Informationsgewinn*

Sicherlich hat der Arbeitgeber im Rahmen der Gesundheitsprognose ein Interesse daran, möglichst viele Informationen über den Gesundheitszustand des Betroffenen und den zu erwartenden Krankheitsverlauf zu erlangen und diese Informationen kann er durch ein betriebliches Eingliederungsmanagement auch erlangen[701], wenn sich der Betroffene dem Arbeitgeber entsprechend öffnet. Denn über je mehr Informationen der Arbeitgeber verfügt, desto sicherer kann er eine zutreffende Prognose abgeben.

Aus der reinen „Zuträglichkeit" des Verfahrens für die Gesundheitsprognose kann aber noch nicht gefolgert werden, das betriebliche Eingliederungsmanagement sei als Wirksamkeitsvoraussetzung im Rahmen dieser zu treffenden Prognose anzusiedeln[702]. Denn allein die Tatsache, dass der Arbeitgeber durch das betriebliche Eingliederungsmanagement diese Informationen erlangen kann, die über den bisherigen Kenntnisstand hinausgehen, bedeutet noch nicht, dass ihm eine gründliche und vollständige Prognose ohne diese Informationen nicht möglich wäre.

Dies auch schon deshalb, weil es dem betroffenen Arbeitnehmer freisteht, sich und seine Daten dem Arbeitgeber zu offenbaren. Es sind daher gleichfalls solche Fälle denkbar, in denen der Betroffene seine Krankheitsursache und weitere Daten gerade nicht dem Arbeitgeber zur Verfügung stellt. Auch in diesem Fall hat dann jedoch ein betriebliches Eingliederungsmanagement stattgefunden, jedoch ohne den erhofften Informationsgewinn. Nach Ansicht der Vertreter der Literaturansicht hinge also die Möglichkeit einer vollständigen Prognoseentschei-

---

699 Gagel Diskussionsbeitrag 4–2004 S. 2,8; Britschgi, Krankheit und BEM S. 57.

700 Dies. a.a.O.

701 So auch Britschgi a.a.O. S. 56.

702 Dafür, dass dem Grundsatz „Rehabilitation statt Entlassung" auch außerhalb des Verfahrens durch den Arbeitgeber Rechnung getragen werden kann und das Verfahren damit keine formelle Wirksamkeitsvoraussetzung ist: LAG Nürnberg 21.06.2006 4 (9) Sa 933/05, BB 2006, 2362 (2364).

dung allein davon ab, ob „formal" ein betriebliches Eingliederungsmanagement stattgefunden hätte.

Dann jedoch kann die Vollständigkeit der Prognose nicht von der Informationserlangung abhängig sein, sondern allein von der Erfüllung der formalen Voraussetzungen des § 84 Abs. 2, womit die Problematik gerade nicht eine solche der negativen Gesundheitsprognose ist.

Der Arbeitgeber kann zudem diejenigen Informationen, die er idealerweise durch die Klärung erlangt, auch anderweitig und auch schon vor Durchführung des betrieblichen Eingliederungsmanagements erlangt haben, etwa dann, wenn die betrieblichen Parteien ohnehin kooperativ zusammenarbeiten oder der Betroffene von sich aus um ein Gespräch ersucht hat.

Maßgeblich für eine umfassende Prognose ist nur der Informationsstand, nicht jedoch die Art und Weise, wie der Arbeitgeber diesen erreicht hat.

■ *Erkundigungspflicht des Arbeitgebers*

Dass die Negativprognose unabhängig vom betrieblichen Eingliederungsmanagement ist, zeigt auch ein Blick auf die Rechtsprechung des BAG. Danach obliegt dem Arbeitgeber vor Ausspruch einer Kündigung eine nebenvertragliche Erkundigungspflicht aufgrund des Fürsorgegedankens[703]. Der Arbeitgeber muss sich demnach, bevor er eine Kündigung ausspricht, über den voraussichtlichen Verlauf einer Erkrankung und über ihre Einwirkung auf den Betrieb Informationen beschaffen[704] sowie darüber, ob die Erkrankung den Arbeitnehmer noch lange Zeit an der Verrichtung der Dienste hindern wird[705]. Hieraus könnte gefolgert werden, dass – wenn eine solche Erkundigungspflicht schon besteht – die Erfüllung dieser Voraussetzung für eine wirksame Kündigung ist und damit Teil der Negativprognose. Und weiter könnte hieraus gefolgert werden, dass die Klärung nach § 84 Abs. 2 nichts anderes ist, als eben die Erfüllung dieser Erkundigungspflicht, mit der Neuerung, dass eine solche Erkundigung nicht allein durch den Arbeitgeber, sondern nunmehr gemeinsam mit den übrigen betrieblichen Beteiligten zu erfolgen hat. Das betriebliche Eingliederungsmanagement könnte also eine gesetzliche Konkretisierung dieser allgemeinen Erkundigungspflicht darstellen, zumal beide in arbeitgeberseitigen Fürsorgepflicht fußen.

---

703 BAG EzA Nr. 10 zu § 102 BetrVG 1972 Bl. 192; BAG Urteil vom 10.03.1977 2 AZR 79/76 Ziffer II 2 a der Gründe; Obliegenheit nach ArbG Berlin DB 1976, 2072 (2072) – Ls. 3; BAG Urteil vom 12.03.1968 1 AZR 413/67; Mohr DB 1984, 43 (44).

704 BAG Urteil vom 10.03.1977 2 AZR 79/76.

705 BAG Urteil vom 12.03.1968 1 AZR 413/67; ArbG Berlin DB 1976, 2072 (2072) – Ls.

So sehr sich diese Parallelen jedoch aufdrängen mögen – sie vermögen eine Einordnung des betrieblichen Eingliederungsmanagements im Rahmen der Gesundheitsprognose nicht zu begründen. Denn selbst wenn man eine solche Konkretisierung annehmen würde – eine Verletzung der Erkundigungspflicht führt nach ständiger Rechtsprechung des BAG gerade nicht zur Unwirksamkeit einer Kündigung[706].

Dies deshalb, weil eine Kündigung dann gerechtfertigt ist, wenn ein Kündigungs*grund* vorliegt. Dies ist jedoch nicht subjektiv und etwa nach dem Kenntnisstand des Arbeitgebers zu beurteilen. Maßgeblich sind allein die *objektiven* Gegebenheiten im Zeitpunkt des Zugangs der Kündigung, nicht aber, ob der Arbeitgeber Nachforschungen angestellt hat[707].

Ausreichend sind also für die Negativprognose die objektiven Anhaltspunkte. Daher kann es in ihrem Rahmen nicht darauf ankommen, wie der Arbeitgeber die Sachlage nach Durchführung des betrieblichen Eingliederungsmanagements beurteilt oder hätte beurteilen können. Durch das betriebliche Eingliederungsmanagement könnte der Arbeitgeber ohnehin „nur" diejenigen Umstände für sich feststellen, die objektiv gegeben sind.

Auswirkungen hat eine Verletzung der Erkundigungspflicht nur auf der Ebene der Darlegungs- und Beweislast[708]. Nach § 1 Abs. 2 S. 4 KSchG hat der Arbeitgeber die Tatsachen zu beweisen, die die Kündigung bedingen. Ist die Kündigung aber durch objektive Tatsachen bedingt, so genügt er folglich seinen Darlegungspflichten schon dann, wenn er beweist, dass aufgrund objektiver Tatsachen mit wiederholten zukünftigen Erkrankungen im bisherigen Umfang zurechnen ist.

Da die Frage, welche Umstände geeignet und ausreichend sind, diese Besorgnis zu rechtfertigen, einzelfallabhängig sind, kann der konkrete Inhalt des Beweisvortrags nicht pauschal vorgegeben werden. Die Rechtsprechung sieht jedoch in der Art, der Dauer und der Häufigkeit bisheriger Erkrankungen Indizien für eine negative Prognose.[709] Dabei muss der Arbeitgeber wie jede beweisbelastete Partei nicht von vornherein mit dem Bestreiten seines Vortrags rechnen, so dass er seiner Beweislast zunächst dann genügt, wenn er Tatsachen vorträgt, aus denen sich ergeben soll, dass der Arbeitnehmer auf nicht absehbare Zeit erkrankt

---

706 BAG EzA Nr. 10 zu § 1 KSchG Bl. 76 f; Nr. 30 zu § 102 BetrVG 1972 Bl. 192; NAG Urteil vom 10.03.1977 2 AZR 79/76 Ziffer II 2 a der Gründe.

707 BAG EzA Nr. 30 zu § 102 BetrVG 1972 Bl. 192; Nr. 10 zu § 1 KSchG Bl. 76 f; Nr. 16 zu § 1 KSchG Bl. 136; BAG Urteil vom 10.03.1977 a.a.O.

708 Fälschlicherweise folgert Uhmann AuA 2000, 117 (118) aus der fehlenden Konsequenz der Unwirksamkeit, dass keine Erkundigungspflicht besteht und vermengt dabei Rechtspflicht und Rechtsfolge.

709 BAG SAE 2004, 7 (10); EzA Nr. 10 zu § 1 KSchG Bl. 81.

sein wird und dadurch im Betrieb unzumutbare Beeinträchtigungen auftreten.[710] Zu diesen gehören auch die Fehlzeiten der Vergangenheit.[711] Erst wenn der Arbeitnehmer daraufhin gemäß § 138 Abs. 2 ZPO (welcher über § 46 Abs. 2 S. 1 ArbGG Anwendung findet) dartut, weshalb mit einer baldigen Genesung zu rechnen ist und damit die Geständnisfiktion verhindert, ist der Arbeitgeber wieder „am Zuge" und muss weiter vortragen. Es gilt also beim Kündigungsschutzprozess nichts Anderes, als bei allen zivilrechtlichen Verfahren.

Die fehlende oder unzureichende Kenntnis des Arbeitgebers über den Hintergrund der Erkrankung kann damit zu einem prozessualen Problem des Arbeitgebers werden. Je geringer der Kenntnistand, desto höher das Prozessrisiko. Dies hat jedoch mit der materiellen Rechtslage nichts gemein.[712]

■ *Weitere Argumente*

Auch weitere Aspekte unterstützen die hier vertretene Ansicht, dass die Negativprognose nicht der richtige Ort ist, an dem eine etwaige Relevanz des betrieblichen Eingliederungsmanagements für die Kündigung und ihre Wirksamkeit einzuordnen wäre.

So würde eine solche Einordnung der unterschiedlichen Bedeutung von Prävention auf der einen und Negativprognose auf der anderen Seite nicht gerecht.[713] Während § 84 Abs. 2 bezweckt, die Möglichkeiten zu eruieren, die bestehen, um (unter anderem) eine erneute Arbeitsunfähigkeit zu vermeiden, ist für die Negativprognose der Zeitpunkt des Zugangs der Kündigung maßgeblich. Das betriebliche Eingliederungsmanagement muss nach einer Arbeitsunfähigkeitsdauer von sechs Wochen eingeleitet werden. Wenn der Arbeitgeber pflichtgemäß nach sechswöchiger Arbeitsunfähigkeit eine Klärung herbeiführt, so bedeutet dies noch nicht, dass eine Genesung des Betroffenen im Zeitpunkt der Kündigung ausgeschlossen ist oder sein muss. Denn die Kündigung wird in der Regel nicht nach sechswöchiger Arbeitsunfähigkeit zugehen. Wird dem Betroffenen beispielsweise nach sechsmonatiger Arbeitsunfähigkeit gekündigt, so kann aus dem Ergebnis eines 4 ½ Monate zuvor durchgeführten betrieblichen Eingliederungsmanagements keine Erkenntnis bezüglich des Gesundheitszustandes zum maßgeblichen Zeitpunkt gewonnen werden. Das betriebliche Eingliederungsmanagement ist angesichts des maßgeblichen Beurteilungszeitpunktes insoweit unergiebig.

---

710 St. Rspr. BAG EzA Nr. 10 zu § 1 KSchG Bl. 80; Nr. 30 zu § 102 BetrVG 1972 Bl. 193; BAG SAE 2004, 7 (10).
711 BAG a.a.O.
712 Dies übersieht Britschgi, Krankheit und BEM S. 57.
713 So auch Namendorf/Natzel FA 2005, 162 (164); Schlewing ZfA 2005, 485 (495).

Auch dient das betriebliche Eingliederungsmanagement nicht dem Ziel, zu beurteilen, ob ein Betroffener genesen wird, sondern soll nach Möglichkeiten suchen, eine Genesung herbeizuführen. Die Negativprognose stellt auf den Kündigungszugangszeitpunkt ab und verlangt eine Beantwortung der Frage, ob Genesung eintreten wird. Für die Frage der künftigen Arbeitsunfähigkeit setzt § 84 Abs. 2 jedoch eine zu erwartende Arbeitsunfähigkeit abstrakt voraus.

Soweit es um die Beseitigung bestehender Arbeitsunfähigkeit geht, erlangt der Arbeitgeber im Rahmen des betrieblichen Eingliederungsmanagements im Idealfall weitere, ihm sonst nicht zur Verfügung stehende Informationen, die bei der Prognostizierung hilfreich sein können. Dies aber auch nur dann, wenn es sich bei der Krankheit, die im Zeitpunkt des betrieblichen Eingliederungsmanagements vorlag, um die gleiche handelt, die im Zeitpunkt des Kündigungszugangs vorliegt, oder zumindest mit ihr im Zusammenhang steht. Einen solchen Zusammenhang setzt § 84 Abs. 2 jedoch – wie gesehen – gerade nicht voraus. Wie soll also der Arbeitgeber stets – und die Voraussetzung des Verfahrens im Rahmen der Prognose wäre eine für alle Fälle geltende – wie soll also der Arbeitgeber anhand eines betrieblichen Eingliederungsmanagements nach sechs Wochen feststellen können, ob der betroffene Arbeitnehmer im Zeitpunkt des Zugangs der Kündigung von einer möglicherweise anderen Krankheit genesen sein wird oder dies in absehbarer Zeit eintreten wird?

Ergiebigkeit des betrieblichen Eingliederungsmanagements für die Prognose kann nur dann angenommen werden, wenn Kündigung und (dann wohl erfolgloses) betriebliches Eingliederungsmanagement unverzüglich aufeinander folgen. Dies wird jedoch in den seltensten Fällen gegeben sein. Die hypothetische Ergiebigkeit des einen Verfahrens für das andere kann jedoch nicht dazu führen, das eine zur grundsätzlichen Voraussetzung des anderen zu erheben.

Daher sind Negativprognose und betriebliches Eingliederungsmanagement nicht in den dargestellten Zusammenhang zu bringen.

Dies entspricht der wohl herrschenden Literaturansicht. Diese wird jedoch auf weitere Weise begründet, wobei den Argumenten trotz Richtigkeit ihrer Schlussfolgerungen nicht gefolgt werden kann. Denn in der Literatur wird vielfach auf die Fälle der dauernden Arbeitsunfähigkeit verwiesen, welche – wie dargestellt – vom betrieblichen Eingliederungsmanagement erfasst sind. Vertreter dieser Argumentation führen an, dass das Unterlassen eines betrieblichen Eingliederungsmanagements sich deshalb nicht auf der Stufe der Negativprognose auswirken könne, weil es auf letztere nach st. Rspr. des BAG bei dauernder Arbeitsunfähigkeit gar nicht ankomme[714]. Die Verknüpfung von Prognose und § 84 Abs. 2 würde bedeuten, dass der Arbeitgeber im Falle dauernder Arbeitsunfähigkeit nicht

714 Schlewing ZfA 2005, 485 (495); Brose DB 2005, 309)393); Jünger S. 19.

zur Einleitung eines betrieblichen Eingliederungsmanagements verpflichtet wäre[715] bzw. dass eine von § 84 Abs. 2 angesichts seines alle krankheitsbedingten Arbeitsunfähigkeiten erfassenden Charakters nicht gewollte Differenzierung zwischen den Fallgruppen der Arbeitsunfähigkeit erfolgen würde; die Negativprognose liefe im Fall dauernder Arbeitsunfähigkeit leer[716].

Zuzustimmen ist dem Ansatz, alle Fallgruppen krankheitsbedingter Arbeitsunfähigkeit gleich zu behandeln. Dies entspricht auch der Rechtsprechung, die die 3-Stufen-Prüfung stets einheitlich anwendet.

Gerade die gebotene Gleichbehandlung aller Fälle bei einer Wirksamkeitsprüfung ist es jedoch, die dazu führen muss, das o.g. Argument abzulehnen. Die Negativprognose ist nämlich, anders, als die Vertreter der Ansicht meinen, gerade nicht bei dauernder Arbeitsunfähigkeit irrelevant sondern – wie stets – vorzunehmen. Dies aus mehreren Gründen:

Erstens kann ohne eine solche Prognose gar nicht festgestellt werden, ob überhaupt ein Fall dauernder Arbeitsunfähigkeit vorliegt. Denn im Rahmen der Negativprognose muss der Arbeitgeber gerade fragen, ob mit künftigen Fehlzeiten zu rechnen ist. Erst wenn diese Frage mit „Ja" beantwortet werden kann und zwar deshalb, weil eine Genesung ausgeschlossen ist, bewegt sich der Sachverhalt im Bereich der Fallgruppe dauernde Arbeitsunfähigkeit und kann weiteruntersucht werden.

Zweitens wird fälschlicherweise zur Begründung auf die st. Rspr. Bezug genommen. Denn diese besagt gerade nicht, dass es auf eine solche Prognose nicht ankäme. Im Gegenteil wendet das BAG doch auch auf die dauernde Arbeitsunfähigkeit die 3-Stufen-Prüfung an. Was die Rspr. bei dieser Fallgruppe abweichend von den anderen konstatiert, ist nur, dass bei dauernder Arbeitsunfähigkeit ohne Weiteres von einer erheblichen Beeinträchtigung der betrieblichen Interessen auszugehen ist[717], also das Vorliegen der zweiten Stufe gleichsam fingiert wird. Diese Schlussfolgerungen auf der zweiten Stufe bedeuten indes nicht die Entbehrlichkeit der ersten Stufe. Es ist vielmehr so, dass sich die Beeinträchtigung auf der zweiten Stufe erst implizit aus der Krankheit selbst ergibt[718]. Dann muss diese aber auch zuvor festgestellt worden sein.

Drittens würde eine Einordnung des betrieblichen Eingliederungsmanagements auf der Stufe der Negativprognose auch nicht bedeuten, dass der Arbeitgeber bei dauernder Arbeitsunfähigkeit nicht zur Einleitung eines betrieblichen

715 Jünger a.a.O.

716 Brose a.a.O.; Schlewing a.a.O.

717 BAG NZA 1999, 978 (987); BAG Urteil vom 12.04.2002 2 AZR 148/01 Rdnr. 41; Urteil vom 28.02.1990 2 AZR 401/89.

718 Roos AiB 1995, 658 (661).

Eingliederungsmanagements verpflichtet wäre[719], sondern dass das Unterlassen betrieblichen Eingliederungsmanagements (den unrichtigen Ansatz zugrunde gelegt) kündigungsrechtlich auf der ersten Stufe ohne Bedeutung wäre. Dies würde indes nur bedeuten, dass der Arbeitgeber bei Verletzung der Rechtspflicht zur Klärung (jedenfalls bzgl. der ersten Stufe) keinerlei „Sanktionen" fürchten müsste – nicht aber dass die Rechtspflicht dem Grunde nach nicht besteht. Rechtspflicht und Rechtsfolge sind voneinander zu abstrahieren. Die Klassifizierung betrieblichen Eingliederungsmanagements als Teil der Negativprognose kann und muss also allein deshalb ausscheiden.

Auch die Ansicht, das betriebliche Eingliederungsmanagement erhöhe die Anforderungen an die Substantiierung der negativen Gesundheitsprognose[720] vermag nicht zu überzeugen. Denn die Substantiierung der Tatsache, dass der Betroffene nicht genesen wird, obliegt zwar gemäß § 1 Abs. 2 S. 4 KSchG dem Arbeitgeber, da die Negativprognose Teil des Kündigungsgrundes ist. Dies ist jedoch auch außerhalb des betrieblichen Eingliederungsmanagements der Fall. Es mag dem Arbeitgeber leichter fallen, diese zu begründen, wenn er im Rahmen des Präventionsverfahrens Informationen über den Gesundheitszustand des Betroffenen erlangt hat. Dies bedeutet jedoch nicht, dass er seine Erkenntnisse sämtlich vor Gericht vortragen müsste. Er hat lediglich die prozessualen Folgen zu tragen, wenn er die Prognose nicht darlegen kann. Diese Konsequenz ergibt sich indes auch dann, wenn der Betroffene im betrieblichen Eingliederungsmanagement seine medizinischen Daten nicht offenbart hat, was ihm freisteht. Bei der Negativprognose geht es nicht darum, welche Daten der Arbeitgeber erlangt hat oder hätte erlangen können, sondern darum, dass er den Nachweis der *objektiv* vorliegenden Tatsachen führen kann. Beweisenmüssen und (bei Durchführung des Verfahrens und Kenntniserlangung evtl. mögliches) Beweisenkönnen sind zu differenzieren.

b. Erhebliche Beeinträchtigung betrieblicher Interessen

Auch auf der zweiten Stufe kann das betriebliche Eingliederungsmanagement keine Einordnung finden. Hier ist maßgeblich, ob die anhand der Gesundheitsprognose festgestellten Fehlzeiten, die zu erwarten sind, zu erheblichen Beeinträchtigungen betrieblicher Interessen führen. Hier kommen zwei Arten von Beeinträchtigungen betrieblicher Interessen in Betracht:

---

719 So aber Jünger S. 19.
720 Kohte ZSR 2005, 7 (21).

aa. Betriebsablaufstörungen

Die zu erwartenden Fehlzeiten können zu schwerwiegenden Betriebsablaufstörungen führen, wie etwa Stillstand von Maschinen, Rückgang der Produktion wegen kurzfristig eingesetzten und erst einzuarbeitenden Ersatzpersonals, Überlastung des verbliebenen Personals oder Abzug von an sich benötigten Arbeitskräften aus andern Arbeitsbereichen.[721] Solche Betriebsablaufstörungen liegen jedoch grundsätzlich überhaupt nur dann vor, wenn sie nicht durch mögliche einzelfallabhängige[722] Überbrückungsmaßnahmen vermieden werden können[723].

Die Darlegungs- und Beweislast, dass eine Überbrückung nicht möglich ist, obliegt dem Arbeitgeber, § 1 Abs. 2 S. 4 KSchG.[724]

So wäre vorliegend denkbar, eine solche Beeinträchtigung durch Betriebsablaufstörungen nur dann anzunehmen, wenn ein durchgeführtes betriebliches Eingliederungsmanagement ergeben hat, dass hinsichtlich des Betroffenen keine Handlungsmöglichkeit besteht.

Dies greift jedoch zu kurz. Denn zum Einen geht es beim betrieblichen Eingliederungsmanagement nicht um die Erörterung von Möglichkeiten, die durch erwartete Fehlzeiten verursachten bzw. anstehenden Beeinträchtigungen von *Arbeitgeberinteressen* zu minimieren, sondern darum, dem *Arbeitnehmer* Hilfestellung zu geben. Ob der Arbeitgeber in seinem eigenen Interesse dabei Überbrückungsmaßnahmen ergreifen kann, ist im Rahmen des betrieblichen Eingliederungsmanagements unerheblich. Zum Anderen ist die Beeinträchtigung Teil des Kündigungsgrundes. Es gilt daher auch hier, dass diese objektiv vorliegen muss. Ob der Arbeitgeber Möglichkeiten von Überbrückungen untersucht hat, ist daher auch hier ohne Belang. Maßgeblich ist nicht, ob sie bekannt sind, oder hätten sein können, sondern nur, ob sie tatsächlich gegeben waren. Aus dem Unterlassen betrieblichen Eingliederungsmanagements kann nicht gefolgert werden, dass objektiv keine solche Möglichkeit der Überbrückung bestanden hat.[725]

Zuletzt kann auch das betriebliche Eingliederungsmanagement hier deshalb nicht einzuordnen sein, weil es alle Formen krankheitsbedingter Arbeitsunfähig-

---

721 BAG DB 1989, 2075 (2075).

722 BAG NZA 1999, 978 (981).

723 BAG a.a.O. sowie NJW 1981, 298 (300); NZA 1995, 1100 (1101); NZA 1997, 709 (710); DB 1999, 1861 (1862); NZA 1999, 978 (979 f.) wobei insbesondere bei letztgenannten Entscheidungen eine Prüfung im Zusammenhang mit dem ultima-ratio-Prinzip erfolgt. Dieses strahlt jedoch über die dritte Stufe hinaus auch schon auf die zweite Stufe aus: BAG NZA 1999, 978 (981); KDZ/Kittner, § 1 KSchG Rdnr. 50, 75, 80 (84k); KR/Griebeling, § 1 KSchG Rdnr. 339.

724 KR/Griebeling, a.a.O. Rdnr. 339.

725 Ähnlich Schlewing ZfA 2005, 485 (495 f.).

keit erfasst, also auch die dauernde Arbeitsunfähigkeit. Bei letzterer liegt jedoch eine Beeinträchtigung betrieblicher Interessen ohne Weiteres vor.[726] Wenn dies aber so ist, dann bedürfte es im Fall der dauernden Arbeitsunfähigkeit gar keines betrieblichen Eingliederungsmanagements mehr, da es auf eine inhaltliche Auseinandersetzung mit der zweiten Stufe dann gar nicht mehr ankäme. Da das betriebliche Eingliederungsmanagement aber alle Fälle der Arbeitsunfähigkeit gleichbehandelt, kann es bei der Einordnung nur eine allgemeingültige Lösung geben. Diese scheidet aber damit auf der zweiten Stufe aus.

bb. Wirtschaftliche Belastung des Arbeitgebers

Die zweite Art der Beeinträchtigung betrieblicher Interessen ist die wirtschaftliche Belastung des Arbeitgebers in Folge Entgeltfortzahlung. Diese ist dann als Kündigungsgrund grundsätzlich geeignet, wenn die entstandenen und künftig zu erwartenden Entgeltfortzahlungskosten jährlich einen Zeitraum von mehr als sechs Wochen überschreiten[727] und ein Ende der Belastung nicht absehbar ist[728]. Die Entgeltfortzahlung an sich, also ohne dass erhebliche Betriebsablaufstörungen vorlägen, ist zudem im Rahmen der Interessenabwägung darauf zu untersuchen, ob sie außergewöhnlich hoch bzw. erheblich ist[729].

In diesem Zusammenhang könnte man das betriebliche Eingliederungsmanagement insofern verorten, als dass man annehmen könnte, solche Entgeltfortzahlungen fallen nur dort an, wo der Arbeitnehmer wegen seiner Arbeitsunfähigkeit gar nicht mehr beschäftigt werden kann. Und weiter, dass die Entgeltfortzahlung jedenfalls dann vermeidbar ist, wenn der Arbeitgeber den Betroffenen auf einem leidensgerechten anderen Arbeitsplatz weiterbeschäftigen kann. Wenn dies möglich ist, dann ist die Kündigung gemäß § 1 Abs. 2 S. 2 Nr. 1 b, S. 3 KSchG sozial ungerechtfertigt, soweit der Arbeitnehmer hierzu sein Einverständnis erklärt hat.

Auch hier kommt es jedoch nicht darauf an, ob der Arbeitgeber die Möglichkeiten anderweitiger Beschäftigungen erkannt hat oder mit betrieblichem Eingliederungsmanagement hätte erkennen können, sondern nur, ob objektiv eine solche bestand. Auf Grund der Objektivität des Kündigungsgrundes kann also im Ergebnis das (unterlassene) betriebliche Eingliederungsmanagement systematisch nicht auf der zweiten Stufe eingeordnet werden.

---

726 BAG NZA 1999, 978 (987); BAG 2 AZR 148/01 Rdnr. 41 und 2 AZR 401/89.

727 BAG NZA 2000, 768 (770); EzA Nr. 40 zu § 1 KSchG Krankheit Bl. 9; zustimmend Weslau/Haupt, Anm. zu BAG a.a.O. S. 14.

728 KDZ/Kittner, § 1 KSchG Rdnr. 85 für häufige Kurzerkrankungen; kritisch ders. a.a.O. Rdnr. 85m.

729 Ders. a.a.O. Rdnr. 93.

c. Interessenabwägung/Verhältnismäßigkeitsgrundsatz

Liegen also Negativprognose und eine erhebliche Beeinträchtigung betrieblicher Interessen grundsätzlich auch ohne betriebliches Eingliederungsmanagement vor, so fragt sich, ob das Unterlassen eines betrieblichen Eingliederungsmanagements auf der dritten Stufe, der Interessenabwägung bzw. Verhältnismäßigkeitsprüfung eingeordnet werden kann.

Dies bietet sich vor allem deshalb an, weil hier – anders als auf der ersten und zweiten Stufe – durchaus Berücksichtigung finden kann und muss, was dem Arbeitgeber zumutbar und möglich gewesen wäre, um den Ausspruch einer Kündigung zu verhindern.

Denn Gegenstand dieser dritten Stufe ist die Frage danach, ob die wirtschaftliche Belastung, die durch die aufgrund der Krankheit entstandenen Beeinträchtigungen hervorgerufen wurde, dem Arbeitgeber zumutbar, also von diesem hinzunehmen ist[730]. Dies hat unter Berücksichtigung des Verhältnismäßigkeitsgrundsatzes stattzufinden.

Auf dieser Stufe wird das betriebliche Eingliederungsmanagement dementsprechend auch von dem überwiegenden Teil der Literatur und Rechtsprechung – wenn auch mit unterschiedlichen Ergebnissen – diskutiert[731].

Im Folgenden soll anhand der Struktur des allgemeinen Verhältnismäßigkeitsgrundsatzes die Relevanz betrieblichen Eingliederungsmanagements untersucht werden:

aa. Geeignet

Eine Maßnahme des Arbeitgebers muss zunächst geeignet sein, das angestrebte Ziel zu erreichen. Dies ist unproblematisch bei einer Kündigung gegeben, da

730 KDZ/Kittner, a.a.O. Rdnr. 81.

731 In der Literatur: Balders/Lepping NZA 2005, 854 (857); Gaul/Süßbrich/Kulejewski ArbRB 2004, 308 (312); von Steinau-Steinrück/Hagemeister NJW spezial 3/2005, 129 (130); Britschgi AiB 2005, 284 (287); Klaesberg S. 3; Mayr newsletter arbeitsrecht.de 7.12.2005; Mandanteninfo RAe Bell&Windirsch 2/2005 S. 1; ohne Autorennennung AuA 4/2005 Service Frage&Antwort S. 205; Hunold AuA 7/05 S. 422; Maier sozcare 24.09.2004; Löw MDR 2005, 608 (609); Praxishinweis NJW spezial 5/2006, 229 (229 f); Gaul Aktuelles Arbeitsrecht S. 539; Schlewing ZfA 2005, 485 (495); Jünger S. 19; MüKo/Hesse Vorbem. §§ 620–630 Rdnr. 266; Gagel Diskussionsbeitrag 4–2006 S. 4; Faber Diskussionsbeitrag 7–2005 S. 7 f; Düwell, Das reformierte Arbeitsrecht Rdnr. 91; in der Rechtsprechung: LAG Berlin Urteil vom 27.10.2005 10 Sa 783/05 Ziffer 2.2 der Gründe; LAG Schleswig-Holstein Urteil vom 17.11.2005 4 Sa 328/05 Ziffer 2 a der Gründe für die Rechtslage außerhalb des KSchG.

durch die Beendigung des Arbeitsverhältnisses die Störungen im Austauschverhältnis beseitigt werden und mangels Arbeitsverhältnisses die Beeinträchtigungen der betrieblichen Interessen durch Krankheit nicht mehr eintreten können.

bb. Erforderlich

Das gewählte Mittel muss zudem erforderlich sein. Dies bedeutet, dass dem Arbeitgeber kein anderes gleich geeignetes Mittel zur Verfügung stehen darf, um das erstrebte Ziel zu erreichen. Die Kündigung muss also „ultima ratio“ sein, was sich aus der Generalklausel des § 1 Abs. 2 S. 1 KSchG ergibt.

(1) Klärung

Hat der Arbeitgeber es unterlassen, seine Rechtspflicht zur Klärung zu erfüllen, so fragt sich, ob schon hierdurch eine Sozialwidrigkeit der ausgesprochenen Kündigung eintritt; also, ob die „Klärung“ ein im Verhältnis zur Kündigung milderes Mittel im o.g. Sinne darstellt.

Teilweise wird diese Frage verneint, mit dem Argument, das betriebliche Eingliederungsmanagement weise nicht den erforderlichen kündigungsschutzrechtlichen Charakter auf.[732] An der Bonusregelung des § 84 Abs. 3 zeige sich vielmehr, dass allein Gesundheits-, nicht aber Kündigungsschutz Ziel der Regelung sei.[733]

Dass die Bonusregelung aber gerade nicht für die Klärung, sondern für die nicht von § 84 Abs. 2 selbst erfasste Durchführung von Einzelmaßnahmen besteht, wurde bereits dargelegt. Wenn die Prämie oder der Bonus also nicht für die Klärung gewährt wird, so kann aus dieser auch kein Rückschluss für den kündigungsschutzrechtlichen Charakter der Klärung gezogen werden.

Es ist vielmehr so, dass sich der kündigungsschutzrechtliche Charakter der Norm schon aus ihrem Wortlaut und dem Zweck der Vorschrift ergibt. Denn wenn der Arbeitgeber vom Gesetzgeber dazu verpflichtet wird, Möglichkeiten zu klären, wie der Arbeitsplatz erhalten werden kann, also eine abstrakt drohende krankheitsbedingte Kündigung vermieden werden kann durch frühzeitiges Handeln, so kann dem eine Relevanz für eine durch Kündigung erfolgende Beendigung des Arbeitsverhältnisses nicht abgesprochen werden[734].

---

732 Mangels Rechtsfolgenanordnung so Stahlhacke/Preis/Vossen/Preis, Kündigung und Kündigungsschutz S. 498.

733 Schlewing, ZfA 2005, 485 (497).

734 a.A. bzw. als fraglich dahingestellter Wortlaut nach ArbG Halberstadt, 11.05.2005, 3 Ca 114/05 S. 7.

Trotz des kündigungsschutzrechtlichen Charakters kann jedoch die Klärung selbst nicht als im Verhältnis zur Kündigung milderes Mittel angesehen werden.[735] Denn die Klärung selbst übt gar keine gestaltende Wirkung auf das Arbeitsverhältnis und damit auf die Beeinträchtigung betrieblicher Interessen aus, sondern beinhaltet nur die Erörterung etwaiger späterer Handlungsmöglichkeiten, die dann ihrerseits erst Einfluss auf den Gesundheitszustand des Betroffenen und damit das Arbeitsverhältnis nehmen könnten. Das betriebliche Eingliederungsmanagement zeigt nur den Weg zu eventuellen milderen Mitteln auf.[736]

Selbst wenn also das Ergebnis einer Klärung gewesen wäre, dass es solche Handlungsmöglichkeiten gibt, so wäre diese Erkenntnis nicht geeignet, die Störungen im Austauschverhältnis zu beseitigen. Ein milderes Mittel ist nur ein solches, das im Vergleich zu dem angewandten gleich geeignet ist. Hieran fehlt es bei der Klärung selbst.

Schon aus diesem Grunde kann der Ansicht nicht gefolgt werden, das betriebliche Eingliederungsmanagement konkretisiere verstärkend das ultima-ratio-Prinzip[737], denn durch das betriebliche Eingliederungsmanagement erlangt der Arbeitgeber möglicherweise Kenntnis von möglichen milderen Mitteln. Es kommt jedoch erneut nicht auf die Kenntnis von milderen Mitteln, sondern auf deren tatsächliches objektives Vorhandensein an. Selbst wenn der Arbeitgeber es unterlassen hat, sich von milderen Mitteln Kenntnis zu verschaffen, heißt dies nicht, dass solche auch tatsächlich vorlagen. Das betriebliche Eingliederungsmanagement fördert nur die *Suche* nach einem milderen Mittel[738]. Es mag diese effektiver gestalten, wird jedoch damit nicht selbst zum Bestandteil des ultima-ratio-Prinzips. Hierfür spricht neben der Tatsache, dass das Gesetz eine Rechtsfolge für die Kündigung nicht anordnet auch die systematische Stellung des § 84 vor dem mit § 85 beginnenden Kapitel des Kündigungsschutzes.[739]

(2) Durchführung

Vermag sich § 84 Abs. 2 also unmittelbar nicht auf die Wirksamkeit einer krankheitsbedingten Kündigung auszuwirken, so stellt sich die Frage, ob sich aus der

---

735 So auch Faber AiB 2006, 553 (556); DKZ/Deinert § 84 Rdnr. 25; Ders. JR 2007, 177 (179).

736 DKZ/Deinert § 84 Rdnr. 25.

737 LAG Berlin 27.10.2005 10 Sa 783/05; Brose RdA 2006, 149 (154); LAG Niedersachsen 27.10.2006 BB 2007, 719 (722); BAG Urteil vom 27.06.2007, 6 AZR 750/06 Rdnr. 38; BAG NJW 2007, 1995 (1997); KR/Griebeling § 1 KSchG Rdnr. 215 a.

738 DKZ/Deinert § 84 Rdnr. 2

739 So auch für § 84 Abs. 1 BAG Urteil vom 28.06.2007, Az. 6 AZR 750/06 Rdnr. 37.

Norm nicht zumindest mittelbar Folgen für den Fall des unterbliebenen betrieblichen Eingliederungsmanagements ergeben können.

Ansatzpunkt ist hierbei die mögliche Konsequenz, die sich aus einem betrieblichen Eingliederungsmanagement, wäre es erfolgt, möglicherweise ergeben hätte. Der dem Arbeitgeber zu machende „Vorwurf" kann somit nicht sein, eine Klärung unterlassen zu haben. Sondern vielmehr, sich daran anschließend, die potentielle Möglichkeit des Ergreifens von Präventivmaßnahmen gleichsam vereitelt zu haben.

Denn wenn das betriebliche Eingliederungsmanagement durchgeführt worden wäre und sich daraus ergeben hätte, dass Handlungsmöglichkeiten bestanden hätten, die auf den Gesundheitszustand positiven Einfluss genommen hätten, dann wären diese Handlungen eventuell ein im Verhältnis zur Kündigung milderes Mittel gewesen.

Dieses Ergebnis des hypothetischen Gedankenganges würde jedoch zweierlei voraussetzen: erstens, dass das Ergebnis einer Klärung gewesen wäre, dass Handlungsmöglichkeiten bestehen und zweitens, dass der Arbeitgeber dann auch verpflichtet gewesen wäre, die als geeignet und möglich erachteten Maßnahmen tatsächlich durchzuführen.

Wenn dies beides gegeben wäre, so wäre im Anschluss daran zu fragen, ob diese Möglichkeit nach den von der Rechtsprechung aufgestellten Grundsätzen als im Verhältnis zur Kündigung milder im Rechtssinne anzusehen wäre. Denn dann könnte dem Arbeitgeber möglicherweise in entsprechender Anwendung der BAG-Rechtsprechung zur betriebsbedingten Kündigung der Vorwurf gemacht werden, dass er sich dieser Handlungschance treuwidrig begeben hat und sich somit nicht darauf berufen darf, dass nunmehr im Zeitpunkt der Kündigung keine andere Handlungsmöglichkeit mehr besteht.

Unabhängig von der Verfolgung dieser Fragenkette ist jedoch zu beachten, dass jedenfalls auf der Stufe des milderen Mittels für dessen Beurteilung der Zeitpunkt maßgeblich ist, in welchem die Kündigung zugeht. Hier liegt das eigentliche Problem des ultima-ratio-Grundsatzes im Zusammenhang mit dem betrieblichen Eingliederungsmanagement. Die Frage, ob es dem Arbeitgeber verwehrt sein kann, sich auf ein fehlendes milderes Mittel zu berufen, weil er dieses selbst beseitigt oder dessen Entstehung vereitelt hat, kann sich nämlich notwendigerweise nur dann stellen, wenn im Zeitpunkt der Kündigung ein solches gerade nicht vorhanden ist, die Ursache hierfür jedoch in der Vergangenheit liegt. Der Treuwidrigkeitsgedanke ist also Gegenstand der Interessenabwägung im engeren Sinne, der Angemessenheit im Rahmen des Verhältnismäßigkeitsgrundsatzes also und damit erst auf der nächsten Stufe relevant.

Ein milderes Mittel im Vergleich zur Kündigung kann also nicht in einer solchen unterlassenen Maßnahme liegen, deren Durchführung im Zeitpunkt der

Kündigung nicht (mehr) – aus welchem Grund auch immer – möglich ist. Denn der Arbeitgeber kann nicht auf die Ergreifung einer nicht vorhandenen Handlungsalternative verwiesen werden.

Im Zeitpunkt der Kündigung jedoch wird in der Regel im Zusammenhang mit dem betrieblichen Eingliederungsmanagement eine reale Handlungsalternative nicht (mehr) gegeben sein. Denn das betriebliche Eingliederungsmanagement hat nach sechswöchiger Arbeitsunfähigkeit stattzufinden. Kündigt ein Arbeitgeber nach unterlassenem betrieblichen Eingliederungsmanagements nach beispielsweise sechs Monaten Arbeitsunfähigkeit und ist der Betroffene zu diesem Zeitpunkt erwerbsunfähig, so bestehen Handlungsmöglichkeiten des Arbeitgebers, auf die man ihn verweisen könnte, gar nicht mehr. Ist dies anders und beispielsweise eine Versetzung noch möglich, so ist in dieser Möglichkeit zwar ein milderes Mittel zu sehen. Dies aber unabhängig vom vorangegangenen Unterlassen betrieblichen Eingliederungsmanagements.

Denn die Chance, ein milderes Mittel zu wählen, ist stets im Rahmen des Kündigungsschutzes zu prüfen. Im Zusammenhang mit betrieblichem Eingliederungsmanagement kann es daher nur um solche Fallkonstellationen gehen, in denen

- das betriebliche Eingliederungsmanagement nach sechs Wochen Arbeitsunfähigkeit unterlassen wurde,
- damals noch möglicherweise Handlungschancen bestanden haben und
- diese im Zeitpunkt der Kündigung nun nicht mehr bestehen.

Dies bedeutet dann aber auch, dass das Problem unterlassenen betrieblichen Eingliederungsmanagements auf der Ebene der allgemeinen Abwägung des Beendigungsinteresses des Arbeitgebers gegen das Interesse des Betroffenen am Fortbestand des Beschäftigungsverhältnisses und damit im Rahmen der Angemessenheit anzusiedeln ist. Das betriebliche Eingliederungsmanagement ist also nicht im Rahmen der Erforderlichkeit einzuordnen. Diese kann auch ohne betriebliches Eingliederungsmanagement gegeben sein, wenn im Zeitpunkt der Kündigung kein milderes Mittel gegeben ist.

cc. Angemessen

Diese Abwägung hat im Rahmen der Angemessenheitsprüfung stattzufinden.[740] Die oben dargestellten Fragen und Probleme hinsichtlich des hypothetischen Verlaufs sind mithin an dieser Stelle zu untersuchen und keine Frage des eigentlichen ultima-ratio-Grundsatzes.

---

740 So auch Lepke, Kündigung bei Krankheit, S. 294.

(1) Hypothetisches Ergebnis – Gerichtliche Nachprüfbarkeit

Die erst zu klärende Fragestellung lautet also: wäre, wenn ein betriebliches Eingliederungsmanagement durchgeführt worden wäre, das Ergebnis gewesen, dass eine Handlungsmöglichkeit des Arbeitgebers zur Beseitigung der bestehenden Arbeitsunfähigkeit bzw. Vermeidung einer erneuten und damit Erhaltung des Arbeitsverhältnisses bestand und diese im Ergebnis bei Durchführung auch erfolgreich gewesen?

An dieser Stelle setzt in der Literatur geäußerte Kritik an. Es wird vorgebracht, der den betrieblichen Parteien vom Gesetz eingeräumte Gestaltungsspielraum für die Ausgestaltung des Verfahrens betrieblichen Eingliederungsmanagements müsse respektiert werden. Er dürfe daher nicht einer späteren richterlichen Kontrolle in Form eines Nachzeichnens des hypothetischen Verlaufs und des Ergebnisses unterliegen.[741] Zudem sei praktisch kaum feststellbar, ob das Arbeitsverhältnis durch das betriebliche Eingliederungsmanagement gesichert worden wäre.[742] Wenn es keine inhaltlichen Vorgaben gäbe hinsichtlich der Pflichten, die den Teilnehmer am Rechtsleben träfen, könne ihm dies im Rahmen einer richterlichen Beurteilung eines von ihm vollzogenen Rechtsaktes nicht zum Nachteil gereichen.[743] Zu einer Entscheidung verpflichte § 84 Abs. 2 als „finale Programmierung“ den Arbeitgeber nämlich gerade nicht.[744]

Dabei ist der Ansicht zuzugeben, dass den Parteien durchaus Gestaltungsspielraum bei der inhaltlichen Ausgestaltung eingeräumt ist, um den einzelnen betrieblich variierenden Ausgangslagen möglichst Rechnung tragen zu können. Die Tatsache, dass dem Arbeitgeber bei dem „Wie“ der Klärung dieser Freiraum gelassen wurde, darf jedoch nicht dazu führen, dass auch das „Ob“ der Klärung letztlich zur Disposition steht. „Dass“ der Arbeitgeber klären muss, steht fest. Tut er es entgegen seiner Rechtspflicht jedoch nicht, so wird man ihm schwerlich das Recht zugestehen können, sich über das Ergebnis einer, statt seiner durchgeführten, richterlichen Kontrolle zu „beschweren“. Denn der Situation, dass das Gericht im Rahmen des Kündigungsschutzverfahrens überprüft, ob Handlungsmöglichkeiten bestanden hätten, also das Gericht „klärt“, hätte er entgehen können, indem er seiner Rechtspflicht folgend selber klärt. Im Übrigen wird dabei nicht ein „vollzogener Rechtsakt“ richterlich beurteilt, sondern gerade ein pflichtwidrig nicht vollzogener.

741 Schlewing, a.a.O., S. 550; ähnlich Namendorf/Natzel FA 2005, 162 (164) und DB 2005, 1794 (1798).

742 Balders/Lepping NZA 2005, 854 (857); Schlewing, a.a.O., 499 f.; Namendorf/Natzel, a.a.O.

743 Namendorf/Natzel FA 2005, 162 (164).

744 Schlewing a.a.O.

Ein vollzogener Rechtsakt wird nur dort einer richterlichen Kontrolle unterzogen, wo vom Arbeitnehmer substantiiert im Kündigungsschutzprozess geltend gemacht wird, das betriebliche Eingliederungsmanagement sei unvollständig durchgeführt worden. Wird also vom Arbeitgeber ein betriebliches Eingliederungsmanagement zwar durchgeführt, jedoch nur oberflächlich, oder so, dass von einer tatsächlichen ernsthaften Auseinandersetzung nicht mehr die Rede sein kann, so wird in der Tat der Rechtsakt, in dessen inhaltlicher Gestaltung der Arbeitgeber grundsätzlich frei ist, einer gerichtlichen Kontrolle unterzogen.

Dies führt jedoch – entgegen der dargestellten Kritik – nicht dazu, dass dem Arbeitgeber dies zum Nachteil gereichen muss. Denn jedenfalls dort, wo der Arbeitgeber alle in seinem Betrieb vorhandenen und für den Betroffenen potentiell geeigneten Arbeitsplätze daraufhin untersucht hat, ob der Arbeitnehmer hierauf leidensgerechter beschäftigt werden kann, ob der eigene Arbeitsplatz umgestaltet werden könnte, ob finanzielle Hilfen, Rehabilitationsmaßnahmen oder andere nach SGB IX mögliche ergänzende Hilfen in Anspruch genommen werden könnten, kann ihm kein Vorwurf gemacht werden.

Einer richterlichen Kontrolle muss sich der Arbeitgeber im Übrigen auch bei jeder sonstigen Kündigung unterziehen. Bei jeder betriebsbedingten Kündigung wird gerichtlich die Möglichkeit einer (anderweitigen) Beschäftigung geprüft sowie die Möglichkeit von Überbrückungsmaßnahmen. Bei jeder krankheitsbedingten Kündigung wird in der Interessenabwägung auch berücksichtigt, ob die gegebene Krankheit auf betriebliche Ursachen[745] zurückzuführen ist. Wenn im Betrieb ein betriebliches Eingliederungsmanagement unterlassen wurde, so kann hierin auch eine betriebliche Ursache für die Krankheit des Arbeitnehmers gesehen werden, ist es doch unterblieben, die Krankheit im Betrieb abzuwenden. Warum also sollten mögliche betriebliche Ursachen für eine Nichtvermeidung von Verschlechterungen im Zusammenhang mit dem betrieblichen Eingliederungsmanagement anders behandelt werden als im Rahmen jeder anderen Kündigung? Hätte bei einer „normalen" Kündigung – ohne Relevanz betrieblichen Eingliederungsmanagements – der Arbeitgeber die Möglichkeit gehabt, den Erfolg einer Rehabilitationsmaßnahme abzuwarten, so wird auch dies zum Nachteil des Arbeitgebers stets berücksichtigt.

Die Beendigungsinteressen des Arbeitgebers wiegen stets umso schwerer, je mehr kündigungsverhütende Maßnahmen im Vorfeld getroffen wurden.[746]

Dabei ist es nicht so, dass dem Arbeitgeber der Gestaltungsspielraum genommen würde, er ist in der konkreten Anpassung des Verfahrens an die Situation seines Betriebes frei. Auch das Gericht nimmt die Kontrolle anhand der indi-

745 KDZ/Kittner, a.a.O. Rdnr. 94.
746 KDZ/Kittner, a.a.O. Rdnr. 53.

viduellen Ausgangslage des Betriebes vor. Eine gründliche und das Maximum ausschöpfende Klärung muss der Arbeitgeber ohnehin unabhängig vom Gestaltungsspielraum durchführen. Denn alles andere würde dem Begriff der „Klärung" ebenso wenig gerecht wie den Anforderungen und Zielen des § 84 Abs. 2.

Die freie Wahl der inhaltlichen Ausgestaltung darf nicht dazu führen, dass jede irgendwie geartete oberflächliche Prüfung den Arbeitgeber von seiner Prüfungspflicht entbindet. Denn dann würde das „Ob" fakultativ und zur bloßen Formalie. Ein Nachzeichnen einer ordnungsgemäßen Klärung durch das Gericht ist daher unerlässlich. Der dem Arbeitgeber eingeräumte Gestaltungsspielraum wird hierdurch nicht beeinträchtigt. Es bleibt dem Arbeitgeber dabei unbenommen, bei einer vom Gericht als möglich erachteten Maßnahme substantiiert vorzutragen, warum diese in seinem Betrieb nicht hätte durchgeführt werden können.

Der den betrieblichen Parteien eingeräumte Spielraum hindert eine gerichtliche Kontrolle nicht, denn er bedeutet nicht, dass die Parteien nach Belieben verfahren könnten, sondern nur, dass die grundsätzlich bestehenden Möglichkeiten auf ihre Eignung bezüglich der individuellen Umstände von den Parteien untersucht werden können. Das Argument des Unterlaufens des Gestaltungsspielraums kann daher nicht verfangen.

(2) Beweislastverteilung

Probleme bereitet hingegen die Beantwortung der Frage, ob mit betrieblichem Eingliederungsmanagement die Krankheit bzw. die Beeinträchtigung betrieblicher Interessen hätte vermieden werden können. Dies betrifft die Frage nach der realen Nachvollziehbarkeit des hypothetischen Kausalverlaufs.

Dies bereitet im Einzelfall jedenfalls dann erhebliche Schwierigkeiten, wenn eine Krankheit vorliegt, deren Genesungsverlauf medizinisch nicht abschätzbar ist. Ob festgestellt werden kann, ob der Betroffene nicht in dem die Beeinträchtigung der betrieblichen Interessen begründenden Maße erkrankt wäre, wenn eine Maßnahme ergriffen worden wäre (das Bestehen einer solchen vorausgesetzt) ist in erheblichem Umfange abhängig vom Krankheitsbild, der Krankheitsursache und ihrer Kontinuität sowie dem Einfluss der betrieblichen Ursachen auf die Krankheit. Denn bei einer Erkrankung, die von den Belastungen am Arbeitsplatz völlig losgelöst ist, kann nicht angenommen werden, dass die ausgebliebene Genesung vom Unterlassen von „Gegenmaßnahmen" abhing.

Die Frage, ob und wie die Krankheit möglicherweise hätte verhindert oder verlangsamt werden können, ist jedoch keine solche des materiellen Rechts, deren Beantwortung Auswirkungen auf die generelle materiellrechtliche Bedeutung des betrieblichen Eingliederungsmanagements für den Kündigungsschutz hätte.

Es handelt sich hierbei vielmehr um eine prozessual bedeutsame Frage, nämlich eine solche der Beweisbarkeit und damit der praktischen Handhabung.

(a) Allgemeine Beweislastverteilung

Gemäß § 1 Abs. 2 S. 4 KSchG hat der Arbeitgeber die Tatsachen zu beweisen, die die Kündigung bedingen. Er muss also die negative Gesundheitsprognose begründen, die künftig zu erwartende Beeinträchtigung betrieblicher Interessen konkretisieren und zuletzt auch die Verhältnismäßigkeit der Kündigung darlegen und beweisen. Hierzu gehört auch die Tatsache, dass die Kündigung nicht vermeidbar war, weil keine Beschäftigungsalternativen zur Verfügung standen.

Dies bedeutet jedoch nicht, dass der Arbeitgeber bereits im Rahmen der primären Darlegungs- und Beweislast beweisen müsste, dass er zwar kein betriebliches Eingliederungsmanagement durchgeführt hat, ein solches aber, wäre es durchgeführt worden, nicht das Ergebnis gehabt hätte, dass eine Weiterbeschäftigungsmöglichkeit bestanden hätte.[747]

Denn auf der Stufe der primären Beweislast genügt der Arbeitgeber den an ihn gestellten Anforderungen dadurch, dass er darlegt, eine Weiterbeschäftigung bzw. eine Verbesserung der gesundheitlichen Situation sei derzeit nicht möglich. Er muss also nur das Ergebnis im Zeitpunkt des Zugangs der Kündigung[748] darlegen, nicht aber, dass alle möglichen Erkenntnis- und Handlungswege zu diesem Ergebnis führen oder geführt hätten.

Es obliegt dann dem Arbeitnehmer, hierauf erwidernd darzulegen und zu beweisen, dass diese Behauptungen unzutreffend seien, also, dass bei Durchführung des betrieblichen Eingliederungsmanagements dessen Ergebnis gewesen wäre, dass sehr wohl Präventionsmaßnahmen bestanden und diese, wären sie durchgeführt worden, auch den Arbeitsplatzverlust verhindert hätten. Hierauf hat dann erneut der Arbeitgeber zu erwidern und dies zu widerlegen.[749]

Diese Beweislastverteilung entspricht dem ultima-rato-Grundsatz[750] und gilt daher auch für den Fall des unterlassenen betrieblichen Eingliederungsmanagements.

Von diesem allgemeinen Beweislastgrundsatz ist auch nicht zugunsten des Arbeitnehmers abzuweichen.

---

747 So aber Deinert ZSR 2005, 104 (126 f.).

748 LAG Niedersachsen BB 2007, 719 (724).

749 So auch DKZ/Deinert § 84 Rdnr. 27; Ders. ZSR 2005, 104 (127); Ders. JR 2007, 177 (179).

750 HK-SGB IX/Trenk-Hinterberger § 84 Rdnr. 38.

(b) Abweichung aufgrund Konkretisierung des ultima-ratio-Grundsatzes

Eine abweichende Regelung der Darlegungs- und Beweislast ist zunächst nicht durch die Ansicht zu rechtfertigen, das betriebliche Eingliederungsmanagement stelle eine Konkretisierung des ultima-ratio-Grundsatzes dar. Denn schon der Ansatz, eine solche Konkretisierung liege vor, geht fehl. Wie bereits dargelegt ist die Klärung an sich kein im Verhältnis zur Kündigung milderes Mittel, so dass Beweislastfolgen hieraus nicht gezogen werden können.

(c) Abweichung aufgrund Rechtsprechung zu § 84 Abs. 1

Zum anderen ist auch die vom BAG zu § 84 Abs. 1 ergangene Rechtsprechung auf § 84 Abs. 2 nicht übertragbar.[751] Das BAG vertritt hier die Ansicht, dass es sich auf die Beweislast auswirke, wenn der Arbeitgeber seine gesetzliche Pflicht zur Durchführung des Präventionsverfahrens und damit zur Erörterung verletze. Die Auswirkungen seien danach die folgenden:

Grundsätzlich obliege es dem Arbeitnehmer auf der Ebene der primären Beweislast, darzulegen, wie ein behinderungsgerechter Arbeitsplatz im Betrieb einzurichten und auszugestalten sei. Habe er hiervon keine Kenntnis, so verlagere sich die Beweislast auf die gegnerische Partei, also den Arbeitgeber. Eine solche Beweisverlagerung sei zwar nur dann möglich, wenn die gegnerische Partei über dieses Wissen verfüge und ein solches könne dem Arbeitgeber nicht unterstellt werden. Dies sei jedoch im Ergebnis unerheblich. Denn der Arbeitgeber könne sich auf sein fehlendes Wissen nicht berufen. Er müsse sich vielmehr wie ein Wissender behandeln lassen. Denn er habe seine Erörterungspflicht verletzt, welche gerade dazu dienen soll, sich dieses Fachwissen zu verschaffen. Dadurch obliege dem Arbeitgeber die Beweislast dafür, dass im Betrieb kein den Bedürfnissen des betroffenen Schwerbehinderten entsprechender Arbeitsplatz vorhanden oder einzurichten sei. Er habe also die prozessualen Folgen seiner selbstverschuldeten Unkenntnis zu tragen.

Dieser Rechtsprechung mag zwar grundsätzlich zu folgen sein. Sie kann jedoch so auf § 84 Abs. 2 nicht übertragen werden. Denn § 84 Abs. 1 und Abs. 2 unterscheiden sich in einem für die Beweislastverteilung wegen Kenntnis erheblicher Umstände entscheidenden Punkt: der Beteiligung und Zustimmung des Betroffenen.

§ 84 Abs. 1 verpflichtet den Arbeitgeber, bei Auftreten von Schwierigkeiten, die zur Gefährdung des Arbeitsverhältnisses führen können, die Schwerbehinder-

---

751 BAG NZA 2006, 442.

tenvertretung, Interessenvertretung und das Integrationsamt einzuschalten, um „mit ihnen“ alle Präventionsmöglichkeiten zu erörtern.

Dabei ist selbstverständlich davon auszugehen, dass diese Stellen, wären sie eingeschaltet worden, ihre uneingeschränkte Mitwirkung erbracht hätten. Eine Kenntniserlangung soweit, wie sie § 84 Abs. 1 gebietet, wäre dem Arbeitgeber also möglich gewesen, wäre er seiner Pflicht zur Einschaltung der Stellen nachgekommen. Er hat also in der Tat seine Unkenntnis selbst verschuldet, sodass es gerecht erscheint, ihn die Folgen prozessual auch tragen zu lassen.

Anders gestaltet sich die Rechtslage jedoch nach § 84 Abs. 2.

Dieses Verfahren ist schon bei der Entstehung der Rechtspflicht von der Zustimmung des Betroffenen und bei der Durchführung der Klärung darüber hinaus von der Beteiligung des Betroffenen abhängig.

Allein die Tatsache, dass der Arbeitgeber das Verfahren nicht durchgeführt hat, kann ihm also nicht als selbstverschuldete Unkenntnis vorgeworfen werden, da eine Rechtspflicht zur Durchführung nur entstanden wäre, wenn der Betroffene der Durchführung überhaupt zugestimmt hätte.

Ob dies der Fall gewesen wäre, kann aber abstrakt nicht beurteilt werden. Zwar ist das Verfahren für den Arbeitnehmer begünstigend. Daraus kann aber nicht etwa die Vermutung gefolgert werden, dass dieser die erforderliche Zustimmung auch tatsächlich erteilt hätte. Denn das Gesetz selbst stellt das Zustimmungserfordernis auf und zieht damit in Betracht, dass eine solche auch nicht erteilt wird. Wenn dann aber noch nicht einmal feststeht, ob die Rechtspflicht überhaupt entstanden wäre, so kann auch – anders als bei § 84 Abs. 1 – nicht angenommen werden, der Arbeitgeber habe diese verletzt. Dann kann ihm aber auch keine selbstverschuldete Unkenntnis vorgehalten werden.

Darüber hinaus ist die Durchführung des Verfahrens in jedem Stadium von der Zustimmung des Betroffenen abhängig. Selbst wenn er also der Durchführung an sich zugestimmt hätte, so bedeutet dies noch nicht, dass der Arbeitgeber im Verfahren auch Kenntnis von den hier beweiserheblichen Tatsachen erlangt hätte. Denn der Betroffene kann – wie dargestellt – jederzeit das Verfahren zum Abbruch bringen oder bestimmten Teilen des Verfahrens (z. B. der Klärung der für die Suche nach Abhilfemöglichkeiten notwendigen Krankheitsursache) einen „Riegel vorschieben“. Auch wenn das Verfahren einmal begonnen hätte und die Rechtspflicht zur Klärung einmal entstanden wäre, so bedeutet dies noch nicht, dass der Arbeitgeber von den beweiserheblichen Tatsachen auch Kenntnis erlangt hätte. Lag (auch) dies nicht in seiner Hand, so kann ihm seine Unkenntnis schlechterdings vorgeworfen werden.

Die zu § 84 Abs. 1 ergangene Rechtsprechung des BAG ist daher auf den Fall des unterlassenen betrieblichen Eingliederungsmanagements nicht übertragbar und vermag daher an der Geltung der allgemeinen Beweislastregeln nichts zu ändern.

(d) Abweichung aufgrund Rechtsprechung zu § 84 Abs. 2

Seinen Ansatz der selbstverschuldeten Unkenntnis verfolgte das BAG auch in seiner noch unveröffentlichten Entscheidung vom 12. Juli 2007[752] weiter. In der bislang allein veröffentlichten Pressemitteilung des BAG[753] heißt es, das Unterlassen betrieblichen Eingliederungsmanagements „könne" Folgen für die Darlegungs- und Beweislast haben. Der Arbeitgeber könne sich dann „nicht pauschal darauf berufen, ihm seien keine alternativen, der Erkrankung angemessenen Einsatzmöglichkeiten bekannt". Die Begründung dieser Auffassung wird erst dem Urteil zu entnehmen sein. Ob durch die Verwendung des Begriffs „pauschal" eine Einzelfallabhängigkeit dergestalt gemeint ist, dass der Arbeitgeber schon darlegen müsste, warum die vielleicht vermutete verschuldete Unkenntnis ihm konkret nicht vorwerfbar ist, oder ob der Arbeitnehmer bei Berufung des Arbeitgebers auf Unkenntnis dessen Verschulden darlegen muss, bleibt abzuwarten.

Nach der hier vertretenen Auffassung verdient die letztgenannte Alternative den Vorzug. Da es nach den allgemeinen Beweislastregeln so ist, dass der Arbeitgeber das Fehlen einer Weiterbeschäftigungsmöglichkeit behaupten muss und der Arbeitnehmer dies dann zu widerlegen, zumindest aber zu erschüttern hat, liegt die Beweislast im hier maßgeblichen Stadium beim Arbeitnehmer. Wenn er vorträgt, er habe keine Kenntnis über Weiterbeschäftigungsmöglichkeiten, so geht es zu seinen Gunsten, wenn die Beweislast auf den Arbeitgeber abgewälzt wird. Da dies nur bei verschuldeter Unkenntnis des Arbeitgebers geschehen kann, obliegt es dem Arbeitnehmer, das Verschulden des Arbeitgebers darzulegen und zu beweisen, um die Beweislastumkehr herbeizuführen.

Da ein solches Verschulden des Arbeitgebers nur dann angenommen werden kann, wenn ihm bei „rechtmäßigem Alternativverhalten" die notwendigen Informationen zugeflossen wären, muss der Arbeitnehmer darlegen und beweisen, dass er zum Verfahren an sich und allen zur Klärung erforderlichen Schritten die Zustimmung erteilt (das Verfahren also durchlaufen) hätte und er sich darüber hinaus auch in einer umfassenden Art und Weise daran beteiligt hätte. Letzteres etwa, in dem er seinen behandelnden Arzt von der Schweigepflicht entbunden hätte, um die Ursache seiner Krankheit zu offenbaren und so das Ziel der Gegenmaßnahmen bekannt gegeben hätte.

752 Az. 2 AZR 716/06.
753 Pressemitteilung 54/07.

Da dies interne Willensentscheidungen des Arbeitnehmers sind, also Umstände, die nur ihm bekannt sind, muss der Arbeitnehmer sie so in den Prozess einführen, dass sich der Arbeitgeber hierauf sachlich einlassen kann.[754] Seine zum damaligen Zeitpunkt vorliegende positive Einstellung gegenüber dem betrieblichen Eingliederungsmanagement wird der Arbeitnehmer nur schwer beweisen können. Er kann jedoch auch noch im Prozess seinen Arzt von der Schweigepflicht entbinden und damit seinen Mitwirkungswillen in einem solchen Verfahren dokumentieren.

Damit erhält der Arbeitgeber Kenntnis und die Beweislast geht auf ihn über. Sollte sich dann herausstellen, dass eine Hilfe für den Arbeitnehmer zum Zeitpunkt des betrieblichen Eingliederungsmanagements – hätte es stattgefunden – möglich gewesen wäre, so hätte der Arbeitgeber die Folgen des Unterlassens zu tragen, indem es ihm nicht möglich wäre, im Rahmen der Interessenabwägung den erforderlichen Beweis zu führen.

(e) Abweichung durch Vermutung

Von diesem Grundsatz der abgestuften Darlegungs- und Beweislast kann auch nicht zugunsten des Betroffenen dadurch abgewichen werden, dass etwa vermutet würde, dass eine Beendigungskündigung nicht hätte erfolgen müssen, wenn ein betriebliches Eingliederungsmanagement durchgeführt worden wäre. Also umgekehrt ausgedrückt, zulasten des Arbeitgebers vermutet würde, dass eine Klärung Möglichkeiten ergeben hätte und deren Durchführung erfolgreich gewesen wäre.

Denn die Annahme einer solchen Vermutung würde eine Beweislastumkehr bedeuten, mit der Folge, dass der Arbeitgeber diese Vermutung widerlegen müsste. Um dies tun zu können, würde der Arbeitgeber genaue Informationen über die Krankheitsursache und den konkreten Verlauf der Erkrankung vom Zeitpunkt der sechswöchigen Arbeitsunfähigkeit an bis zum Zugang der Kündigung benötigen. Diese könnte ihm aber nur der Arbeitnehmer zur Verfügung stellen, was die Notwendigkeit mit sich bringen würde, dass der Arbeitnehmer seinen behandelnden Arzt von der Schweigepflicht entbindet.[755] Zwar besteht diese Notwendigkeit auch in anderen Fällen des Kündigungsschutzverfahrens bei krankheitsbedingten Kündigungen. Dabei handelt es sich aber bei der Schweigepflichtentbindung lediglich um eine Obliegenheit des Arbeitnehmers, deren Nichterfüllung prozessual zu seinen Lasten geht. Er kann wählen, ob er eine Schweigepflichtentbindung erklärt, oder ansonsten die prozessualen Folgen trägt. Hier aber ginge die unterlas-

---

754 KR/Griebeling § 1 KSchG Rdnr. 363.

755 Eine „Mitwirkungspflicht", deren Erfüllung auch in Form der Schweigepflichtentbindung liegen könne, sieht Seel br 2006, 30 (32).

sene Entbindung von der Schweigepflicht zu Lasten des *Arbeitgebers*. Damit hätte es der Arbeitnehmer in der Hand, dem Arbeitgeber die Widerlegung der Vermutung unmöglich zu machen. Notwendigerweise müsste dann eine Pflicht des Arbeitnehmers zur Schweigepflichtentbindung im Prozess angenommen werden. Dies würde zum Einen den allgemeinen Beweislastgrundsätzen zuwiderlaufen, zum Anderen aber vor allem dem Arbeitnehmer keinerlei – prozessuale – Vorteile gegenüber der allgemeinen Beweislast bringen, da die Vermutung im Ergebnis wieder umgekehrt werden müsste. Eine solche Vermutung wäre also für den Arbeitnehmer, zu dessen Gunsten sie in Betracht gezogen wurde, nutzlos.

Die Beweislast, dass, wäre eine Klärung erfolgt, diese zum Ergebnis gehabt hätte, dass es Möglichkeiten der Vermeidung einer Kündigung gegeben hätte und dass die so gefundenen Möglichkeiten bei einer Durchsetzung auch tatsächlich erfolgreich gewesen wären, obliegt also im Ergebnis dem Arbeitnehmer.

Gleiches gilt umgekehrt für die Erwägung, bei Durchführung des betrieblichen Eingliederungsmanagements zu vermuten, die später ausgesprochene Kündigung sei sozial gerechtfertigt. Dies schon deshalb, weil sich zwischen betrieblichem Eingliederungsmanagement und Kündigung der Sachverhalt noch erheblich ändern kann, so dass die Erfolglosigkeit des Verfahrens keine Rückschlüsse auf die Kündigung zulässt[756].

Auch die Ansicht, dem Unterlassen betrieblichen Eingliederungsmanagements könne eine Indizwirkung dergestalt zugeschrieben werden, dass der Arbeitgeber nicht die Möglichkeiten ausgeschöpft habe, durch mildere Mittel die Kündigung zu vermeiden, kann jedenfalls für die Rechtsfolge des Verstoßes gegen das ultima-ratio-Prinzip und damit fehlender sozialer Rechtfertigung nicht gefolgt werden. Auch hier wird unzutreffend nicht zwischen objektivem Vorliegen eines milderen Mittels, welches das betriebliche Eingliederungsmanagement ohnehin nicht sein kann, und dem Erkenntnisverfahren differenziert.

(f) Abweichung wegen betrieblicher Ursache der Erkrankung

Zuletzt wird die hier vertretene Beweislastverteilung auch bestätigt durch einen vergleichenden Blick auf die Beweislast bei betrieblicher Mitursächlichkeit für die vorliegende Erkrankung. Der Arbeitnehmer hat dabei Umstände darzulegen, aus denen sich ergibt, dass seine Krankheit in kausalem Zusammenhang mit betrieblichen Ursachen steht. Er hat die Krankheit bestimmten Ursachen zuzuordnen, um dem Arbeitgeber die Erwiderung zu ermöglichen.[757] Die Beweislast liegt also auch hier beim Arbeitnehmer.

---

756 So auch Brose RdA 2006, 149 (150).
757 KR/Griebeling § 1 KSchG Rdnr. 348.

Dies bestätigt die hier vertretene Ansicht insoweit, als dass der Vorwurf an den Arbeitgeber, durch betriebliches Eingliederungsmanagement eine Krankheit und einen damit verbundenen Arbeitsplatzverlust nicht abgewendet zu haben, dem Vorwurf gleichzusetzen ist, betriebliche Ursachen, die die Krankheit hervorgerufen haben, nicht beseitigt zu haben. Das aktive Tun steht dem Unterlassen gleich.

Dann kann aber auch für die Beweislast nichts anderes gelten.

Den Beweis, dass, wäre ein betriebliches Eingliederungsmanagement durchgeführt worden, dieses Präventivmaßnahmen zum Ergebnis gehabt hätte, die einen Arbeitsplatzverlust verhindert hätten, obliegt somit grundsätzlich dem Arbeitnehmer. Er kann diese nur auf den Arbeitgeber verlagern, wenn er diesem die für die Beurteilung der Frage notwendigen Kenntnisse verschafft.

An der grundsätzlichen Beweislastregelung ändert § 84 Abs. 2 daher nichts.

(2) Verpflichtung des Arbeitgebers zur Durchführung

Kann der Betroffene den entsprechenden Nachweis im Kündigungsschutzprozess führen und steht damit fest, dass im Rahmen der Interessenabwägung zu berücksichtigen ist, dass eine Kündigung vermeidbar gewesen wäre, so ist weiter erheblich, ob der Arbeitgeber dann auch am Ende der Klärung verpflichtet gewesen wäre, die als geeignet herausgestellte Maßnahme tatsächlich zu ergreifen. Denn nur dann kann dem Arbeitgeber aus dem Unterlassen der Durchführung auch ein Vorwurf gemacht werden, der zu seinen Lasten in die Interessenabwägung einfließen müsste.

Die zweite zu klärende Fragestellung lautet also: wäre der Arbeitgeber verpflichtet gewesen, eine geeignete Maßnahme im Anschluss an das betriebliche Eingliederungsmanagement auch tatsächlich zu ergreifen?

Aus § 84 Abs. 2 lässt sich eine solche Pflicht schon deshalb nicht ableiten, weil sich § 84 Abs. 2 über die Durchführung von Einzelmaßnahmen gar nicht verhält.

Ungeachtet dessen besteht jedoch eine solche Rechtspflicht des Arbeitgebers, solche Maßnahmen zu ergreifen, die dem Gesundheitszustand des Arbeitnehmers zuträglich und dem Arbeitgeber zumutbar sind.

Diese Rechtspflicht folgt aus der arbeitgeberseitigen Fürsorgepflicht. Diese arbeitsvertragliche Nebenpflicht umfasst die Schutzpflicht des Arbeitgebers bezüglich Leben und Gesundheit des Arbeitnehmers und findet ihre Konkretisierung in § 618 BGB.

Nach § 618 Abs. 1 BGB hat der Dienstberechtigte Dienstleistungen, die unter seiner Anordnung oder Leitung vorzunehmen sind, so zu regeln, dass der Verpflichtete gegen Gefahr für Leib oder Leben soweit geschützt ist, als die Natur der Dienstleistung es gestattet. Er ist daher aus § 618 BGB auch verpflichtet, den Arbeitnehmer durch Einleitung von Gegenmaßnahmen vor gesundheitsbeeinträchtigenden Überanstrengungen zu bewahren[758]. Zwar darf sich der Arbeitgeber bei der Zuteilung von Arbeit an der Leistungsfähigkeit eines Durchschnittsmenschen orientieren. Sind ihm jedoch Umstände bekannt, die die Leistungsfähigkeit des Arbeitnehmers mindern, muss er dies bei der Zuweisung der Arbeit berücksichtigen.[759]

Wenn der Arbeitgeber der Rechtspflicht zur Klärung nachgekommen wäre, so hätte er von den Umständen der vorliegenden Leistungsminderung des Arbeitnehmers Kenntnis erlangt; vorausgesetzt, der Betroffene hätte dem Arbeitgeber seine Krankheit und deren Ursache auch mitgeteilt, was vom Arbeitnehmer zu beweisen ist.

Der Arbeitgeber kann bei einer Kenntnis von einer gesundheitlichen Beeinträchtigung seines Arbeitnehmers, deren Vorliegen an sich ihm schon wegen der Fehlzeiten bekannt ist, bei Vorliegen von Abhilfemöglichkeiten nicht „sehenden Auges“ an der bestehenden Situation nichts ändern und abwarten, bis die Voraussetzungen für die Beendigung des Arbeitsverhältnisses vorliegen. Der Arbeitgeber ist zur Ergreifung von Abhilfemöglichkeiten aus § 618 BGB verpflichtet.

Dem steht auch die Bonusregelung des § 84 Abs. 3 nicht entgegen. Zwar wird der Bonus nicht für die Erfüllung einer Rechtspflicht gewährt. Aber die Bonusregelung ist so zu verstehen, dass eine Prämie für die Schaffung eines umfassenden Präventivsystems im Betrieb mit Gesundheitsmanagern als „Frühwarnsystem“ gewährt wird.

Festzuhalten ist also, dass, wenn vom Arbeitnehmer bewiesen wurde, dass eine Klärung, wäre sie erfolgt, zu dem Ergebnis geführt hätte, dass eine Möglichkeit zur Vermeidung der Kündigung durch Einflussnahme auf den Gesundheitszustand bestanden hätte und deren Durchführung erfolgreich gewesen wäre, der Arbeitgeber verpflichtet gewesen wäre, diese Maßnahme zu ergreifen.

(3) Rechtsgedanke des § 162 Abs. 2 BGB

Bei dieser Sachlage muss im Rahmen der Interessenabwägung, nachdem die o.g. Beweiskette geführt wurde, zulasten des Arbeitgebers also berücksichtigt werden, dass er verpflichtet gewesen wäre, eine Klärung herbeizuführen, gegen diese Verpflichtung verstoßen hat und damit die Entstehung der Rechtspflicht zur Maßnahmenergreifung vereitelt hat. Erst hier und nicht schon im Bereich der Beweislast muss berücksichtigt werden, dass der Arbeitgeber sich dem Erkennt-

---

758 BAG 13.03.1967, AP Nr. 15 zu § 618 BGB Bl. 612 f..
759 ErfK/Wank, § 618 BGB Rdnr. 14.

nisverfahren bewusst entzogen hat und die Konsequenzen zu seinen Lasten gehen.

Denn dann ist bewiesen, dass der Arbeitgeber gleichsam den bestehenden Zustand durch sein Unterlassen treuwidrig selbst herbeigeführt hat, nämlich den, dass jetzt keine andere Möglichkeit, als die der Kündigung, besteht.

Zur Beantwortung der Frage, in welcher Weise dies bei der Interessenabwägung zulasten des Arbeitgebers ins Gewicht fallen muss, kann zunächst die Rechtsprechung des BAG zur betriebsbedingten Kündigung herangezogen werden. In den von BAG zu entscheidenden Fällen war es grundsätzlich so, dass der Arbeitgeber dem Arbeitnehmer gegenüber eine betriebsbedingte Kündigung aussprach und im Rahmen des sich daran anschließenden Kündigungsschutzprozesses vortrug, eine anderweitige Beschäftigungsmöglichkeit, die die Kündigung mangels sozialer Rechtfertigung unwirksam gemacht hätte, bestehe nicht. Dies traf auch zu. Jedoch war es so, dass kurz vor Zugang der Kündigung eine solche sehr wohl bestanden hatte. Der Arbeitgeber hatte diese jedoch, obwohl der Ausspruch der Kündigung für ihn schon absehbar war, durch anderweitige Besetzung des Arbeitsplatzes beseitigt.

Damit hatte sich der Arbeitgeber nach Rechtsprechung des BAG seines grundsätzlichen Rechts begeben, sich auf das Fehlen einer anderweitigen Beschäftigungsmöglichkeit zu berufen, da er diesen Zustand selbst treuwidrig herbeigeführt hat. Dies folge aus dem § 162 Abs. 2 BGB zu entnehmenden allgemeinen Rechtsgedanken[760].

Diese zur betriebsbedingten Kündigung entwickelten Grundsätze können grundsätzlich auf krankheitsbedingte Kündigungen übertragen werden. Denn es sind keine Gründe ersichtlich, die es rechtfertigen könnten, einen Arbeitgeber, obwohl er die Unvermeidbarkeit seines Handelns selbst unter Verletzung einer Rechtspflicht herbeigeführt hat, anders zu behandeln, nur weil der Anlass der Kündigung ein anderer war[761].

Übertragen auf den Fall unterlassenen betrieblichen Eingliederungsmanagements würde dies bedeuten, dass der Arbeitgeber sich nicht darauf berufen dürfte, dass das Austauschverhältnis in einer die betrieblichen Interessen erheblich beeinträchtigenden Weise durch die vorliegende Arbeitsunfähigkeit gestört ist, weil der den aktuellen Grad der Arbeitsunfähigkeit selbst treuwidrig herbeigeführt hat. Dies hätte die Sozialwidrigkeit der Kündigung zur Folge.[762]

Dies kann jedoch im Ergebnis keinen Bestand haben.

---

760 BAG, 24.11.2005, 2 AZR 514/04 Rdnr. 39 und 06.12.2001, 2 AZR 695/00 1. Ls., II 2, II 4 der Gründe; LAG Köln, 22.07.2004, 5 (9) Sa 417/04 Rdnr. 10.

761 So i.E. auch LAG, 04.11.2004, 5 Sa 1301/03 Rdnr. 32.

762 Diesen rechtlichen Gedanken verfolgen auch: DKZ/Deinert § 84 Rdnr. 25; v. Hoyningen-Huene/Linck § 1 Rdnr. 339.

Denn damit würde dem Arbeitgeber die Erkrankung der Betroffenen vollständig angelastet und jegliche anderen Ursachen der Krankheit, etwa auch ein für die Heilung unzuträgliches Verhalten des Arbeitnehmers, unberücksichtigt bleiben. Und dies deshalb, weil er, der Arbeitgeber, es treuwidrig vereitelt, dass eine Rechtspflicht zur Durchführung von Präventivmaßnahmen entsteht. Vorgeworfen werden kann dem Arbeitgeber also „nur", dass er seine eigene Handlungsunfähigkeit, Abwehrmaßnahmen zu ergreifen, selbst treuwidrig herbeigeführt hat.

Bei pflichtgemäßem Verhalten also wäre eine Rechtspflicht zum Handeln entstanden, diese Möglichkeit ließ er verstreichen. Nimmt man dem Arbeitgeber nach § 162 Abs. 2 BGB das Recht, sich auf die Störung des Austauschverhältnisses zu berufen, so muss man sich vor Augen halten, dass dies bedeuten würde, dass das Arbeitsverhältnis durch die Kündigung nicht beendet wurde. Dies mag im Falle langanhaltender oder häufiger kurzer Erkrankungen nicht auffallend unverhältnismäßig wirken, weil es „nur" bedeuten würde, dass dem Betroffenen sein Arbeitsplatz weiter zur Verfügung steht und weiter Lohnzahlungen geleistet werden müssen.

Im Falle dauernder Arbeitsunfähigkeit ergibt sich jedoch ein anderes Bild. Denn hier kann der Betroffene nicht mehr beschäftigt werden und der Arbeitgeber ist dennoch zur Lohnfortzahlungen verpflichtet. Bei einer endgültigen und unbehebbaren Störung des Austauschverhältnisses stellt sich zwangsläufig die Frage, wie lange dieser Zustand andauern soll. Der Arbeitgeber kann nicht bis zum Erreichen des Rentenalters des Arbeitnehmers am Arbeitsverhältnis festgehalten werden.

Darüber hinaus kann eine Anwendung des Rechtsgedankens des § 162 Abs. 2 BGB auch deshalb nicht zur Unwirksamkeit der krankheitsbedingten Kündigung führen, weil die Norm konstatiert, dass niemand aus einer von ihm selbst treuwidrig herbeigeführten Rechtslage Vorteile ziehen soll[763]. Es geht bei § 162 BGB also nicht um Sanktion treuwidrigen Verhaltens[764], sondern darum, treuwidrig erlangte Vorteile nicht zu gewähren. Eine solche Sanktion würde hier jedoch eintreten. Die BAG-Rechtsprechung kann also auf den Fall unterbliebenen betrieblichen Eingliederungsmanagements im Ergebnis nicht übertragen werden.

(4) Betriebliche Verhältnisse als Mitursache

Wirft man dem Arbeitgeber vor, sich seiner Handlungspflicht begeben zu haben, mit der Folge, dass eine Erkrankung sich verschlimmerte oder deren Fortschrei-

763 Staudinger/Bork, § 162 Rdnr. 15.
764 Ders., a.a.O.

ten nicht verlangsamt wurde, so wirft man dem Arbeitgeber eine Mitverursachung der Krankheit in ihrer aktuellen Form vor.

Daher sind hier diejenigen Grundsätze und Maßstäbe entsprechend anzuwenden, die für den Fall gelten, dass betriebliche Verhältnisse Mitursache für eine Erkrankung des Arbeitnehmers sind. Denn nichts Anderes liegt bei Unterlassen des Arbeitgebers vor. Es macht – wie schon im Rahmen der Beweislastverteilung dargelegt – keinen Unterschied, ob er aktiv Umstände schafft, die für die Krankheit mitursächlich sind, oder ob er es unterlässt, solche Umstände durch geeignete Gegenmaßnahmen zu beseitigen, die einer Krankheit zuträglich sind.

Betriebliche Verhältnisse als Mitursache sind im Rahmen der Interessenabwägung zugunsten des Arbeitnehmers zu gewichten[765], umgekehrt wiegt das Beendigungsinteresse des Arbeitgebers umso schwerer, je mehr krankheitsverhütende Maßnahmen er im Vorfeld ergriffen hat[766] und inwieweit er sich unter Ausschöpfung aller Möglichkeiten um Verhütung von Gesundheitsgefahren und einen „leidensgerechten" Arbeitsplatz bemüht hat[767].

Unterlässt also der Arbeitgeber das betriebliche Eingliederungsmanagement, verstößt mithin gegen seine Rechtspflicht zur Klärung nach § 84 Abs. 2 und verhindert damit – weil die Klärung das Ergebnis gehabt hätte, dass Gegenmaßnahmen möglich gewesen wären – das Entstehen einer Rechtspflicht zur Ergreifung der Präventivmaßnahmen, so wird dies zu Gunsten des Arbeitnehmers und zu lasten des Arbeitgebers im Rahmen der Interessenabwägung Berücksichtigung finden.

Wegen der oben dargestellten Notwendigkeit, das Problem der Störung des Austauschverhältnisses auf Dauer einer Lösung zuzuführen, kann dies nur in der Weise geschehen, dass dem Arbeitgeber längere Ausfallzeiten des Betroffenen zugemutet werden müssen, das Arbeitsverhältnis aber auf Dauer beendet werden kann.

Wie groß diese vom Arbeitgeber hinzunehmende „Verlängerungszeit" festzulegen ist, kann nur im Einzelfall beurteilt werden. Hierbei muss das Ausmaß der vorherigen Erkrankung mit dem im Zeitpunkt der Kündigung verglichen werden und untersucht werden, in welchem Umfang ein Tätigwerden des Arbeitgebers, wäre es erfolgt, zur Vermeidung einer Chronifizierung oder Verlangsamung des Krankheitsverlaufs geführt hätte.

Denkbar erscheint dabei, dem Arbeitgeber das Doppelte der Zeit zuzumuten, die er ansonsten hinzunehmen hätte, bevor eine erhebliche Beeinträchtigung betrieblicher Interessen angenommen werden kann. Wie oben ausgeführt, kann

---

765 KDZ/Kittner a.a.O. Rdnr. 83

766 Ders., a.a.O. Rdnr. 53.

767 Ders. a.a.O. Rdnr. 83 a.

Letzteres unter Umständen schon nach sechswöchiger Arbeitsunfähigkeit gegeben sein, so dass sich die „Wartezeit“ auf zwölf Wochen verlängern kann. Aber auch darüber hinausgehende „Verlängerungen“ erscheinen denkbar. Hier kann auch die arbeitsvertraglich geregelte Kündigungsfrist bzw. die Fristen des § 622 Abs. 1, 2 BGB zur Orientierung herangezogen und dem Arbeitgeber eine weitere Frist in Höhe der Kündigungsfrist auferlegt werden.

Das Unterlassen der Klärung gemäß § 84 Abs. 2 führt somit mittelbar dazu, dass die Kündigung zwar nicht per se sozialwidrig erscheint, es dem Arbeitgeber jedoch zumutbar wird, erheblich längere Ausfallzeiten des Betroffenen hinzunehmen, bevor von einem Überwiegen seines Beendigungsinteresses gegenüber dem Interesse des Betroffenen an der Fortsetzung des Arbeitsverhältnisses ausgegangen werden kann.

II. Auf Seiten des Betroffenen

Auf Seiten des Betroffenen muss im Kündigungsschutzprozess berücksichtigt werden, ob er einer Klärung, wäre sie ihm angeboten worden, zugestimmt hätte.

Die Rechtspflicht des Arbeitgebers, eine Klärung durchzuführen, entsteht nur, wenn der Betroffene der Klärung zugestimmt hat. Daher kann ein Unterlassen des Arbeitgebers zu dessen Nachteil auch nur in diesem Fall in die Interessenabwägung einfließen. Der Betroffene muss also, will er das unterlassene betriebliche Eingliederungsmanagement für sich im Kündigungsschutzverfahren geltend machen, darlegen und beweisen, dass er seine Zustimmung erteilt hätte.[768]

Im Rahmen dieser Darlegungs- und Beweislast kann es dem Betroffenen zum Vorteil gereichen, wenn er darlegen kann, die Durchführung des betrieblichen Eingliederungsmanagements auf eigene Initiative hin angeregt zu haben, also etwa beim Arbeitgeber beantragt zu haben.

Von Bedeutung wird dabei auch stets sein, wie weit die vom betroffenen Arbeitnehmer erteilte Zustimmung gereicht hätte. Hätte er beispielsweise seine Krankheitsursache oder die konkreten Beschwerden dem Arbeitgeber nicht mitgeteilt oder seinen behandelnden Arzt nicht von der Schweigepflicht entbunden, so hätte dies dem Arbeitgeber die effektive Klärung unter Umständen derart erschwert, dass nicht angenommen werden kann, eine Klärung hätte überhaupt Handlungsmöglichkeiten ergeben. Die Mitwirkung des betroffenen Arbeitnehmers und ihr Umfang sind daher für die Beurteilung der Frage, was dem Arbeitgeber möglich und zumutbar gewesen wäre und mithin, was dem Arbeitnehmer zum Vorteil in der Interessenabwägung gereicht werden kann, von entscheiden-

768 So auch Grundermann/Overberg AuR 2007, 19 (20).

der Bedeutung. Hier kommen die oben dargestellten Grundsätze der prozessualen Nachteile des Betroffenen im Falle unterbliebener Mitwirkung zum Tragen.

Die oben dargelegte Berücksichtigung unterlassenen betrieblichen Eingliederungsmanagements mit der Folge der Inkaufnahme längerer Ausfallzeiten kommt demnach nur dann zum Tragen, wenn ein „Idealfall“ betrieblichen Eingliederungsmanagements vorgelegen hätte. Also der, dass der Betroffene sich vollumfänglich seinem Arbeitgeber anvertraut und aktiv am Verfahren mitgewirkt hätte sowie den sich ergebenden Handlungsmöglichkeiten, soweit erforderlich, vollumfänglich zugestimmt hätte.

B. Entstehen von Schadensersatzansprüchen gegen den Arbeitgeber

Wirkt sich ein unterlassenes betriebliches Eingliederungsmanagement also mittelbar auf die Kündigung aus, so stellt sich auch die Frage nach möglichen Auswirkungen hinsichtlich etwaiger Schadensersatzansprüchen des Arbeitnehmers und der Rehabilitationsträger gegen den Arbeitgeber.

I. Schadensersatzansprüche des Arbeitnehmers

Dem Arbeitnehmer steht, wenn ein betriebliches Eingliederungsmanagement pflichtwidrig unterlassen wurde, gegenüber seinem Arbeitgeber ein Schadensersatzanspruch zu.

Voraussetzung ist jedoch, dass das betriebliche Eingliederungsmanagement, wäre es durchgeführt worden, zum Ergebnis gehabt hätte, dass Handlungsmöglichkeiten bestehen und diese bei ihrer Durchführung auch erfolgreich gewesen wären. Denn dann hätte eine entsprechende Umsetzungspflicht des Arbeitgebers bestanden, die dieser pflichtwidrig durch sein Unterlassen vereitelt hat.

Trotz des hypothetischen Gedankengangs muss eine Schadensersatzpflicht hier schon deshalb angenommen werden, weil der Fall, dass eine Handlungspflicht verletzt wurde, nicht anders bewertet werden kann, als der, dass eine Handlungspflicht in ihrer Entstehung vom eigentlich Verpflichteten treuwidrig vereitelt wurde. Eine andere Annahme würde im Ergebnis bedeuten, dass der Arbeitgeber aus seinem pflicht- und treuwidrigen Verhalten Vorteile ziehen würde, nämlich die, sich keinen Schadensersatzansprüchen auszusetzen. Dies würde dem Rechtsgedanken des § 162 Abs. 2 BGB zuwider laufen. Der Arbeitgeber muss sich also so behandeln lassen, als ob die Handlungspflicht entstanden und von ihm nicht umgesetzt worden wäre.

Wie schon im Kündigungsschutz so ist also auch hier nicht die unterlassene Klärung selbst, sondern die sich daran anschließende Durchführungspflicht Anknüpfungspunkt für einen Schadensersatzanspruch des betroffenen Arbeitnehmers.

1. §§ 280 Abs. 1 i.V.m. 241 Abs. 2 BGB

Wenn mithin dem Arbeitgeber die Pflichtverletzung des Unterlassens von Präventivmaßnahmen mit der Folge krankheitsbedingten Arbeitsplatzverlustes vorwerfbar ist, so kommt als Anspruchsgrundlage für den Arbeitnehmer §§ 280 Abs. 1, 241 Abs. 2 BGB in Betracht. Das Verschulden der Verletzung durch Transformation entstandener arbeitsvertraglicher Nebenpflichten wird dabei nach § 280 Abs. 1 S. 2 widerlegbar vermutet und in der Regel jedenfalls in Form unbewusster Fahrlässigkeit anzunehmen sein. Denn bei Anwendung der gehörigen Sorgfalt wäre für den Arbeitgeber erkennbar gewesen, dass sein Unterlassen zum Schadenseintritt beim Arbeitnehmer, nämlich dem Arbeitsplatzverlust, führt und letzterer wäre – den Erfolg der Präventivmaßnahme unterstellt – dann auch vermeidbar gewesen[769].

Der dem Arbeitnehmer entstandene Schaden ist im frühzeitigen Arbeitsplatzverlustes zu sehen. Diesen und vor allem die haftungsbegründende Kausalität muss der Arbeitnehmer beweisen, was in der Praxis problematisch sein dürfte. Ersatzfähig sind dann alle Schäden, die durch diese Pflichtverletzung hervorgerufen wurden. Dazu zählen auch die immateriellen Schäden nach § 253 Abs. 2 BGB und vor allem die materiellen Schäden, die mangels Möglichkeit der Naturalrestitution in Geld abzugelten sind.

Hinsichtlich des Umfangs der Schadensersatzpflicht kann auf die für die Verletzung der Pflichten aus § 618 BGB, dort Abs. 1 und 3 i.V.m. §§ 842, 843 BGB vergleichend Bezug genommen werden. Die Zahlung einer Geldrente oder Kapitalabfindung kommt also durchaus in Betracht, denn materiell wird dem Arbeitnehmer mit Arbeitslosengeld in der Regel erheblich weniger zur Verfügung stehen, als er gehabt hätte, wenn er den Arbeitsplatz nicht frühzeitig verloren hätte. Anzurechnen sind dabei jedoch auf den Schaden die Sozialleistungen, die der Arbeitnehmer im Zusammenhang mit dem Arbeitsplatzverlust und der Krankheit erhalten hat. Geltendgemacht werden können dabei vom Arbeitnehmer selbst nur diejenigen Ansprüche, die nicht per cessio legis auf Sozialversicherungsträger oder Dritte übergegangen sind.

---

769 Definition unbewusster Fahrlässigkeit nach Palandt/Heinrichs § 176 Rdnr. 13.

2. §§ 823 Abs. 2 BGB i.V.m. 84 Abs. 2

Da es sich bei § 84 Abs. 2 um eine öffentlich-rechtliche Norm des Gesundheitsschutzes handelt und der Arbeitnehmer nicht in den Genuss dieses Schutzes gelangt ist, liegt es nahe, eine Schadensersatzpflicht des Arbeitgebers aus deliktischem Handeln gemäß § 823 Abs. 2 BGB herzuleiten.

Dies muss jedoch scheitern. Denn § 823 Abs. 2 BGB setzt die Verletzung eines Schutzgesetzes voraus. Ein solches liegt hier jedoch nicht vor.

§ 84 Abs. 2 ist auf seine Qualität als Schutzgesetz nicht zu untersuchen, da § 84 Abs. 2 nicht die vom Arbeitgeber im Zusammenhang mit dem schadensbegründenden Sachverhalt verletzte Norm darstellt.

Die Verletzung der Gesundheit als geschütztes Rechtsgut beruht nicht auf einem Verstoß gegen § 84 Abs. 2. Denn die Klärung wäre nicht die auf die Genesung hinwirkende Maßnahme des Arbeitgebers gewesen, deren Nichtdurchführung hier vorwerfbar wäre. Vorwerfbar ist dem Arbeitgeber, eine mögliche Präventivmaßnahme, von deren Existenz er im Rahmen der Klärung *erfahren* hätte, entgegen seiner aus § 618 BGB folgenden Fürsorgepflicht nicht durchgeführt zu haben. Wenn überhaupt – was als anspruchsbegründende Tatsache vom Arbeitnehmer zu beweisen wäre – eine Gesundheitsverletzung auf ein Unterlassen des Arbeitgebers trotz Handlungspflicht zurückzuführen ist, dann auf das Unterlassen des Ergreifens von Anwehrmaßnahmen gegen den Fortbestand oder die Verschlimmerung der bestehenden Arbeitsunfähigkeit. Diese Pflicht enthält § 84 Abs. 2 aber nicht.

3. §§ 823 Abs. 2 i.V.m. 618 BGB

Auch bei unmittelbarem Abstellen auf die unterlassene Durchführung der Präventivmaßnahme, die dem Arbeitgeber aus § 618 BGB oblegen hätte, kann ein weiterer Schadensersatzanspruch des Betroffenen nicht begründet werden.

§ 618 BGB ist kein Schutzgesetz im Sinne des § 823 Abs. 2 BGB. Denn § 618 BGB verweist in Abs. 3 für die Rechtsfolge der Schadensersatzpflicht auf §§ 842 bis 826 BGB, also auf das Deliktsrecht. Wenn aber § 618 BGB ein Schutzgesetz wäre, so würde seine Verletzung schon selbst eine deliktische Handlung darstellen. Eines Rechtsfolgenverweises auf das Deliktsrecht bedürfte es dann nicht mehr. Aus § 618 Abs. 3 BGB folgt also, dass die Verletzung der Norm keine deliktische Handlung und die Norm daher kein Schutzgesetz sein kann.

Gleiches, wie unter I.2. ausgeführt, gilt auch für einen Schadensersatzanspruch der Rehabilitationsträger gegen den Arbeitgeber.

Ergreift der Arbeitgeber pflichtwidrig keine Präventionsmaßnahmen, die geeignet gewesen wären, einen Arbeitsplatzverlust des Beschäftigten zu vermeiden und kommt es daher zu einem krankheitsbedingten Arbeitsplatzverlust, so erbringen die Sozialleistungsträger Leistungen an den ehemals Beschäftigten. Der Gesetzgeber wollte aber, wie dargelegt, durch die Regelung des § 84 Abs. 2 gerade die Sozialkassen entlasten, den beschriebenen Ablauf also verhindern. Es liegt daher zunächst nahe, den Trägern der Sozialleistung einen Erstattungsanspruch gegen den Arbeitgeber zuzubilligen.

Im Ergebnis scheitert dies jedoch in Ermangelung einer Anspruchsgrundlage.

Vertragliche Beziehungen, die einen Anspruch aus § 280 BGB begründen könnten, bestehen zwischen Arbeitgeber und Sozialleistungsträgern nicht.

Eine ausdrückliche gesetzliche Anspruchsgrundlage fehlt ebenso.

In Betracht kommt demnach lediglich ein Schadensersatzanspruch aus § 823 Abs. 2 wegen Verletzung eines Schutzgesetzes. Selbst wenn man jedoch § 84 Abs. 2 als Schutzgesetz zugunsten zumindest auch der leistenden Sozialleistungsträger ansehen würde, so muss auch dieser Anspruch daran scheitern, dass schadensverursachend nicht das Unterlassen der Klärung, sondern das der Durchführung ist.

Der Gesetzgeber hat es versäumt, eine Anspruchsgrundlage im Rahmen des § 84 Abs. 2 zu schaffen, die dieses Ergebnis vermeidet. Da er sich jedoch sowohl seiner Ziele, als auch der Tatsache, keine ausdrückliche Anspruchsgrundlage geschaffen zu haben, bewusst war, muss dieses Ergebnis als vom Gesetzgeber gewollt hingenommen werden.

5. Kapitel: Thesen

Zusammenfassend stellen sich die Ergebnisse der Arbeit wie folgt dar:

1. Die vom Gesetzgeber angegebenen Gründe für eine Novelle des § 84 Abs. 2 vermögen nicht zu überzeugen. Die Beschäftigungspflichtquote hätte auf 6 % heraufgesetzt werden müssen.
2. Das betriebliche Eingliederungsmanagement bietet sowohl für Arbeitgeber, als auch für Arbeitnehmer erhebliches Potential.
3. Vom persönlichen Anwendungsbereich erfasst sind alle Arbeitnehmer. Arbeitnehmerähnliche Personen sind hingegen nicht begünstigt. § 84 Abs. 2 gilt in allen Betrieben unabhängig von dessen Größe und unabhängig vom Bestehen einer oder mehrerer Interessenvertretungen.
4. § 84 Abs. 2 gilt für alle Fälle der Arbeitsunfähigkeit. Die Dauer der Arbeitsunfähigkeit berechnet sich innerhalb von 12 Kalendermonaten. Ein Ursachenzusammenhang zwischen mehreren Krankheiten ist nicht erforderlich, ebenso wenig eine Überwindbarkeit der Krankheit und eine konkrete Gefährdung des Arbeitsplatzes.
5. Der Schwerbehindertenvertretung und den Interessenvertretungen im Sinne des § 93 stehen Unterrichtungs-, Anhörungs- und Initiativrechte zu, die gerichtlich durchgesetzt werden können. Darüber hinaus besteht ein Überwachungsrecht der Interessenvertretungen.
6. Die Interessenvertretungen haben zudem Mitbestimmungsrechte bei der inhaltlichen und organisatorischen Ausgestaltung des Verfahrens betrieblichen Eingliederungsmanagements inne. Für den Betriebsrat folgen diese aus § 87 Abs. 1 Nr. 1 und 7 BetrVG, für die übrigen Interessenvertretungen aus § 75 Abs. 3 Nr. 15 BPersVG.
7. Der Betroffene ist umfangreich in das Verfahren einzubeziehen, nicht verpflichtet, seinen Arzt von der Schweigepflicht zu entbinden und sich dem Arbeitgeber zu offenbaren und kann jederzeit das Verfahren betrieblichen Eingliederungsmanagements beenden.
8. Er hat einen einklagbaren Anspruch auf Durchführung der Klärung.
9. Das betriebliche Eingliederungsmanagement ist keine formelle Wirksamkeitsvoraussetzung für eine Kündigung. Bei Unterlassen der Klärung muss der Arbeitgeber jedoch im Rahmen einer krankheitsbedingten Kündigung längere Ausfallzeiten hinnehmen, bevor er wirksam kündigen kann, wenn nachgewiesen werden kann, dass, hätte ein betriebliches Eingliederungsma-

nagement stattgefunden, dieses zum Ergebnis gehabt hätte, dass Präventionsmöglichkeiten bestehen und diese bei Anwendung auch erfolgreich gewesen wären. Die primäre Beweislast für den hypothetischen Erfolg obliegt dem Arbeitnehmer.

10. Der Arbeitgeber ist bei Vorliegen von Präventionsmöglichkeiten verpflichtet, diese zugunsten des Betroffenen durchzuführen. Verletzt er diese Pflicht, so kann er sich gegenüber dem betroffenen Arbeitnehmer schadensersatzpflichtig machen. Aus der Verletzung der Pflicht zur Klärung können vertragliche Schadensersatzansprüche erwachsen.
11. Im Rahmen des betrieblichen Eingliederungsmanagements erlangte Daten dürfen nicht für eine Kündigung verwendet werden. Die Daten sind zweckgebunden.
12. Den Rehabilitationsträgern kommt nur eine unterstützende Rolle zu. Ansprüche gegen den Arbeitgeber bei Verletzung der arbeitgeberseitigen Fürsorgepflicht stehen ihnen nicht zu.

RECHT DER ARBEIT UND DER SOZIALEN SICHERHEIT

Band 1 Ulrike Wagner: Mitbestimmung bei Bildschirmtechnologien. 1985.

Band 2 Karin Dierks: Zwischen Arbeits- und Sozialrecht. Beschäftigungsverhältnisse in der Werkstatt für Behinderte. 1986.

Band 3 Inge Böttcher: Gemeinsame Ausübung eines Zurückbehaltungsrechts. 1986.

Band 4 Gabriele Peter: Frauendiskriminierung durch Teilzeitbeschäftigung. Insbesondere bei betrieblichen Sozialleistungen und der Vergütung von Überstunden. 1988.

Band 5 Uwe Schumacher: Rechtsfragen der Teleprogrammierung. Statusrechtliche Einordnung und urheberrechtlicher Schutz. 1989.

Band 6 Nashrine Ismail: Recht und Praxis bei der Bekämpfung illegaler Arbeitnehmerüberlassung. 1991.

Band 7 Karen Klöver: Der Sozialplan im Konkurs. Schutz der Sozialplangläubiger im Konkurs und alternative Regelungsmöglichkeiten in einem neuen Insolvenzrecht. 1993.

Band 8 Andrea Rudolph: Die Kooperation von Strafrecht und Sozialhilferecht bei der Disziplinierung von Armen mittels Arbeit. Vom Arbeitshaus bis zur gemeinnützigen Arbeit. 1995.

Band 9 Wolfgang Däubler: Rechtsexport. Die Einführung des bundesdeutschen Arbeitsrechts im Gebiet der früheren DDR. 1996.

Band 10 Ines Kalisch: Die Entwicklung des Verbots der mittelbaren Diskriminierung wegen des Geschlechts im Sozialrecht. Grundlagen, Analyse und exemplarische Anwendung auf Gesetze im Rentenrecht. 1999.

Band 11 Matthias Hirschfeld: Die Dienstgemeinschaft im Arbeitsrecht der evangelischen Kirche. Zur Legitimitätsproblematik eines Rechtsbegriffs. 1999.

Band 12 Véronique Demarne: Anwendung nationaler Tarifverträge bei grenzüberschreitenden Arbeitsverhältnissen. Ein deutsch-französischer Vergleich (Avec résumé et conclusions en français). 1999.

Band 13 Alexander Scharf: Das Arbeitsrecht der Russischen Föderation und der Republik Belarus. 1999.

Band 14 José João Abrantes: Contrat de travail et droits fondamentaux. Contribution à une dogmatique commune européenne, avec référence spéciale au droit allemand et au droit portugais. 2000.

Band 15 Oliver Tieste: Karôshi, ein japanisches Phänomen? Ursachen und rechtliche Hintergründe für den Tod am Arbeitsplatz. Eine rechtsvergleichende Studie. 2000.

Band 16 Detlev Reichelt: Die arbeitsrechtliche Stellung der Rote-Kreuz-Schwestern. Eine Untersuchung zur Arbeitnehmereigenschaft mitarbeitender Vereinsmitglieder und Gesellschafter am Beispiel der Krankenschwestern der Schwesternschaften vom Deutschen Roten Kreuz e.V. 2000.

Band 17 Herbert Böker: Tarifunterschreitung durch Betriebsvereinbarung und Arbeitsvertrag. 2001.

Band 18 Tatjana Aigner: Antworten auf Arbeitnehmerfehlverhalten. Reaktionen, Interventionen und Sanktionen in Österreich und Deutschland. 2002.

Band 19 Alexandra Nöth: Materieller und prozessualer Rechtsschutz gegen sexuelle Belästigung am Arbeitsplatz in den USA, Europa und Deutschland. 2003.

Band 20 Oliver Tieste: Der Tod durch Überarbeitung. Arbeits- und sozialversicherungsrechtliche Hintergründe. Materiellrechtliche, epidemiologische und betriebliche Rahmenbedingungen des Karôshi-Phänomens in Japan und Deutschland. 2003.

Band 21 Bettina Graue: Der deutsche und europäische öffentliche Dienst zwischen rechtlicher und faktischer Gleichberechtigung der Geschlechter. Ein rechtssystematischer Vergleich zur Frauenförderung in beiden öffentlichen Diensten unter besonderer Berücksichtigung des Gemeinschaftsgrundrechts der Gleichberechtigung von Männern und Frauen. 2004.

Band 22 Timo Karsten: Schuldrechtliche Tarifverträge und außertarifliche Sozialpartner-Vereinbarungen. Eine Untersuchung am Beispiel von Vereinbarungen der Tarifparteien der Chemischen Industrie. 2004.

Band 23 Katrin Stoye: Rechtsdogmatische und rechtspolitische Probleme des § 14 Abs. 2 Teilzeit- und Befristungsgesetz. Ein Beitrag zur Auslegung der Tatbestandsvoraussetzungen des § 14 Abs. 2 TzBfG sowie zur Entwicklung des Rechts der sachgrundlosen Befristungen unter Berücksichtigung der gesetzlichen Neuerungen durch die Arbeitsmarktreformen der Jahre 2002 und 2003. 2007.

Band 24 Felix Herbold: Gleichbehandlung in der betrieblichen Altersversorgung. Rechtsfragen zur Beteiligung an der zweiten Säule der Alterssicherung am Beispiel der geringfügig Beschäftigten und eingetragenen Lebenspartner. 2007.

Band 25 Andrea Henke-Klar: Unfall- und Gesundheitsschutz – ein Rechtsvergleich zwischen Japan und Deutschland. 2008.

Band 26 Gerald Peter Müller: Der vermittlungsorientierte Einsatz von Arbeitnehmerüberlassung in der Personal-Service-Agentur (PSA). Arbeitsrechtliche Auswirkungen auf die Rechtsbeziehungen der Beteiligten. 2008.

Band 27 Alexandra Lessel: Die berufsständische Versorgung der klassischen verkammerten Freien Berufe und das Problem der Kindererziehungszeiten. 2009.

Band 28 Meike Schils: Das betriebliche Eingliederungsmanagement im Sinne des § 84 Abs. 2 SGB IX. 2009.

Band 29 Hans Hoins: Die Kündigung von Berufsausbildungsverhältnissen, insbesondere aus betrieblichen Gründen. 2009.